MÉMOIRES

DU

DUC DE LUYNES

TYPOGRAPHIE DE H. FIRMIN DIDOT. — MESNIL (EURE).

MÉMOIRES

DU

DUC DE LUYNES

SUR LA COUR DE LOUIS XV

(1735 — 1758)

PUBLIÉS

SOUS LE PATRONAGE DE M. LE DUC DE LUYNES

PAR

MM. L. DUSSIEUX ET E. SOULIÉ

TOME TREIZIÈME

1753 — 1754

PARIS

FIRMIN DIDOT FRÈRES, FILS ET Cⁱᵉ, LIBRAIRES

IMPRIMEURS DE L'INSTITUT, RUE JACOB, N° 56

1863

Tous droits réservés.

MÉMOIRES
DU
DUC DE LUYNES.

ANNÉE 1753.

JUILLET.

Jugement sur la protestation des princes du sang. — Nouveau dais du Saint-Sacrement à Notre-Dame. — Le Dauphin à Paris. — L'abbaye et les religieuses de Panthemont. — Mort du comte d'Egmont. — Mort de Mme de Béthune. — Expérience sur les mines faite par Bélidor à Bizy. — Mort de Mlle Braun. — Baptême. — Le premier valet de chambre de la Reine. — Départ de la Cour pour Compiègne. — Cafarelli; traitement que lui fait le Roi. — Départ de la Reine pour Compiègne. — Chaleur excessive. — Enlèvement des bancs à l'église N.-D. de Versailles. — Cour de la Dauphine à Versailles. — Nouvelles de la cour à Compiègne. — Le camp de Compiègne. — Le président Hénault nommé surintendant des finances de la maison de la Reine.

Du mardi 3, Versailles. — Vendredi dernier, 29 juin, M. le cardinal de la Rochefoucauld vint ici; il y avoit longtemps qu'il étoit absent, tant par rapport aux affaires de son diocèse que pour celles de Cluny, ayant été obligé d'assister au chapitre de cet ordre; il n'eut point d'audience particulière du Roi et s'en retourna presque sur-le-champ à Paris.

J'appris il y a quelques jours que la princesse de Hesse-Rheinfeld, mère de la princesse de Soubise, vient de se remarier; elle a épousé le prince de Salm, père du petit abbé de Salm que nous voyons ici. Ce petit abbé, qui n'est ni bien fait ni d'une jolie figure, et qui a le cordon rouge de l'ordre de Saint-Hubert de l'électeur palatin, est l'aîné du prince de Salm.

J'appris hier qu'il y a eu un jugement sur l'affaire des princes du sang contre M. de Soubise. Les princes du sang avoient eu quelques soupçons que le Roi vouloit décider cette affaire, et M. le prince de Conty présenta hier ou avant-hier, à Bellevue, un mémoire au Roi pour supplier S. M. de vouloir bien leur donner le temps de faire les recherches nécessaires. Ce mémoire n'a eu aucun effet, et il a été décidé que la protestation des princes du sang seroit supprimée, par conséquent leurs signatures au contrat de mariage deviennent malgré eux un consentement.

Je n'ai point encore parlé du nouveau dais du Saint-Sacrement qui a paru le jour du Saint-Sacrement pour la première fois ici à la paroisse Notre-Dame. Ce dais est de velours cramoisi brodé d'or, bombé par-dessus. La broderie est très-magnifique ; il y a dans le milieu de chacune des quatre pentes un des sujets de l'Écriture sainte brodé en soie et parfaitement bien exécuté ; je crois que c'est de l'ouvrage de la Savonnerie. Sur le devant, c'est l'offrande faite à Abraham par Melchisedech ; derrière, c'est le repas de la cène ; ceux des grands côtés, c'est la manne dans le désert, et sur l'autre les disciples d'Emmaüs. Les six bâtons pour porter le dais sont de vermeil doré comme les crosses des évêques. On prétend que ce dais coûte 90,000 livres, et qu'il est fait aux dépens de la fabrique, excepté 14,000 livres que le Roi a données.

Du mercredi 4, Versailles. — Mgr le Dauphin alla avant-hier à Paris pour poser la première pierre au bâtiment que l'on fait à Panthemont. Mgr le Dauphin n'avoit que deux carrosses ; il n'étoit suivi que par M. le maréchal de Richelieu et trois de ses menins ; il y avoit 40 gardes du corps tant à Paris qu'à sa suite (1), et à l'abbaye il y

---

(1) Il y en avoit 24 à la suite de Mgr le Dauphin, outre ceux qui étoient

JUILLET 1753.

avoit deux compagnies l'une des gardes françoises et l'autre des gardes suisses. Mgr le Dauphin passa, en allant et en revenant, par le Cours, le quai des Tuileries, le Pont-Royal et la rue du Bac. Il fut reçu à son arrivée par M. le prévôt des marchands, M. Berryer, lieutenant de police, et l'intendant M. de Sauvigny. Mgr le Dauphin arriva à cinq heures; la cérémonie dura environ trois quarts d'heure. J'ai déjà parlé de cette cérémonie à l'occasion de la première pierre posée pour le Roi à la nouvelle église paroisse Saint-Louis à Versailles. Ce fut le prince Constantin qui officia à cette cérémonie, assisté du curé de Saint-Sulpice. On m'a dit que Mgr le Dauphin avoit donné 30 louis dans une bourse pour les ouvriers, et que le Roi donnoit 20,000 livres (1) à la maison, mais je ne suis pas encore assez instruit des détails. C'est une sœur de Mme la princesse de Montauban (Mézières) qui est abbesse de cette abbaye; il y a environ vingt religieuses. Elles ont déjà fait construire depuis peu un bâtiment nouveau où il y a un assez joli logement pour l'abbesse et des cellules fort propres pour quelques religieuses. Tous les lits des cellules sont dans des niches, ce qui forme de chaque côté un cabinet, qui est plutôt une grande armoire. De Panthemont, Mgr le Dauphin alla à pied aux Carmélites voir la fille de Mme d'Havré, qui y est religieuse, et Mme de Ru-

---

pour la garniture à l'abbaye; il y avoit outre cela huit des Cent-Suisses. Ces huit Cent-Suisses marchèrent devant, et les gardes du corps derrière. Lorsque M. le Dauphin alla aux Carmélites, il ne voulut point que personne entrât dans cette maison religieuse. J'ai marqué qu'il avoit passé par le pont Royal; on me mande que c'est par le pont Neuf. (*Note du duc de Luynes.*)

(1) Les 30 louis ont été promis, mais non donnés; je ne suis pas sûr des 20,000 livres. (*Note du duc de Luynes.*)

Il n'est nullement question, à ce qu'il me paroît, des 20,000 livres, ni je crois même des 30 louis; je crois qu'on donnera 100 louis pour tout. M. de Richelieu s'est informé de ce qui avoit été fait pour la première pierre du bâtiment des enfants trouvés lorsque Mme de Luynes alla la poser au nom de la Reine en 1746; elle fit alors donner 100 louis. Mme de Luynes me mande que cet exemple sera suivi, mais on ne sait pas quand ce payement se fera. (*Addition du duc de Luynes*, datée du 14 juillet.)

pelmonde; il n'étoit accompagné que par ceux qui l'avoient suivi et par les gardes du corps; il y avoit une grande foule de peuple à qui ce petit voyage à pied parut faire grand plaisir ; on cria beaucoup vive le Roi et Mgr le Dauphin. L'origine des religieuses de Panthemont est de 1217. C'étoient des Bernardines qui furent fondées dans le diocèse de Beauvais par Dreux, évêque de cette ville, au bord de la rivière d'Avalon. Les fréquents débordements de cette rivière les obligèrent en 1646 de se retirer à Beauvais. La maison qu'elles occupoient étant trop petite pour elles, elles vinrent s'établir à Paris en vertu de lettres patentes obtenues en 1672 dans le lieu où elles sont aujourd'hui. Cet emplacement étoit occupé alors par les filles du Verbe Incarné, monastère qui avoit été composé de huit hospices différents, établis les uns sans permission, les autres par des lettres patentes non vérifiées, et tous supprimés par arrêt du Parlement. On transféra les filles du Verbe Incarné dans une maison située au Puits l'Hermite, dans le faubourg Saint-Marceau, destinée aux religieuses qui n'étoient pas fondées. Cette maison, qu'on a nommée de la Crèche, est occupée présentement par la communauté de Saint-François de Sales. Ce furent les directeurs de l'hôpital général qui firent transférer au faubourg Saint-Marceau les filles du Verbe Incarné pour vendre leur maison aux religieuses de Panthemont.

M. le comte d'Egmont mourut hier à sept heures du matin; il n'avoit que trente-deux ans; il étoit né le 5 novembre 1720; il avoit épousé le 22 mai 1740 Mlle de Villars (1) dont il a eu un garçon mort à l'âge d'un an ou envi-

---

(1) Mme la comtesse d'Egmont la jeune reste avec environ 35,000 livres de rente, savoir 12,000 livres de douaire, on stipule 20,000 livres qu'elle a en mariage et qui lui sont bien payées, et 60,000 livres qu'elle a mis dans la communauté et qui lui seront renboursées, ou on lui en fera la rente. Elle a outre cela 20,000 livres à prendre dans la communauté, en bijoux ou pierreries; elle y prend aussi un carrosse et six chevaux. Sa toilette est à elle; elle loge actuellement chez son père, où elle a son cuisinier. Mme la maré-

ron. Il étoit brigadier des armées du Roi de 1747. Il y avoit environ six semaines qu'il étoit malade; cette maladie avoit commencé par une colique violente qu'on avoit cru être une indigestion. On prétend qu'il s'étoit mal conduit dans cette maladie; et effectivement il n'avoit pas observé le ré-gime nécessaire en pareil cas, mais s'étant mis entre les mains de Vernage, il avoit été fort bien traité; il avoit même paru guéri, mais les accidents revinrent. On découvrit une tumeur fort considérable à côté du foie et tous les remèdes qu'on avoit imaginés pour sa guérison ont été absolument inutiles. On prétend que la cause de sa maladie est un accident qui lui arriva; il y avoit quelque temps qu'il s'amusoit à faire des armes chez lui; cet exercice singulier à son âge ne paroissoit pas dangereux, mais il y reçut un coup de fleuret qui porta bas et donna dans un endroit délicat. Il survint aussitôt une enflure qui augmenta en peu de temps; il avoit toute confiance à un chirurgien qui avoit été à feu M. le Duc, qui se nomme Cassin; il l'envoya quérir aussitôt; Cassin lui dit que le mal étoit sérieux et qu'il étoit bien important de prendre garde aux remèdes qu'on y feroit; qu'il comprenoit bien qu'il ne voudroit pas s'en rapporter à lui, qu'il auroit recours à

---

chaie n'a pas voulu qu'elle fût ni logée ni nourrie chez elle; ceci n'est que pour le premier moment. Elle compte prendre une maison, mais elle n'a point de meubles, ce qui est une dépense.

Il s'est trouvé environ 150,000 livres de dettes à la mort de M. d'Egmont, presque toutes exigibles. Le comte d'Egmont d'aujourd'hui jouira présentement de 12,000 livres de rente au moins, dont la plus grande partie substituée; mais tout le mobilier appartient à Mme d'Egmont la mère, ce qui comprend non-seulement les meubles mais encore les revenus échus, ce qui retarde la puissance de M. d'Egmont; mais pour faciliter les affaires, Mme d'Egmont consentira vraisemblablement à une rente pour ces sommes; elle a donné un pareil consentement à feu M. son fils pour des sommes que feu M. d'Egmont le père avoit prises sur le revenu de ses terres à elle dans le comtat dans le temps qu'il partit pour ses terres dans le royaume de Naples. Mme d'Egmont, sur ce qu'elle profite dans sa succession, est obligée de payer partie à proportion des charges et droits à cause de l'ouverture de la succession. Elle aura 75 ou 80,000 livres de rente à elle. (*Note du duc de Luynes.*)

tout ce qu'il y avoit de plus fameux dans la chirurgie, mais qu'il devoit à l'attachement qu'il avoit pour lui de l'avertir que l'usage ordinaire en pareil cas étoit d'appliquer un emplâtre de mercure, que ce remède guérissoit sur-le-champ la partie affligée, mais que s'il en faisoit usage il croyoit pouvoir l'assurer qu'il se formeroit un abcès dans les reins et que dans trois mois il ne seroit pas en vie. Ce conseil étoit sage, mais il ne fut pas suivi, et l'événement n'a que trop fait voir combien il étoit nécessaire d'y faire plus d'attention. Les souffrances des derniers moments ont été très-violentes et la présence d'esprit a été conservée presque jusqu'à la fin. Les devoirs essentiels de la religion ont été remplis; M. d'Egmont a reçu ses sacrements et a paru souffrir avec beaucoup de fermeté, de patience et de résignation. Il étoit valeureux naturellement, noble et généreux, ne connoissant point l'intérêt et fort aimé dans toute sa maison. La vie qu'il avoit menée étoit particulière; il s'étoit livré à la mauvaise compagnie jusqu'au point d'être embarrassé dans la bonne; cette façon de vivre a fait grand tort à sa réputation et à sa santé.

Du jeudi 5, Versailles. — Le corps de M. le comte d'Egmont fut ouvert hier, et Cassin a demandé que l'on ouvrît l'endroit où le coup avoit été porté; on y a trouvé le principe du mal, et au lieu d'une tumeur au foie qu'on avoit sentie, il s'est trouvé un abcès dans les reins.

M. d'Egmont a fait un testament dans lequel il y a quelques legs particuliers : à Cassin son chirurgien, à son intendant, à un avocat nommé Bussy en qui il avoit confiance; il laisse à mon fils quatre tableaux à choisir dans tous ceux qu'il avoit, et à Mme de Chevreuse, sa sœur, à choisir dans tous ses diamants et bijoux jusqu'à concurrence de 12,000 livres. M. de Pignatelli resté seul des trois frères prend le nom d'Egmont et hérite de la grandesse. On ne connoît point précisément l'origine de cette grandesse; on la croit créée en 1520; elle ne subsista que quarante-huit ans ; elle fut rétablie en 1680 ou environ, et passa de mâle en mâle jusqu'en 1707. Tous les mâles étant morts, elle passa à une fille qui la porta dans la maison de Pignatelli. Nicolas Pignatelli, duc de Bisaccia, grand-père de M. d'Egmont qui vient de mourir, ayant épousé l'héritière d'Egmont, fut déclaré grand d'Espagne en 1708. Mme d'Egmont (Villars) vient d'avoir trente ans ; elle a environ 35 ou 40,000 livres de rente, une grandesse si son père ne devient point veuf, ne se remarie point et n'a point de garçons, et supposant tous ces cas différents, des biens considérables. Mme d'Egmont la mère hérite de tout le mobilier et a des reprises sur le bien ; tout ce qui est substitué passe à M. de Pignatelli aujourd'hui comte d'Egmont. A l'égard des biens non substitués et de ce qui n'est point terres seigneuriales, Mme de Chevreuse y partage avec son frère.

On apprit hier la mort de Mme de Béthune, troisième fille de M. Boulogne ; elle est morte en couches à Brunoy chez M. de Montmartel, beau-frère de son mari. Elle croyoit être encore éloignée de plusieurs jours du terme de son accouchement ; soit qu'elle se soit trompée ou non, elle a accouché plus tôt qu'elle ne le croyoit d'une fille qui vit ; elle avoit déjà eu une fille, qui est aussi vivante. M. de Béthune son mari est mestre de camp général de la cavalerie.

J'ai mis un assez grand détail ci-dessus sur l'expérience qui devoit être faite à Bizy en conséquence des observations de M. Belidor. Le système de M. Belidor étoit qu'on avoit grand tort de croire que la quantité de poudre dont on chargeoit une mine ne fît pas tout son effet, et qu'il y en eût une grande partie d'inutile et de perdue ; il assuroit que la poudre faisoit effet de toutes parts, verticalement, horizontalement, et même sur des galeries creusées sur les côtés à 5 toises et à 10 toises au-dessous du niveau de la chambre des mines, et que les galeries renversées par l'effet de cette poudre devenoient impraticables non-seulement pendant trois heures mais même pendant six et davantage ; il ajoutoit que la hauteur de terre qui se trouvoit au-dessus de la mine décidoit de l'ouverture de l'entonnoir, et que cet entonnoir devoit être de 12 toises, s'il y avoit 12 pieds d'épaisseur de terre jusqu'à la poudre. L'expérience a réussi précisément comme M. Belidor l'avoit annoncé ; la poudre qui étoit à 12 pieds de profondeur a fait une ouverture de 12 toises ; toutes les galeries sont tombées ; et au bout de trois heures M. de Melfort, qui est jeune et rempli de volonté, ayant voulu aller dans une des galeries avec un mineur qui marchoit devant lui, un grenadier et un domestique, la puanteur et la fumée les empêchèrent absolument d'avancer ; ils y retournèrent au bout de six heures et pénétrèrent plus avant ; mais lorsqu'ils furent à une certaine distance, le mineur s'évanouit ; la même aventure arriva sur-le-champ à M. de Melfort en voulant appeler du secours ; il fallut que les deux autres hommes appelassent et courussent promptement, et ce ne fut pas sans peine qu'on les empêcha d'être entièrement suffoqués. Il y avoit trois milliers de poudre dans la mine. M. d'Argenson y étoit, et il a été dressé procès-verbal exact de tout ce qui s'est passé dans cette occasion.

Du vendredi 6, Versailles. — J'appris il y a quelques jours la mort de Mlle de Brown. Elle étoit Angloise et avoit une jolie figure ; elle avoit été élevée en France et avoit toujours conservé beaucoup de goût pour la France. Elle n'avoit qu'un frère qui est milord Kilmer. Elle avoit assez de bien tant par ses partages que par les arrangements faits avec sa femme. Elle avoit fait connoissance à Londres avec Mme de Mirepoix et avoit paru désirer de venir avec elle revoir la France et comptoit retourner avec elle à Londres. Plus Mme de Mirepoix connut Mlle Brown, plus elle désira de la garder avec elle. La santé de Mme de Mirepoix l'ayant obligée de rester en France, Mlle Brown renonça au projet de retourner dans son pays ; elle songea alors à se marier; il y avoit alors deux partis qui se présentèrent pour elle, l'un M. de Maulevrier et l'autre M. de Lutzelbourg; il étoit presque sûr qu'elle se détermineroit pour l'un des deux. Elle est morte fort promptement d'une hémorragie à laquelle on prétend qu'elle a donné occasion pour avoir très-imprudemment mis ses pieds dans l'eau froide pour se rafraîchir, et cela dans un temps critique. Mlle Brown étoit fort gaie et très-petite; elle étoit âgée de vingt et un ans.

Mardi dernier 3 de ce mois, M. de Richelieu et Mme de Luynes furent parrain et marraine au nom de Mgr le Dauphin et de la Reine du fils du nommé Baillon, premier valet de chambre de la Reine et horlogeur. J'ai déjà parlé de cette charge de premier valet de chambre de la Reine et je crois avoir dit qu'elle est sans fonctions. Cependant il y en a, qui à la vérité sont rares. Lorsque la Reine est à sa toilette, le matin, jusqu'au moment qu'elle demande la chambre, il n'y a dans la chambre que les femmes de chambre de la Reine et les garçons de la chambre, le premier valet de chambre et les grandes entrées; l'huissier et les valets de chambre ne sont pas encore entrés; si dans ce moment la Reine avoit une commission à donner, ce seroit au premier valet de chambre qu'elle la donneroit. L'enfant de Baillon avoit été ondoyé; ainsi il n'y eut que les cérémonies du baptême à lui donner, ce qui fut fait dans le chœur de Notre-Dame par le vicaire, M. le curé étant malade. M. de Richelieu voulut que Mme de Luynes prît la droite parce qu'elle représentoit la Reine et cet arrangement subsista malgré les représentations du vicaire sur l'usage ordinaire que le parrain doit être à droite. J'ai voulu savoir ce que l'on avoit coutume de donner en pareil cas. J'en ai parlé à celui qui est chargé de faire ces distributions; il m'a dit que quoiqu'il n'y eût rien de réglé, il lui paroissoit qu'il étoit d'usage de donner 20 ou 25 louis en tout pour ce qui regarde les distributions. Je ne sais si l'on comprend dans cette distribution 5 louis pour M. le curé, 2 louis pour les pauvres, 2 louis pour les sonneurs et je crois autant pour les bedeaux et suisses; mais un détail qu'il m'a ajouté et qui m'a surpris c'est que la somme que le Roi juge à propos de faire donner est remise entre les mains du père de l'enfant, et qu'on avoit voulu remettre 20 louis à M. le comte de Noailles lorsque son fils a été tenu ici, je crois par M. le Dauphin et par Madame Infante. M. le comte de Noailles refusa les 20 louis, ce qui est fort aisé à croire; ils ne seront pas vraisemblablement refusés par Baillon. Tout cela doit être. Mais je crois qu'il n'y a eu rien de payé que les 2 louis pour les pauvres.

Le Roi partit mercredi 4 de ce mois, après la messe, pour aller à Trianon; il revint ici à cinq heures et partit à six avec Mgr le Dauphin, Madame Infante et Mesdames pour aller souper et coucher à la Meutte; il n'y eut que Mgr le Dauphin qui revint après le souper. Hier le Roi a dû partir à midi ou à une heure de la Meutte pour aller prendre du café chez M. le garde des sceaux à Arnouville et coucher à Compiègne. La Reine part demain samedi avec Mmes de Luynes et de Villars, avec cinq ou six de ses dames du palais seulement, et d'extraordinaire Mmes de Tessé et de Brienne. Mme la Dauphine comme l'on peut croire reste ici. Elle aura comme à l'ordinaire chez elle, deux fois la semaine, concert composé d'une partie de la musique de l'opéra et d'une partie de la musique de la chambre. Mgr le Dauphin fera au moins deux voyages pendant le séjour du Roi, de huit jours chacun; le premier sera le mardi 10.

J'ai déjà parlé de Cafarelli; le Roi ne l'avoit point encore entendu. Au dernier voyage à Bellevue, il chanta deux airs devant le Roi; il parut qu'on en étoit content; on lui a fait présent de tabatières d'or en différentes occasions, et outre cela le Roi lui donne 75 livres à dépenser par jour. Lorsqu'il vient ici, il loge dans une maison que l'on a louée pour lui; il a un carrosse du Roi à deux chevaux, une table de 7 à 8 couverts et deux domestiques avec la livrée du Roi.

Du mardi 10.

Extrait d'une lettre de Compiègne du 8 (1).

Il n'y a rien eu d'égal à la chaleur que nous essuyâmes hier ; je suis persuadée qu'il y a plus de soixante chevaux sur la litière. Il y a eu un cocher et trois valets de pied qui se trouvèrent fort mal et qui sont restés en chemin ; cela a fait quelque impression à la Reine et elle dit qu'elle ne risquera plus de marcher à la même heure par un aussi grand chaud. Elle arrêta un quart d'heure à l'église de Saint-Denis ; de là elle passa à Arnouville sans arrêter. Au sortir de Louvres elle voulut manger ; je proposai d'entrer dans la maison de M. Le Féron ; on eut de la peine à en trouver la porte ; enfin nous y arrivâmes. Elle est assez jolie et bien ornée ; mais pas un meuble. Elle appartient à un lieutenant aux gardes ; il n'y étoit pas. Nous avons resté plus de deux heures dans cette maison, où nous avons mangé une assez mauvaise halte ; nous sommes repartis à cinq heures. Il n'y a rien de si beau que le nouveau chemin de Senlis ; cela m'a paru un travail immense. Nous arrivâmes à dix heures ; Mesdames vinrent à la descente du carrosse et le Roi étoit dans le cabinet.

Du vendredi 13, *Dampierre.* — La nuit du 9 au 10 on a cassé, ôté et enlevé tous les bancs qui étoient à la paroisse Notre-Dame à Versailles. Cette exécution s'est faite avec plus d'ordre qu'il n'y en a ordinairement en pareilles occasions. J'avois un banc dans cette paroisse dans lequel étoit un coffre rempli de ce qui étoit nécessaire pour garnir le banc ; on n'a pas touché au coffre, il s'est

---

(1) A partir de l'année 1753 et jusqu'à la fin de sa vie, le duc de Luynes s'absente souvent de la cour ; principalement aux époques des voyages de Compiègne, Fontainebleau, etc. et fait à Dampierre de longs séjours pendant lesquels son *Journal* se compose surtout d'extraits de correspondances ; mais lui-même ne prend la plume qu'à des intervalles plus éloignés que dans les années précédentes. Cette modification dans la forme des *Mémoires* nous a mis dans la nécessité de classer à leur date les divers documents rassemblés par le duc de Luynes, de supprimer ceux qui faisaient double emploi, ceux qui étoient déjà imprimés et quelquefois certaines pièces mal copiées dans l'original, par conséquent impossibles à publier. (*Note des éditeurs.*)

trouvé en entier et sans avoir été ouvert. Je ne comprends rien à cette destruction.

J'ai été éclairé par la lettre dont on trouvera ci-après l'extrait; c'est une chose fort singulière.

« L'histoire des bancs est très-vraie; ils ont été enlevés tous sans exception dans la même nuit. On a beaucoup raisonné sur cet événement dans Versailles; voici le fait. Le Roi, la Reine et toute la famille royale allant souvent dans cette église, les bancs dont elle étoit remplie rétrécissoient les passages et empêchoient par là la décence des cérémonies; le secours des gardes devenoit inutile vis-à-vis de ces bancs qu'on ne pouvoit faire reculer. Plusieurs paroissiens se plaignoient de ce que cette multitude de bancs leur interdisoit l'entrée de la paroisse pour y recevoir l'instruction et y assister aux offices, et représentoient qu'en mettant des chaises au lieu de bancs il tiendroit dans l'église au moins deux tiers de plus de paroissiens qu'elle n'en contenoit auparavant, et que le loyer des chaises augmenteroit le profit de la fabrique bien loin de le diminuer. Le Roi avoit approuvé ce projet et en désiroit lui-même l'exécution. On avoit représenté à S. M. que si on agissoit selon les règles, il y auroit autant de procès à soutenir qu'il y avoit de propriétaires de bancs; que plusieurs de ces propriétaires étant des gens de grand nom il faudroit résister à bien des recommandations. C'est pour éviter tous ces inconvénients que le Roi a permis le coup de main qui a été fait. Les gardes qui étoient en dehors des portes de l'église pendant l'exécution du projet et le bon ordre qui a été observé dans un aussi grand désordre font assez voir quel étoit l'esprit qui y présidoit. Tout le monde se dit aujourd'hui à l'oreille ce que je vous mande, et personne n'ose en parler tout haut; ainsi je crois que le meilleur parti à prendre, c'est de paroître étonné et d'en demeurer là.

On trouvera ci-après une lettre de mon frère sur les amusements de Mme la Dauphine à Versailles.

Notre petite cour se soutient assez bien; le matin tout à l'ordinaire; à six heures grand cavagnole jusqu'au souper. Mme la Dauphine soupe avec des dames; il y en avoit hier dix à table avec elle. On a mis cette année une table plus longue et où les dames sont plus à leur aise. Après souper on fait des parties de tri, de comète, de papillon; Mme la Dauphine joue au papillon, et à minuit ou minuit et demi Mme la Dauphine rentre chez elle pour se coucher. Il y a quelquefois une promenade à huit heures du soir. Voilà notre vie, qui est douce et réglée comme vous voyez.

On trouvera ci-après plusieurs extraits des différentes lettres de Mme de Luynes pendant son séjour de Compiègne que j'ai reçues étant à Dampierre.

Du 10 juillet 1753 à Compiègne.

Je suis sûre d'avoir entendu donner l'ordre à la Reine pour qu'on allât faire tous les compliments sur la mort de M. d'Egmont, et voilà le billet que M. de Richelieu m'a envoyé de ce qu'il a ordonné pour le Roi. On en trouvera la preuve à Paris, mais vous savez que les personnes royales n'envoient point à la campagne.

Copie du billet.

M. le maréchal de Richelieu a l'honneur d'informer Mme la duchesse de Luynes que le Roi a envoyé faire compliment sur la mort de M. le comte d'Egmont à M. d'Egmont, Mme d'Egmont la mère, Mme d'Egmont la veuve, Mme la maréchale de Villars, Mme la duchesse de Villars, M. le maréchal de Noailles, M. de Chevreuse et Mme de Chevreuse.

De Compiègne ce 6 juillet 1753.

Du 11 juillet. — A la mort de M. d'Egmont son régiment de dragons étoit vacant; il avoit donné sa démission quelques jours avant que de mourir. M. de Pignatelli, son frère, ne voulut point quitter son régiment de cavalerie de son nom pour prendre celui d'Egmont-dragons. Mon fils demanda si le Roi voudroit bien donner au comte de Dunois une place dans les grenadiers de France (laquelle donne le grade de colonel) et offrit de remettre entre les mains de qui le Roi ordonneroit 25,500 livres pour que S. M. pût les faire donner par gratification si elle le jugeoit à propos au lieutenant-colonel du régiment d'Egmont (M. d'Aubigné), officier d'une grande réputation. J'en parlai à M. d'Argenson à Versailles avant le départ pour Compiègne; il ne me parut pas agréer la proposition. Mme de Luynes lui en reparla à Compiègne. Voici ce qu'elle me mande sur cette affaire :

J'ai parlé à M. d'Argenson de l'affaire du comte de Dunois; il m'a dit qu'il ne croyoit pas que cela réussît dans cette occasion parce que le Roi n'étoit point touché de donner une somme au lieutenant-colonel; qu'il n'étoit pas dans le cas, parce que le régiment étoit à vendre; ce qui étoit fort différent que s'il étoit vacant par mort; mais que M. de Chevreuse avoit toujours très-bien fait de demander; que cela marquoit son zèle et que cela lui feroit retenir une date; qu'il seroit favorable à son fils. Je parlai de l'exemple du petit de Fronsac; mais c'est un régiment qu'il avoit fait lever en temps de guerre, ce qui étoit un objet dans cette circonstance. Il y avoit un exemple d'une place de surnuméraire dans les grenadiers de France en faveur de M. de Monteil, mais on a trouvé que cet exemple ne pouvoit être compté. Le Roi vouloit donner un régiment à M. le comte de la Marche; M. de Monteil consentoit à céder le sien, parce qu'il ne perdoit pas son ancienneté; il falloit le placer, et on ne veut point mettre de colonels réformés à la suite des régiments à cause des inconvénients pour le service. La place de surnuméraire parut le seul arrangement convenable.

M#sup#gr le Dauphin nous dit hier qu'on avoit enlevé tous les bancs de la paroisse de Notre-Dame de Versailles la nuit de lundi au mardi sans en rien dire à personne, pour éviter les plaintes et les représentations des particuliers qui en avoient; cet arrangement étoit fait il y a quelque temps, et le Roi l'avoit approuvé. Il est bien vrai que ces bancs tenoient bien de la place dans l'église.

M. Senac arriva hier au soir de Villers-Cotterets, où il a laissé M#sup#me la duchesse d'Orléans avec une très-grosse fièvre; il y est retourné aujourd'hui à midi et compte y coucher.

Du 12 juillet 1755.

M#sup#me la princesse de Condé présenta hier M#sup#me de Ranty comme sa dame d'honneur.

J'ai été au dîner de M#sup#gr le Dauphin, où M. de Richelieu m'a dit qu'il étoit décidé de donner 100 louis à Panthemont, c'est-à-dire promis; car pour le payement cela viendra quand cela pourra.

Du 13.

Vous avez vu par mes lettres que ma surprise sur les bancs de la paroisse étoit passée; M. de Bayeux me mande qu'on en avoit demandé la permission au Roi. Pour moi je trouve qu'on a fort bien fait pour le fond et la forme; l'église en sera plus propre, contiendra plus de monde; et si on avoit annoncé cette expédition il y auroit eu des difficultés sans nombre.

M. Gadot m'a promis de m'apporter un petit brouillon des projets de bâtiments; on dit ici qu'il y en a pour 16 millions, et pour seize ans; on n'abattra l'appartement de la Reine que dans deux ans.

Le régiment de dragons d'Egmont est donné à M. de Marbeuf, et le régiment Dauphin qu'il avoit est donné à M. de Périgord. Le régiment de Normandie qui est vacant est à vendre.

Du 14.

J'apprends dans le moment que le Roi a donné un écuyer aux gardes du corps, qui aura le rang de sous-aide-major. Je ne sais pas encore son nom; je m'en informerai. Ce rang de sous-aide-major donne celui d'exempt.

Du 15.

J'arrive de la grande messe avec la Reine et toute la famille royale. Il y a un nouveau rituel dans ce diocèse qui ordonne qu'on lise l'épître, aussi bien que l'évangile, au prône, et que l'on ne fasse les prières et les annonces qu'après le sermon, ce qui a été exécuté aujourd'hui. Mgr le Dauphin et tout le monde a été surpris; je n'en sais pas la raison. — Je me suis informée du nom de celui qui est écuyer des gardes du corps; il se nomme La Fontaine, et il est des chevau-légers; il est fils d'un brigadier des gardes du corps. Mme la maréchale de Duras nous conta hier que Mgr le Dauphin en rentrant chez lui (auprès de qui elle demeure) demanda si elle étoit retirée; on lui dit que non et qu'il n'y avoit que M. de Durfort avec elle; il y entra, la fit rester sur son fauteuil, se mit sur un petit siége et fit la conversation tête à tête jusqu'à près de trois heures et demie.

16 juillet.

Voilà le petit cheval que vous désirez. Ce que j'ai appris à son occasion, c'est qu'il est défendu d'entrer un cheval dans la cour du Roi sans avoir son harnois; on me le voulut amener comme cela avant-hier matin; il fallut le remener à l'hôtel pour lui mettre une selle pour lui donner les entrées.

Mondonville a fait un nouveau motet sur le psaume *In exitu* que l'on dit qui est le plus beau morceau de musique qui se soit fait et le plus touchant; il fut exécuté hier; c'est un morceau de musique singulier, mais qui a parfaitement bien réussi.

18 juillet.

Presque tous les étrangers sont ici et beaucoup d'officiers du régiment du Roi; les campements sont déjà arrivés; la première revue se fera dimanche et c'est dans la même prairie où vous avez vu M. de Biron.

19 juillet.

J'allai hier voir le camp avec Mme de Brienne et le Président; nous trouvâmes M. de Guerchy, qui nous en fit les honneurs. Il n'y a encore que son quartier d'arrangé; il est appuyé contre une maison où il logera; il a fait bâtir cinq cuisines ou offices, outre les granges qui sont attachées aux maisons. Le Roi lui a prêté trois grandes tentes, et M. le prince de Conty une magnifique que lui a donnée l'Infant; elle est toute garnie en dedans de damas cramoisi avec des galons d'or. Il y aura cinq tentes où on mangera et qui contiendront 120 couverts et plusieurs autres où il y aura des rafraîchissements généralement pour tous ceux qui y viendront.

22 juillet.

Nous commençons nos opérations militaires aujourd'hui par la revue qui se fera à six heures. Il y a une grande quantité de dames qui veulent y aller avec la Reine; Mme la princesse de Condé devoit y venir; elle m'envoya demander hier au soir s'il y auroit une place pour sa dame d'honneur; je lui mandai que cela étoit impossible, les carrosses de la Reine étant plus que pleins; elle m'envoya un moment après pour me dire qu'elle supplioit la Reine de trouver bon qu'elle n'eût pas l'honneur de la suivre, ne pouvant point aller sans sa dame d'honneur. La Reine lui fit dire qu'elle la dispensoit de la suivre; ainsi elle ne viendra point. La Reine va donner audience aux députés de Hambourg; cela a paru singulier, mais voici le fait. Cette ville avoit fait un traité avec les Algériens pour leur fournir des armes; le roi d'Espagne l'a trouvé mauvais, et en conséquence a fait défense dans tous ses ports de recevoir aucun de leurs vaisseaux, ce qui faisoit grand tort à leur commerce. Ils ont eu recours à la protection du Roi, auprès du roi d'Espagne, qui a bien voulu leur pardonner et faire rouvrir ses ports pour eux à condition que le traité avec les Algériens seroit rompu; cela est fait et ils viennent remercier le Roi.

J'appris hier en arrivant que tous les princes du sang étoient ici et que M. le duc d'Orléans avoit donné une requête au Roi contre M. de Soubise; le Roi la prit et rentra dans son cabinet sans rien dire, et puis il passa pour la messe; au retour il trouva tous les princes; il demanda le conseil sur-le-champ, Mesdames même n'eurent pas le temps d'entrer dans sa chambre.

24 juillet.

Nous avons dîné au camp; nous étions trente et un à la grande table, presque tous les ambassadeurs, les ministres et les gens de la Cour; cela seroit trop long à vous en dire les noms. Il y avoit outre cela des tables pour plus de 80 couverts. Le dîner étoit excellent, très-bien servi et très chaud; je ne puis comprendre comment M. de Guerchy peut résister à la fatigue, pendant dix jours, d'avoir ce monde le soir et le matin. Mme de Guerchy fait aussi les honneurs.

Le Roi y soupera demain, et j'ai appris là qu'il y auroit beaucoup de dames, comme Mmes de Turenne, de Marsan, de Masseran, etc.

26 juillet.

Je crois que vous aurez appris par le Président lui-même la grâce que la Reine a demandée et obtenue pour lui; cela s'est passé avec toutes sortes d'agréments, et toute la Cour l'a nommé dans le moment qu'on a su la mort de M. Bernard (1). Cependant il n'auroit pas voulu acheter la charge, disant qu'il avoit soixante-sept ans, des neveux de naissance qu'il aime et qu'il estime, et auxquels il ne veut pas faire de tort, et que si on vouloit donner à la famille de M. Bernard une partie des revenus, que l'on en pouvoit disposer comme le Roi et la Reine en jugeroient à propos; et sur cela on a réglé de donner 5,000 livres de rente à la veuve sur la charge; elle en vaut 15, et avoit été achetée 100,000 écus à la création de la maison. C'est l'archevêque de Rouen qui a suggéré cette tournure-là, qui est très-bonne.

Il y a tant de tracasseries sur les princes et les princesses qu'il faudroit écrire plusieurs pages pour vous mettre au fait; il n'y en eut pas une hier qui suivît la Reine au camp.

Mme la comtesse de Gramont quêta hier le matin et l'après-midi à Saint-Jacques.

28 juillet.

Mgr le Dauphin soupe au camp avec quatorze dames sans compter les hommes.

29 juillet.

Mme de Fleury a appris la mort de sa mère (Mme d'Auxy) en douze heures.

AOUT.

Nouvelles du parlement de Rouen. — Curieuses réflexions de la duchesse de Luynes sur la légèreté et l'insouciance de la Cour et des ministres. — Le régiment du Roi passé en revue. — Esprit de Mme de Tallard. — Difficultés nouvelles. — Détails sur la grâce accordée au président Hénault. — Audience de congé à M. et Mme de Loss. — Affaire du parlement de Bretagne. — Réflexions sur l'esprit de désobéissance. — Nouvelles du parlement de Rouen. — Querelle entre l'Opéra et la Comédie. Les comédiens cessent

---

(1) M. Bernard était surintendant des finances, domaines et affaires de la maison de la Reine.

de jouer. — L'évêque de Bayeux nommé archevêque de Sens. — Retour de la Cour à Versailles. — Frais à payer à Rome pour les bulles de Sens. Usages de la cour de Rome. — L'ordre de Malte. — Mort de Mme de Saulx. — Nomination aux bénéfices. — Mme de Mirepoix nommée dame du palais de la Reine. — L'archevêché de Sens. — Affaires du parlement de Rouen. — Détails sur l'office de la Sainte-Chapelle.

Du 4 août.

J'oubliai de vous dire hier que l'on avoit donné quatre places nouvelles de colonels dans les grenadiers de France, ce qui en fera 24 ; c'est à MM. de Talleyrand, de Châtillon, du Roure et de Lauraguais le cadet. Il n'arriva point de courrier hier de M. de Fougères (1) ; il en viendra peut-être avant que je ferme ma lettre.

Depuis que j'ai commencé ma lettre (il est près de neuf heures) on dit qu'il est arrivé un courrier de M. de Fougères ; cela va tout au plus mal à Rouen.

Du 5 août.

On ne sait encore rien du courrier d'hier de M. de Fougères ; je crois que le Parlement a quitté ses fonctions ; peut-être a-t-il été plus loin, mais les nouvelles de Paris ne sont pas bonnes. M. de Fougères n'est pas revenu.

Du 7 août.

On dit que le parlement de Rouen a fait un arrêté pour suspendre leurs fonctions, et M. de Fougères a encore biffé et rayé, en leur ordonnant de la part du Roi de les reprendre. On ne sait point encore ce que cela produira.

Autres extraits de lettres datées de Compiègne.

Du 13 juillet.

J'ai oublié aussi de marquer que le gros pavillon de l'aile neuve, commencé l'année dernière, est fini cette année et habité ce voyage-ci ; il fait partie des appartements de Mesdames cadettes. Mgr le Dauphin, pour ne les point déranger, est logé aux mansardes au-dessus d'elles ; c'est lui qui l'a voulu. Madame Infante et Madame Adélaïde occupent l'appartement de Mgr et de Mme la Dauphine qui donne dans la cour de la terrasse du Roi où l'on bâtit actuellement.

---

(1) Le marquis de Fougères, lieutenant général, brigadier des gardes du corps, porteur des ordres de Louis XV au Parlement de Rouen, qui avoit rendu plusieurs arrêts à propos de refus de sacrements et avait persisté dans les arrêtés malgré les ordres du Roi.

Du 20 juillet.

On dit, en jouant au tri, que l'affaire des princes s'échauffe, et cela fait bien moins, je vous jure, qu'une vole manquée, tant on est soigneux du bien public. Comptez que c'est l'âge d'or que ce pays-ci; vous croiriez, Monsieur, qu'il n'y a jamais eu de Parlement en France et que les hommes ne plaident plus. M. le chancelier tient le plus grand état du monde et tous les ministres en font autant; il faut bien faire quelque chose.

Du 23 juillet.

Le Roi fit hier la revue de son régiment; le jour étoit fort beau. Le Roi n'arriva au camp qu'à près de six heures, à cause du salut qu'il avoit entendu à la congrégation. La Reine y mena Mesdames; toute la Cour y étoit, et il y avoit en tout un monde prodigieux. Le Roi trouva le régiment en bataille sur quatre lignes qui longeoit la chaussée de Venette; S. M. descendit de carrosse à la tête du régiment, passa à pied dans tous les rangs, et vint ensuite se placer dans le centre, vis-à-vis du régiment, où on avoit mis une tente et un fauteuil dessous pour le Roi. Le régiment fit l'exercice avec une si grande justesse dans leurs différents mouvements que tout le monde parut surpris et charmé; le régiment défila ensuite devant le Roi par compagnie; il devoit repasser une seconde fois par bataillon, mais il étoit trop tard, et le jour avoit manqué avant la seconde manœuvre. Le Roi a fait plusieurs grâces dans le régiment; le lieutenant-colonel (1) a été fait cordon rouge; M. de Morsins brigadier, MM. de Languedone et Duglas colonels, M. Marc commission de capitaine. Il y a eu quatre sous-aide-majors créés et plusieurs pensions données; dix croix de Saint-Louis données, et dix-huit gratifications de chacune 500 livres. J'ai oublié de marquer que le Roi avoit dans son carrosse M. le prince de Condé à côté de lui, M. le duc de Penthièvre, M. le prince de Dombes sur le devant. Les grands officiers, c'est-à-dire le service, étoient dans un carrosse qui marchoit devant le Roi; il y avoit outre cela un autre carrosse derrière le Roi pour les personnes de la Cour.

M. le prince de Conty est reparti hier pour Paris pour voir Mme la princesse de Conty sa mère avant son départ pour la Touraine, où elle va presque tous les ans; M. le prince de Conty revient ici mardi; il a encore travaillé avec le Roi ce voyage-ci.

L'histoire des chevaux de la Reine est tragique, car il y en est mort huit, sans compter ceux que Galleran a perdus; il y en a aussi dans les chevaux de poste qui ont péri et aux voitures de la Cour.

---

(1) M. de Croismare. (*Note du duc de Luynes.*)

Du 24.

J'ai su aujourd'hui que le Roi avoit donné aux soldats de son régiment 6,000 livres de gratification. Le lieutenant-colonel (M. de Croismare) est parent de MM. de Croismare de la petite écurie.

Du 26.

Le Roi et la Reine allèrent hier au camp en sortant du salut de Saint-Jacques. Le Roi n'avoit dans son carrosse de princes du sang que M. le prince de Conty, et M. le comte de la Marche; les autres étoient M. le duc de Villeroy, M. le comte de Brionne et M. le prince de Turenne; il y avoit un second carrosse pour des personnes de la Cour. La Reine avoit avec elle comme la première fois Mesdames et trois autres carrosses pour le palais et des dames averties. Le Roi monta à cheval à l'entrée de la plaine et passa devant le régiment qui étoit sur quatre lignes, dont les rangs se touchoient. S. M. se plaça ensuite de côté pour n'être pas vis-à-vis du régiment qui a fait plusieurs décharges suivant les différentes évolutions. Quoiqu'on ne tire qu'à poûdre, il est d'usage que le Roi ne se place jamais en face des troupes. Tout m'a paru d'une grande justesse dans tous les différents mouvements qu'ils ont faits, et surtout leur feu roulant qui ne laissoit aucun intervalle. Pendant que le tiers tiroit dans les différents bataillons, les autres avoient le temps de recharger ; cela dura environ une heure; après cela ils défilèrent devant le Roi par bataillons pour retourner à leur camp. Le Roi entra tout de suite chez M. de Guerchy où S. M. soupa.

Du 26 juillet (1).

Le Roi déclara hier dans son conseil, Monsieur, qu'il m'accordoit la charge de surintendant de la maison de la Reine vacante par la mort de M. Bernard. La Reine la lui avoit demandée sans que ni moi ni mes amis lui eussions parlé, et elle a la bonté d'en faire la remarque au Roi dans la lettre qu'elle lui écrit.

Du 2, Compiègne. — Mgr le Dauphin, qui étoit arrivé à Compiègne le jeudi 26, alla au camp voir le régiment du Roi le lendemain. Le régiment passa en revue devant lui après avoir fait l'exercice et plusieurs évolutions. Mgr le Dauphin retourna au camp le samedi pour y souper seulement. Le régiment est parti pour s'en retourner le 30.

---

(1) Cette lettre est du président Hénault.

M. le comte d'Egmont fit ses révérences en grand manteau avec mon fils le vendredi 27. M. d'Egmont, n'ayant pas encore paru à la Cour avec la grandesse, eut l'honneur de saluer Mesdames ; il a eu depuis ce même honneur chez la petite Madame à Versailles, ce qui donna occasion à un bon compliment de Mme de Tallard qui fait toujours parler avec éloquence et politesse les enfants de France. Madame qui s'étoit avancée pour saluer M. d'Egmont eut peur du grand manteau ; elle se retira en criant. Mme de Tallard dit à M. d'Egmont : « Vous voyez, Monsieur, combien Madame prend de part à votre affliction. » Il y eut une difficulté chez les princesses ; elles n'en font aucune pour donner le fauteuil chez elles aux femmes titrées, ni les princes du sang aux hommes titrés ; ils ne peuvent pas en faire non plus pour la reconduite, car tout le monde se souvient que feu M. le duc d'Orléans n'a jamais manqué de reconduire un homme titré jusqu'à la porte de la galerie à Versailles, en disant toujours : « Je le dois, je le dois. » Mais la question que l'on veut agiter, c'est pour les gens titrés chez les princesses, parce qu'il peut arriver souvent que par politesse on n'ait pas voulu prendre un fauteuil ; cependant il est très certain et connu de tout le monde qu'anciennement Mme la duchesse d'Orléans, petite-fille de France, faisoit toujours asseoir chez elle les gens titrés et jamais ceux qui ne l'étoient pas. Le droit des hommes et des femmes est égal certainement chez les princesses du sang ; mais enfin on veut aujourd'hui que ce soit une question, et on demande des exemples. La dame d'honneur de Mme la duchesse d'Orléans n'a voulu rien prendre sur elle. Mme de Ranty chez Mme la princesse de Condé a dit qu'elle n'en savoit rien. Mme de Penthièvre a fait faire toutes sortes d'honnêtetés à M. d'Egmont et à mon fils, mais elle a dit qu'elle ne pouvoit faire que ce que les autres feroient, et enfin M. d'Egmont n'a été chez aucunes princesses du sang. On sait déjà que M. d'Havré et M. de Lède ont eu un fauteuil chez Mlle de

Charolois sans difficultés; on trouvera d'autres exemples; mais il est assez simple que la mémoire ne les rappelle pas. On n'est point frappé de l'usage d'une distinction qui ne souffre point de contestation et qui n'a jamais été refusée.

J'ai parlé de la charge accordée à M. le président Hénault; j'appris avant-hier quelques détails. Dans le temps de la maladie de M. Bernard, lorsque l'on sut qu'il étoit à toute extrémité, deux personnes de grande considération s'adressèrent à M. le président Hénault pour lui dire le désir qu'ils avoient d'obtenir cette charge et lui demandèrent conseil sur ce qu'ils devoient faire. Le président Hénault leur dit qu'il leur conseilloit de parler à la Reine. Lorsque la Reine fut hors de table, ils lui demandèrent un moment d'audience qu'elle leur accorda; pendant ce temps-là, le président qui fait sa cour à la Reine dans ses cabinets, tous les jours, au sortir de son dîner, lorsqu'il est à la cour, se retira. L'audience finie, la Reine l'appela; il entra dans les cabinets; il y fut question de la charge; la Reine lui dit qu'on lui demandoit cette charge pour le fils de M. Bernard qui étoit fort jeune, qu'elle avoit des obligations au père et au grand-père, que l'un et l'autre lui avoient donné des preuves d'attachements à elle et au Roi son père; que d'ailleurs ils avoient acheté la charge 100,000 écus, et qu'elle lui demandoit son avis. Le président lui conseilla de la demander pour le petit-fils; il n'en fut pas question davantage pour ce moment. Deux jours après, on apprend la mort de Bernard; la conversation se renouvelle dans les cabinets; e président lui dit qu'il avoit pris la liberté de lui dire son avis parce qu'elle le lui ordonnoit, et qu'il y persiste d'autant plus qu'il se trouve fondé sur les plus justes considérations en faveur du fils. La Reine lui dit que ce n'étoit pas là ce qu'elle attendoit de lui, et qu'elle croyoit qu'il lui demanderoit cette charge pour lui-même; elle accompagna ce propos de toutes les marques de bonté les plus capables de toucher un cœur sensible. Le Président n'eut pas la force de lui répondre et se retira sur-le-champ. La Reine comme elle le lui avoit dit écrivit au Roi, et le lendemain, au lever du Roi, comme elle a coutume d'y aller, après lui avoir dit un mot sur la charge, elle lui remit sa lettre ; la décision ne fut différée que jusqu'au lendemain. Le Roi étant au conseil dit tout haut que la charge de surintendant de la maison de la Reine étoit donnée, sans dire à qui, beaucoup de gens se doutant du choix; enfin le Roi nomma le Président en regardant M. d'Argenson qui est son intime ami. Au sortir du conseil, M. de Saint-Florentin vint en rendre compte à la Reine; la Reine fit chercher partout le Président qui sortoit de chez elle, et lui annonça cette nouvelle avec les plus grandes marques de joie. Le Président prêta serment avant-hier entre les mains de la Reine. Ordinairement cette cérémonie ne se fait pas en public, mais il se trouva que c'étoit le moment où la chambre de la Reine étoit pleine de ministres étrangers et de courtisans, ce qui augmenta beaucoup l'embarras du nouveau surintendant.

M. de Loss eut avant-hier son audience de congé avec les cérémonies ordinaires, accompagné par M. de Brionne et par M. Dufort, introducteur des ambassadeurs, l'honneur des armes, se couvrir, en un mot toute l'étiquette comme à l'audience de l'arrivée, excepté que l'audience d'arrivée étant à Versailles, l'ambassadeur vient de Paris à huit et à six chevaux, et qu'ici et à Fontainebleau tous les carrosses ne sont qu'à deux chevaux, et que l'ambassadeur n'a point de traitement à son audience de congé, c'est-à-dire un dîner aux dépens du Roi.

Mme de Loss prit hier son audience de congé. Le cérémonial est le même qu'à l'arrivée, excepté que les dames d'honneur ne la saluent point lorsqu'elle entre, mais seulement lorsqu'elle sort et qu'elle n'est point traitée à la table de la Reine. M. et Mme de Loss ne comptent partir qu'environ quinze jours après les couches de Mme la Dauphine ; mais ils prennent congé à présent parce qu'ils prétendent qu'il en coûte un tiers moins de prendre congé ici et à Fontainebleau qu'à Versailles. Ils partent avec beaucoup de regrets étant depuis douze ans dans ce pays-ci. Il y a apparence que M. de Loss ne sera remplacé que par un envoyé ; la mode des ambassadeurs passe ; on la trouve trop chère et assez inutile. Le titre d'ambassadeur de Pologne est une grâce accordée en faveur du mariage et est une faveur fort singulière ; il faut être Polonois pour être ambassadeur de Pologne et être nommé par les États, et l'électeur de Saxe en cette qualité n'a point droit d'avoir un ambassadeur ; il faut donc qu'il soit en même temps ambassadeur de Pologne, et c'est le nom qu'il a pris ; mais il est Saxon ; ainsi ce ne peut être que comme ministre de l'électeur de Saxe roi de Pologne, et dans le fond comme ministre de l'électeur de Saxe père de Mme la Dauphine.

M. de Fougères partit avant-hier par ordre du Roi pour se rendre à Rouen ; nous ignorons quels sont ses ordres. Sûrement il ne va pas comme chef de brigade, mais bien comme lieutenant général. Il y a des troupes à Rouen.

L'affaire de Bretagne est au sujet d'une déclaration du Roi pour l'établissement d'un droit de contrôle sur les actes des procureurs, droit qui fait, à ce que l'on dit, de l'embarras et qui empêchera plusieurs de ces actes faute de moyens aux procureurs pour faire les avances nécessaires pour le payement de ce droit. Cette déclaration n'est que l'interprétation d'un ancien édit dans lequel l'établissement de ce droit n'est pas clairement marqué. Le Parlement de Rennes a rendu un arrêt portant défense sous peine de concussion de lever aucun droit en général qu'en vertu d'édit enregistré au Parlement. Cet arrêt a été cassé par un arrêt du conseil. Il s'agit de l'exécution de cet arrêt à laquelle on s'oppose. Dans des circonstances d'obéissance et de soumission, il auroit été écrit par le Parlement à M. le chancelier une lettre de représentation sur ces droits, et l'usage de la province et du

Parlement; mais aujourd'hui on refuse ce qui déplaît, sans respecter l'autorité du maître qui ordonne.

Le conseil de dépêches fut fort court avant-hier, mais immédiatement après, c'est-à-dire une heure, il y eut un comité chez M. le chancelier.

Du vendredi 10, *Versailles.* — Mme de Saulx a la petite vérole; son mari, qui la craint beaucoup, a été sur-le-champ à Compiègne, sur la première nouvelle qu'elle étoit malade; il la ramène à Paris. La petite vérole parut hier jeudi matin; il est avec elle. M. l'archevêque de Rouen apprit cette nouvelle hier à Versailles où il étoit venu attendre la Reine; il voulut partir dans le moment, il crut que la Reine ne pouvoit pas lui refuser la permission de s'en aller et qu'il étoit plus respectueux de l'attendre. Cette permission fut très-difficile à obtenir; enfin l'archevêque partit hier au soir après avoir promis qu'il n'entreroit pas dans la chambre de sa nièce.

On disoit que le Parlement de Rouen avoit fait biffer les arrêts du conseil et que M. de Fougères les avoit fait rétablir; mais il paroît que cela est faux et que le Parlement a repris ses fonctions.

Les mauvaises nouvelles du Canada, quoique très-publiques, paroissent être fausses ici.

L'Opéra a obtenu un arrêt du conseil qui défend aux comédiens françois d'avoir plus d'un certain nombre de danseurs et danseuses. Les comédiens se sont assemblés et ont arrêté de ne plus jouer jusqu'à ce que le Roi ait bien voulu écouter leurs très-respectueuses représentations et ont députés à la Cour quatre comédiens et quatre comédiennes. En effet avant-hier il n'y eut point de comédie. Cette nouvelle paroît une parodie inventée à plaisir; elle est cependant vraie.

Mme de Brienne s'en va tout à fait dimanche; elle veut aller demain samedi dîner à Dampierre. Mme de Luynes paroît aussi fort tentée de faire ce petit voyage et revenir le soir; elle espère pouvoir y retourner le mercredi 15 jusqu'au samedi seulement et faire un second voyage après les couches de Mme la Dauphine.

Du samedi 11, *Versailles.* — La Reine arriva avant-hier de Compiègne. Mesdames arrivent aujourd'hui avec le Roi.

M. l'ancien évêque de Mirepoix vint hier au dîner de la Reine; il dit à S. M. qu'il avoit reçu la feuille des bénéfices donnés, signée du Roi; que mon frère étoit nommé archevêque de Sens, et M. l'évêque d'Évreux (Rochechouart-Montigny) à l'évêché de Bayeux.

Du mercredi 15, *Dampierre.* — La Reine arriva à Versailles le jeudi 9; elle s'arrêta en chemin aux Carmélites de Saint-Denis, dont Mme Dillon est prieure. L'abbé Dillon, son frère, grand vicaire de Rouen et demeurant à Pontoise, s'y trouva; on dit que c'est un sujet d'un mérite distingué.

Mesdames sont toutes restées avec le Roi, elles ne sont revenues que le dimanche 12 à Versailles. Le Roi les y ramena et alla ensuite souper et coucher à Bellevue, d'où il n'est venu qu'hier au soir.

Ce même jour, dimanche 12, mon frère eut l'honneur de remercier le Roi, qui le nomma à l'archevêché de Sens. Aussitôt après la mort de M. Languet de Gergy, M. l'ancien évêque de Mirepoix jeta les yeux sur mon frère pour le proposer au Roi; il en parla à mon frère. Mon frère, qui gouverne depuis vingt-trois ou vingt-quatre ans son diocèse avec paix et avec tranquillité, qui croit pouvoir se flatter d'y être aimé et considéré, et qui avoit lieu d'espérer d'y faire encore plus de bien de jour en jour, pria très-instamment M. de Mirepoix de ne point songer à lui; les sollicitations et les refus ont duré longtemps; mon frère ne voulut point s'en rapporter au sentiment que lui dictoit sa répugnance naturelle; il a consulté des gens éclairés en qui il a confiance, et c'est à leur conseil qu'il a dit avec grand regret à M. de Mirepoix qu'il feroit ce que le Roi voudroit. M. de Mirepoix en rendit compte au Roi sur-le-champ, suivant son usage ordinaire, et le Roi mit à côté de sa main : « Vous savez ce que je pense de M. de Bayeux, j'ai toujours cru qu'il étoit le plus propre pour la place de Sens, avec toute sa douceur; il peut compter sur toute ma protection. »

Par la même nomination, le Roi a nommé à l'évêché de Bayeux, M. l'évêque d'Évreux (Rochechouart-Montigny). L'usage ordinaire est que les évêques sont présentés et font leurs remercîments en habit long violet; mais c'est au lever du Roi, au sortir de sa prière. Le Roi ne couchant point à Versailles, il falloit prendre un autre moment. Mon frère s'étoit informé de l'usage ordinaire. M. l'archevêque de Narbonne lui avoit dit qu'à sa nomination à Narbonne il avoit été présenté en habit long dans le cabinet, que lorsqu'il fut fait archevêque de Toulouse, il avoit fait aussi son remercîment dans le cabinet en habit long; je crois qu'on lui cita encore un autre exemple. Le Roi étoit entré chez Mme la Dauphine en arrivant, et M. le maréchal de Richelieu, premier gentilhomme en année, attendoit dans le cabinet avant la chambre; mon frère, qui y étoit en habit court, demanda à M. de Richelieu ce qu'il devoit faire; il lui cita les exemples que je viens de dire et l'assura d'ailleurs qu'il n'avoit nulle prétention. M. de Richelieu lui répondit que les exemples de M. de Narbonne ne pouvoient rien faire, parce que Narbonne est président et Toulouse vice-président des États, et que cette circonstance décide cette présentation dans le cabinet; que c'est pour la même raison que les intendants sont présentés aussi dans le cabinet; apparemment que c'est dans la supposition que le Roi peut avoir des ordres particuliers à leur donner; enfin M. de Richelieu décida que la présentation seroit en habit court dans la chambre à la porte du cabinet, et c'est ainsi que cela se passa lorsque le Roi remonta chez lui. Chez Mme la Dauphine tout se passa dans la plus grande règle. Mon frère avoit prévenu Mme de Brancas; il étoit déjà dans la chambre de Mme la

Dauphine; Mme de Brancas lui dit qu'il convenoit qu'il sortît un moment; elle le fit rappeler aussitôt et il fit la révérence en habit court.

Les bulles de l'archevêché de Sens sont de 6,000 florins qui font 56,000 livres de notre monnoie. Mon frère a l'abbaye de Cerisy en Normandie que le Roi lui donna avant qu'il fût évêque; il en paya les bulles alors suivant la règle et les repaya une seconde fois lorsqu'il fut nommé à Bayeux. Cet usage n'est que pour la première fois que l'on est nommé évêque; dans le cas d'une translation d'un diocèse à un autre on ne paye plus les bulles de ces bénéfices.

En arrivant le 9 à Versailles j'appris que Mme de Talaru (Sassenage), belle-fille de M. Chalmazel, après une maladie assez vive qui avoit donné de l'inquiétude, étoit accouchée heureusement le 7 à Versailles d'un garçon.

On a déjà pu remarquer dans ce livre plusieurs détails très-étrangers à un journal de cour, mais qui peuvent être dignes de curiosité. J'en appris un il y a quelques jours sur l'ordre de Malte qui mérite d'avoir place ici. Tout le monde sait qu'il est d'usage de faire recevoir ses enfants chevaliers de Malte de minorité. Ce que l'on appelle de minorité, c'est depuis le moment de la naissance jusqu'à douze ans seulement; à seize ans l'on est reçu de majorité; et depuis douze ans jusqu'à seize, il n'y a ni minorité ni majorité, on ne peut être reçu dans l'ordre qu'en obtenant une place de page du grand maître. Le grand maître a 16 pages. Du moment que l'on est reçu, l'ancienneté court pour la commanderie; mais il est d'obligation d'aller servir pendant deux ans à Malte en qualité de page; on est nourri chez le grand maître, et on y a grand soin de l'éducation des jeunes gens. Les chevaliers qui arrivent à Malte y trouvent toujours l'auberge de la Religion, où ils sont nourris. On sait qu'il y a sept langues dans l'ordre de Malte; chaque langue a son auberge particulière. Il y a trois grands prieurés dans la langue pour la France, celui de la langue de France, celui d'Aquitaine et celui de Champagne ; celui-ci est le plus considérable pour le revenu après celui de France ; il est vraisemblable que celui de France ayant été donné à un prince du sang doit être retranché de ce qui faisoit l'espérance des anciens chevaliers. Outre les trois grands prieurés il y a un grand hospitalier dans cet Ordre, un grand trésorier et un bailli de la Morée. L'usage ordinaire est qu'il faut avoir été hospitalier pour parvenir à l'un des trois prieurés. Cette charge de grand hospitalier entraîne des frais inévitables. Les auberges de chaque langue se tiennent aux frais de l'ordre et du grand hospitalier ; il en coûte à celui-ci 10,000 livres par an, qu'il est obligé d'envoyer à Malte lorsqu'il en est absent. L'ordre donne 16 sols par jour pour la nourriture de chaque chevalier. Ils mangent dans un réfectoire et sont servis quatre à quatre ; ils ont un potage, un bouilli, une entrée, un plat de rôti, un peu de fruit et une bouteille de vin à deux ; outre les tables pour les chevaliers, il y en a une autre au haut bout du réfectoire pour les plus anciens chevaliers ; elle joint l'autre table ; elle est plus élevée et est mieux servie ; c'est ce qu'on appelle le pilier, composé des sept plus anciens chevaliers de l'auberge ; c'est aux frais de cette table que sont employés les 10,000 francs du grand hospitalier. Ordinairement il ne l'est guère que deux ou trois ans, parce qu'il parvient aux dignités, comme grand prieuré, bailli de la Morée et grand trésorier, tous ceux qui les possèdent étant sûrement plus âgés que lui. Il y a eu cependant de notre temps un grand hospitalier (le bailli de Boccage) qui l'a été pendant treize ans. Lorsqu'un chevalier arrive à Malte, il faut qu'il se décide s'il veut manger à l'auberge ou non ; s'il n'y mange pas, on lui remet en nature la part qu'il devoit avoir à l'auberge, c'est-à-dire le quart de la portion destinée pour quatre chevaliers. Ordinairement les chevaliers laissent leurs domestiques percevoir ce droit qui leur est délivré fort exactement ; ou s'il se fait rembourser sa table, le trésorier lui tient compte d'un louis par mois à raison de 16 sols par jour. Lorsqu'un chevalier tient galère, c'est une dépense assez considérable pour lui, et cependant c'est une grâce à obtenir du grand maître, parce qu'il y revient de droit une commanderie à celui qui tient galère. Cette commanderie est la première de celles qui viennent à vaquer dans l'année que le grand maître est ce qu'on appelle en donaison. Cette année de donaison ne revient que tous les cinq ans ; mais le grand maître peut donner tous les cinq ans une commanderie dans chaque prieuré. Lorsque la commanderie qui vient à vaquer se trouve d'un revenu trop peu considérable, le chevalier qui tient galère peut la refuser sans perdre son droit, et alors le grand maître remet aussi son droit à la langue qui donne la commanderie au plus ancien chevalier, et il attend la vacance d'une autre plus considérable pour la donner à celui qui tient galère. Les frais de tenir galère peuvent monter à 30 ou 40,000 francs. Les chevaliers reçus de minorité ou de majorité, ou qui ont été pages, sont toujours libres de quitter l'ordre jusqu'à ce qu'ils aient fait leurs vœux (1) ; ainsi quand un chevalier prévoit que le temps approche où il aura droit à une commanderie par son ancienneté, alors seulement il fait ses vœux. Les vœux naturellement doivent être faits à Malte, mais on obtient dispense pour les faire partout où l'on se trouve. Les vœux se font dans une église entre les mains d'un commandeur ; il faut aussi un chevalier assistant. On dit la messe, après laquelle le prêtre demeure à l'autel pour être témoin ; le chevalier se met à genoux devant le commandeur qui est dans le fauteuil et

---

(1) Les chevaliers reçus de minorité sont tenus de faire leurs vœux à 26 ans, et ceux de majorité à 50 ans ; il n'y a qu'un bref de la cour de Rome qui puisse prolonger le noviciat. Le terme du premier bref est de 5 ans, après lequel l'on fait ses vœux, ou l'on demande un second bref dont la durée n'est que de 3 ans, et ainsi des autres. On ne peut avoir de commanderie sans avoir fait ses vœux. (*Note du duc de Luynes.*)

qui l'arme en lui disant : « De par Saint-Jean, je vous fais chevalier. » Ensuite on lui passe l'habit de l'ordre, qui est une robe noire, et on lui attache à gauche de la poitrine une croix blanche. Le chevalier assistant lui attache l'éperon. Le commandeur fait dresser ensuite un procès-verbal de la cérémonie qui est signé de lui, du nouveau chevalier, de l'assistant ou prêtre, des témoins, et qui est envoyé à Malte. Lorsque j'ai dit qu'il n'y a point de temps pour faire ses vœux, c'est parce qu'on en obtient facilement la dispense; mais il faut renouveler souvent cette dispense. C'est le pape qui l'accorde, et à chaque fois il en coûte 200 francs ou 100 écus. L'obligation de faire ses vœux ne commence qu'à vingt-cinq ans révolus; la première dispense dure cinq ans; ensuite il faut les renouveler tous les trois ans.

Chaque chevalier est obligé de recevoir la commanderie d'ancienneté à Malte même, s'il n'en est dispensé par un bref; il est obligé aussi à cinq années de résidence. Les deux années de caravanes lui sont comptées pour deux; il peut se dispenser des trois autres par un bref; chaque bref peut contenir deux grâces.

Les caravanes sont à l'abri de l'exemption que portent les brefs, excepté la dernière; c'est-à-dire que si un chevalier a fait trois caravanes bonnes et valables, et qu'il commence la quatrième, il peut, avec le consentement du grand maître, ne la point achever, et alors un bref la bonifie. Dans le même bref qui prolonge le temps de faire ses vœux, on peut y ajouter une seconde grâce, telle que la bonification d'une caravane, la dispense des trois années de résidence, la permission de faire ses vœux hors du couvent et celle de prendre aussi la commanderie hors du couvent.

Du vendredi 17, Versailles. — Mme de Saulx (Tessé) mourut avant-hier; elle étoit dans sa trente-huitième année; elle tomba malade les derniers jours de Compiègne, quelque temps après être revenue de Paris, où elle avoit fait un voyage pour venir voir M. le marquis de Tessé, son père, qui avoit été assez mal et qu'elle aimoit beaucoup. Mme de Saulx fut saignée du bras à Compiègne ayant une fièvre assez violente; elle devoit être saignée du pied le même jour; une moiteur qui survint empêcha cette saignée, il parut le lendemain que cette moiteur avoit presque entièrement emporté la fièvre; elle partit aussitôt de Compiègne avec son mari, qui y étoit venu sur la nouvelle de sa maladie; en arrivant à Paris, la petite vérole parut; elle n'étoit accompagnée d'aucun accident, excepté un peu d'étouffement. Le quatrième jour elle eut un peu de dévoiement et quelques absences d'esprit qui donnèrent de l'inquiétude; ce fut le 4 au soir ou le 3 qu'on se détermina à une saignée du pied; elle mourut dans la journée du 5 ou du 6. Elle étoit, comme je l'ai dit, fille du marquis de Tessé (1), fils du maréchal; son mari, qui est menin de Mgr le Dauphin, est fils de M. le comte de Tavannes, commandant pour le Roi en Bourgogne, et par conséquent neveu de M. l'archevêque de Rouen et de M. le marquis de Saulx. Mme de Saulx avoit un caractère doux et simple; elle remplissoit tous ses devoirs avec la plus grande exactitude; aussi étoit-elle aimée de son père, de sa mère, de son mari et de ses parents et de tous ceux qui la connoissoient. On pouvoit lui parler avec confiance; elle avoit beaucoup d'amis et étoit digne d'en avoir. Elle étoit dame du palais de la Reine. La Reine est fort affligée de sa mort par rapport à elle et à M. l'archevêque de Rouen, pour qui S. M. a infiniment de bonté, d'estime et de confiance.

J'appris avant-hier en arrivant de la campagne que la nomination aux bénéfices venoit d'être déclarée. J'ai déjà mis le changement de mon frère et de M. l'évêque d'É-

---

(1) M. le marquis de Tessé perd à cette mort 15,000 livres de rentes viagères qu'il avoit mises sur la tête de Mme de Saulx sa fille. (*Note du duc de Luynes.*)

vreux; l'évêché d'Évreux a été donné à M. l'abbé Dillon, grand vicaire de M. L'archevêque de Rouen au département de Pontoise. L'archevêché de Toulouse vacant depuis que M. de la Roche-Aymon a été nommé à l'archevêché de Narbonne, a été donné à M. l'évêque de Blois (Crussol) et l'évêché de Blois à M. l'abbé de Termont, aumônier du Roi.

L'abbaye de Breteuil qui étoit aux œconomats depuis trois ou quatre ans, et qui avoit été possédée par M. l'abbé d'Apremont, a été donnée à M. l'abbé de Sainte-Aldegonde, autre aumônier du Roi, et on a mis 8,000 livres de pension sur cette abbaye. L'abbaye de Saint-Just a été donnée à M. de Caulaincourt, aumônier du Roi: Sur les 8,000 livres dont l'abbaye de Breteuil est chargée il y a 2,000 livres qui ne seront sûrement payées que pendant dix ans; cette somme de 2,000 livres fera 20,000 livres accordées à l'église de Breteuil pour son rétablissement, le bourg ou ville de Breteuil ayant été consumé par un incendie il y a peu de temps. Le Roi a donné outre cela une gratification, je crois de 50,000 écus et dix ans d'exemption. L'abbaye de Breteuil vaut 26,000 livres de rente.

Du dimanche 19, Versailles. — Le lendemain de la mort de Mme de Saulx, la Reine parla au Roi pour la place vacante; la Reine désiroit Mme de Mirepoix, mais il y avoit une difficulté. Mme de Mirepoix est actuellement titrée, et le Roi voulant que les femmes non titrées puissent avoir des places dans le palais de la Reine, on a réglé qu'il y en auroit six titrées et six non titrées; cette règle n'a pas toujours été observée fort exactement, et il se trouve sur cela quelquefois des circonstances qui peuvent faire des changements, comme il arriveroit par exemple si M. de Chalais venoit à mourir; de ce moment Mme de Périgord seroit grande d'Espagne. Le Roi étant parti ce même jour pour Choisy fut occupé de ce que la Reine désiroit et lui écrivit avant-hier au soir pour lui mander qu'il consentoit à Mme de Mirepoix. Tout concourt en effet à faire approuver ce choix ; sa naissance, celle de son premier et de son second mari, le service de celui-ci tant à la guerre que dans les négociations, enfin la figure et le caractère de Mme de Mirepoix ; il paroît seulement que l'intention du Roi est que l'égalité pour les places soit rétablie à la première occasion.

Du mardi 21, *Versailles*. — J'ai appris aujourd'hui que la fille unique de Mme de Robecque (Luxembourg) est morte ; elle avoit quatre ou cinq ans.

Mme de Mirepoix fut présentée avant-hier comme dame du palais par Mme de Luynes.

Le Roi alla hier tirer dans la plaine de Montrouge et souper chez M. de la Vallière.

On trouvera dans ce journal quelques détails sur l'archevêché de Sens ; j'en appris deux hier qui méritent d'être écrits. On sait que l'archevêché de Paris n'a été fondé qu'en démembrant celui de Sens ; il reste encore à l'archevêque de Sens quelques vestiges de ce qu'étoit son siége autrefois : 1° le titre de primat des Gaules et de Germanie ; 2° une chambre primatiale, où vont les appellations de Paris, mais il est vrai que de là elles vont à Lyon ; 3° un siége élevé dans le chœur de Notre-Dame de Paris du côté de l'Évangile, vis-à-vis et pareil à celui de M. l'archevêque. Il y a différentes explications sur ce siége, les uns disent qu'il n'a été fait que pour la symétrie du chœur, d'autres que c'est en conséquence d'un règlement fait avec l'archevêque de Sens, règlement à la vérité fort singulier, car il porte que l'archevêque de Sens pourra venir officier à Notre-Dame, même l'archevêque de Paris étant dans la sacristie prêt à officier, que l'archevêque de Sens prendra séance dans cette place élevée du côté de l'Évangile, mais qu'aussitôt qu'un archevêque de Sens aura usé de ce droit, le droit sera perdu, et le siége sera détruit ; aucun archevêque n'a voulu en user jusqu'à présent ; 4° enfin, les armes du chapitre de Sens autour desquelles sont écrites ces sept lettres C. A. M. P. O. N. T., qui sont les lettres initiales des sept diocèses qui étoient suffragants de Sens : Chartres, Auxerre, Meaux, Paris, Orléans, Nevers, Troyes. Chartres et Orléans sont présentement suffragants de Paris.

Du jeudi 23, Dampierre. — On trouvera ci-après un détail de ce qui s'est passé au parlement de Rouen. Ce Parlement n'est pas encore parvenu au point où est celui de Paris, car il a repris ses fonctions de mardi dernier, veille de l'Assomption, après avoir dressé des remontrances qu'ils ont envoyées et qui vraisemblablement ne seront pas reçues. Ces remontrances ont été composées par sept ou huit jansénistes déclarés qui ne sont point du Parlement et qui sont venus exprès à Rouen pour travailler à cet ouvrage. Je ne les ai point vues, mais quelqu'un d'instruit m'a dit qu'il falloit cinq heures pour les lire; on y établit pour principe que la Constitution n'est règle ni de l'Église ni de l'État.

Affaires du parlement de Rouen.

Du 28 juillet 1753. — Arrêt du parlement de Rouen, sur les conclusions de M. le procureur général, qui ordonne l'exécution de deux arrêts dudit Parlement des 19 et 20 juin 1753 portant invitation à M. l'évêque d'Évreux de faire cesser le scandale causé par le refus des sacrements fait au Sr Delaunay, ecclésiastique demeurant en la ville de Verneuil, condamne M. l'évêque d'Évreux en 6,000 livres d'amende payables sans délai, réitère l'invitation de faire cesser le scandale dans les 24 heures sous plus grande peine; ordonne que l'arrêt sera signifié même un jour de dimanche; enjoint au procureur général d'informer le Parlement de ce qui seroit fait le mercredi suivant, 1er août.

Nota. L'arrêt aura été signifié à M. l'évêque d'Évreux le 29 ou 30 juillet; on est incertain du payement des 6,000 livres, mais on assure que l'huissier qui a fait la signification a été emprisonné de l'ordre de M. l'intendant de Rouen (1).

Du 1er *août* 1753, *du matin, à Rouen.* — Les chambres assemblées ont décrété M. l'évêque d'Évreux d'ajournement personnel sur les deux heures après midi. M. de Fougères, lieutenant général des

---

(1) M. de la Bourdonnaye, conseiller d'État.

armées du Roi, arriva hier chez M. le premier président; il lui demanda de la part du Roi l'assemblée des chambres qui le furent à trois heures. M. de Fougères entra et demanda place au-dessus du doyen, et sur le refus se plaça au bureau; il tira de sa poche deux arrêts du conseil sans sceau ni lettres patentes, l'un pour casser les arrêts du Parlement rendus touchant l'ecclésiastique de Verneuil, l'autre pour faire rapporter les registres, et une lettre de cachet pour y contraindre le greffier par corps. Les registres furent apportés. M. de Fougères demanda la présence des chambres pour procéder; interpellé s'il avoit ordre de les y contraindre et ayant dit que non, elles se retirèrent. M. de Fougères accompagné des officiers du régiment........ (1), fouilla les registres et bâtonna de sa main les arrêts. Un clerc de procureur, faute de greffier, inscrivit les arrêts du conseil.

Du jeudi 2 août, du matin. — Les chambres assemblées ont protesté et arrêté des remontrances demeurant assemblées jusqu'après les réceptions et réponses: L'huissier chargé du décret décerné contre l'évêque d'Évreux, a été arrêté par la maréchaussée.

Suite du jeudi 23, Dampierre. — Pendant le petit voyage que j'ai fait ici, M. l'abbé de Chamron, trésorier de la Sainte-Chapelle de Paris, est venu ici; il me contoit aujourd'hui quelques détails sur la Sainte-Chapelle où l'office est fait par des religieux de certains ordres, parce qu'autrefois cette chapelle étant la chapelle du Roi, des religieux de différents ordres y étoient appelés pour célébrer l'office. Le jour de Saint-Louis, ce sont des Cordeliers qui officient, et les Jacobins ne font qu'assister; alors c'est un Jacobin qui fait le panégyrique de Saint-Louis; l'année suivante les Jacobins officieront et les Cordeliers assisteront, et ce sera un Cordelier qui fera le panégyrique. Les religieux de ces deux ordres y viennent en procession et en grand nombre, la veille de Saint-Louis, pour dire les premières vêpres; le lendemain ils disent la grande messe après la procession dans laquelle ils portent le chef de Saint-Louis. Le trésorier, les chanoines et les chantres de la Sainte-Chapelle

---

(1) Nous savons par Barbier qu'il y avoit à Rouen un régiment de dragons.

et tout le bas chœur assistent à cette procession et y chantent alternativement avec les religieux, officiant chacun suivant son usage. Au retour de la procession, le trésorier qui officie pontificalement dans la Sainte-Chapelle dit les oraisons et donne la bénédiction, après quoi il se retire ainsi que tous les chanoines et tout le bas chœur; l'office canoniale, matines, laudes, etc., est chanté le matin par la Sainte-Chapelle, ainsi que l'après-dînée. Il y a huit enfants à la Sainte-Chapelle; ils sont entretenus aux dépens du Roi; il y a pour cela une somme de 10,000 livres qui est remise entre les mains du chefcier et dont il compte à la chambre des Comptes. Ces enfants de chœur sont entretenus de tout et fort bien nourris; on leur apprend la religion, la musique et le latin. Ils ont deux domestiques pour les servir et il y a deux bourses destinées pour eux à un collége, je crois que c'est le collége de Navarre. Il y a 17 ou 18 musiciens attachés à la Sainte-Chapelle, tous payés par le Roi. Ces places ainsi que celles des enfants de chœur sont données par le trésorier. Ces musiciens ont environ chacun 7 ou 800 livres d'appointements et la liberté d'exercer leurs talents dans Paris; il n'y a que des voix, des bassons, des violoncelles et un organiste. J'oubliois de marquer que les communautés religieuses qui officient certaines fêtes de l'année à la Sainte-Chapelle ont grand intérêt à ne pas manquer à ce devoir parce que ce n'est qu'en conséquence d'un certificat d'assistance qu'ils peuvent jouir du droit de franc-salé (1) qui leur a été accordé à cette condition. La place de trésorier vaut 6 à 7,000 livres; autrefois le trésorier était l'archichapelain du Palais. Cette chapelle du Palais a été réunie à la Sainte-Chapelle depuis la fondation faite par le Roi saint Louis; il conserve encore le droit d'être indépendant de l'ordinaire

---

(1) Droit de prendre du sel au grenier franc d'impôt. (*Dict. de Trévoux.*)

et d'officier à la messe rouge, à la rentrée du Parlement ; mais lorsque le trésorier officie il doit faire un compliment au Parlement ; aussi ne s'assujettit-il pas à officier tous les ans ; quelquefois c'est le chantre de la Sainte-Chapelle qui officie à la messe rouge ; alors il n'y a point de compliment ; quelquefois c'est un évêque ; mais un évêque n'officie point sans demander l'agrément du trésorier. M. l'archevêque de Paris même n'officieroit point à la messe rouge sans faire une honnêteté au trésorier ; cette honnêteté remplie, M. l'archevêque est assisté par tout le bas-chœur de la Sainte-Chapelle ; s'il y manquoit il ne resteroit à sa messe que deux des officiers du bas chœur. Lorsque saint Louis fonda la Sainte-Chapelle il lui donna le droit de régale pour la vacance des évêchés, archevêchés et autres bénéfices ; ce droit ayant été attribué aux œconomats depuis le cardinal de Richelieu, le chapitre de la Sainte-Chapelle qui jouissoit de ce droit, de moitié avec la chambre des comptes, fut dédommagé par la réunion de l'abbaye de Saint-Nicaise de Reims. Cette abbaye, qui vaut 30 à 35,000 livres de rente, est partagée en trois parts : une pour les moines, une pour la chambre des comptes et l'autre pour la Sainte-Chapelle. Ce revenu est remployé à payer les assistances aux offices ; le trésorier a double droit d'assistance ; mais ces droits se perdent par les absences et alors ces fonds reviennent à la masse.

Du vendredi 24, Dampierre.

Extrait d'une lettre de Versailles.

J'arrive de l'audience de la Ville pour les nouveaux échevins ; M. de Bernage a harangué à genoux comme à l'ordinaire ; on m'a assuré qu'il étoit prolongé prévôt des marchands pour deux années ; avec une qu'il a encore à exercer, cela fait trois.

J'ai vu M. l'évêque de Bayeux (Rochechouart), qui m'a dit que M. l'archevêque de Paris étoit venu pour parler au Roi de son affaire, et qu'il avoit aussi envie de demander une audience. Si on n'arrête pas le Parlement, il est sûr qu'il sera décrété de prise de corps le 4 septembre; c'est l'extinction des délais; on se donne beaucoup de mouvement pour empêcher cet éclat.

SEPTEMBRE.

Aventure au grand couvert. — Nouvel habillement des Cent-Suisses. — Audience des États de Languedoc.— L'Académie des Inscriptions et Belles-Lettres offre au Roi trois volumes de son histoire. — Nouvelle place de Nancy. — École militaire. — Audience des députés du parlement de Rouen. — La Reine diminue son jeu. — Nouvelles de Rouen. — Audience et présentation. — Naissance du duc d'Aquitaine. — Inspection des régiments de cavalerie et de dragons. — Rapidité du voyage d'un courrier envoyé de Versailles à Paris. — Suite de l'affaire des princes du sang contre M. de Soubise. — Le parlement de Rouen. — Morts. — Création d'une chambre des vacations. — Affaire de M. Klinglin. — L'archevêque de Sens obtient le gratis de ses bulles. — Mort de M. de Montaigu. — Musique de la chambre. — Exil de M. de Franqueville. — Mort du comte de Nevers et de Mlle Desmares. — Le roi de Pologne à Versailles. — Estampes représentant les peintures de la galerie de Versailles. — La chambre des vacations. — Départ de Madame Infante. — Le Châtelet refuse d'obéir au Roi. — La fille sauvage de Châlons. — Nouveau clavecin. — M. de Malaspina. — Aurores boréales.

Du dimanche 2, Dampierre. — Mme la comtesse de Brionne (Montauban) accoucha le dimanche 26 du mois dernier d'une fille; c'est son second enfant; le premier est un garçon. Cette fille ne fut qu'ondoyée; elle doit avoir pour parrain l'Empereur et pour marraine l'Impératrice ou la princesse Charlotte.

Le 25 étoit la fête de Saint-Louis. Le Roi soupa au grand couvert. Il y eut un grand concert le 24, suivant l'usage. M. d'Espinchal, chef de brigade des gardes du corps, étoit derrière le fauteuil du Roi. M. Senac, premier médecin, a droit auprès du fauteuil; j'étois à la droite de M. Senac, et le maître d'hôtel de quartier avec son bâton étoit à ma droite. Il n'y avoit qu'une personne entre lui et moi. Le Roi venoit de parler en badinant d'une chute qu'il avoit faite dans son cabinet s'étant embarrassé le pied dans la robe de Madame Victoire ; mais ce ne devoit pas être la seule aventure de la journée. Nous vîmes arriver tout d'un coup un jeune homme habillé de noir, avec des cheveux bien accommodés et bien poudrés ; il paroissoit venir du côté du cabinet qui est entre la chambre de la Reine et l'antichambre ; il pria le maître d'hôtel en quartier de vouloir bien lui faire place ; il me prit par le bras doucement et poliment, mais comme un homme pressé de rendre compte de quelque chose au Roi ; il me dit : « Voulez-vous bien que je parle au Roi ? » Je ne doutai point que ce ne fût pour rendre réponse de quelques ordres que cet homme, que je ne connoissois point, et qui pouvoit être au Roi, avoit reçus de S. M. Je me rangeai et je fus fort étonné de le voir se jeter à genoux ; je n'entendis point ce qu'il dit ; le Roi ne l'entendit point non plus. Le Roi fit signe qu'on l'arrêtât, et M. d'Espinchal le prit par le bras et l'emmena dans le moment. Cet homme étant encore en présence du Roi dit assez haut pour être entendu : « Je suis un homme perdu. » On crut que c'étoit un fou ; on le conduisit dans la salle des gardes et de là chez M. le duc de Villeroy ; il fut interrogé par plusieurs personnes et plus en détail par M. le duc de Villeroy. Il répondit toujours avec beaucoup de sang-froid ; il dit qu'il étoit prévôt de salle à Paris chez Le Perche, maître en fait d'armes ; qu'il étoit fils d'un bon bourgeois de Paris ; qu'il s'étoit engagé dans le régiment de Perche ; qu'il en avoit déserté il y avoit trois ans ; qu'il avoit vu depuis ce temps à Paris des officiers de ce régiment de qui il étoit bien connu, mais qui par bonté et charité pour lui avoient toujours dit qu'ils ne le connoissoient point ; que personne ne l'inquiétoit, mais qu'il ne pouvoit être tranquille dans sa situation ; qu'on lui avoit conseillé de se jeter aux pieds du Roi en l'assurant que le jour de Saint-Louis étoit un jour favorable et qu'il obtiendroit sa grâce ;

qu'il voyoit bien qu'on lui avoit donné un mauvais con-. seil. Il est vraisemblable cependant, par l'événement, que ce conseil ne sera pas aussi mauvais qu'il le craignoit; on le conduisit dans la prison de Versailles. La Reine et Mesdames ont paru s'intéresser à lui par compassion et d'autant plus qu'un homme qui se dénonce lui-même paroît plus digne de grâce qu'un autre, et le Roi parut dire assez nettement qu'il ne mourroit point. Cet homme a été condamné depuis à être transporté à Bicêtre, parce qu'il est important d'empêcher pareilles démarches qui dans d'autres cas pourroient être dangereuses. Le déshonneur attaché à la maison de Bicêtre a donné occasion à de très-humbles supplications de la part de cet homme, avec d'autant plus de fondement qu'il a paru, malgré la hardiesse de cette démarche, qu'il l'avoit faite avec réflexion et attention, ayant dit qu'il avoit bien observé que Mme la Dauphine n'étoit point au grand couvert, à cause du saisissement que cette aventure auroit pu lui causer dans l'état où elle est (1). Ses représentations ont fait quelque impression; l'ordre pour Bicêtre n'est point encore exécuté.

La France n'est pas le seul pays où l'on a vu pareils événements; à peu près dans le même temps, il y a eu un fou à Vienne (2) qui a voulu entrer par force dans le

---

(1) Cet homme avoit pris la précaution de n'avoir ni porter sur lui aucunes espèces d'armes offensives, pas même de couteau; il n'avoit qu'une épée sans lame. (*Note du duc de Luynes.*)

(2) Le chevalier de Walde qui donna dernièrement dans le palais impérial la scène dont on a parlé a été ci-devant connu en cette cour sous le nom de baron de l'Espérance et l'un des fils de M. de Montbéliard dont l'affaire a fait beaucoup de bruit. Il continuoit de solliciter ici pour qu'on lui rendît justice contre le duc de Wurtemberg qui lui refusoit, à ce qu'il prétendoit, la jouissance des biens qui avoient appartenu au feu prince de Montbéliard, tandis que le duc de Wurtemberg lui avoit offert, de même qu'à ses frères, toutes sortes de satisfaction sous la condition de dépenser dans ses propres États, ce qu'il leur assuroit pour leur apanage et leur subsistance, ce que le chevalier de Walde n'a jamais voulu accepter, prétendant de pouvoir dépenser

cabinet de l'Impératrice et qui ayant mis l'épée à la main a blessé, heureusement sans danger, le duc d'Ursel, chambellan de service qui l'arrêta. Cet événement a donné occasion de faire un règlement à Vienne, pour que personne ne pût parler à l'Impératrice sans avoir montré auparavant un petit mémoire contenant un mot des affaires pour lesquelles il demandoit audience.

J'ai parlé ci-dessus et même en détail du nouvel habillement des Cent-Suisses; il parut à Versailles pour la première fois le jour de Saint-Louis. Il est de drap bleu, comme je l'ai dit, avec un bordé et des agréments d'or en boutonnières, à peu près comme les gardes du corps [l'ont] en argent. Les Cent-Suisses ont aussi des manches rouges. Ils le mirent encore le lendemain dimanche; mais ce n'est qu'à cause de la nouveauté; car dorénavant tous les dimanches et toutes les fêtes, ils reprendront leur ancien habillement de cérémonie; celui-ci n'est que pour les jours ouvriers, à la place de l'habit de livrée qu'ils portoient.

J'ai oublié, pendant que j'étois ici, d'écrire que les États de Languedoc eurent audience suivant l'usage. M. l'archevêque de Narbonne (la Roche-Aymon) porta la parole accompagné par M. le prince de Dombes et M. de Saint-Florentin, comme cela se pratique ordinairement.

Le dimanche 26, MM. de l'Académie des Inscriptions et Belles-Lettres se rendirent à Versailles où ils furent présentés par M. d'Argenson; ils remirent au Roi, à la Reine et à la famille royale trois nouveaux volumes in-4° de l'histoire de cette académie qui sont les 18°, 19° et 20°. Ces trois années contiennent 1744, 1745 et 1746.

Le Sr Héré, premier architecte du roi de Pologne, et pour ainsi dire surintendant de ses bâtiments, se rendit le

---

où bon lui sembleroit la pension qu'il demandoit. (*Extrait du courier d'A-vignon*, article de Vienne, du 15 septembre 1753.)

26 à Versailles; il présenta au Roi et à la Reine de la part du roi de Pologne, duc de Lorraine, un très-grand in-folio, contenant les plans et élévations de la nouvelle place de Nancy, des bâtiments dont elle sera composée et des ornements. Il nous dit que tous les ouvriers étoient payés très-régulièrement chaque mois, et que l'année prochaine il n'y aura pas une seule pierre à mettre en place (1). Les fonds sont faits et remis exactement au trésorier et les ouvriers touchent leur argent sur les ordres du Sr Héré. On ne peut assez admirer la promptitude avec laquelle cet ouvrage s'exécute. Les dessins en paroissent fort beaux, les ornements agréables, les devises très-convenables aux sujets qu'elles accompagnent. Il y a entre autres choses une grille dont l'ouvrage est immense; aussi le Sr Héré assure qu'il y a peu de serruriers aussi habiles que celui qui en est chargé (2); presque tous les ouvriers ont été formés par le roi de Pologne, et le Sr Héré même avoue avec reconnoissance que c'est à ce prince qu'il doit ce qu'il sait.

L'ouvrage de l'École Militaire n'avance pas aussi rapidement que celui de Nancy, mais l'entreprise est infiniment plus considérable. M. Gabriel, premier architecte, qui est à la tête de cet ouvrage, a fait construire un bâtiment qui est au bout de la galerie de l'aile neuve, le long du grand réservoir; c'est une espèce de hangar fort éclairé, dans lequel on travaille actuellement à un plan en relief de l'École Militaire; outre le grand nombre de croisées qui donne la facilité de voir cet ouvrage de tous les côtés, M. Gabriel a fait construire une espèce de grande boîte garnie de glaces en dedans avec des lampions. La lumière

---

(1) Les fonds n'ont commencé qu'en mars 1752, en sorte que ce grand ouvrage, digne monument du roi de Pologne, a été entrepris et fini en moins de trois ans. (*Note du duc de Luynes.*)

(2) Il s'appelait Lamour; un autre serrurier, Charles Colson, exécuta une partie des grilles de la place Royale.

de ces lampions réfléchie par ces glaces porte sur le bâtiment et y fait l'effet du plus beau clair de lune, ce qui donne un coup d'œil riche et agréable. M. Gabriel dit que c'est un homme à lui qui fait cet ouvrage, mais c'est lui en effet qui le conduit. Ce modèle est grand ; la mesure est 2 pouces par toise. La face du côté de la rivière aura 150 toises. Elle sera éloignée de 400 toises, et cet intervalle sera rempli par des plantations. La face dont je viens de parler, de 150 toises, n'est que la trente-sixième partie du total du bâtiment; il y a en tout 8,000 toises de bâtiment et 8 à 900 toises de galeries couvertes; ces galeries ont 12 à 13 pieds de large sur 18 à 20 de hauteur ; il y a treize à quatorze cours dans le total ; celle qu'on appelle la cour des écuries a 40 toises sur 40 toises. L'on compte qu'il faut au moins 150 milliers de bois de charpente pour tout l'ouvrage; je crois même qu'on pourroit dire 170. Les croisées des bâtiments ont 13 pieds de haut sur 6 de largeur. Le total des bâtiments et cours comprend 50 arpents de terrain. Les trumeaux entre les croisées ont 8 pieds de large; il y a une écurie pour 70 chevaux de manége, et outre cela un grand nombre de petites écuries pour chacun des principaux officiers qui seront employés dans l'École Militaire. On a eu grande attention de leur fournir à chacun toutes les commodités dont ils peuvent avoir besoin.

Il y a environ trois mois que M. de Saint-Contest parla à Mme de Luynes d'une dame allemande qui désiroit faire sa cour à la Reine; elle s'appelle la comtesse de Schœnfeldt; c'est une femme d'environ cinquante ans, dont la fille, qui vient de mourir depuis deux mois, avoit épousé à Vienne le prince d'Auersberg. Mme de Schœnfeldt, peu contente de son gendre, s'est déterminée à voyager ; elle a déjà été dans plusieurs cours de l'Europe; il ne lui reste plus à voir apparemment que la France, l'Angleterre et la Hollande; jusqu'à présent elle est fort peu contente de la France; elle trouve qu'on n'y est pas assez occupé d'elle. Il est bien vrai en général que c'est un peu le défaut des François de ne point fêter assez les étrangers. Elle a désiré de voir Mme la Dauphine et elle l'a obtenu; elle a vu aussi Madame Infante; elle écrivit hier une lettre à Mme de Luynes (1); enfin la Reine a consenti à la voir, vraisemblablement après son dîner.

Le Roi avoit fait mander par M. le chancelier au parlement de Rouen de lui envoyer des députés (2); ces députés arrivèrent avant-hier; ils dînèrent hier chez M. le chancelier, et eurent ce même jour audience du Roi, conduits par M. de Saint-Florentin et par M. de Gizeux, maître des cérémonies. Le fauteuil du Roi étoit dans la chambre à coucher, le dos à la cheminée comme dans les audiences que le Roi donne au parlement de Paris, à l'Académie, à l'Université, à la Ville, etc. Il ne resta dans la chambre pendant l'audience que M. le duc de Villeroy capitaine des gardes, M. de Bouillon grand chambellan, M. de Richelieu premier gentilhomme de la chambre en année, M. le chancelier et les ministres. L'audience ne dura en tout que sept minutes et demie. Le premier président M. de Pontcarré présenta les remontrances et fit un petit discours. Le Roi répondit en peu de mots et M. le chancelier lut un papier de quatre pages. On ne sait point le détail de ce qui s'est passé; on croit que le Roi leur a dit qu'il leur défendoit de suivre les poursuites qu'ils ont commencées contre M. l'évêque d'Évreux (Rochechouart) aujourd'hui Bayeux, et que cette défense leur devoit suffire sans lettres patentes; qu'ils devoient regarder la constitution *Unigenitus* comme règle

---

(1) Pour la prier de demander à la Reine la permission de lui être présentée.

(2) Noms de MM. les députés. MM. de Rouville et d'Acquiny, présidents à mortier; MM. Guenet de Saint-Just, le Boulanger et l'abbé de Germont, conseillers de grand'chambre; MM. Guerdier de Saint-Aubin et Giroult de Villers, conseillers des enquêtes; et M. de Cressanville pour la chambre des requêtes. (*Note du duc de Luynes.*)

de l'Église et de l'État. Le papier que M. le chancelier lut n'étoit vraisemblablement que l'explication plus détaillée des intentions du Roi. Le premier président et M. de Folville, procureur général, sont regardés par ce Parlement comme pensant différemment des autres, parce qu'ils sont plus sages; et cela est au point que les députés le long de la route n'ont pas voulu manger avec M. de Folville; ils n'ont mangé avec lui que chez M. le chancelier à Versailles parce qu'ils ne pouvoient faire autrement. Ces députés sont au nombre de douze : le premier président et deux autres présidents, trois conseillers de grand'-chambre, un de la chambre des requêtes, un de chacune des deux chambres des enquêtes, le procureur général et les deux avocats généraux. Il a paru jusqu'à présent que ce Parlement s'embarrassoit peu des ordres du Roi; ils ont rétabli sur leurs registres les arrêts biffés par M. de Fougères. Ils avoient décrété d'ajournement personnel M. d'Évreux, la veille ou le jour de l'arrivée de M. de Fougères, et étoient bien résolus, après l'expiration des délais qui finissent le 4 de ce mois, de convertir l'ajournement personnel en décret de prise de corps. Cette procédure qui met un évêque comme tout autre, en ce qu'on appelle *in reatu* (1), auroit été embarrassante pour tous les actes qui auroient pu être faits par M. d'Évreux. On a voulu la prévenir, je ne sais quel sera le succès. L'huissier qui avoit fait la signification à Évreux a été sur-le-champ conduit dans les prisons d'Évreux par un cavalier de la maréchaussée; ce cavalier, au lieu de se saisir simplement du décret d'ajournement personnel en même temps que de l'huissier, sans rappeler dans aucun acte ce décret, afin qu'il fût tenu comme non avenu, a fait un procès-verbal de capture où ce décret est rappelé; cela forme un embarras.

Mme de Morangiés (Saint-Aignan) fut présentée hier par

---

(1) En accusation.

Mme de Beauvilliers, sa belle-sœur. Mme de Luynes me mande que sa figure est beaucoup mieux que lorsqu'elle sortit du couvent des Bénédictines de Montargis où elle a été élevée.

Du lundi 3. — J'ai toujours oublié de marquer que depuis quinze jours ou trois semaines, la Reine a pris le parti de diminuer de moitié son jeu de cavagnole. Ce jeu étoit trop cher encore pour S. M., et peu de personnes étoient en état de le continuer. La Reine le joue à la moitié avec le même nombre de tableaux, et lorsqu'il y a plus de personnes pour jouer on donne quarante tableaux.

Du jeudi 6, Versailles. — J'appris hier qu'il étoit arrivé un courrier de Rouen. Les députés de ce Parlement, qui y retournèrent dès le dimanche 2, avoient eu leur audience avant que d'aller dîner chez M. le chancelier; on attendoit avec impatience des nouvelles de ce qui se seroit passé à leur retour. On a su qu'ils avoient nommé des commissaires pour délibérer sur la réponse du Roi et en faire rapport à la Compagnie. Cette conduite est singulière. On n'est que trop accoutumé malheureusement à voir dans ce moment-ci de pareils exemples. La réponse du Roi qu'on trouvera ci-devant est bien précise sur la Constitution. Il faut qu'on n'ait pas jugé à propos d'y parler aussi précisément sur les arrêtés de ce Parlement qui ont été rétablis dans leur entier depuis la radiation que M. de Fougères en a faite par ordre du Roi. On craint aussi que l'article de l'administration des sacrements n'y soit pas assez expliqué.

Immédiatement après l'arrivée du courrier hier, on assembla le comité; aussitôt qu'il fut fini M. le chancelier alla en rendre compte au Roi. Les ordres furent expédiés sur-le-champ et le courrier repartit à neuf heures du soir.

Mme la comtesse de Schœnfeldt a vu aujourd'hui la Reine. Mme de Luynes l'a menée chez S. M. au sortir du dîner. La Reine étoit debout auprès de la table qui est dans le trumeau vis-à-vis du lit, comme aux audiences particulières, mais ceci est le grand particulier, car Mme de Schœnfeldt étoit en robe de chambre. Elle a fait de profondes révérences, et elle n'a pas baisé le bas de la robe. La conversation a duré tout au plus un quart d'heure. Ceux et celles qui ont les entrées qui se sont trouvés à la fin du dîner de la Reine sont restés à cette conversation. Mme de Schœnfeldt paroît avoir quarante ans; elle est assez maigre; elle n'est ni grande ni jolie.

Mme de Forcalquier (Canisy) qui n'avoit point paru ici depuis la mort de son mari, a fait aujourd'hui ses révérences; elle étoit en mante. Cet habillement n'étoit plus en usage depuis quelque temps; on a trouvé qu'il étoit plus convenable; comme ce n'est point une présentation, elle est entrée la première et étoit suivie par Mme la marquise de Brancas, par Mme la duchesse de Brancas douairière (Clermont) et par Mme la duchesse de Brancas, sa belle-fille, toutes deux dames d'honneur de Mme la Dauphine.

Le gouvernement de Thionville qui vaquoit par la mort de M. de Creil, a été donné à M. de Courtomer, des gardes françoises.

Du samedi 8, Versailles. — La nouvelle du jour la plus importante et la plus intéressante pour la France et même pour l'Europe est l'accouchement de Mme la Dauphine. Elle vient de nous donner un second prince que le Roi vient de nommer le duc d'Aquitaine. Les premières douleurs ont commencé vers midi; le Roi et la Reine y sont descendus sur-le-champ. M. de Saint-Florentin a envoyé un courrier à M. l'archevêque de Paris pour lui mander d'ordonner des prières, et M. de Gesvres en a envoyé un pour faire assembler la Ville. Tout ce qui est ici a été dans la chambre et dans le grand cabinet de Mme la Dauphine; M. le chancelier et M. le garde des sceaux étoient dans le cabinet à la porte de la chambre;

M. de Saint-Florentin et M. d'Argenson étoient dans la chambre. Les douleurs ont été presque continues, mais très-légères; on disoit que ce n'étoit que des mouches; cet état a duré jusqu'à une heure trois quarts. Les douleurs ayant augmenté, le Roi a fait appeler M. le chancelier et M. le garde des sceaux; un moment après on a ouvert les deux battants et tout le monde est entré. Mme la Dauphine étoit dans une grande douleur qui heureusement n'a pas été longue; nous avons entendu dans le moment crier l'enfant; les eaux n'ont percé qu'au moment de l'accouchement. La joie avec laquelle Mme de Tallard l'a reçu et porté dans le cabinet annonçoit ce qu'il étoit. On se disoit déjà à l'oreille que c'étoit un prince. On ne peut se représenter les transports de joie de Mgr le Dauphin. La joie du Roi et de la Reine a été aussi très-vive et très-marquée. Chacun s'est empressé à leur donner des marques de son respect et de son attachement. Les hommes leur baisoient la main, le bas de l'habit ou de la robe; Mgr le Dauphin embrassoit les femmes qui venoient lui faire compliment. Le Roi et la Reine ont fait aussi cet honneur à plusieurs. Pendant ce temps M. le cardinal de Soubise a ondoyé l'enfant, et après qu'il a été accommodé M. le duc de Villeroy, capitaine des gardes en quartier, l'a conduit dans son appartement.

Dès le voyage de Compiègne, le Roi étant très-déterminé à ne point donner le nom de duc d'Anjou à l'enfant qui naîtroit, avoit voulu être instruit de ce qui s'étoit pratiqué jusqu'à présent pour les noms des seconds enfants de France; il chargea M. d'Argenson d'en parler à M. le président Hénault. M. le président Hénault étoit dans ce moment à Compiègne, mais sans autres secours que son livre et sa mémoire; cependant sur ce que le Roi désiroit, il fit sur-le-champ un mémoire. M. le président Hénault, pour être plus assuré des faits qu'il avançoit, envoya son mémoire à Paris à M. de Foncemagne, sous-gouverneur de M. le duc de Chartres, un de ceux de

MM. les académiciens qui est sans contredit le plus instruit dans l'histoire ; M. de Foncemagne lui manda que rien n'étoit plus juste et plus exact que tout ce qu'il avoit marqué.

Il y a trois jours que M. le comte de Noailles manda à Mme de Chevreuse que le Roi lui avoit donné le logement de Mme de Saulx qui est dans l'aile des Princes ; ce logement est assez grand, commode et accommodé nouvellement ; il y a une cave et une cuisine qui en dépendent. La difficulté de cette décision étoit par rapport aux autres personnes qu'il étoit nécessaire d'y loger : M. de Saulx comme menin de Mgr le Dauphin, M. le comte de Gramont au même titre, et Mme de Gramont comme dame du palais, Mme de Mirepoix aussi comme dame du palais. M. de Saulx, qui est dans une grande affliction, désiroit ne point rentrer dans son ancien logement ; tout a été accommodé. M. et Mme de Chevreuse avoient le logement qu'occupent aujourd'hui M. et Mme de Sassenage dans cette même aile des Princes ; on donne ce logement à M. et Mme de Gramont. On sépare en deux le logement de M. et Mme de Luxembourg qui est au bout de l'aile neuve ; on en donne une partie à M. de Saulx et l'autre à M. de Choiseul qui est menin ; ils sont veufs l'un et l'autre. M. et Mme de Luxembourg ont actuellement un appartement dans cette même aile neuve, dont une partie est celui que feu Mme de Mailly occupoit, et le surplus une prolongation dans les bâtiments neufs. On a donné à Mme de Mirepoix un logement qu'avoient M. et Mme de Rochechouart (Charleval), ici dans l'aile des Princes ; M. et Mme de Rochechouart en ont un autre au-dessus de l'ancien escalier des ambassadeurs, qui est celui qu'avoit Mme de Choiseul. On a donné aussi à M. et Mme d'Henrichemont l'appartement qu'occupoit M. le duc et feu Mme la duchesse de Rohan dans la galerie des Princes.

Il vient d'arriver une difficulté par rapport aux dragons qui mérite d'être écrite ; on a formé cinq ou six camps d'infanterie, cavalerie et dragons. L'un de ces camps est en Alsace sous les ordres de M. de Chevert, lieutenant général, et de M. de Castries qui est maréchal de camp et commissaire général de la cavalerie. MM. de l'état-major de la cavalerie ainsi que des dragons croient être en droit de faire eux-mêmes l'inspection de leurs régiments, et ce n'est qu'en leur absence qu'on y envoie des inspecteurs. Il y a au camp de M. de Chevert plusieurs régiments de cavalerie et deux de dragons, desquels est le régiment Mestre-de-camp général; il a été décidé qu'on n'enverroit point d'inspecteurs à ce camp et que M. de Castries feroit la revue d'inspection. On lui a donné en même temps une commission particulière pour faire l'inspection des deux régiments de dragons; mon fils en a été instruit, et aussitôt il en a instruit M. le maréchal de Coigny, qui a pris cette affaire vivement. Ils ont écrit l'un et l'autre aussitôt à M. d'Argenson. M. d'Argenson leur a répondu que cet arrangement ne leur feroit aucune peine; qu'il pourroit arriver des cas où le colonel général ou le mestre de camp des dragons auroient aussi des commissions particulières pour l'inspection de la cavalerie, qu'une commission particulière n'étoit point un droit de charge, et que M. de Castries n'agiroit point comme commissaire de la cavalerie; que d'ailleurs l'arrangement étoit fait et qu'un changement pourroit faire de la peine à M. de Castries. Mon fils a bien senti le peu de solidité de ce raisonnement; il a répondu que MM. de l'état-major des dragons ne prétendoient ni ne désiroient aucune commission particulière pour l'inspection de la cavalerie; que quoique ce fût ici une commission donnée à M. de Castries, cette circonstance de commission particulière s'oublieroit par la suite, et qu'on se souviendroit seulement que le commissaire général de la cavalerie avoit fait l'inspection des dragons; enfin qu'il étoit assuré que M. de Castries n'auroit nulle peine sur le changement. M. d'Argenson a paru faire attention à ces ré-

4.

ponses et a dit que l'ordre seroit changé si M. le maréchal de Coigny insistoit, et que ce seroit à M. de Chevert à qui on enverroit la commission pour voir les dragons. Mon fils en conséquence a dépêché un courrier à M. le maréchal de Coigny. M. le maréchal de Coigny écrivit sur-le-champ à M. d'Argenson. Ce ministre avoit déjà envoyé ordre de suspendre la revue. M. de Coigny qui est venu ici depuis a insisté de nouveau pour changer la commission donnée à M. de Castries, et ce changement est certain.

J'ai oublié de marquer que le Roi ayant été tirer dans la plaine de Grenelle a été souper ensuite chez M. le duc de Richelieu à Genevilliers.

J'ai marqué que M. le duc de Villeroy a conduit M. le duc d'Aquitaine; c'est l'usage pour tous les fils de France. On prétendoit qu'il y auroit une différence ; que pour un Dauphin ou pour un duc de Bourgogne, le capitaine des gardes marchoit derrière l'enfant, et que pour les cadets il marchoit devant. J'ai éclairci le fait ; le capitaine des gardes marche devant ou derrière, comme il le juge à propos, cela est égal. M. le duc de Villeroy a marché aujourd'hui devant Mgr le duc d'Aquitaine; il m'a dit qu'il avoit de même marché devant Mgr le duc de Bourgogne, comme étant plus utile pour faire faire place à Mme de Tallard qui porte l'enfant.

Les vêpres n'ont été aujourd'hui qu'à cinq heures ; elles ont été chantées en haut par la grande chapelle. La Reine et la famille royale étoient dans la grande tribune.

Immédiatement après, la musique de la chambre a exécuté un *Te Deum*, après lequel on a dit le salut à l'ordinaire. Au retour du salut, le Roi a reçu dans le cabinet de glaces les princesses et toutes les dames qui se sont trouvées ici. Elles sont entrées par la chambre et ressorties par la galerie. Il y avoit beaucoup d'hommes dans la chambre, mais ils ne sont point entrés. On a été tout de suite chez la Reine où les femmes sont entrées par le

SEPTEMBRE 1753.

salon et sorties par la chambre. Il y a eu aussi beaucoup d'hommes qui ont fait leur cour. Les hommes ont aussi fait leur cour aussi bien que les femmes à Mgr le Dauphin, dans son cabinet, excepté que les femmes entroient par la chambre et sortoient par un corridor qui ramène dans l'antichambre, et les hommes ressortoient par la chambre. On a été aussi chez Madame Infante, Madame Adélaïde, Mgr le duc de Bourgogne, Mgr le duc d'Aquitaine, Madame et Mesdames les trois cadettes; hommes et femmes y sont entrés et passoient.

Ce soir il y a eu à minuit un petit feu d'artifice tiré dans l'esplanade entre les deux écuries, mais plus près du château que celui qui mit le feu à la grande et à la petite écurie; celui-ci a été fort vif, bien exécuté et très-joli, mais il n'a duré qu'environ trois minutes.

Du dimanche 9, Versailles. — J'ai déjà marqué que l'usage est que, lorsque la Reine ou Mme la Dauphine est en travail, le gouverneur de Paris envoie l'ordre du Roi à la Ville, pour qu'elle s'assemble à l'hôtel de ville; et elle y demeure assemblée jusqu'à la nouvelle de l'accouchement. Cette nouvelle lui est portée par un officier des gardes du corps, un chef de brigade si c'est un prince, et un exempt si c'est une fille. Le gouverneur leur envoie aussi un gentilhomme si c'est un prince, et un page si c'est une princesse. L'officier des gardes reçoit de la Ville un présent; ordinairement une tabatière; celle du chef de brigade est plus belle. Aux couches de Mme la Dauphine, c'est toujours un des deux officiers qui est auprès de Mgr le Dauphin. Hier ce fut M. de Pujol; chef de brigade, qui est auprès de M$_{gr}$ le Dauphin. Il a remplacé feu M. de Gramont; ses relais étoient posés avec des chevaux de chasse et un homme qui couroit devant lui pour qu'il ne trouvât nul embarras. Il ne fut qu'une demi-heure à la montre à aller d'ici à l'hôtel de ville, et encore même ne put-il aller qu'au trot du Pont-Neuf à l'hôtel de ville à cause de la sécheresse du pavé.

Extrait d'une lettre.

Voici ce que j'appris hier sur le parlement de Rouen. Le Roi envoya il y a quelques jours des lettres patentes à ce Parlement pour l'établissement de la chambre des vacations, ce qui est de règle comme vous savez ; ces lettres furent enregistrées sans aucunes difficultés. Depuis cet enregistrement, les nouvelles qu'on a reçues de Rouen ayant appris, comme je vous l'ai mandé, que le Parlement avoit nommé des commissaires pour examiner la réponse du Roi et en faire le rapport à la compagnie, on a jugé que comme c'étoit le moment des vacances, le rapport et l'examen seroient remis à la rentrée du Parlement ; par cette raison le Roi a fait expédier de secondes lettres patentes qui prorogent le Parlement à l'effet de continuer l'examen et le rapport des commissaires, voulant qu'ils s'assemblent assidûment, mais défendant en même temps que dans ces assemblées il soit traité d'autres choses que de l'exécution des volontés du Roi, et qu'à l'égard des affaires des particuliers, elles seront portées à la chambre des vacations.

Du lundi 10, *Versailles.* — Il me paroît, par ce que j'ai appris aujourd'hui, que l'affaire des princes du sang contre M. de Soubise est suspendue, mais non pas finie ; le Roi a ordonné que la reconnoissance donnée par M. de Saint-Florentin de la protestation des princes du sang fût remise à ce ministre ; mais l'ordre même donné par S. M. est une preuve de cette protestation. Après ce jugement provisoire, les princes du sang ont présenté un mémoire au Roi pour supplier S. M. de vouloir bien nommer un tribunal où la contestation pût être jugée contradictoirement, et un rapporteur qui examinât avec attention tous les actes et preuves qu'ils sont en état de fournir. Le raisonnement des princes du sang est que le Roi peut, sans contredit, donner dans son royaume des titres, des rangs, des dignités, des honneurs, mais non pas créer un nouvel État, et que la dénomination de haut et puissant prince, etc., est une création d'État ; ils demandent d'être entendus en détail. Il n'y a point d'autre réponse à ce mémoire qu'une lettre écrite à M. le duc d'Orléans, par laquelle le Roi dit qu'il ne prétend point juger la contestation, qu'il ne veut rien ôter, ni rien donner à MM. de Rohan-Soubise, et que l'état présent ne diminue rien des prérogatives des princes du sang. Cette lettre laisse la contestation au même état, et par conséquent la liberté aux princes du sang d'exposer leurs raisons de nouveau quand il plaira au Roi de les entendre. Je n'écris point ceci en l'air; c'est en conséquence d'une conversation avec quelqu'un de fort instruit de cette affaire.

Du mardi 11, *Versailles*. — On a reçu des nouvelles de Rouen. Le Parlement a fait registre du récit fait par M. le premier président contenant la réponse du Roi. Cette expression « faire registre du récit de M. le premier président » est fort différente d'enregistrer la réponse du Roi. Lorsqu'il y a enregistrement, on met toujours à la fin : « Pour être exécuté selon sa forme et teneur. » Ici il n'est point question de ces termes. Le récit de M. le premier président pourroit bien laisser les choses au même état. On croit cependant que la Cour ne fera dans ce moment aucune démarche.

Du jeudi 13, *Versailles*. — On croit que le parlement de Rouen ayant eu l'alternative de faire des remontrances à présent ou à la Saint-Martin, a pris le parti de les remettre à ce temps-là; la chambre des vacations va s'assembler comme à l'ordinaire. C'étoit un embarras, après avoir établi la chambre des vacations par lettres patentes, d'avoir prorogé le Parlement par d'autres lettres patentes. Il est vrai que cette prorogation n'étoit que pour s'assembler sur la réponse du Roi; mais c'étoit laisser subsister le Parlement et la chambre des vacations ensemble, ce qui je crois n'est pas trop d'usage; l'embarras est levé puisqu'on leur a permis de se séparer.

J'appris hier qu'il y avoit ici un président et un conseiller du parlement de Rouen. Ils habitent Versailles. Ils ont ordre de suivre la Cour, et défense de voir le Roi. C'est le président de Croville et M. de Bellegarde. On dit que ce traitement est une punition qui n'est pas nouvelle.

Je crois que le président de Croville, qui est second à la Tournelle, s'est trouvé présider à ce tribunal, et M. de Bellegarde a été le premier à opiner dans une affaire qui a déplu à la Cour; je n'en sais pas trop bien le détail (1).

Du vendredi 14, Versailles. — On eut encore hier des nouvelles du parlement de Rouen. Le Roi leur a permis de se séparer, mais ils ne connoissent la volonté du Roi que lorsqu'elle est accompagnée de lettres patentes. On leur en a envoyé qui leur enjoignent de demeurer assemblés pour délibérer sur la réponse du Roi. Les lettres n'ont point été retirées; ils veulent les exécuter en délibérant sur cette réponse, c'est-à-dire en faisant les remontrances qu'on leur a permis, et ne veulent point se séparer jusqu'à ce que cela soit fait. On peut voir par cette suite de démarches quelle est la prévention et l'opiniâtreté. Quelquefois la douceur et les ménagements entretiennent ces sentiments, surtout lorsqu'on a affaire à des corps toujours assemblés, et le remède devient plus difficile.

On apprit avant-hier par un courrier que la duchesse de Savoie accoucha le 2 de ce mois d'une fille; c'est un second enfant, elle a un garçon.

Il y a dix ou douze jours que Mme de Béranger (d'Orçay) mourut dans sa terre de Chamlay en Bourgogne. Elle avoit environ cinquante-cinq ans; il y avoit un an qu'elle

---

(1) On m'a dit depuis qu'ils avoient eu un *Veniat*, à cause qu'ils avoient été l'un et l'autre d'avis que personne ne vît le procureur général, apparemment parce qu'on le croit attaché à la Cour. Le procureur général a été plusieurs années, que personne du Parlement ne vouloit le voir; on évitoit même de se trouver dans les lieux où il étoit; il remplissoit cependant ses fonctions à l'ordinaire, et ce n'étoit que dans ces moments qu'ils se trouvoient avec lui. Il n'y a pas fort longtemps qu'ils ont consenti à le voir.

D'autres personnes m'ont dit que l'occasion du *Veniat* étoit par rapport à des lettres de grâces accordées par M. le garde des sceaux que l'on avoit refusé d'enregistrer; que M. de Croville présidoit à cette résolution et que M. de Bellegarde avoit opiné le premier. Ce qui me confirmeroit dans cette opinion, c'est que j'ai entendu dire au Roi que l'affaire de ces Messieurs regardoit M. le garde des sceaux. (*Note du duc de Luynes.*)

crachoit le sang. J'ai marqué ci-dessus la mort de son mari qui étoit chevalier de l'Ordre.

Je ne sais si j'ai marqué la mort de M. de Villemur, fermier général, frère de Mme de Saint-Séverin. Sa place a été donnée à M. de Chalut, trésorier de la maison de Mme la Dauphine. M. de Chalut avoit déjà eu une place de fermier général à la mort de M. Camuset, mais cette place n'étoit que pour moitié, on en avoit ôté la moitié à M. Camuset pour la donner à M. de Tournehem ; à la mort de M. de Tournehem cette moitié a été donnée à un autre qu'on m'a nommé et que j'ai oublié ; elle est pour lui, sa femme et ses enfants à perpétuité.

Comme l'exercice des fermiers généraux ne commence qu'au mois d'octobre, et qu'il faut un arrêt du conseil, on a conseillé à M. Chalut de ne pas se presser de demander cet arrêt et d'attendre les événements. M. de Villemur étant mort, M. Chalut a aujourd'hui une place entière, au lieu qu'il n'en auroit eu que la moitié d'une.

Il y a longtemps qu'on parle de l'établissement d'une chambre pour juger ; cet établissement est enfin décidé. Cette chambre sera composée de 20 maîtres des requêtes et de 8 conseillers d'État, c'est M. de Brou qui y préside ; elle jugera les affaires civiles et criminelles.

J'ai appris depuis que l'on prépare les Grands Augustins où cette chambre s'assemblera.

Du lundi 17, Dampierre. — On attend à tous moments des nouvelles de la promotion de cardinaux que le Pape doit faire. Cette promotion du Pape précède toujours celle qu'il fait pour les Couronnes, et il est de règle que dans la promotion du Pape, le gouverneur de Rome, le dataire et le maître de chambre, s'ils ne sont pas déjà cardinaux, obtiennent toujours cette dignité. On peut juger qu'on ne donne ces trois places qu'à des sujets dignes d'être faits cardinaux.

Du mercredi 19, Dampierre. — J'ai parlé dans le temps du procès de M. Klinglin, préteur royal de Strasbourg, et des discours tenus sur cette affaire. On sait que les accusations ont tombé non-seulement sur M. Klinglin père, mais aussi sur son fils, reçu en survivance de prêteur royal; ils ont été accusés l'un et l'autre de concussions, c'est-à-dire d'avoir exigé par force et violence des droits qui ne leur étoient pas dus. On prétendoit qu'eux ou au moins que Daudet, gendre et agent du Sʳ Klinglin père, avoit employé pour sa justification des propos peu mesurés et sans fondement. Il fut décidé que l'affaire seroit jugée par le parlement de Grenoble. MM. Klinglin étoient l'un et l'autre en prison; il fut envoyé des commissaires et fait des informations. Le Sʳ Klinglin père est mort en prison pendant le cours des procédures; son fils, dont la femme est morte aussi pendant le procès, s'est occupée à justifier la mémoire de son père et sa propre réputation; il vient de faire imprimer un mémoire de 115 pages in-4°; il est écrit en bons termes, avec esprit, beaucoup de sagesse et de circonspection. Il prouve d'une manière qui paroît sans réplique que les accusations intentées contre son père et lui sont l'effet d'une cabale qui se formoit depuis longtemps. Ce mémoire n'est pas ennuyeux malgré sa longueur. J'ai appris qu'il a fait impression et que le Sʳ Klinglin a gagné son procès.

Je joins ici copie du jugement rendu au rapport de M. du Colombier le 18 septembre.

La Cour a déchargé ledit Sʳ Klinglin des accusations contre lui intentées, et en conséquence l'a mis hors de cour et de procès, sauf à lui à se pourvoir pour ses dépens, dommages et intérêts ainsi et contre qui il verra à faire; et en ce qui concerne ledit Daudet l'a mis hors de cour et de procès sans dépens. Ordonne que les portes des prisons de l'arsenal de cette ville où ils sont détenus, leur seront ouvertes à l'exhibition du présent arrêt.

Du vendredi 21, *Versailles.* — On a appris aujourd'hui la mort de M. le chevalier de Montaigu; il avoit désiré d'aller à Paris croyant d'être mieux, il n'y a vécu que deux jours. Il étoit malade depuis longtemps de la poitrine. Les chirurgiens ayant jugé qu'il avoit un abcès qui pourroit se vider en lui faisant l'opération de l'empyème, il se détermina à cette opération qui lui fut faite ici par M. Loustonneau, chirurgien de Mesdames; le succès de cette opération avoit donné quelque peu d'espérances quoiqu'on n'ait jamais été rassuré entièrement sur son état. M. le chevalier de Montaigu avoit été gentilhomme de la manche de Mgr le Dauphin et depuis menin; il avoit environ cinquante-cinq ans; il étoit frère cadet de M. de Montaigu, ci-devant ambassadeur du Roi à Venise (1).

Du samedi 22, Versailles. — M. de Nivernois vient de nous dire que le gratis pour les bulles de mon frère est accordé. On dit que ce mot de gratis signifie la totalité des droits, cependant outre les 7,000 livres qu'il faut toujours payer pour les frais de l'expédition, il y a encore d'autres droits qui sont, je crois, pour les officiers de la daterie; je ne sais pas à combien va ce restant.

Hier M. le chancelier présenta les huit conseillers d'État et les vingt maîtres des requêtes qui composent la commission; ils doivent commencer leur première assemblée lundi prochain. Le Roi les reçut dans son cabinet; l'audience fut fort courte. On prétend qu'ils avoient l'air assez triste; ce qui est certain c'est que Messieurs les conseillers d'État ont été peu satisfaits de ce que M. Gilbert de Voisins a refusé d'être à la tête de cette commission. Sur la proposition qui en fut faite à M. Gilbert, il allégua des raisons personnelles pour en être dispensé; on a jugé depuis que si l'on consultoit chacun de ceux que l'on jugeoit à propos de mettre dans cette commission, ils auroient aussi des raisons particulières, et on a pris le parti de déclarer à ces Messieurs la volonté du Roi. C'est ce parti qui donne lieu à ces Messieurs de se

---

(1) Le roi de Pologne alla voir le Roi avant-hier; et le Roi, quoiqu'il ait pris les eaux comme hier, a été cette après-dînée rendre la visite au roi de Pologne. (*Note du duc de Luynes*, datée du 21.)

plaindre de ce que le même ordre n'ait pas été donné à M. Gilbert (1).

Du dimanche 23, Versailles. — Je ne sais si j'ai marqué que le Roi a pris des eaux pendant trois jours et par conséquent chaque jour a dîné dans sa chambre. Hier mon frère étoit au dîner du Roi; S. M. l'appela et lui demanda s'il savoit que le Pape lui accordoit le gratis de ses bulles pour l'archevêché de Sens; mon frère dit au Roi qu'il avoit été vendredi à six heures du soir chez M. de Saint-Contest, qui n'avoit point encore reçu de lettre de Rome. Le Roi apprit cette nouvelle du gratis avant-hier au soir par M. le duc de Nivernois qui avoit reçu une lettre de M. de la Bruère, son secrétaire d'ambassade, qui est resté chargé des affaires à Rome. La nouvelle du gratis est dans une apostille au bas de la lettre; apparemment qu'elle n'étoit pas encore publique à Rome. M. de Nivernois a montré cette apostille à mon frère. Il y est dit que le Pape a lu avec grand plaisir la lettre de recommandation que lui a écrite Mme la Dauphine, qu'il en a été fort touché et qu'il a dit sur-le-champ au cardinal Valenti de lui présenter un mémorial au bas duquel il mettroit le gratis. Ce gratis est une grande grâce; elle n'exclut pas cependant tout payement; il y a, comme je dois l'avoir dit, des droits pour l'expédition des bulles qui se montent à 7,000 livres sur lesquelles on ne fait jamais de remise; il y a encore plusieurs autres droits que l'on ne remet pas; mais le total de ce qui reste à payer dans le cas d'un gratis est toujours bien peu considérable en comparaison du prix ordinaire pour les bulles. La taxe pour les bulles s'estime

---

(1) J'ai appris depuis que la commission n'est établie que pour jusqu'à la Saint-Martin, pour faire seulement ce qu'auroit fait la chambre des vacations. Dans la première assemblée elle enregistrera la déclaration du Roi, et ensuite on arrangera les heures et les temps des assemblées pour procéder au jugement des affaires. (*Note du duc de Luynes.*)

en florins, mais ce sont des florins d'or, monnoie idéale comme la livre tournois en France et la livre sterling en Angleterre. Cette monnoie a deux prix différents par rapport à la nôtre; lorsqu'il s'agit de bulles pour des bénéfices dans les pays d'obédience, comme par exemple dans les Trois-Évêchés, le florin est estimé environ 18 livres, et pour les autres pays il n'est que de 9 à 10 livres. Il y a encore après la grâce du gratis plusieurs formalités à remplir pour les bulles; il faut deux consistoires, l'un où l'on propose au Pape tels et tels sujets pour tels et tels bénéfices, et l'autre où il est censé que le Pape a agréé la proposition, et les évêchés sont préconisés. C'est un cardinal qui fait la demande et la préconisation. Quelquefois c'est le Pape lui-même, et en ce cas il ne faut qu'un consistoire, mais alors le droit à payer à la cour de Rome est du double; mais ce n'est qu'une formalité, car le Pape en remet toujours la moitié. Par rapport à la France, il n'y a qu'un seul cas où il ne soit rien payé, pas même pour des expéditions; c'est lorsque le Roi fait lui-même la demande d'une grâce au Pape, par exemple pour des dispenses; cette demande se fait par une lettre du secrétaire d'État que le Roi signe. Au mariage de M. le duc de Chartres avec Mlle de Conty, le Roi demanda lui-même la dispense; elle fut accordée sans aucuns frais. C'est au Roi à qui j'ai entendu conter presque tous ces détails.

Le parlement de Rouen reste toujours assemblé, et on n'en parle plus dans ce moment.

J'ai marqué ci-dessus la mort de M. de Montaigu et l'opération qui lui avoit été faite de l'empyème. On avoit entretenu l'ouverture de la plaie pour y pouvoir introduire avec un instrument convenable les injections nécessaires; ces injections ont toujours été continuées sans accident. Environ quinze jours avant sa mort le chirurgien qui faisoit ces injections s'aperçut après l'injection faite qu'une partie de l'instrument dont il s'étoit servi étoit restée dans la plaie. Il gronda beaucoup son garçon qui lui avoit donné cet instrument; le garçon lui dit qu'il n'avoit aucun tort, qu'il l'avoit averti que le bout de cet instrument n'étoit pas assez assuré, et qu'il lui avoit conseillé d'y mettre un bout de fil pour pouvoir le retirer en cas d'accident. Le mal étoit fait; il falloit songer à un prompt remède. On fit une assemblée de chirurgiens; il fut résolu de retirer ce bout de l'instrument. On parvint non-seulement à le prendre avec des pinces, mais même à l'enlever presque entièrement; mais comme on étoit au bord extérieur de la plaie, il échappa à la pince et retomba; les douleurs que souffrit le malade n'étoient un signe que trop certain de l'accident. Cependant on voulut soutenir que ce bout d'instrument avoit été retiré. M. de Montaigu dans cet état alla à Paris. M. le duc de Châtillon, son ami de tous les temps, voulut savoir la vérité du chirurgien, vérité qui ne pouvoit être long-temps ignorée, le malade étant aussi près de la mort. Le chirurgien lui avoua ce qui s'étoit passé. Nouvelle consultation; différentes opinions; quelques-uns disoient qu'il pouvoit vivre avec ce bout d'instrument; l'opinion contraire l'emporta, et une nouvelle opération fut résolue. On devoit la faire à cinq heures du matin, mais M. de Montaigu mourut une heure auparavant. On prétend qu'il ne pouvoit pas revenir de son état, indépendamment de ce malheureux événement; mais il est bien difficile de croire qu'il n'ait au moins augmenté ses souffrances et abrégé ses jours.

Royer, maître de musique des enfants de France, me dit hier qu'il venoit d'obtenir l'agrément d'une des charges de maître de musique de la chambre. Il y a deux surintendants qui sont MM. de Blamont et Rebel; deux survivanciers qui sont Francœur, survivancier de M. de Blamont, et le Sr Bury qui a épousé la nièce de Mme de Blamont, survivancier de Rebel. Les deux surintendants servent, c'est-à-dire battent la mesure, au concert de la

Reine chacun pendant six mois. Outre cela il y a deux maîtres de musique dont l'un est chargé des pages de la musique; il les nourrit; les instruit ou les fait instruire, et fait prendre soin d'eux moyennant environ 40 sols par jour que le Roi donne. Le Roi outre cela leur fournit l'habit, et les parents les entretiennent de linge. Il devroit y avoir quatre pages, et l'on paye pour quatre, mais il n'y en a que trois. Ces pages de la musique de la chambre, ainsi que ceux de la musique de la chapelle, sont ordinairement des enfants de musiciens ou qui ont de la disposition à chanter; il n'est point question de noblesse, mais de voix. Ceux de la chapelle, qui sont six, sont entretenus chez l'abbé de Blanchard. Les deux charges de maîtres de la musique de la chambre sont soumises aux quatre surintendants, je dis quatre à cause des survivanciers. Il doit y avoir un maître de musique dans chaque semestre pour remplacer le surintendant et battre la mesure, s'il étoit nécessaire; mais ces deux charges étoient réunies sur la même tête. C'étoient M. de Blamont et M. Bury qui les avoient, ce qui faisoient une diminution de commodité pour le service, parce qu'étant déjà tous deux surintendants, cela formoit un double emploi; et d'ailleurs M. de Blamont ayant une mauvaise santé, on pouvoit manquer de sujet dans un moment où il auroit fallu séparer la musique. L'occupation de Rebel et de Francœur à l'Opéra à Paris étoit encore une nouvelle raison. Enfin Bury s'est déterminé à vendre une de ces deux charges de maître de musique; il en a gardé une avec les pages, et c'est l'autre que Royer a achetée 2,000 écus. Il a payé outre cela l'intérêt de cet argent à Bury depuis deux ans environ qu'il possède la charge. Je crois qu'il est convenu qu'il donnera encore 2,000 écus de plus lorsque Bury sera titulaire de la charge de surintendant. Ces 2,000 écus sont une espèce de brevet de retenue, et Royer ne doute pas qu'il n'obtienne pour lui pareille grâce, parce que c'est l'usage. Les charges de maître de musique ne sont pas toutes deux de même revenu ; celle qui a les pages vaut 1,000 francs plus que l'autre, c'est-à-dire que la seconde ne vaut qu'environ 2,700 ou 800 livres. Celle de maître de musique des enfants de France est d'un revenu beaucoup plus considérable ; elle vaut au moins 2,000 écus (1).

MM. les chirurgiens de Saint-Côme ont présenté aujourd'hui deux tomes de leurs Mémoires. M. de Loss a eu aujourd'hui audience particulière ; il part incessamment.

Du lundi 24, Versailles. — J'appris hier que la chambre établie par le Roi enregistra, il y a trois jours, la déclaration de S. M. pour son établissement. Elle n'aura d'autre service à faire, comme je l'ai déjà marqué, que celui que feroit la chambre des vacations, laquelle ne travaille point les lundis. J'ai marqué qu'il y auroit huit conseillers d'État ; il n'y en a que sept en comptant M. de Brou qui est à la tête ; ils ne s'assembleront pour commencer à travailler que mercredi et jamais les lundis, le Roi ne voulant pas que cette commission les empêche d'être du conseil d'État comme à l'ordinaire, d'autant plus que la chambre des vacations n'exerce point les lundis.

On apprit ici le 19 qu'un conseiller de grand'chambre du parlement de Rouen, nommé M. Bouillot de Franqueville, avoit tenu contre M. le premier président, dans une assemblée de la grand'chambre, des propos peu mesurés qui déshonoroient le chef et les membres. M. de

---

(1) M. Bury avoit les deux survivances de M. Rebel ; l'une de surintendant de la musique du Roi et l'autre de la musique de la chambre. Il avoit payé à M. Rebel, il y a environ trois ans, 2,000 écus pour la survivance de la charge de maître de musique de la chambre ; il vient de céder son même marché à M. Royer qui lui rembourse les 2,000 écus et 700 livres par delà pour l'intérêt de son argent depuis trois ans. Comme il y a 6,000 livres de brevet de retenue sur la charge, M. Royer tient le même engagement que M. Bury, c'est-à-dire donne à la mort de M. Rebel les 2,000 écus à ses héritiers. Il est vraisemblable qu'il obtiendra le même brevet de retenue s'il devient titulaire. (*Note du duc de Luynes.*)

Franqueville s'étant aperçu de l'impression de ces propos sur M. le premier président, demanda à la compagnie si on avoit remarqué dans son discours quelques termes injurieux à la compagnie ou à son chef; il fut délibéré et décidé que ni M. le premier président ni la compagnie ne pouvoient être blessés. Il y avoit un courrier de M. de Fougères prêt à partir pour venir à la Cour; M. le premier président en profita pour rendre compte de ce qui venoit de se passer. M. de Franqueville qui sut qu'il étoit parti un courrier pour Versailles, alla faire des excuses à M. le premier président.

M. le premier président écrivit une seconde lettre pour rendre compte du repentir de M. de Franqueville et demanda qu'il ne fût décerné aucune punition contre lui; mais l'ordre étoit déjà parti pour envoyer M. de Franqueville dans la forteresse de Doullens. On a mandé depuis de le mettre en liberté.

On sut hier la mort du seul fils qui restoit à M. de Nivernois; il étoit âgé de huit ans; on avoit dit qu'il étoit mort d'un abcès dans la gorge qui avoit gagné la trachée-artère. Cette espèce de maladie a été fort commune au collége des jésuites à Paris où il étoit pensionnaire, mais il est mort de la gangrène dans l'estomac; cette maladie en effet avoit commencé par un mal de gorge avec la fièvre. Il étoit d'une très-jolie figure et avoit beaucoup d'esprit. Il ne reste à M. et à Mme de Nivernois que deux filles, dont l'aînée a épousé depuis quelques mois M. le comte de Gisors, fils unique de M. le maréchal de Belle-Isle. La cadette, qui portoit le nom de Mancini, vient de prendre le nom de Nevers à la mort de son frère. Le petit garçon s'appeloit le comte de Nevers.

On sait depuis peu de jours que la Desmares, fameuse comédienne, est morte à Saint-Germain; elle s'y étoit retirée avec Hoguères, son ami depuis longtemps, et y vivoit avec lui; elle avoit soixante-treize ans; elle étoit retirée de la comédie avant le mariage du Roi, mais elle avoit joué devant la Reine, à la fête donnée par Mlle de Clermont à Versailles. Elle étoit inimitable, surtout dans les rôles de soubrette. Elle est morte ruinée pour avoir voulu soutenir Hoguères; elle avoit vendu sa maison rue de Varennes, à Paris, à M. le duc de Villeroy. Hoguères en avoit une dans la même rue presque vis-à-vis qui est aujourd'hui celle de Mlle de Charolois. La Desmares étoit mère de Mme de Ségur (1); c'est le seul enfant qu'elle ait eu que l'on connoisse.

Le roi de Pologne arriva ici jeudi dernier; il est logé dans l'appartement de M. le comte de Clermont, prince du sang. Il se porte fort bien. M. le duc Ossolinski, grand maître de sa maison, est arrivé avec lui; il est de même âge que le roi de Pologne à quelques mois près. Il a aussi une très-bonne santé, mais il ne monte pas à cheval aussi souvent que le roi de Pologne.

La Reine dîne tous les jours à midi et demi dans la chambre du roi de Pologne avec lui. Ils sont servis par la bouche de la Reine; il n'entre personne à ces dîners.

Le roi de Pologne alla voir il y a quelques jours le plan en relief de l'École Militaire dont j'ai parlé; il en fut très-content. Ce magnifique édifice lui donna occasion de faire quelques réflexions fort sages; il les communiqua sur-le-champ à M. Gabriel qui parut l'approuver.

Il y a eu ces jours-ci un fort grand incendie à Basoche, près Nogent-sur-Seine; cent maisons et un grand nombre de fermes remplies de grains ont été brûlées.

Du mardi 25, Versailles. — On a appris ces jours-ci que M. le marquis de Bissy, lieutenant général des armées du Roi, a obtenu la permission de se démettre du gouvernement de la ville et château d'Auxonne en faveur du comte de Bissy, son neveu.

Il n'y eut point de musique chez la Reine et il n'y en aura point d'ici à Fontainebleau. On est fort occupé ici

---

(1) Fille du duc d'Orléans, régent.

à des répétitions d'opéra que l'on jouera pendant le voyage à Fontainebleau.

Il y a trois jours que le régiment de Navarre a été donné à M. du Châtèlet (Lomont), menin de Mgr le Dauphin et gendre de M. de Rochechouart (Faudoas). M. du Châtelet avoit le régiment de Quercy qui a été donné à M. de Juigné, ancien colonel qui a eu un régiment réformé, et qui est depuis ce temps dans les grenadiers de France. On n'a rien donné dans cette occasion à la famille de M. de Choiseul qui laisse un fils et sa femme grosse, et qui outre cela a un frère, lequel est dans la gendarmerie. Cette famille espère cependant recevoir quelque bonté du Roi.

On a exposé aujourd'hui dans la grande galerie les estampes gravées par ordre du Roi des peintures de cette galerie; l'auteur de cet ouvrage est [Massé]. L'exécution en est admirable. On a rassemblé ces estampes dans un grand livre in-folio que M. de Vandières a fait présenter (1) par l'auteur au Roi, à la Reine et à la famille royale. Il me paroît décidé que le Roi ne donnera point de ces livres (2).

Du mercredi 26, Versailles. — La fille de M. le duc de Penthièvre est morte ici au chenil; elle est morte de la dyssenterie; elle avoit près de deux ans (3). Il ne reste à M. de Penthièvre que deux garçons, M. de Lamballe et M. de Château-Villain.

Le Roi soupa dans ses cabinets avec ses enfants.

J'ai marqué ci-dessus que la nouvelle chambre avoit été composée de huit conseillers d'État. Il n'en est nommé que six par les lettres patentes qu'elle enregistra le 22. Ces lettres parurent imprimées il y a deux jours; elles sont

---

(1) Les 26 et 27. (*Note du duc de Luynes.*)

(2) Les planches de cet ouvrage sont conservées à la Chalcographie du Louvre.

(3) Cette princesse mourut le 25 septembre. Voir *les Mémoires du duc de Luynes*, au 30 avril 1754.

datées du 18. Elles sont intitulées : Lettres patentes du Roi en forme de commission portant établissement d'une chambre des vacations dans le couvent des Grands-Augustins de Paris. Les six conseillers d'État et vingt maîtres des requêtes à qui elles sont adressées sont : MM. de Brou, Poulletier, de Marville, de Beaupré, Pallu, de Viarmes, et le septième, qui est effectivement nommé dans l'original, et oublié dans l'imprimé, est M. de Fontagneux; les maîtres des requêtes sont : MM. Poncher, Maboul, Choppin, Bignon, Baillon, d'Argouges, Maisnon des Vaux, de Bérulle, Boutin, de la Corée, Cypierre, Pajot de Marcheval, Boulongne, Miroménil, Feydeau de Brou, de la Blinière, de Gourgues, Turgot, Rouillé d'Orfeuille et Amelot. Il est dit que cette chambre n'est que pour tenir lieu de la chambre des vacations, que le Roi n'a pas jugé à propos d'établir à Pontoise par de grandes considérations. La nouvelle chambre ne s'assemblera point les lundis; aussi ce service ne dérangera point celui de MM. les conseillers d'État et MM. les maîtres des requêtes pour le conseil, même à Fontainebleau. Cette chambre ne subsistera que jusqu'à la Saint-Martin; elle jugera les affaires civiles et criminelles, et seulement dans l'espace de temps que juge la chambre des vacations.

J'ai appris aujourd'hui que M. de la Saône, qui avoit acheté de M. de la Vigne la charge de médecin ordinaire de la Reine, vend aujourd'hui cette charge à M. Malouin. Ils sont tous deux de l'Académie des sciences, mais M. de la Saône a beaucoup d'enfants et n'est pas riche; il ne pouvoit être assidu à l'Académie ni par conséquent en espérer les pensions qu'elle a coutume de donner aux anciens. Outre cela, le séjour de Paris est d'une grande utilité pour les médecins connus et estimés. M. de la Saône ne trouvoit pas le même avantage à beaucoup près dans la charge de médecin ordinaire.

Du vendredi 28, *Versailles.* — Le 27, veille du départ

de Madame Infante, la Reine s'enferma et ne joua point, tout étoit ici dans l'affliction; cette affliction redoubla le 28 au moment du départ; les embrassements de Mgr le Dauphin et de Madame Infante furent les plus vifs et les plus tendres. Elle partit à neuf heures et demie ayant dans son carrosse Mme la comtesse de Noailles qui est aussi fort affligée de quitter Mme d'Arpajon sa mère, de qui elle ne s'est jamais séparée, Mme de Crussol qui s'éloigne avec grand regret de Mme de Morville sa mère, et Mme de Narbonne qui est aussi dans la douleur par la même raison de quitter Mme de Chalus sa mère, et qui outre cela regrette beaucoup la France. Madame Infante va en poste jusqu'à Lyon où elle trouvera des chevaux qui la mèneront à journée jusqu'à Antibes; là elle s'embarquera sur les galères du Roi pour passer à Gênes où elle trouvera ses équipages. Sa suite est composée de 14 voitures tant carrosses, chaises et surtouts. M. le comte de Noailles est chargé des ordres du Roi pour la conduire jusqu'à Parme. Mme la comtesse de Noailles, qui fait les fonctions de dame d'honneur jusqu'à Antibes, reviendra ensuite à Paris. Dès le 27, la Reine avoit fait partir un palefrenier pour aller à Cosne pour lui en rapporter des nouvelles, et le 28 il partit un page de la Reine pour aller à Montargis; il étoit chargé d'une lettre que la Reine avoit écrite la veille chez Madame Infante et en sa présence; la Reine l'avoit même avoué à Madame Infante, et cette circonstance étoit même marquée dans la lettre. Toute la famille avoit envoyé des courriers aussi en particulier; le lieu le plus éloigné est Vienne en Dauphiné.

Depuis que le Roi a bien voulu faire retirer un arrêt du conseil qui avoit cassé une sentence du Châtelet rendue, je crois, le 7 de ce mois, ce tribunal a paru abuser de cette bonté. Il a refusé jusqu'à présent d'enregistrer les lettres patentes pour l'établissement de la nouvelle chambre des vacations. Ils ont déclaré qu'ils n'assisteroient ni aux interrogatoires, ni aux exécutions des criminels suivant l'usage. Ils ne veulent reconnoître de chambre des vacations que celle formée par le Parlement et autorisée par lettres patentes. Ces difficultés ne furent point faites, lorsqu'en 1731 pareille chambre des vacations fut établie ; les lettres patentes furent enregistrées au Châtelet ; mais dans ce moment l'obéissance n'est plus connue. Dans le parlement de Rouen les esprits sont plus aigris que jamais ; le premier président est brouillé avec sa compagnie ; on lui a su très-mauvais gré du compte qu'il a rendu des discours de M. de Franqueville, et on n'a été nullement touché de la seconde lettre par laquelle il a demandé et obtenu son rappel. Le parlement d'Aix, brouillé depuis longtemps avec son archevêque (Brancas), n'est pas dans des dispositions plus favorables à l'égard du curé de ce diocèse.

Il y a cinq ou six jours que la sauvage de Châlons vint ici ; je dois en avoir parlé ci-dessus. C'est en 1732 qu'elle fut trouvée dans une forêt ou dans une vigne près la forêt ; les uns disent qu'elle n'avoit que huit ans, d'autres qu'elle étoit nubile. Ces deux circonstances pourroient s'accorder, parce qu'à la manière qu'elle avoit vécu jusque-là, son tempérament pouvoit être différent des autres femmes. Ce qui est certain, c'est qu'elle n'a aucune connoissance ni de son âge, ni de son pays, ni du chemin qu'elle a fait, ni du lieu où elle a été prise ; elle se souvient seulement qu'elle fut parfaitement bien reçue par un M. et Mme d'Épinoy qui avoient une terre dans le voisinage, qu'elle eut beaucoup de peine à s'accoutumer à vivre renfermée dans une chambre et à soutenir la nourriture de pain et de viandes cuites ; qu'on la saigna plusieurs fois, sans même qu'elle fût malade, pour calmer l'extrême vivacité qu'il y a dans son sang ; qu'elle tomba malade depuis et qu'elle fut à toute extrémité, et que quoiqu'instruite alors des vérités du christianisme et fort soumise à la volonté de Dieu, elle n'entendoit pas sans peine les prières des agonisants, et que lorsque les religieuses disoient : « Sortez, âme chrétienne » elle disoit à voix basse : « Ma petite âme, ne croyez pas ces bonnes dames, ne sortez pas, à moins que ce ne soit la volonté du bon Dieu. » Elle conte ce fait assez plaisamment. Elle dit qu'elle a eu une compagne qui n'étoit pas sa sœur, qu'elles passoient tout leur temps, c'est-à-dire toutes les nuits, à chercher de quoi vivre; qu'elles attrapoient des lapins, des lièvres même à la course, du poisson dans les étangs et dans les rivières, nageant entre deux eaux comme le poisson même; qu'elles vivoient de cette nourriture; qu'elles mangeoient cru, dépouillant seulement les lapins, les lièvres et se servant de leurs peaux pour couvrir une partie de leur corps; qu'elles dormoient sur les arbres où elles montoient fort légèrement et sautoient de branches en branches; qu'elle vivoit avec sa compagne dans le même bois, mais point ensemble; qu'elles étoient souvent fort éloignées l'une de l'autre et qu'elles s'appeloient quelquefois, principalement pour des occasions de chasse, par des cris de la gorge fort aigres et fort difficiles à imiter; elle prétend qu'elles s'entendoient par ces cris qui avoient différentes significations. On lui a demandé ce qu'étoit devenue sa compagne, et s'il étoit vrai qu'elle l'eût mangée comme on l'en avoit accusée. Elle dit que cette accusation est très-injuste; qu'il est vrai qu'elle eut dispute avec sa compagne de qui elle reçut un coup, qu'elle lui en rendit un autre au front qui fut assez fort pour lui tirer du sang, c'est ce qu'elle appelle faire rouge, qu'aussitôt qu'elle vit le sang, elle se jeta dans l'eau pour prendre une grenouille dont elle employa la peau pour faire un emplâtre sur la plaie, et qu'elle monta aussitôt dessus un arbre pour en prendre la petite peau, ce qu'elle appelle du ruban, qui lui servit d'une espèce de bandage pour y faire tenir l'emplâtre; elle ajoute que depuis elle n'a point vu sa compagne. Il paroît qu'elle n'a point oublié le plaisir de manger de la viande crue et celui de n'avoir d'autres soins et d'autres embarras que de chercher la nourriture qu'elle trouvoit abondamment et de n'avoir d'ailleurs aucune gêne ni contrainte. Elle craignoit plus le chaud que le froid ; la neige ni la glace ne lui faisoient aucune peine. Elle n'a pas la moindre idée du lieu d'où elle est partie ni d'aucuns événements de sa vie ; elle dit qu'elle peut bien avoir fait beaucoup de chemin parce que les rivières et les étangs ne les embarrassoient point ; mais qu'elle n'en a pas le moindre souvenir (1). Elle est petite, d'une figure commune, les yeux vifs, parle beaucoup et vivement. On remarque encore dans sa manière de vivre quelques petits restes du cri de la gorge qui étoit sa seule langue dans les bois. Elle a eu quelque désir de se faire religieuse, mais sa santé étoit trop mauvaise alors. Feu M. le duc d'Orléans lui donnoit 600 livres de pension ; M. le duc d'Orléans d'aujourd'hui les a réduites à 200 ; elle n'a pas pu rester dans son couvent depuis cette diminution ; elle demeure actuellement à Paris chez Mme Meyra, dont le mari est président de la chambre des comptes. La Reine la fit parler pendant une heure entière, le soir, chez chez Mme de Luynes, et lui donna 3 ou 4 louis (2).

---

(1) On lui a montré plusieurs habits de sauvages de l'Amérique ; il a paru qu'il y en avoit un qui la frappoit, qui est des parties les plus reculées du nouveau monde ; on croit que c'est le pays des Esquimaux ; il semble même qu'elle ait reconnu cet habillement. On lui a montré aussi différentes espèces de bâtiments dont les sauvages se servent pour aller sur la mer ou sur les rivières ; elle explique assez bien la différence qu'il y a de ces bâtiments à ceux dont on se servoit dans son pays ; ceux-ci étoient plus petits et il n'y a qu'une ouverture dans le milieu, assez profonde pour les mettre en sûreté. (*Note du duc de Luynes.*)

(2) On ne peut s'empêcher de rapporter en cette occasion un fait dont M. de Maurepas a eu connoissance et qui a été conté par quelqu'un qui le tenoit de lui.

Un officier de marine qui commandoit à la Martinique ou à Saint-Domingue, je ne sais lequel des deux, ayant été instruit que l'on avoit pris quelques enfants des sauvages voulut les voir ; il trouva entre autres une petite fille fort jolie qui n'étoit qu'un enfant ; il la fit élever chez lui et lorsqu'elle fut en âge d'être mariée, il la trouva si fort à son gré qu'il l'épousa ; il vécut avec cette femme seize ou dix-sept ans dans une grande union ; ils eurent deux garçons qui

Il y a cinq ou six jours que le nommé Levoir, valet de chambre de Mme Amelot, qui la sert depuis vingt-sept ans, fit apporter un clavecin singulier de sa composition; il y travaille depuis vingt ans, et celui-ci est le huitième ou dixième qu'il a fait. Il a déjà fait voir son ouvrage à l'Académie des sciences qui a fort loué son génie et lui a conseillé de corriger les défauts qu'il y avoit alors dans l'exécution. Il a remédié à la plus grande partie de ces défauts et compte bien encore perfectionner cet ouvrage. C'est une mécanique singulière que cet instrument; il est à peu près de la forme d'un clavecin, seulement un peu plus court. La caisse de ce clavecin contient quatre instruments à cordes à boyaux, deux violons, une quinte et un violoncelle. Les corps mêmes de ces instruments y sont, mais il y a ajouté un plus grand nombre de cordes qu'ils n'en ont ordinairement. Ces cordes sont disposées avec beaucoup d'art par les moyens de différents renvois (1) qui répondent aux différentes touches du clavecin. Il y a deux claviers à ce clavecin; celui dont on fait usage pour jouer est celui d'en haut, qui répond au petit clavier des clavecins ordinaires; celui d'en bas n'est que pour accorder. Les quatre instruments rendent différents sons par le moyen de plusieurs archets arrangés avec grande intelligence; le mouvement de ces archets est produit par trois roues qui sont sous le clavecin, et le mouvement est donné à ces roues par une marche que celui qui joue du clavecin fait mouvoir avec le pied. Le rouage est mis en mouvement par le moyen d'une

---

furent bien élevés. Après ce long espace de temps, sa femme s'ennuyant tout d'un coup de la vie qu'elle menoit et ayant trouvé une occasion favorable de retourner dans son pays pendant l'absence de son mari, ôta tous ses habits, reprit le peu de vêtements ordinaires à sa nation et s'en alla avec ses deux enfants. Ces jeunes gens acquirent bientôt de la réputation parmi les sauvages; l'éducation qu'ils avoient reçue leur donna une grande considération. Ils furent élus chefs de la nation, et en cette qualité ils ont fait avec le Roi des traités que M. de Maurepas a signés. (*Note du duc de Luynes.*)

(1) Pour opérer la multiplicité des sons. (*Note du duc de Luynes.*)

marche qui fait tourner une roue de bois qui roule sur son essieu et qui porte un encliquetage dont la griffe saisit une des dents de la roue à rochet toutes les fois qu'on appuie le pied sur la marche pour donner le mouvement, et lorsqu'on relève le pied, la roue de bois qui porte la griffe est relevée par un ressort qui la fait tourner dans un sens opposé à l'arbre pour répéter ensuite la même opération. Le même essieu où est adaptée la roue à rochet porte une lanterne et une grande roue qui sert de volant. La lanterne engrène et mène une grande roue, et cette grande roue engrène une autre grande roue semblable, et elle lui fait faire un mouvement opposé, et ces roues, par le moyen de quatre chevilles et d'un échappement singulier, font lever et baisser deux bascules qui font mouvoir quatorze archets. Il y a aussi vers le milieu du clavecin une ouverture carrée par laquelle sort une baguette de fer avec un anneau, laquelle baguette répond à une manivelle qui fait mouvoir les trois roues. Cet expédient rend le jeu plus facile, parce qu'un homme joue et un autre fait mouvoir les roues. Il est aisé de comprendre que par la composition de cet instrument on évite l'inconvénient des clavecins ordinaires, qui est de rendre les sons sèchement, sans pouvoir ni les enfler, ni les diminuer, ni les tenir. Ici on enfle et diminue les sons, et par conséquent on peut donner de l'expression à ce que l'on joue. Les archets pour la quinte et violoncelle, ou plutôt la basse de violon, car c'en est une, roulent par le moyen des poulies de renvoi des deux côtés, et par conséquent n'excèdent que de très-peu la caisse de l'instrument. Cette même méthode avoit été pratiquée pour les archets des deux violons, mais l'expérience a fait voir que les sons étoient trop écrasés dans les dessus, et a déterminé l'auteur à faire sortir ces deux archets (1) en de-

---

(1) Ces deux espèces d'archets en portent chacun cinq. (*Note du duc de Luynes.*)

hors. On joue sur cet instrument tout ce que l'on joue sur le clavecin; les airs légers et ceux où il y a de l'expression paroissent mieux réussir que les autres. Le Roi, la Reine et le roi de Pologne ont vu et entendu cet instrument, et ont paru fort contents du génie singulier de l'auteur, de l'harmonie des sons et de l'immensité de l'ouvrage. L'harmonie seroit encore plus agréable si ledit Sr Levoir avoit eu le moyen de mettre de meilleurs instruments. J'oubliois de marquer que chaque touche lève par le moyen d'un pilote une bascule chargée d'un rouleau qui baisse l'archet qui est déjà en mouvement pour faire sonner la corde, et comme il y a plusieurs renvois à la corde, ainsi que je l'ai déjà expliqué, une même corde dans son étendue rend des sons différents par le moyen de ces renvois. Ces renvois étoient nécessaires pour suppléer au défaut des doigts; sans quoi il auroit fallu encore multiplier davantage les cordes, qui peut-être ne le sont déjà que trop par proportion de la table de chaque instrument. Cet instrument, quand on le connoît, est moins difficile à accorder qu'un clavecin ordinaire, et soutient assez bien son accord, parce que la discordance qui arrive souvent aux cordes à boyaux est produite en grande partie par la chaleur et l'humidité des doigts qui les touchent. Ces deux inconvénients ne se trouvent point dans cet instrument-ci. Il faut observer aussi que tous les sons sont doubles et accordés à l'unisson, de manière que chaque son est plus fort, et que si une des cordes à l'unisson venoit à casser pendant que l'on joue, l'autre unisson pourroit suffire à continuer la pièce commencée. La composition de cet instrument pour les claviers est absolument contraire à ceux des clavecins ordinaires; à ceux-ci le petit clavier, qui est celui d'en haut, ne fait parler que le petit jeu, et le grand clavier, qui est celui d'en bas, les fait parler tous deux; ici le grand clavier est en haut et fait parler l'autre jeu.

Le 23 de ce mois, M. le marquis de Malaspina arriva ici de

la part de l'Infant pour faire compliment au Roi, à la Reine, etc., sur la naissance de Mgr le duc d'Aquitaine. M. de Malaspina est fort grand ; il l'est plus même que M. de Saint-Vital, qui est frère de sa mère. Sa figure n'est ni bien ni mal, mais il a perdu un œil à la chasse ; il est attaché à l'Infant, je crois en qualité de gentilhomme de la chambre ; il a encore une autre charge chez lui. Il a apporté une lettre de l'Infant au Roi ; il compte rester quelque temps ici. MM. de Malaspina sont gens de grande condition. L'établissement de cette maison est dans les montagnes de Toscane, et comme il y a presque toujours des fables dans les origines fort anciennes, la leur est qu'un de leurs ancêtres ayant apporté une mauvaise nouvelle à l'Empereur, ce prince, dans le premier moment de sa douleur, répondit : « *Mala spina,* voilà une méchante épine. » Ils prétendent que ce nom leur est demeuré depuis ce temps-là ; mais quel est ce temps et le nom de l'Empereur ; c'est ce que ne m'a pas pu dire M. de Malaspina qui est ici ; c'est un cadet.

Le 7 ou 8 de ce mois, vers le temps de la naissance de M. le duc d'Aquitaine, il parut en Champagne un phénomène pareil à celui que l'on vit ici il y a trente ans : un globe de feu assez considérable, qui parut à l'horizon et s'éteignit sans faire grand mal. Depuis plusieurs années, on est accoutumé à voir des aurores boréales ; mais ceci qui peut provenir de la même cause, ne produit pas le même effet. On sait que l'on n'étoit pas accoutumé en France à voir des aurores boréales, ce qui fit qu'en 1726 (au moins, je crois que c'est cette année) on fut étonné, peut-être même effrayé, de celle qui parut dans le mois d'octobre, pendant le voyage de Fontainebleau ; c'est un effet très-naturel, mais très-singulier ; celle-là étoit fort considérable, elle formoit plusieurs colonnes de feu, avec une scintillation fort vive. Ces colonnes réunies dans leurs parties supérieures firent pendant quelque temps une espèce de dôme de feu.

OCTOBRE 1753.

Du dimanche 30, *Versailles.* — M. le duc de Saint-Aignan et M. de Beauvilliers, son fils, sont venus demander l'agrément du Roi pour le mariage de M. de Beauvilliers avec Mlle Desnos de la Feuillée.

Le Roi a bien voulu accorder, à la prière du roi de Pologne, à M. le marquis de Boufflers (Remiancourt) l'exercice de la charge de menin de Mgr le Dauphin; il ne devoit exercer qu'à vingt-cinq ans, il n'en a que dix-sept.

OCTOBRE.

Appareils de sauvetage et de natation. — Arrêt du conseil contre le Châtelet. — Une sainte fille et ses prédictions. — La Reine fait ses dévotions; difficultés. — Nouveaux canons. — Contrats de mariage. — Établissement de l'École Militaire à Vincennes. — École Militaire des chevau-légers. — Évêques *in partibus* suffragants d'archevêques. — Mandement des évêques de Boulogne et de Montauban. — Le Châtelet. — Départ du roi de Pologne. — Gratis accordé à l'archevêque de Sens. — M. de la Courneuve. — La Cour à Choisy. — Pendule de Passemant. — La Cour à Fontainebleau. — Mort de M. de Franqueville. — Nouvelles diverses. — Exercices des dragons du régiment Mestre-de-camp. — Droits contestés du surintendant de la maison de la Reine. — Le *Mercure Galant;* plaintes de la Reine contre l'indécence de cette comédie. — Résistance des Bailliages et du Châtelet.

Du mercredi 3, *Versailles.* — Le 30 du mois dernier, le nommé Bonnal, teinturier à Dieppe, fit voir ici au roi de Pologne une invention qu'il dit avoir trouvée il y a plusieurs années, pour sauver la vie aux matelots ou gens de mer qui ne savent pas nager, et qui ne pourroient soutenir la fatigue dans un long trajet; elle est extrêmement utile aussi pour passer des rivières sans danger. C'est une espèce de cuirasse qui entoure le corps par devant et par derrière depuis le col jusqu'aux hanches; elle est faite de plusieurs morceaux de liége cousus ensemble avec du fil goudronné. Ledit Bonnal fit voir cette invention il y a six ans et obtint un privilége en bonne forme; les frais de cet habillement marin ne sont pas considérables. Les premières qu'il fit ne coûtoient que 6 livres ; il les a perfectionnées et elles coûtent 9 livres. Il demande qu'en cas que cette invention soit utile, que le Roi veuille bien lui donner quelques marques de bonté, en lui accordant une petite pension. Il a été extrêmement touché de l'attention que le roi de Pologne a bien voulu faire à cet ouvrage, et de ce qu'il lui a permis de lui laisser une de ces cuirasses de liége.

La veille, le roi de Pologne avoit vu une autre invention dans le même genre. L'auteur de celle-ci est un M. Grossin de Galacy. Je ne le connois pas, mais il m'a conté son histoire ; il est né à Paris, mais il est Anglois d'origine et fort attaché aux intérêts du Prétendant. Il a été employé dans le corps de troupes qui devoit passer en Angleterre avec le prince Édouard, et n'a jamais eu aucun appointement ; il dit que ces préparatifs de campagne lui ont coûté 12,000 livres. Lorsque ce projet fut manqué, le Roi jugea à propos de donner une gratification annuelle de 40,000 livres pour être distribuée à plusieurs Anglois et Irlandois, fidèles au roi Jacques, qui étoient sans biens et sans ressources. M. de Galacy se présenta alors devant M. de Puisieux et ne put s'empêcher d'approuver les observations que lui fit ce ministre, qu'étant à Paris, il ne pouvoit avoir part à ces gratifications, et que d'ailleurs, n'étant pas dans un besoin aussi pressant que ceux auxquels elles étoient destinées, il pouvoit attendre. Ce fut au retour de cette expédition qu'il imagina l'invention dont je vais parler ; il ne la destinoit point aux officiers, mais aux soldats ou grenadiers auxquels l'on voudroit faire passer une rivière pour quelques coups de main. C'est du liége, mais ce n'est pas une cuirasse ; ce sont des espèces de tablettes de liége attachées les unes au-dessus des autres avec des morceaux de cuir, et couvertes avec des morceaux de cuir par-dessus. Ce cuir est cousu avec du fil goudronné. Les tablettes couvrent l'estomac par devant et l'entre-deux des épaules par derrière; elles sont attachées par plusieurs ceintures autour du corps et on les attache aussi entre les jambes. Il prétend que l'eau faisant tenir ces tablettes horizontalement, on peut se tenir debout dans l'eau sans aucun risque et avancer par le moyen des mains. Il avoit mis un morceau de liége sur les épaules, un de chaque côté; le roi de Pologne lui fit observer qu'ils étoient inutiles dans cette place; il compte les mettre au-dessus des hanches. Il dit qu'il n'a d'autre vue et d'autre objet que l'utilité publique. L'expérience seule peut décider du mérite de ces différentes inventions.

Je ne sais si j'ai parlé du Châtelet. Il a refusé d'enregistrer les lettres patentes de la nouvelle chambre des vacations, et par conséquent se regarde comme dispensé de l'usage ordinaire, qui est que dans les affaires criminelles un conseiller du Châtelet assiste aux interrogatoires et même aux exécutions. En conséquence de ce refus, le lieutenant civil et le procureur du Châtelet vinrent ici dimanche. Il y eut ce même jour conseil d'État et conseil de dépêches. On sait seulement qu'il y eut un arrêté du conseil qui casse l'arrêt du Châtelet. Il y a eu aussi de nouvelles lettres patentes. Comme le Châtelet est en vacances jusqu'après-demain vendredi, on ne sait encore rien de nouveau sur cette affaire.

Ce même jour, dimanche, le Roi partit l'après-dîner pour Crécy, d'où il viendra demain jeudi au soir.

Le 28 du mois dernier, M. de Steinflicht fut présenté. Son frère, qui avoit épousé une sœur de M. Orlick, est lieutenant général au service de France; il est fort attaché au roi Stanislas. Il sortit de Dantzick avec ce prince, qu'il faisoit passer pour un domestique à lui.

Je dois avoir parlé dans ce journal d'une anecdote singulière et dont la vérité ne peut être contestée. C'est au sujet de la fille d'un bourgeois de Versailles qui vivoit ici dans une grande retraite et menoit une vie très-édifiante. Il paroît que Dieu lui avoit communiqué de ces connoissances dont il ne fait part qu'aux simples et aux petits, comme il est dit dans l'Évangile. Elle étoit sous la direction de M. Jomart, curé de la grande paroisse, et il la regardoit comme une sainte. Pendant la guerre de 1733, la Reine, fort occupée d'implorer la protection de Dieu pour les armes de la France, fit prier cette bonne fille d'adresser ses vœux au Seigneur à cette intention. L'année que la paix se fit, la Reine lui fit demander si elle avoit lieu d'espérer que ses prières eussent été exaucées. Cette fille répondit qu'elle avoit vu de grandes armées mais qu'elle n'avoit point remarqué qu'elles fussent en action l'une contre l'autre. Elle fut aussi avertie de prier pour le roi Stanislas lorsqu'il passa en Pologne. On sait quelle fut cette entreprise. La Reine, très-inquiète, fit demander à cette sainte fille si Dieu ne lui avoit rien fait connoître sur l'événement. Elle dit qu'elle avoit vu sortir trois hommes d'une ville, que c'étoit tout ce qu'elle savoit. Cette circonstance se trouva précisément dans le temps, à deux ou trois jours près, que le roi de Pologne sortit lui troisième de Dantzick; mais il falloit encore bien longtemps pour en avoir la nouvelle. Elle fit encore plus. Elle fit dire à la Reine qu'elle l'exhortoit à se souvenir d'une promesse qu'elle avoit faite à Dieu dans une chambre dont elle expliqua l'arrangement et les meubles. La Reine reconnut à cette description la chambre, se ressouvint de la promesse qu'elle avoit faite et dont elle n'avoit jamais parlé à qui que ce soit. Je sais tous ces faits de la Reine.

Du jeudi 4, Versailles. — La Reine a fait aujourd'hui ses dévotions aux Récollets, où il y a une grande solennité à cause de la fête de Saint-François. Il y eut hier à cette occasion plusieurs éclaircissements pour lesquels on vint s'adresser à Mme de Luynes. Le hasard fait que M. l'archevêque de Rouen, grand aumônier, est dans son diocèse. M. l'évêque de Chartres, premier aumônier, est aussi chez lui. M. l'abbé de Marbeuf, aumônier ordinaire, a demandé congé à la Reine pour aller à Gaillon. La Reine n'a fait avertir aucun de ces Messieurs pour aujourd'hui, ainsi il n'y a ici que l'aumônier de quartier qui est l'abbé du Châtel, lequel vient de relever M. l'abbé d'Antigny. Celui-ci qui est parti ayant su par l'abbé du Châtel que la Reine devoit faire ses dévotions, conseilla à son confrère de demander un aumônier du Roi pour le remplacer dans le service de la Reine, si cela étoit nécessaire, et en conséquence l'abbé du Châtel pria l'abbé de Caulaincourt. Lorsque la Reine communie, le grand ou le premier aumônier, ou en leur absence l'aumônier de quartier, dit la messe et communie la Reine; la seconde messe est dite par le chapelain de quartier; mais outre ce service il y en a un autre à faire auprès de la Reine. Il faut lui donner ses livres de prières, lui présenter l'Évangile à baiser, un moment avant l'offertoire lui apporter plusieurs hosties pour qu'elle choisisse celle qui doit être consacrée pour la communion, etc.; ce service ne peut être fait par celui qui dit la messe. Les chapelains prétendent qu'en l'absence de leurs supérieurs ils doivent les remplacer, et qu'il ne convenoit pas qu'on ait recours en pareil cas aux aumôniers du Roi. Il y a des exemples en leur faveur. L'abbé du Châtel a dit la messe et communié la Reine, et l'abbé de Caulaincourt, aumônier du Roi, a fait le service auprès de la Reine. La Reine a eu la bonté de faire dire à un chapelain qu'elle ne prétendoit point avoir rien décidé contre leurs droits, qu'elle les examineroit avec M. l'archevêque de Rouen. La Reine a retourné à la messe à la chapelle à midi quoiqu'il ne soit point fête.

Du vendredi 5, Versailles. — Il y a ici depuis quinze jours ou environ une compagnie de canonniers du régiment Royal-artillerie, campée dans le petit parc auprès de la porte de Saint-Cyr pour l'essai des canons dont j'ai parlé ci-dessus, qui font autant d'effet que les canons ordinaires avec moitié moins de pesanteur, ce qui en rendroit le transport beaucoup plus facile. J'ai expliqué ce qui avoit empêché l'exécution de cette expérience; on croit avoir remédié à tous ces inconvénients, et que le poids des canons seroit suivant les conditions dont on étoit convenu. Je crois qu'on y est parvenu, mais les canonniers font aujourd'hui de nouvelles difficultés. Ils prétendent que dans les nouveaux canons on a fait des chambres dans la culasse, et demandent que les leurs soient accommodés de même pour que l'épreuve puisse se faire à armes égales. Cet obstacle arrêtera vraisemblablement cette épreuve cette fois-ci. On prétend que ces mêmes entrepreneurs ont porté leur expérience en Angleterre et que les Anglois n'en ont point voulu; ils répondent à cette objection que les Anglois ayant peu de troupes de terre n'ont point voulu en faire la dépense, d'autant plus que ces canons ne pouvoient être d'une grande utilité sur mer.

Le Roi revint hier de Crécy. Il trouva en passant à Dreux un bataillon du régiment de la Marine qui étoit en route pour se rendre à son quartier (1). Le bataillon sortit de la ville et se mit en bataille. Le Roi ne descendit point de carrosse et passa auprès de la tête de ce bataillon qui est beau, quoique mal vêtu et mal coiffé.

Aujourd'hui il y a deux signatures de contrat de mariage; l'un de M. le duc de Beauvilliers, qui épouse Mlle Desnos de la Feuillée, et l'autre de M. de Canizy avec Mlle de Vassy.

M. de Beauvilliers est veuf de Mlle de Fervaques dont il a deux garçons et une fille. Il avoit la garde noble de ses enfants qu'il perd par ce mariage; mais M. le duc de Saint-Aignan son père dit qu'il le dédommage de cette perte par les arrangements qu'ils ont pris ensemble. Mlle Desnos est une fille de condition qui a au moins vingt-

---

(1) C'est le second bataillon qui vient de l'île d'Oléron et qui va en garnison à Calais. (*Note du duc de Luynes.*)

trois ou vingt-quatre ans ; elle a actuellement 16,000 livres de rente et des espérances. Elle a une sœur mariée mais qui n'a point d'enfants.

M. de Canisy est homme de condition de Normandie, cousin de Mme de Fervaques ; Mlle de Vassy est aussi noblesse de Normandie, je crois du diocèse de Bayeux.

J'ai oublié de marquer que le 1er de ce mois, on a commencé à Vincennes l'établissement de l'École Militaire. Je dois avoir dit que c'est M. de Sallières qui est à la tête de cet établissement pour le commandement ; mais pour les meubles, ustensiles et arrangements de toute espèce, c'est M. du Vernay qui s'en mêle, et il s'en occupe avec un intérêt et une vivacité qui montre son zèle pour le bien public. On ne peut voir sans admiration l'intelligence avec laquelle tout ce détail est exécuté. Le nombre de jeunes gens n'est encore jusqu'à présent à Vincennes que de 25 ou 30.

Le roi de Pologne alla voir ici, mardi dernier 2 de ce mois, une autre École Militaire qui a déjà acquis de la réputation et qui en acquerra encore davantage quand elle sera plus connue ; c'est celle des chevau-légers de la garde. Il alla d'abord dans la chambre de M. de Lubersac, cornette, qui est à la tête de cet établissement ; les fenêtres de cette chambre donnent sur la carrière ou manége découvert. Le Roi vit courre les têtes dans cette carrière, ce qui fut exécuté avec beaucoup d'adresse ; de là il passa dans une chaise à porteurs à un autre bâtiment et monta à une tribune qui donne sur le plus petit des deux manéges couverts. Il y vit plusieurs très-jolis chevaux menés par des jeunes gens fort savants et de fort bonne grâce. Après cet exercice qui dura plus d'une demi-heure, le roi de Pologne voulut bien monter par le même escalier dans une salle qui est au-dessus du manége ; cette salle est destinée à tous les autres exercices. Il y vit le maniement des armes fait par 42 jeunes gens avec une justesse et une précision admirables ; ensuite il fit faire des armes, exercice digne de curiosité par la manière dont il est arrangé. On finit par le voltiger; cet exercice fut fait encore avec une légèreté singulière, non-seulement sur un cheval de bois ordinaire, mais sur un autre qu'on élève jusqu'à six pieds; plusieurs jeunes gens y sautèrent en bottes, avec la cuirasse et le mousqueton. Toutes les fois qu'ils montent à cheval, ils ne se servent jamais d'étriers. Le roi de Pologne n'eut pas le temps d'examiner un bureau qui est dans cette même salle, ni l'encolure du cheval dont je viens de parler. Le bureau est construit avec beaucoup de goût pour apprendre la chronologie avec plus de facilité. Ce sont des cases, petites et carrées, placées l'une au-dessus de l'autre avec des étiquettes qui désignent les siècles et les époques, et entre chaque rang de cases, une espèce de petit arbre hexagone et mobile où sont différentes autres époques propres à fixer la mémoire. Les jeunes gens déjà instruits par un maître que la compagnie paye et qui donne des leçons régulièrement, sont obligés devant le maître de placer dans ces petites tablettes carrées, à la place convenable, des cases où sont écrits les principaux événements historiques. Ce bureau ou armoire est peint de trois couleurs, en gris, brun et noir, pour rapprocher les temps où l'histoire est presque inconnue par le défaut d'auteurs et le trop grand éloignement; en couleur de marron pour les temps fabuleux, et en couleur de bois clair, pour les temps historiques.

L'encolure du cheval est mobile par des ressorts, pour apprendre aux jeunes gens la manière de placer la main et de la faire agir. Outre cela, le cheval est placé devant une grande glace qu'on élève ou baisse comme on veut, de manière que sur le cheval, ou à pied, on voit soi-même tous ses mouvements et par conséquent ses défauts. On travaille toujours à un autre cheval qui fera par des ressorts, que l'auteur assure être simples et solides, beaucoup de mouvements imitant le naturel, et surtout tous ceux qui peuvent faire connoître la précision et la justesse de toutes les aides qu'on peut donner à un cheval.

Le roi de Pologne, après avoir resté deux heures aux chevau-légers, alla voir la maison que Binet a fait bâtir depuis un an dans l'avenue de Paris. La forme et la distribution sont agréables. C'est le Sr de Marne, entrepreneur, qui a conduit cet ouvrage. Le jardin, qui est coupé sur la butte de Montboron, est dessiné avec beaucoup de goût.

De l'autre côté de cette butte est la maison de campagne de Mme d'Estrades. La maison est fort petite, mais le jardin est grand et très-bien dessiné en bosquets, et coupe de terre.

On apprit il y a quelques jours la mort de M. l'évêque de Cydon (*in partibus*); il s'appeloit Navarre (1); il avoit l'abbaye de la Clarté-Dieu ; il est mort à Lyon dans sa cinquante-sixième année ; il étoit suffragant de M. le cardinal de Tencin. L'usage est de donner à Lyon un suffragant qui soit un évêque *in partibus;* mais tantôt c'est celui de Cydon, tantôt d'un autre titre. C'est le Pape qui choisit cet évêque *in partibus*, c'est l'archevêque de Lyon qui le demande au Pape et qui lui présente un sujet, mais toujours avec l'agrément du Roi. C'est aussi l'archevêque de Lyon qui fournit à ses dépens les 1,000 écus de revenus à cet évêque (2). Quelquefois le Roi leur donne quelques bénéfices. Reims a aussi un suffragant actuellement, à cause de l'état de la santé de l'archevêque. Alby en a eu un dans le même cas de mauvaise santé. Strasbourg en a un, mais c'est comme un étran-

---

(1) Nicolas Navarre, évêque titulaire de Cydon dans l'île de Candie, mort à Lyon le 25 septembre.

(2) La règle est qu'il faut que celui que l'on propose ait 1,000 écus de revenu, comme il est de règle d'avoir 150 livres de rentes pour entrer dans les ordres sacrés, mais à ceux-ci un bénéfice tient lieu des 50 écus. Ces évêques sont pour faire les fonctions épiscopales dans les diocèses auxquels ils sont attachés. (*Note du duc de Luynes.*)

ger en quelque manière, car c'est l'usage en Allemagne.

Tous les évêques ont donné des mandements à l'occasion de la naissance de Mgr le duc d'Aquitaine; il y en a deux qui font du bruit. Je ne les ai point vus et ils sont rares. L'un est de M. l'évêque de Boulogne (de Pressy) et l'autre de M. l'évêque de Montauban (Verthamon). Celui de l'évêque de Boulogne parle des circonstances présentes, et ce qu'il en dit est très-déplacé; on croit que la nouvelle chambre des vacations le supprimera. L'autre fait l'éloge de l'attachement des Rois pour la religion, et parle du bonheur des peuples sous un prince bien-aimé; il ne laisse rien ignorer du danger qu'il y a à laisser augmenter la puissance du Parlement, mais jamais un mot de ce qui regarde la France; c'est presque toujours le parlement d'Angleterre dont il parle. L'histoire tragique de Charles Ier y est clairement désignée, mais les termes de ce mandement sont...... Il est écrit avec beaucoup d'art et d'esprit.

On trouvera ci-après ce qu'on savoit hier de ce qui s'est passé au Châtelet.

M. de Pontcarré de Viarmes, conseiller d'État, et deux maîtres des requêtes se sont rendus au Châtelet; l'audience tenoit; le lieutenant civil l'a renvoyée et a fait place à ces trois Messieurs au-dessous de lui. Ils ont demandé le registre des bannières; on leur a dit qu'il étoit rempli et ne servoit plus. Ils ont demandé le plumitif; on leur a dit qu'on ne le remplissoit qu'à la fin du mois. Ils ont demandé la feuille où on écrivoit en attendant; on a répondu qu'elle étoit dans la chambre du conseil. Ils y ont passé et l'audience a continué. Ils ont fait lire et enregistrer les lettres patentes de la commission et fait biffer le refus d'enregistrement ci-devant fait desdites lettres; ils sont ensuite rentrés dans la chambre et lecture ayant été faite de l'enregistrement, ils se sont retirés. Les conseillers au Châtelet se sont retirés aussi, et le lieutenant civil a tenu seul, suivant l'usage, l'audience du

Parc-Civil; pendant ce temps, les conseillers ont été attendre le lieutenant civil dans son cabinet au Châtelet; on croit que c'est pour demander de délibérer; il a ordre de la Cour de le refuser. Le lieutenant civil et le lieutenant criminel auxquels ils pouvoient s'adresser ont le même ordre. Il y a actuellement au moins 30 bailliages ou sénéchaussées qui ont reconnu la nouvelle chambre des vacations.

Le roi de Pologne alla hier matin dire adieu au Roi. Le Roi vint le voir le soir sur les sept heures, au retour d'une chasse dans le grand parc où il avoit tué 190 pièces. Ces deux visites se passèrent très-bien. Le roi de Pologne est parti ce matin à neuf heures. Il va dîner à Bondy. Les carrosses de la Reine le mènent jusque-là; il couchera à Lusancy chez M. de Berchiny; il dîne demain à Épernay et couche à Jarry chez M. l'évêque de Châlons, et après-demain il arrivera à Commercy.

On a eu des nouvelles de Madame Infante, de Lyon; elle est accompagnée de huit gardes du Roi avec un brigadier commandé par le chevalier de Champignelles, exempt. Cette escorte la suivra jusqu'à Antibes où elle s'embarquera.

Du vendredi 6, Versailles. — J'ai parlé ci-dessus du gratis accordé à mon frère; on trouvera ci-après copie de la lettre que le banquier en cour de Rome chargé de cette affaire lui a écrite; cette lettre prouvera la grande considération du Pape pour la recommandation de Mme la Dauphine. Le Pape a accordé aussi non pas le gratis, mais une diminution considérable à M. l'abbé Dillon pour l'évêché d'Évreux, à la recommandation du roi d'Angleterre, et à M. l'évêque d'Évreux pour Bayeux à la prière de M. le cardinal de Tencin.

Monseigneur, je viens de recevoir la lettre de ma correspondance qui m'annonce enfin le gratis qui vous a été accordé par Sa Sainteté de la manière la plus gracieuse. Il me marque que depuis le commencement de cette affaire jusqu'à présent, il s'est donné tous les mouvements imaginables, qu'il a bien essuyé des tracasseries qui ne viennent que de finir, et il m'envoie le décret de Sa Sainteté qui ne lui a été remis que le 18 ou 19 septembre (1).

Mon correspondant ajoute que c'est un gratis des plus singuliers et encore plus pour le *Pallium*. Il doute si le consistoire se tiendra le 24 septembre ou le 1er octobre.

Je suis infiniment flatté de ce décret, car vous êtes traité comme les cardinaux qui ont résidé six mois à Rome, car alors le gratis est de droit ; en un mot l'on ne peut rien ajouter à cette grâce. Permettez-moi de vous en faire mes compliments. Sur le seul *Pallium* vous épargnez 540 écus romains.

Je suis, etc., Signé : RAUNAY.

De Paris, le 4 octobre 1755.

Aussitôt que mon frère eut reçu cette lettre il crut devoir la porter à Mme la Dauphine, mais comme il y avoit du latin il pria Mgr le Dauphin de vouloir bien le lui expliquer. Mme la Dauphine en fit une plaisanterie à mon frère, et lui dit qu'il la croyoit donc bien ignorante ; effectivement elle entendit ce latin avec beaucoup de facilité.

J'ai toujours oublié de parler du feu d'artifice et des illuminations qu'il y eut le 16 du mois passé, à Paris, le jour que le *Te Deum* fut chanté à Notre-Dame. Le feu d'artifice, qui étoit d'un artificier italien, réussit fort bien. Il y eut aux portes de plusieurs maisons des illuminations que l'on distingua par le goût et la magnificence ; celle que le président Hénault fit mettre à la porte de sa maison dans la rue Saint-Honoré étoit composée avec tout le goût qui convient à un homme qui a tant d'esprit et de science.

Du samedi 7, Versailles. — M. de la Courneuve mourut ici jeudi ; il avoit quatre-vingt-deux ans. Il avoit été longtemps écuyer de feu Mme de Ventadour, qui lui avoit fait

---

(1) Suit le décret en latin ; nous ne le reproduisons pas à cause de l'inexactitude du manuscrit original.

avoir une charge d'argentier de Mesdames. Il étoit borgne et demeuroit toujours à Versailles.

Le Roi partit hier à neuf heures du matin pour Choisy, et de là courre à Sénart. Il restera à Choisy jusqu'à lundi, y retournera mercredi et y restera jusqu'à vendredi qu'il arrivera à Fontainebleau en chassant. La Reine partira aussi mercredi pour Choisy et arrivera aussi le même jour à Fontainebleau.

On a appris aujourd'hui la mort de Mme de la Rivière qui étoit attachée à Mesdames ; elle est morte de la petite vérole qui n'a pu sortir ; elle avoit environ trente-cinq ans.

Du lundi 9, Versailles. — Mme de Schœnfeldt vint ici samedi dernier pour voir la Reine en particulier au sortir de son dîner ; mais elle arriva trop tard ; elle venoit prendre congé de S. M. Elle va passer l'hiver à Bruxelles.

M. et Mme de Loss étoient encore ici dimanche dernier. Mme la Dauphine a désiré qu'ils restassent plus longtemps qu'ils ne comptoient. M. de Bellegarde, qui doit venir ici en qualité de ministre plénipotentiaire, ne partira de Dresde que quand M. de Loss y sera arrivé.

Il y a environ quinze jours que M. de Paulmy arriva ici de la tournée qu'il avoit été faire dans une partie du royaume.

J'ai appris aujourd'hui la mort de M. d'Auxy ; il avoit soixante-deux ans ; il est mort dans ses terres près Vendôme ; sa femme est sous-gouvernante des enfants de France.

Je n'ai appris qu'aujourd'hui la mort d'une fille de M. de Saint-Hérem, menin de Mgr le Dauphin ; il en reste une et, je crois, un garçon. Celle qui vient de mourir à Paris avoit douze ans. Elle étoit à Fontevrault, et étoit venue à Paris avec sa tante Mme l'abbesse qui y est depuis six semaines ou deux mois.

M. de Mailly a demandé aujourd'hui l'agrément du Roi pour le mariage de sa seconde fille avec M. de Montbarrey. MM. de Montbarrey sont gens de condition de Franche-Comté. Les deux frères avoient servi tous deux dans le régiment Royal-cavalerie. L'aîné, qui avoit épousé une fille du maréchal du Bourg et dont celui-ci est fils, avoit eu un régiment d'infanterie; il est mort officier général.

Extrait d'une lettre écrite de Choisy du 10 octobre.

Nous sommes arrivés ici au moins de deux heures. Le Roi étoit revenu de la chasse; il est venu recevoir la Reine à son carrosse et l'a conduite dans son appartement qui est le sien ordinairement. La Reine a joué à cavagnole, à trente-deux tableaux, le petit jeu. Il y avoit outre cela sept tables de tri dans le salon, en comptant celui du Roi qui jouoit avec MM. de Soubise et de la Vallière.

Mme la maréchale de Duras n'est point venue. Mme la duchesse d'Aumont a été saignée pour la troisième fois. On craint toujours la petite vérole; mais elle n'a paru et la fièvre est diminuée.

Ce que j'ai appris de nouveau c'est que le Roi, dans les bâtiments neufs qu'il a faits, s'est donné un petit appartement des bains derrière le sien, et c'est où il loge aujourd'hui à cause de la Reine.

La pendule de M. Passement est arrivée aujourd'hui ici; elle est de la plus belle forme du monde, avec de fort beaux bronzes dorés qui en forment le pied. Les côtés et le derrière sont de glace, avec un globe dessus, où l'on voit le soleil représenté comme une boule d'or dans le milieu et toutes les planètes tournant autour, avec une précision si grande, que l'ouvrier dit que cela ne pourroit pas se déranger dans dix mille ans. La révolution de Saturne qui se fait en trente ans, sera un commencement d'épreuve pour ceux qui la verront. Outre cela elle marque le mouvement vrai et le mouvement moyen, les révolutions de la lune, les jours du mois, en s'assujettissant à leurs longueurs plus ou moins grandes et même à une année bissextile. Passement a été douze ans à l'imaginer et à en faire les calculs, et huit ans à travailler. Cela me paroît un miracle de science; il se flatte que le Roi la prendra et le récompensera à proportion du mérite de son ouvrage. Elle est entourée d'une petite balustrade, comme est actuellement l'Amour dans le salon d'Hercule. Dans ce moment elle est dans la galerie de Choisy (1).

Extrait d'une lettre de Fontainebleau du 12.

Nous sommes arrivés à quatre heures et demie. Le cabinet de la Reine est fort joli; il y a des tableaux dans tous les panneaux que

---

(1) Cette pendule existe encore dans les anciens appartements de Louis XV à Versailles.

vous avez vus autrefois dans son cabinet des Poëtes, et les dessus de portes sont très-agréables; elle en est contente. Nous avons été voir l'appartement du Roi : la chambre est en blanc comme l'année passée, mais le cabinet est doré avec des camaïeux alternativement vert et gris de lin ; cela est fort beau et unit les ornements anciens et modernes.

Extrait d'une lettre datée du 13, *de Fontainebleau.*

On a mandé de Rouen que le conseiller (M. de Franqueville) exilé pour avoir manqué de respect au premier président, étoit tombé malade, et qu'il n'avoit jamais voulu se confesser à un prêtre approuvé; en conséquence on n'a pu lui donner ses sacrements, et il est mort. On craint que cela ne fasse encore de nouvelles affaires dans ce pays-là.

On a eu nouvelles hier que le vicomte de Chabot avoit la petite vérole, de la plus mauvaise espèce. Il demandoit ses sacrements, et je crois qu'il les a reçus ; il a demandé aussi qu'on avertît sa femme de revenir; elle étoit à Séchelles ; mais elle ne s'enfermera point avec lui.

Du mardi 17, *Dampierre.* — Il y a environ huit jours que l'on apprit la mort de M. l'évêque de Châlons-sur-Saône (Madot) ; il étoit âgé de soixante-dix-huit ans. Il est mort dans son diocèse. Il y avoit longtemps qu'il étoit tombé en apoplexie.

On me mande de Fontainebleau, du 15, les noms de MM. les exempts qui viennent d'être nommés et serviront le quartier d'octobre auprès du Roi.

M. de Quélen,	compagnie de Noailles,	sortant du régiment de Conty,	
M. de Valory,	— de Charost,	—	de Montbarrey,
M. de Bérigny,	— de Villeroy,	—	d'Henrichemont,
M. de Goyon,	— de Luxembourg,	—	de Dampierre,
M. de Fontanges,	— de Charost,	—	des mousquetaires,
M. de Fontaine,	— de Charost,	—	des chevau-légers.

Le gouvernement de Schelestadt en Alsace vient de vaquer par la mort de M. d'Arbouville, qui étoit ci-devant capitaine des grenadiers dans les gardes françoises.

La Reine fut avant-hier au matin à onze heures entendre la messe aux Basses Loges, à cause de la fête de Sainte-

Thérèse. Mme la comtesse de Langeron a monté pour la première fois dans les carrosses.

On me mande de Fontainebleau, du 19, que M. de Macmenara, Écossois, lieutenant général de la marine et grand cordon rouge, a été présenté ce matin au Roi, à la Reine, etc., pour remercier de son grade. C'est un officier de grande distinction et fort estimé.

M. le marquis de Saint-Simon est mort le 18 en Saintonge, âgé de quatre-vingt-treize ans.

Le Roi a rendu le pain bénit, aujourd'hui 19, à la paroisse de Fontainebleau.

Le régiment de Quercy est donné à M. des Bourdons, quatrième colonel des grenadiers de France et fils de M. Roussel ; c'est M. du Châtelet (Lomont) qui avoit ce régiment et qui passe à celui de Navarre. M. des Bourdons paye 10,000 écus pour le régiment de Quercy que l'on donne à M. de Narbonne pour le prix du régiment de Soissonnois qu'il garde et qu'il ne pourra point vendre lorsqu'il sera maréchal de camp. C'est le mari de la petite Mme de Narbonne qui est à l'Infante. Les trois anciens colonels qui sont avant M. des Bourdons n'ont point voulu acheter.

Les États d'Artois sont finis.

Du mardi 22, Dampierre. — On me mande de Fontainebleau, du 21, que Mgr le Dauphin et Mme la Dauphine y arrivèrent le 20 pendant la comédie. Mme la Dauphine se mit aussitôt dans son lit, où la Reine la trouva à son retour ; elle étoit le 21 en grand habit, et elle se portoit bien.

Ce même dimanche 21, le Roi signa le contrat de Mlle de Mailly avec M. de Montbarrey. Le Roi entendit la messe en bas et reçut le serment de M. l'archevêque de Toulouse. M. l'archevêque de Sens est en grand habit violet, ce qui a paru singulier à bien du monde parce qu'il n'a pas ses bulles ; mais le clergé qu'il a vu à Paris lui a dit que c'étoit l'usage et que c'étoit un respect qu'on devoit à la nomination du Roi ; et en conséquence il avoit eu rang parmi les archevêques au *Te Deum* à Notre-Dame, et le Roi qui sait les règles a fort approuvé cet habillement.

Du jeudi 24, Bizy. — J'allai dimanche 21 à Pontoise, où le régiment Mestre-de-camp-dragons arriva le même jour. M. d'Argenson a bien voulu, à la prière de mon fils, leur donner un double séjour dans ce lieu pour que mon fils y pût voir les manœuvres de ce régiment. Il y a environ quatre ans que M. de la Porterie, qui en est aujourd'hui major et qui en étoit alors capitaine, entreprit d'apprendre à quelques dragons à mener leurs chevaux, à les brider, seller et tout ce qui pouvoit leur être utile pour s'en mieux servir. Il n'avoit point encore alors de projet formé, mais il étoit homme de cheval ; il avoit appris par principes et les avoit bien retenus. Il a de la patience, de la douceur et de la fermeté ; ces qualités nécessaires pour un pareil projet ont eu tout le succès qu'on pouvoit désirer. M. de la Porterie, devenu major, s'est formé un plan suivi et méthodique ; il a accoutumé peu à peu les officiers non-seulement à approuver ce plan, mais à le suivre ; entre autres un garçon major nommé Ferman qui commande les exercices avec une précision et une justesse qu'on ne peut assez admirer. On sait aujourd'hui que les régiments de dragons sont de 480 hommes, dont moitié à pied et moitié à cheval ; non-seulement cette infanterie fait l'exercice avec la plus grande justesse, mais les dragons à cheval le font de même ; ils ne perdent pas un pouce de terrain dans leurs différentes manœuvres, et lorsqu'ils sont avec la troupe à pied, leurs mouvements s'accordent avec une précision qu'on ne peut imaginer pour la troupe à cheval. Ce qu'elle fait est encore bien plus difficile à croire : des caracoles à toutes jambes, au milieu desquelles ils s'arrêtent d'un seul temps et en bataille ; sauter des haies, des fossés, passer des ravins assez creux, toujours en bataille ; s'arrêter sur des talus fort roides, en montant et en descendant, et toujours en bataille ; faire la caracole sur le plus roide desdits talus sans aucun désordre ni dérangement ; arriver à toutes jambes sur le bord d'un ravin et en bataille ; s'y arrêter sur un seul temps, comme je l'ai dit, et y essuyer le feu de l'infanterie postée dans le ravin sans le moindre désordre. Ils firent tous ces différents exercices, le lundi 22, pendant quatre heures, sans que les chevaux parussent ni las ni essoufflés, et c'étoit leur vingt-deuxième jour de marche, sur quoi ils avoient eu quatre séjours.

Voilà ce que j'ai vu et ce qui a été admiré à Metz et au camp de la Sarre commandé par M. de Chevert, et à Pontoise où il étoit venu beaucoup de monde par curiosité. Pour parvenir à ce point, il a fallu instruire les dragons l'un après l'autre, les placer à cheval, leur faire connoître les différentes aides qu'on donne à un cheval proportionnellement à la qualité de leurs chevaux et à l'usage qu'ils en doivent faire. M. de la Porterie les a fait monter à cheval, huit ou dix ensemble, et ces leçons se continuent encore journellement ; il leur fait faire une espèce de manége, moins régulier que celui d'une académie dont les chevaux ne seroient pas susceptibles, mais assez exact pour connoître les changements de mains, les doublements et à faire fuir les talons. Cette dernière méthode est d'une extrême utilité pour qu'une troupe de cavalerie puisse se porter à droite et à gauche sans dérangement et sans confusion. Non-seulement ils l'exécutent à rangs fort serrés, mais à rangs ouverts ; il les a exercés et les exerce encore à escarmoucher avec le sabre, avec le pistolet et avec le mousqueton ; les chevaux sont tellement accoutumés au feu que s'ils font quelques mouvements lorsque les dragons mettent le pistolet à la main et le mousqueton haut, mouvement même qui ne les dérange pas, ils redeviennent tranquilles dans le moment même que l'on tire. Il a accoutumé chaque dragon à répondre avec justesse à toutes les questions qu'on peut leur faire sur ce qui regarde l'équipement d'un cheval ; ils connoissent toutes les parties d'un cheval, toutes les parties de la selle, de la bride, du mors, etc. Ils ne répètent point ces leçons comme des perroquets, ils paroissent entendre ce qu'ils disent.

M. le prince de Conty avoit permis à mon fils de faire usage de sa maison de Saint-Martin dans laquelle il y a un appartement en bas assez grand, terminé par une galerie. Mon fils y avoit mené ses gens et y a donné à déjeuner et souper, le dimanche, le lundi et le mardi. Le lundi, il y avoit 46 personnes à souper dans la galerie et une autre table de 16. Le mardi, mon fils donna à manger à tous les dragons à trois heures après midi.

L'exemple du régiment Mestre-de-camp a déjà fait assez d'impression pour que plusieurs colonels entreprennent de l'imiter; mais il paroît difficile d'y réussir, si on ne prend pas les mêmes moyens, c'est-à-dire d'avoir un officier qui connoisse la théorie et la pratique de l'art de monter à cheval, et qui ait le talent et la patience de le montrer. Il sembleroit que le régiment Mestre-de-camp étant déjà tout formé et ayant déjà plusieurs officiers qui ont acquis l'expérience de commander cet exercice, ce qui est presque aussi difficile que de l'exécuter, on pourroit regarder ce corps comme une pépinière de laquelle on tireroit des sujets capables de donner ces mêmes leçons aux autres régiments; ce seroit à ce qu'il paroît le moyen d'entretenir l'émulation dans ce régiment et de la faire naître dans les autres sans déranger en aucune manière l'ordre du service militaire. Plusieurs colonels demandent actuellement des sujets tirés du régiment Mestre-de-camp-dragons, et on convient unanimement que cette méthode est la meilleure et la plus utile pour le bien du service.

Du jeudi 25, Gaillon. — M. le président Hénault me parloit aujourd'hui de deux difficultés par rapport aux fonctions de sa charge de surintendant de la maison de la Reine, l'une par rapport à ce que l'on appelle ameublement, l'autre au sujet des signatures. Ce qu'on appelle ameublement est un droit dont tous les surintendants de la feue Reine, de Mme la duchesse de Bourgogne, de la Reine d'aujourd'hui, ont joui jusqu'à M. Bernard exclusivement, qui ne s'est pas mis en peine de faire usage de ce droit. C'est une somme de 2,000 écus pour les meubles du surintendant. Cette somme a été touchée par M. le président Ogier, aujourd'hui surintendant de la maison de Mme la Dauphine, en conséquence des preuves qu'il a rapportées des exemples dont je viens de parler ; il a remis ces preuves à M. le président Hénault, qui les a montrées à M. de Saint-Florentin. M. de Saint-Florentin lui a dit qu'il en avoit rendu compte deux fois au Roi ; que S. M. n'avoit point refusé absolument d'écouter cette demande, mais qu'elle y trouvoit des difficultés. Tout ce que M. le président Hénault désire, c'est de savoir quelles peuvent être ces difficultés ; c'est ce qui ne lui a pas été expliqué jusqu'à présent. A l'égard des signatures, il est de règle et d'usage que le surintendant signe toutes les ordonnances pour le payement de la maison, et cela est si vrai que depuis que la charge de surintendant des finances est supprimée, le Roi, en cette qualité, comme je l'ai dit ailleurs, signe les ordonnances, indépendamment de la signature ordinaire qui est de règle. M. Bernard, dernier titulaire, n'a pas jugé à propos de jouir de ce droit. Les ordonnances sont signées par la Reine, contre-signées par un secrétaire des commandements de semestre, et c'est ainsi qu'elles ont passé à la chambre des comptes pendant que M. Bernard a eu la charge, ce qui est contre la règle. M. le président Hénault a représenté le droit de la charge ; on n'a objecté jusqu'à présent que le non-usage, et il n'y a rien de décidé.

Le Châtelet, qui avoit eu quelques jours de vacance, rentra lundi dernier 21. La commission, ou chambre des vacations, ayant condamné deux criminels à des peines afflictives, les a renvoyés au Châtelet pour l'exécution, suivant l'usage. Le Châtelet a refusé de reconnoître ce renvoi.

On attend la nouvelle des ordres de la Cour en conséquence.

On me manda de Fontainebleau, il y a quelques jours, que l'on y a joué une comédie intitulée *le Mercure galant*, dans laquelle il y a beaucoup d'indécences. La Reine en a été choquée, non-seulement par rapport à elle, mais par rapport à Mesdames. M. de Richelieu l'ayant su et faisant semblant d'attribuer ce mécontentement de la Reine aux conseils et réflexions de Mme de Villars, a fait la plaisanterie de faire copier sur des billets séparés les endroits de cette comédie qui avoient été désapprouvés et de joindre à ces billets une aumône pour les pauvres, plus ou moins considérable suivant le plus ou moins d'indécence des expressions. Le total des aumônes ne montoit qu'à un louis. On a trouvé la pensée ingénieuse, mais cela n'a pas fait passer l'indécence de la comédie.

On voit tous les jours de nouveaux imprimés; il en vient de paroître un intitulé : *Conduite du Clergé*; c'est une brochure in-4°, de 13 pages, dans laquelle on répond d'une manière très-forte, en bons termes et avec sagesse, aux remontrances imprimées du parlement de Paris, et cela en suivant les mêmes principes et citations employés dans les remontrances. J'ai lu aussi le mandement de M. de Montauban dont j'ai parlé ci-dessus; il est très-fort et bien écrit, et donne beaucoup moins de prise à une condamnation que celui de M. de Boulogne. On a imprimé aussi les *Remontrances des comédiens*, ouvrage insolent qui ne devoit jamais voir le jour; on y a joint une lettre d'un Marseillois à un de ses amis, celle de M. de Saint-Florentin à la ville de Marseille et la réponse de la Ville. Enfin on a imprimé aussi le discours de M. de Bultot de Franqueville, qui est mort depuis le retour de son exil. Ce discours est adressé au parlement de Rouen et au premier président.

Les choses subsistent au même état à Rouen. Le Parlement est toujours assemblé; aucun de ce corps ne parle au premier président, ni ne le voit; ils observent la même conduite à l'égard du procureur général; ils ne veulent point voir non plus M. de Fougères, cependant ils paroissent moins mécontents de lui depuis qu'ils lui ont attribué le rappel de M. de Franqueville pour en ôter le mérite au premier président. On me disoit aujourd'hui qu'il n'y avoit de véritablement janséniste dans ce Parlement qu'un seul conseiller, qui descend de M. Arnauld de Port-Royal; c'est lui seul qui est la cause de la chaleur qui est dans ce corps.

Du dimanche 28, Dampierre. — On me parla hier du repas des dragons dans le jardin le jour de mon départ: beaucoup de grosse viande, chacun un pigeon, du fromage, même des châtaignes, grande gaieté, point de propos libres, pas un verre cassé parce qu'on leur avoit défendu, les bonnets jetés en l'air avec l'observation de M. de la Porterie qu'il falloit les jeter tous ensemble, d'un même temps, ce qui fut exécuté sur-le-champ; beaucoup de vin, même de l'hypothèque de cerises (1), mais personne d'ivre; attention de laisser sur la table les restes du repas et de ne les aller prendre qu'après en avoir reçu l'ordre; beaucoup de danses et même de la politesse. Tout cela avoit été précédé de la revue et de plusieurs exercices à pied faits avec la même précision et promptitude dont j'ai déjà parlé. La garde de mon fils, qui avoit bien dîné mais qui ne pouvoit pas être au grand repas, eut pour dédommagement des échaudés et du vin, en attendant le souper, tout servi par tables et par compagnies; les tables et les vivres doubles pour les compagnies à pied parce qu'elles sont le double des autres; une table de 16 couverts dans la maison pour les sergents et maréchaux des logis, et la grande table pour la compagnie et les officiers.

---

(1) Espèce de ratafia.

Extrait d'une lettre datée de Fontainebleau du 24 *octobre.*

M. de Boynes, procureur général de la commission, vint hier ici et fit tenir un comité et ensuite un conseil de dépêches et partit tout de suite ; on dit que c'est quelque chose de mal à propos que le Châtelet a fait.

Par les nouvelles qu'on a eues aujourd'hui de Mme d'Uzès, on dit que sa petite vérole est un peu confluente.

Autre lettre du 26, *de Fontainebleau.*

Nous tenons ici Mme d'Uzès pour morte ; le Roi a dit ce matin qu'hier à deux heures elle étoit à toute extrémité ; elle est (à ce que l'on prétend) la neuvième de dix enfants qui soient morts de cette même maladie.

M. de Richelieu me dit hier que le Roi avoit donné les entrées de sa chambre à MM. les archevêques de Narbonne et de Sens ; cela me parut singulier pour M. de Narbonne, qui n'est point ici dans son diocèse, et je lui demandai si M. de Sens les avoit pour toujours ou si ce n'étoit que pendant les voyages de Fontainebleau ; il me dit qu'il n'en savoit rien et je le priai de faire expliquer S. M. Je n'en sais pas encore la réponse.

Autre lettre du 27.

Vous avez su que le frère de Mme de Gouy est mort et qu'elle hérite de 70,000 livres de rentes, sans compter le mobilier, qui est pour sa mère.

M. de Malaspina a pris congé aujourd'hui ; il part demain. On dit que le Roi lui a donné son portrait dans une boîte d'or enrichie de diamants ; il se presse à cause de la saison.

Extrait d'une lettre de la duchesse de Luynes, datée du 28, *de Fontainebleau.*

Un ministre me dit hier au soir qu'un évêque fort près des Pyrénées avoit trouvé qu'il y avoit un très-grand abus dans la quantité de saluts qui se faisoient dans son diocèse, qu'en conséquence il avoit ordonné qu'ils fussent supprimés, sauf à donner de nouvelles permissions, et que le parlement de Pau avoit cassé l'ordonnance de l'évêque. Il me dit aussi qu'il y avoit plusieurs bailliages qui refusoient de reconnoître la chambre des vacations, et que dans la liste qu'on avoit envoyée au Roi, celui de Versailles étoit à la tête ; comme il faisoit beaucoup de difficultés, le Roi lui avoit envoyé Le Bel deux fois pour lui ordonner d'enregistrer ; enfin il a obéi et a envoyé au Roi par la même voie le certificat, mais sans en faire rien dire à la commission, appa-

7.

remment pour prouver sa répugnance. Celui de Melun ne veut pas non plus obéir, et il y en a beaucoup d'autres.

Extrait d'une lettre de Paris, du 28.

On me mande du Châtelet que depuis les ordres apportés par le lieutenant civil et le refus du conseiller rapporteur du procès criminel de se rendre au Châtelet, ce conseiller a été blâmé et traité durement, même menacé de la Bastille par M. le Noir, lieutenant particulier; qu'il y a eu ensuite une assemblée générale qui a duré jusqu'à sept heures du soir, où étoient le lieutenant civil et les lieutenants particuliers; qu'on y a délibéré sur les voies d'autorité employées par la commission, et qu'on y a arrêté tout d'une voix, dit-on, que ce seroit manquer à leur devoir de se soumettre à ladite commission.

Extrait d'une lettre de la duchesse de Luynes, du 30 octobre, à Fontainebleau.

M. l'abbé de Canillac vint hier au soir pour me demander à quelle heure il pourroit prendre congé de la Reine. S. M. l'ayant su, le fit entrer, et il l'amusa beaucoup par une très-bonne conversation sur le Pape et sur tout ce qui se passe à Rome. Entre autres choses il nous conta un fait que j'ai cru qui méritoit de vous être raconté. Il y a environ quarante-cinq ou cinquante ans que le Pape n'étant que simple avocat et étant à la campagne trouva un homme bien fait et qui avoit quelque condition; il fit la conversation avec lui, et lui trouvant de l'esprit et des connoissances il lui demanda ce qu'il faisoit; il lui dit qu'il s'appliquoit à l'astrologie judiciaire. Le Pape lui demanda s'il y avoit foi, et dit qu'il ne croyoit pas à cette science. L'astrologue lui répondit qu'il lui étoit arrivé souvent de rencontrer juste, et qu'en regardant sa physionomie, il pouvoit lui prédire que dans quelques années il seroit prélat, que cela dureroit treize ans, et qu'après il seroit cardinal treize autres années, et ensuite pape encore treize ans et qu'il mourroit en 1754. Comme tout cela est arrivé exactement, cela n'a pas laissé de faire impression au Pape, si bien qu'étant malade il y a un an, il fut cinq heures sans connoissance, et revenant à lui, il dit : « Ne vous inquiétez pas, je ne dois mourir qu'en 1754. » L'abbé de Canillac est persuadé que s'il a quelque maladie l'année qui vient, cela lui fera beaucoup d'impression. Comme cette prédiction est composée d'événements passés et futurs, nous verrons l'année qui vient ce qui en arrivera; d'ailleurs il dit beaucoup de bien du Pape, et lui paroît fort attaché; il part demain (1).

---

(1) Le pape Benoît XIV mourut le 3 mai 1758.

Mlle d'Ardore a la petite vérole à Naples ; c'est celle qui vouloit être religieuse.

Le divertissement d'hier m'a paru assez joli, mais la musique a été fort critiquée. La comédie étoit *la Fausse Antipathie ;* elle est de La Chaussée.

Le Roi est mieux ; mais on n'a pas obtenu qu'il n'iroit point à la chasse ; il a entendu la messe dans sa chambre.

La Reine s'enferme aujourd'hui pour faire ses dévotions demain.

On a eu nouvelle avant-hier que la mère de milord Clare étoit morte de la petite vérole ; elle avoit soixante-dix-neuf ans.

Extrait d'une lettre de Paris, du 31.

Je joins ici les nouveaux imprimés, entre autres un arrêt du conseil portant suppression d'un écrit ayant pour titre : *Mandement de M. l'évêque de Montauban* et une sentence du Châtelet qui supprime plusieurs écrits comme contenant des réflexions injurieuses à la compagnie et contraires à ses véritables sentiments.

La commission s'est assemblée hier après midi extraordinairement ; elle a fait faire une sommation au greffier du Châtelet de porter les registres. Sur son refus, la commission a rendu un arrêt portant qu'il y seroit contraint par corps ; on a pris le greffier ; il a été conduit aux Grands-Augustins. Il avoit les registres. On a bâtonné le dernier arrêté du Châtelet.

Le général des Bénédictins (Dom René Laneau) est mort à Paris à l'abbaye de Saint-Germain des Prés, âgé de soixante-dix-neuf ans. M. de Mirepoix a chargé M. de Sens de le dire au Roi.

NOVEMBRE.

Nouvelles diverses de la Cour.— Le Châtelet. — M. de Franqueville. — Exil du Parlement à Soissons. — Météore. — Nouvelles de Madame Infante. — Accident arrivé à la comédie. — Conseiller du Châtelet mis à la Bastille. — Bénéfices donnés. — Chambre royale établie au Louvre. — Établissement pour les enfants trouvés en Suède. — Lettre du Pape à la Dauphine. Continuation de la résistance du Châtelet. — Rentrée et soumission du parlement de Rouen. — Nouvel ambassadeur à Rome. — Maladie de Madame Victoire. — Retour de la Cour à Versailles.

Extrait d'une lettre écrite de Fontainebleau, du 1er novembre.

Le Roi a été à la grande messe, et ses enfants lui ont demandé de ne point aller au sermon ; ce qu'il leur a accordé ; il est venu en bas aux deux vêpres et au salut; il compte chasser demain, et après-demain faire la Saint-Hubert.

Le sermon du P. Ceuillat a été fort bon, sans qu'il y eût rien de brillant; je crois qu'il sera plus utile qu'agréable, et cela vaut mieux. M. l'évêque de Chartres a officié; et l'abbé de Marbeuf étant à la campagne, l'abbé du Châtel s'étant trouvé mal, c'est le petit abbé Le Moine qui a servi la Reine; elle a même évité que l'aumônier du Roi ni M. de Sens la servissent. C'est Mme de Clermont-d'Amboise qui a quêté.

Extrait d'une lettre du 2.

M. de la Courneuve, gouverneur des Invalides, est mort. Le Roi a donné le gouvernement à M. de la Serre, qui commandoit à Dunkerque, et son grand cordon rouge à M. du Mesnil. M. de la Serre a aussi le cordon rouge, et on lui retient sur cela 4,000 livres pour distribuer à plusieurs officiers.

Extrait d'une lettre du 4, écrite de Fontainebleau.

M. le nonce a pris congé ce matin et part incessamment pour retourner à Rome; mais il attendra sa nomination à Lyon.

Mme de Montbarrey, seconde fille de M. de Mailly, vient d'être présentée; elle a une figure très-agréable. Elle entre à Madame Adélaïde qui la présentera une seconde fois comme étant à elle.

Vous savez la mort de Mlle de la Mosson. Mme de Chaulnes (1) m'a fait consulter pour savoir si elle prendroit le grand deuil, et il est décidé qu'on ne doit le prendre au degré collatéral que quand on est héritier universel par testament.

Il y eut hier grande chasse pour la Saint-Hubert à l'Épine-Foireuse; savez-vous que ce jour-là presque tous les palefreniers de tous les équipages s'y trouvent et y sont avec leurs grands habits?

Extrait d'une lettre du 5, datée de Fontainebleau.

Le nonce sort de chez moi pour me dire adieu. Il étoit paré d'une croix d'évêque en diamants dont le Roi lui a fait présent.

Du mercredi 7, Dampierre. — On sait que Paris cherche à se divertir par des chansons ou par des pasquinades sur les choses les plus sérieuses. Le mardi 23 du mois dernier, on trouva à la porte des Grands-Augustins, où la

---

(1) Anne-Josèphe Bonnier de la Mosson.

commission s'assemble, ces mots écrits en forme d'affiche de comédie : « Le public est averti que mardi, 23 octobre, on donnera la onzième représentation des *Hommes Inutiles*. »

Le 25, il y eut un arrêté du Châtelet fort singulier ; on en trouvera ci-après le détail. La disposition des esprits dans ce tribunal paroît mériter l'attention de la Cour. Cet arrêté a passé à la pluralité de 15 voix contre 14. Ceux-ci étoient d'avis d'ajouter au procès-verbal les protestations les plus respectueuses et les plus fortes contre tout ce qui s'étoit passé le 5 et le 6 du présent mois ; de persister dans l'arrêté du 28 septembre et de le renouveler ; d'ordonner l'exécution de l'arrêt du Parlement en date du 15 juillet 1626. La plus grande partie d'entre eux vouloient même qu'on sursît à l'exercice de toutes fonctions sujettes à appel jusqu'à la rentrée du Parlement.

On apprit le 25 du mois dernier que les remontrances du parlement de Rouen étoient finies. On y a retranché des expressions peu convenables par rapport à M. le chancelier.

M. de Franqueville, ce conseiller exilé qui avoit une mauvaise santé, est mort il y a déjà longtemps, fort peu après son retour. En arrivant, il avoit demandé au Parlement que l'on fît un nouveau procès-verbal de tout ce qui avoit donné occasion à son exil, prétendant que ce qui avoit été envoyé à la Cour à son désavantage n'étoit pas exactement vrai et laissoit une tache à sa réputation. Cette forme de nouveau procès-verbal est usitée dans le parlement de Rouen ; cela s'appelle *procès-verbal de record*, du vieux mot *se recorder*, se ressouvenir. Ce procès-verbal étoit fait, mais n'étoit point signé ; il falloit qu'il le fût par le chef de la compagnie. M. de Franqueville, s'adressant au premier président, le pria de vouloir bien signer ce procès-verbal ; le premier président le refusa et sortit avec tous les autres présidents, excepté deux, l'un honoraire, l'autre fort jeune. Ces deux raisons les excluent de la présidence ; il falloit cependant quelqu'un qui présidât. M. de Saint-Just étoit le doyen. La compagnie lui représenta qu'il y avoit des exemples qu'en pareils cas le doyen signât comme président. M. de Saint-Just refusa pendant quelque temps, ensuite se rendit aux instances réitérées de la cour et signa. La nouvelle de cette signature portée à la cour, M. de Saint-Just fut mandé pour rendre compte de sa conduite ; il alla à Fontainebleau ; M. le chancelier lui dit que le Roi étoit extrêmement mécontent de ce qu'il avoit fait, qu'il prît garde de ne pas retomber dans pareille faute ; que S. M. vouloit bien dans cette occasion-ci, par un effet de sa grande bonté, oublier ce qui s'étoit passé et qu'il pouvoit s'en retourner. M. de Saint-Just repartit avec cette réponse.

On imprime tous les jours de nouveaux libelles, entre autres plusieurs délibérations du Châtelet. J'ai déjà marqué qu'elles avoient été supprimées. Toutes ces délibérations sont inscrites sur les registres du Châtelet, et dès que la commission en est instruite, elle oblige par autorité le greffier du Châtelet à apporter ses registres, elle y fait biffer ce qui a été écrit et l'on inscrit l'arrêt de la commission ou chambre de vacations.

Du vendredi 9, Dampierre. — Voici ce que l'on dit à Paris (du 8). La grand'chambre exilée à Soissons, le Parlement l'y suivra de près et y sera aussi exilé.

Le Roi remplacera son Parlement par son conseil. Qui peut casser les arrêts du Parlement, peut bien le remplacer. Ce n'est pas là une commission particulière, c'est le premier tribunal de l'État, et les juridictions subalternes n'auront vraisemblablement rien à dire.

Du samedi 10, Dampierre. — L'exil de la grand'chambre à Soissons est certain, mais cet arrangement a été tenu vraisemblablement fort secret, car j'ai reçu des nouvelles de Paris d'une autre part que celle-ci et on ne m'en mande rien ; j'en ai reçu d'avant-hier de Fontainebleau, on ne m'en parle point non plus. La première nouvelle que j'en ai eue ici a été par le facteur de Trappes, qui en m'apportant mes lettres m'a dit qu'il venoit d'en porter une à Grignon, de M. de Saint-Florentin à M. le président de Novion, et que c'étoit pour un exil à Soissons. Il savoit aussi qu'il y avoit une ou deux autres pareilles lettres envoyées.

Le 4 de ce mois, dans la terre de M. de Putanges, à dix ou douze lieues de Bourges, on a aperçu, à trois heures après midi, par un temps très-serein, un globe de feu d'un très-grand diamètre, élevé de terre de 20 ou 21 pieds, à ce qu'on a jugé, et qui avoit une queue lumineuse si longue qu'elle s'étendoit au delà de l'horizon. Ce globe s'est fondu en une fumée blanchâtre et transparente, et on a entendu en même temps dans l'air, comme deux coups de canons très-forts. C'est Mme de Putanges, témoin du fait, qui l'écrivit dans le moment que cela venoit d'arriver.

On trouvera à la fin de ce livre ou du suivant un détail sur les droits des surintendants de la maison de Mme la Dauphine (elle est à l'instar de celle de la Reine), les difficultés faites par les secrétaires des commandements, et les décisions en faveur de M. Ogier (1). M. le président Hénault, pour qu'on ne pût pas lui reprocher d'avoir négligé ces droits comme son prédécesseur, a représenté toutes les preuves de ces droits à M. de Saint-Florentin, qui lui a dit en avoir rendu compte au Roi; que S. M. n'avoit point refusé d'y avoir égard, mais qu'il y avoit des difficultés. M. le président Hénault désiroit de savoir quelles étoient ces difficultés pour y répondre; n'ayant pas pu avoir cet éclaircissement, il a pris le parti de laisser tomber cette affaire, préférant son repos et sa

---

(1) Cette pièce ne se trouve pas parmi celles de l'appendice à l'année 1753.

tranquillité aux avantages qu'il étoit en droit d'espérer.

Du samedi 10, *Dampierre*. — On me mande de Fontainebleau qu'il y eut le 8 un lieutenant de vaisseau qui apporta la nouvelle que Madame Infante étoit arrivée le 30 octobre à Gênes. Son voyage a été fort heureux et elle est en bonne santé; elle devoit repartir le 2 pour arriver à Parme le 5. M. Rouillé vint pendant la comédie trouver la Reine et lui remettre des lettres et à Mesdames.

Il arriva un accident assez fâcheux à la comédie, à la troisième scène de *l'Indiscret*. Drouin, principal acteur, étant tout seul sur le théâtre, fit un faux pas et se cassa le tendon d'Achille; il tomba, on l'emporta; la pièce finit et tout le monde s'en alla. Il est vrai qu'il n'y a pas trois mois que le même accident lui étoit arrivé, ainsi c'étoit le calus qui n'étoit pas assez bien raffermi. Il a beaucoup souffert, mais la Martinière espère qu'il ne restera pas estropié.

On eut nouvelle aussi le 8 que le vicomte de Tavannes étoit mort; il étoit cousin germain de l'archevêque de Rouen, et c'est une place vacante dans l'Ordre.

Du 9, *à Fontainebleau*. — M. de Bernage a amené ici aujourd'hui son gendre M. de Bon, à qui le Roi a donné l'intendance de Perpignan et le titre de premier président de Roussillon. Ce n'est pas un Parlement, mais c'est une chambre souveraine.

L'ambassadeur de Naples est arrivé aujourd'hui, il se nomme M. le comte de Cantillana; il n'a encore vu que M. de Saint-Contest, et ne sera présenté que demain.

Mme la comtesse de Noailles arriva hier au soir; elle a vu ce matin le Roi, la Reine et toute la famille royale, auxquels elle a remis des lettres.

Il y eut hier un *Te Deum* à la paroisse, pour la naissance de Mgr le duc d'Aquitaine, que les pauvres firent chanter.

Il n'y a rien de nouveau. MM. de la grand' chambre ont reçu des lettres de cachet pour se rendre à Soissons, incessamment. M. le premier président y dînera dimanche chez M. l'intendant, qui le logera jusqu'à ce que sa maison soit prête.

Extrait d'une lettre de la duchesse de Luynes, du 10, à Fontainebleau.

La Reine a été ce matin à la messe aux Filles-Bleues, et de là à Bon-Secours ; il y avoit dans son carrosse Mmes de Marsan, d'Agénois, d'Aubeterre, pour la première fois, et moi ; dans le second, Mmes de Gramont, de Sourches et d'Esquelbec. Je ne suis plus enrhumée, mais j'ai un peu de fluxion dans la tête.

M. l'abbé de Laval est nommé à l'évêché d'Orléans.

La Reine a reçu en audience particulière et avant de sortir, l'ambassadeur de Naples ; c'est un grand homme de bonne mine, qui n'est pas beau ; il a l'ordre de Saint-Janvier.

Du lundi 12, *Dampierre.* — Je viens d'apprendre de Paris que M. Roger de Montuchet, conseiller au Châtelet, a été mis ce matin à la Bastille comme prisonnier. L'on m'a aussi rendu compte de ce qui s'étoit passé au Châtelet touchant un écrit qu'ils ont fait brûler. MM. les lieutenants civil et particulier et M. le procureur du Roi s'étant retirés et n'ayant point voulu rester pour juger cet écrit, il resta encore 30 conseillers ; ils choisirent pour président M. de Montuchet et pour procureur du Roi M. Guillet. Ce sont ces deux derniers qui ont été mis à la Bastille ; on pense qu'ils y seront longtemps. La sentence qui condamne au feu l'écrit n'a point été imprimée ; M. Moreau, procureur du Roi, l'a défendu. M. le chancelier est à Paris d'aujourd'hui ; on croit qu'il va y avoir des nouvelles tous ces jours-ci.

Extrait d'une lettre de Fontainebleau, datée du 11.

On a signé aujourd'hui le contrat de mariage de Mlle de Montmorency, sœur de Mme la duchesse de Boufflers, qui est en Flandre, avec M. le comte de Guignes, qui est un grand seigneur de ce pays-là ; il étoit à la signature de son contrat. Celle qu'il épouse est l'aînée de celle qui a été élevée à Paris.

M. le chevalier Chauvelin a pris congé ce matin pour aller à Turin.

Le vicomte de Rochechouart, frère des deux que vous connoissez, vient de faire une très-grande campagne sur mer ; il a aussi fait ses révérences ce matin comme arrivant.

M. de Lamouroux, trésorier des États de Languedoc, mourut le 10 à Paris, âgé de soixante-douze ans. M. de la Bourdonnaye, qui avoit gagné des sommes considérables dans les Indes, mourut aussi le même jour.

M. de Chaulnes et M. le comte de Mortemart sont arrivés pour me donner part que le Roi a permis au duc de Mortemart de céder son duché. C'est une très-grande grâce, et c'est M. de Chaulnes qui l'a obtenue; c'est encore un secret parce qu'ils n'ont pas encore vu le Roi.

Extrait d'une lettre, du 9.

Le Châtelet s'assembla hier l'après-midi. MM. d'Argouges et le Noir, lieutenant civil et particulier, un fils de M. le Noir conseiller, un autre conseiller et M. Moreau, procureur du Roi, se retirèrent aussitôt qu'ils eurent entendu qu'il alloit être question de suppression d'écrits. Il resta 30 conseillers. Ils nommèrent un procureur du Roi, il fut fait rapport d'une brochure faite pour le clergé contre les remontrances du Parlement qui fut condamnée à être brûlée comme tendant au schisme, etc. L'exécution en fut faite sur-le-champ. Le Châtelet prétend qu'en l'absence du Parlement, la grande police lui appartient et non à la commission. On s'attend à bien des nouveautés tous ces jours-ci. Quant à la commission, elle continue à juger singulièrement les criminels. Ils en jugèrent hier un à être rompu, qui doit être exécuté aujourd'hui.

Extrait d'une lettre de Mme de Luynes, du 7, à Fontainebleau.

M. de la Tour, maréchal de camp, arrive de Bizy pour remercier du commandement de Dunkerque qu'on lui a donné à la place de M. de la Serre, qui a le gouvernement des Invalides; je vais le mener chez la Reine, où il y a toujours un monde prodigieux, les jours qu'il n'y a point de spectacles, et ordinairement deux cavagnoles sans qu'aucune de Mesdames y joue.

LETTRES PATENTES DU ROI

EN FORME DE DÉCLARATION PORTANT ÉTABLISSEMENT D'UNE CHAMBRE ROYALE DANS LE CHATEAU DU LOUVRE, données à Fontainebleau le 11 novembre 1753. Registrées en ladite chambre le 13 novembre 1753.

Louis, par la grâce de Dieu, etc. Un des principaux devoirs des Rois est de rendre la justice aux peuples que la Providence leur a confiés, et comme ils ne peuvent pas eux-mêmes vaquer à cette importante fonction, ils sont dans l'obligation d'en commettre le soin à des personnes capables de la remplir à leur décharge. Les parlements ont été chargés de l'exercice de cette portion de notre autorité, et nous avons éprouvé l'utilité des services qu'ils nous ont rendus, tant qu'ils se sont contenus dans les bornes du pouvoir que nous leur avons confié et qu'ils en ont rempli assidûment les fonctions, ainsi qu'ils nous le doivent, qu'ils le doivent à nos peuples et qu'ils se le doivent à eux-mêmes. Nous voyons à notre grand regret notre parlement de Paris s'écarter depuis quelque temps de ces principes et oublier un devoir aussi essentiel. Il a arrêté, le 5 mai dernier, de cesser son service ordinaire ; le 7 mai, il a refusé d'obéir aux lettres patentes que nous lui avons envoyées pour lui ordonner de le reprendre, et lorsque nous l'avons transféré à Pontoise il n'a enregistré la déclaration de sa translation qu'en renouvelant les arrêtés qui privent nos sujets des secours nécessaires de la justice. Nous avons toléré cette conduite jusqu'à la fin des séances ordinaires de notre Parlement, dans l'espérance où nous étions que le temps et ses propres réflexions le ramèneroient à ses devoirs ; mais nos vues à cet égard n'ayant point eu le succès que nous désirions, et nous trouvant dans la nécessité de pourvoir pendant les vacations à l'administration de la justice déjà trop longtemps suspendue, nous ne pûmes la confier à des magistrats d'une compagnie qui s'y refusoit et nous fîmes, choix pour les remplacer de quelques personnes de notre conseil. Le temps de notre commission étant expiré, il est nécessaire de rendre à la justice son cours ordinaire dans toute son étendue, et nous avons estimé ne pouvoir mieux remplir cet objet, qu'en nommant à cet effet tous les magistrats qui entrent dans notre conseil, et dont l'état et les occupations ne peuvent se concilier avec celles que nous leur destinons. A ces causes, etc.

Ladite chambre royale sera composée des S^{rs} le Fèvre d'Ormesson, Tachereau de Baudry, Feydeau de Brou, Chauvelin, Daguesseau, Daguesseau de Fresnes, Trudaine, Poulletier, Gilbert de Voisins, Bidé de la Grandville, de Fontanieu, Feydeau de Marville, de Barberie de Courteille, le Pelletier de Beaupré, Pallu, de Vanolles, Castanier d'Auriac et de Pontcarré de Viarmes, conseillers en notre conseil d'État et privé, et des Srs Poncher, Maboul, Choppin d'Arnouville, Bertier de Sauvigny, Gagnat de Longny, Bignon, Gagne de Périgny, Boula de Quincy, l'Escalopier de Nourat, Merault de Villeron, Thiroux d'Houarville, Thiroux d'Espersennes, Baillon, de Montaran, Dufour de Villeneuve, Bertin, de Silhouëtte, Poulletier de la Salle, d'Argouges de Fleury, Bourgeois de Boynes, Maynon d'Invau, de Berulle, Bernard de Ballainvilliers, Boutin, Pajot de Marcheval, de Chaumont de la Galaisière, de Boullongne, Dédelay de la Garde, Hue de Miroménil, Feydeau de Brou, de Fontanieu, Pouyvet de la Blinière, de Gourgues, Turgot, Rouillé d'Orfeuil et Amelot, maître des requêtes de notre hôtel. Et les autres maîtres de notre hôtel qui ne sont pas dénommés au présent article feront les services des requêtes de l'hôtel pendant toute l'année et sans distinction de quartier. Procureur général, M. Bourgeois de Boynes. MM. Feydeau de Brou et Amelot feront les fonctions d'avocats généraux.

Extrait d'une lettre de M. le marquis d'Havrincourt, écrite de Stockholm du 30 octobre, au sujet d'un établissement pour des enfants trouvés.

Le sénateur M. le baron de Scheffer vient de participer à un digne et louable établissement qu'on vient de faire ici et dont il a, en partie, suggéré le projet d'après les idées qu'il a prises en France. Voici une circonstance assez particulière, c'est que cet établissement doit ses premiers fondements à une loge de francs-maçons assemblés pour célébrer la naissance de la jeune princesse dont la reine de Suède accoucha il y a trois semaines. Les francs-maçons qui sont ici en très-grand nombre, se trouvant rassemblés, M. de Scheffer proposa de marquer cet heureux événement par quelques monuments dont l'utilité pour l'État pût en consacrer la mémoire à la postérité ; l'avis fut unanimement applaudi, et parmi les projets proposés, on se fixa à fonder ici un hôpital pour les enfants trouvés. Chacun souscrivit sur-le-champ pour la somme que ses moyens lui permettoient de dévouer à cet objet, et cela fit un total assez considérable, qui depuis six jours que cette résolution a été prise, augmente tous les jours considérablement par le concours des bons patriotes qui s'empressent de contribuer à une fondation si conforme aux sentiments de charité et d'humanité et en même temps si utile à l'État. Voilà, Monsieur, un beau trait à mettre dans les fastes de la franc-maçonnerie. Les Anglois ne seront-ils pas jaloux de voir que cet ordre qui ne doit à leur génie indépendant et républicain que son origine, devra peut-être quelque réputation et quelque lustre à la sagesse des Suédois ? Quoi qu'il en soit, on ne peut trop louer, à mon avis, un établissement de cette espèce, autant et plus nécessaire ici que nulle part. Les lois y infligent une punition si infamante au vice auquel nombre de malheureux enfants doivent leur existence, qu'on y voyoit trop d'exemples de la barbarie des mères dénaturées qui se trouvoient plus frappées de l'idée d'une ignominie publique, que du remords d'un crime caché. Si donc la nouvelle fondation ne déracine pas le vice, du moins on peut espérer qu'elle tarira la source du crime.

L'on trouvera ci-après copie de la lettre que le Pape a écrite en réponse à Mme la Dauphine, au sujet du gratis accordé à mon frère pour l'archevêché de Sens.

NOVEMBRE 1753.

Lettre écrite par notre Saint-Père le Pape à Mme la Dauphine, le 19 septembre 1753.

Nous avons reçu votre lettre le 20ᵉ du mois d'août dernier, par laquelle vous nous faites de vives instances en faveur du nouvel élu à l'archevêché de Sens, afin qu'il puisse obtenir le gratis de ses bulles. Quoique cette affaire ne nous appartienne pas proprement, mais soit directement du ressort du sacré collége des cardinaux, cependant comme il s'agit de vous donner toute la satisfaction possible, nous n'avons pas manqué de donner pour cet effet les ordres nécessaires et convenables, afin que votre demande soit entérinée dans la forme la plus favorable qui se puisse. Nous nous sommes servi d'un pouvoir extraordinaire, que nous n'avons pas coutume d'employer, par où vous pourrez clairement juger de l'affection paternelle que nous ressentons pour votre si respectable personne. C'est avec de tels sentiments que nous vous accordons du fond du cœur la bénédiction apostolique.

Extrait d'une lettre de Paris, datée du 14.

M. le chancelier vint au Louvre accompagné de tous les conseillers d'État et maîtres des requêtes nommés dans les lettres patentes, ce qui faisoit un cortége de plus de soixante carrosses ; il y avoit à la tête les compagnies de robe courte et des prévôts de l'hôtel et de l'île ; dans les rues le guet à pied, pour empêcher tout embarras.

Extrait d'une lettre de Fontainebleau, du 15.

Le Roi a donné 6,000 livres de pension à M. de Bonac et 4,000 livres d'augmentation à M. de Brou, avec 12,000 livres de gratification.

Extrait d'une lettre de Paris, du 16.

Le Châtelet s'assembla encore hier ; leur arrêté fut qu'ils persistoient dans ceux précédents. M. le procureur du Roi, ce matin, a demandé l'enregistrement des lettres patentes de la chambre royale.

Extrait d'une lettre de Paris, du 17.

On a découvert la personne qui a donné à imprimer l'arrêté du Châtelet ; c'est un greffier ; il fut hier arrêté et mis au For l'Évêque. On y a aussi mis un abbé, et un homme chez lequel on a trouvé plusieurs exemplaires d'écrits sur les affaires du temps.

Extrait d'une lettre de Rouen, du 20.

Le parlement de Rouen est rentré avec une cordialité apparente pour le premier président et le procureur général, et ils ont repris leurs fonctions, sans parler ni de M. d'Évreux, ni du curé de Verneuil. Le parlement de Paris n'en feroit pas autant.

Du jeudi 22, *Dampierre.* — J'appris le 19 qu'il étoit décidé que M. de Nivernois ne retourne point à Rome, et que le Roi vient de nommer, pour le remplacer en cette cour, M. le marquis de Stainville, le fils de celui qui est depuis longtemps ici ministre du duc de Lorraine, depuis grand-duc, aujourd'hui empereur. J'ai parlé ci-dessus de M. de Stainville le père, que j'ai connu il y a quarante ans sous le nom de comte de Choiseul. Ils sont Choiseul en effet, et M. de Stainville le père n'a changé de nom qu'à l'occasion de son mariage; il vient d'avoir une pension de 50,000 livres de l'Empereur, et l'espérance de la Toison d'or pour son fils.

Ce même jour 19, j'appris la mort de M. de Saint-Jal, lieutenant général, ci-devant chef de brigade des gardes du corps. J'ai marqué sa retraite; il n'a pas joui longtemps du gouvernement de Mézières, et M. de Montigny ne lui a pas payé longtemps la pension de 4,000 livres dont ils étoient convenus lorsqu'il s'est retiré. Il est mort à Paris.

Le Roi devoit revenir de Fontainebleau à Choisy le dimanche 18. La Reine devoit s'y rendre le 19, et LL. MM. devoient revenir le 20 à Versailles, d'où le Roi comptoit aller le même jour coucher à Bellevue; les voitures étoient commandées et les troupes parties. Tout a été dérangé par la maladie de Madame Victoire. On a cru que c'étoit la petite vérole, mais ce n'a été qu'une fièvre continue avec des redoublements. Elle a été saignée quatre fois du pied; elle est hors d'affaire; elle doit partir samedi 24 pour aller coucher à Mousseaux chez Mme de Brissac. Le Roi, la Reine iront ce même jour à Choisy et reviendront le lundi 26 à Versailles.

Du mardi 27, *Versailles.* — J'ai marqué ci-dessus le retardement du départ de Fontainebleau et ce qui y avoit donné lieu. Madame Victoire alla le samedi coucher à Mousseaux chez Mme de Brissac, comme je l'ai dit ; il y eut un ressentiment de fièvre ; cependant le lendemain dimanche elle arriva ici et elle est bien présentement. Le Roi et la Reine allèrent à Choisy ce même samedi. La Reine revint ici le lundi dîner. Le Roi ne revint que l'après-dînée un peu avant cinq heures ; il alla voir en arrivant Mgr le duc de Bourgogne, Mgr le duc d'Aquitaine et Madame, ensuite Madame Victoire, après quoi il alla voir l'appartement nouveau de Madame Adélaïde, pris sur la petite galerie et en partie sur l'ancien escalier de marbre, dans lequel Madame Adélaïde a commencé à loger de ce moment-ci. Le Roi rentra à six heures et partit sur les huit heures et demie pour Bellevue ; il en est revenu aujourd'hui voir ses enfants et y est retourné.

DÉCEMBRE.

Ouvrage du P. Berruyer. — Mort de l'évêque de Châlons et de M. de Boze. — Élection du comte de Clermont à l'Académie française. — Pensions. — Suite de la résistance du Châtelet. — Promotion des cardinaux. — L'archevêque de Sens reçoit le *Pallium*. — L'ouvrage du P. Berruyer condamné. — Le Châtelet. — Soumission du P. Berruyer.

Du dimanche 2, Versailles. — Le nouveau livre du P. Berruyer fait grand bruit. Cet ouvrage qui est en 8 volumes in-12, imprimé à la Haye, est la seconde partie de *l'Histoire du Peuple de Dieu*, et porte le même titre. La première partie est l'Histoire de l'Ancien Testament ; celle-ci est l'Histoire du Nouveau. Cette première partie fut imprimée en 1726 ou 27. Elle fut lue avec grand plaisir parce qu'elle est parfaitement bien écrite, et il faut convenir que nul auteur n'a si bien réussi à faire admirer la conduite de la Providence, la douceur, la patience et la protection de Dieu sur un peuple toujours infidèle. On trouve dans cet ouvrage une liaison et un enchaînement des livres de l'Ancien Testament qui plaît au lecteur, et qui aide infiniment à fixer la mémoire. Le texte est partout à la marge et le sens de l'Écriture y est toujours suivi avec exactitude, et quoique accompagné de raisonnement, on remarque partout la piété de l'auteur ; il n'a cherché qu'à éclaircir les endroits obscurs et à donner des instructions édifiantes dans toutes les occasions. Ces principes respectables ont été aperçus et admirés, mais ils ont cependant éprouvé différentes critiques. On sait que dans tous les temps, les hérétiques ont prétendu par de fausses interprétations trouver dans l'Écriture sainte même les principes de leurs erreurs. Cette raison a déterminé à ne pas permettre généralement la lecture de l'Écriture sainte, soit en totalité, soit au moins en partie, lorsqu'on a cru que des âmes foibles pourroient s'y former des sujets de scandales. Les directeurs et confesseurs sont encore dans cet usage. Le livre du P. Berruyer a donné plus de désir que jamais de lire cet admirable ouvrage. Les libertins mêmes qui n'ont jamais lu l'Écriture sainte ou qui avoient oublié le peu qu'ils en avoient lu dans leur enfance ont voulu la relire et en ont paru scandalisés ; enfin plusieurs gens de bien, frappés avec raison de la simplicité du texte sacré, ont trouvé que les paraphrases du P. Berruyer ne convenoient ni à son état ni à la majesté de l'Écriture. Toutes ces réflexions ont fait faire des changements à la première édition, et toutes ont été lues avec empressement.

L'impression de la seconde partie a donné lieu aux mêmes réflexions que la première ; ces réflexions même ont été encore plus étendues, non-seulement parce qu'il s'y agit des mystères de notre foi, sur lesquels il faut adorer sans raisonner, mais encore parce qu'on a jugé qu'il y avoit trop de détails en certains endroits ; outre cela la préface, qui contient tout le premier volume, a paru remplie d'objections mises dans un trop grand jour ; on a trouvé les réponses trop foibles ; peut-être que la disposition des esprits a beaucoup aidé à porter ce jugement, mais enfin le zèle de gens bien intentionnés a cru remarquer que ce livre pourroit être dangereux, quoique le texte sacré mis au bas de chaque page ait été suivi comme dans la première partie. Ces premières réflexions ont frappé à tel point, que sans se donner peut-être le temps de lire et examiner à loisir un pareil ouvrage, on l'a annoncé comme sujet à de grands inconvénients pour la religion. On assure que M. l'évêque d'Auxerre (1) a fait un mandement pour le condamner. Ce mandement n'est point imprimé et ne paroît point encore, mais on ne seroit point étonné de le voir paroître, M. d'Auxerre étant aujourd'hui le chef du parti janséniste, et par conséquent fort ennemi des jésuites. On assure que ce livre étoit composé dans le temps que feu M. Daguesseau, chancelier, avoit la librairie, et qu'il ne voulut jamais en permettre l'impression. Les jésuites eux-mêmes ont désavoué cette impression, et déclaré par une petite feuille imprimée qu'elle avoit été faite sans leur consentement. Les discours s'étant multipliés sur ce livre, M. l'archevêque de Narbonne (la Roche-Aymon) a cru devoir en rendre compte au Roi, non d'un examen fait par lui-même, puisqu'il convient ne l'avoir pas lu, mais de ce qui lui a été rapporté par des gens en qui il a confiance. Il paroît qu'il y a déjà eu une assemblée de quelques évêques à Paris chez M. l'archevêque, ou de MM. les évêques entre eux, et qu'on n'a pu y rien déterminer, parce que tout le monde étoit dans le même cas de ne l'avoir pas lu; demain il doit y avoir à ce que l'on dit une assemblée chez M. l'archevêque de Paris pour traiter cette matière plus en détail.

La fièvre reprit avant-hier au soir Madame Victoire par un frisson marqué; on prétend que quoiqu'elle ait pris l'émétique et une ou deux médecines, elle n'a point été assez purgée.

---

(1) Charles-Gabriel de Pestel de Lévis de Tubières de Caylus, doyen des évêques de France, nommé en 1704.

Le Roi alla mercredi dernier faire une battue dans la plaine de Saint-Denis et souper chez M. de Soubise à Saint-Ouen ; ce ne fut point une fête ; le Roi se déshabilla, soupa, joua et retourna coucher à Bellevue. S. M. revint vendredi avec une assez grande fluxion sur les dents qui l'empêcha de sortir hier.

J'ai sûrement marqué dans le temps la mort de M. l'évêque de Châlons (Madot). M. Madot étoit un prélat fort vertueux et fort zélé ; il avoit toujours eu pour objet de faire des établissements utiles à son diocèse ; mais n'ayant pas jugé à propos de les faire pendant sa vie ou bien ayant été surpris par la mort avant que de les avoir faits, on a trouvé chez lui 180,000 livres d'argent comptant. Sur cette somme il ne laisse que 10,000 livres à sa famille ; tout le reste est légué par son testament à des communautés ou à des fondations. Cette somme a été portée aux œconomats suivant l'usage.

Je dois avoir marqué la mort de M. de Boze, qui étoit de l'Académie françoise. Dès que cette place a été vacante, il y a eu de grandes brigues pour la remplir, car comme a fort bien dit l'illustre doyen de cette Académie, M. de Fontenelle :

> Quand nous sommes quarante on se moque de nous.
> Sommes-nous trente-neuf on est à nos genoux.

Tous les gens qui aiment le bien ont pensé que personne n'étoit plus digne de cette place que M. de Bougainville, secrétaire perpétuel de l'Académie des Inscriptions et Belles-Lettres, qui a acquis une grande et juste réputation par sa belle traduction de l'*Anti-Lucrèce* et par la préface qu'il a mise à la tête de cet ouvrage. Les partisans de M. de Bougainville, quoique en grand nombre, ont trouvé des oppositions de la part d'un parti contraire, à la tête duquel étoit M. Duclos. L'assemblée pour l'élection fut indiquée pour le samedi 24 du mois dernier ; tous les académiciens s'y rendirent avec empressement et furent assez étonnés d'apprendre en arrivant que l'assemblée étoit remise au samedi 1ᵉʳ de ce mois. On le fut bien davantage hier, lorsque tout le monde ayant pris séance le secrétaire de l'Académie dit que M. de Clermont, prince du sang, se présentoit pour la place vacante. On ne peut pas douter du succès d'une pareille demande; aussi n'y eut-il de délibération que pour savoir si l'on ne procéderoit point à l'élection par acclamation, mais il fut décidé que l'on suivroit l'usage ordinaire. M. le comte de Clermont aime les lettres et les gens savants, mais c'est ici le premier exemple qu'un prince du sang ait désiré d'être reçu à l'Académie. M. le comte de Clermont étoit venu avant-hier ici pour demander au Roi son agrément.

Du lundi 3, Versailles. — Le Roi a eu hier un peu de fièvre et a beaucoup souffert la nuit d'auparavant; il est bien aujourd'hui. Il ira dimanche à Trianon; il devoit y aller après-demain; Madame Victoire est mieux.

J'appris hier que le Roi avoit donné 100 écus de pension au Sʳ Daviel, fameux oculiste, qui s'est acquis une grande réputation pour la levée des cataractes.

M. de la Morlière m'a dit aujourd'hui que le Roi lui a donné 1,000 livres de pension. Son nom est connu par le régiment de volontaires qu'il a levé pendant la dernière guerre et dont on a fait grand usage. J'ai déjà marqué dans ce journal qu'il a déjà été chargé par M. Rouillé de faire des recrues pour nos colonies. Il m'a dit qu'il avoit levé 7,000 hommes qui avoient été embarqués pour Louisbourg, d'où ils doivent être distribués dans les différentes colonies.

Il y a déjà quelques jours que S. M. a accordé une pension de 2,000 livres à M. d'Aubigny, ancien brigadier et lieutenant-colonel du régiment de dragons, qui étoit Egmont et qui est aujourd'hui Marbeuf. M. d'Aubigny est un officier de grande réputation dans le corps des dragons; il étoit bien dans le cas d'être fait maréchal de camp, mais il n'a pas voulu l'être, aimant mieux la liberté de servir dans un grade inférieur que l'incertitude d'être employé lorsqu'il seroit officier général. Il est gouverneur de Falaise, mais c'est un gouvernement municipal.

M. d'Havré, que je vis hier, me dit que le gouvernement de Schelestadt qu'on vient de lui donner vaut environ 15,000 livres de rente. Il n'est sur l'état du Roi qu'à 11,250 livres, mais il faut toujours ajouter à cette somme les émoluments.

Du mercredi 5, Versailles. — L'assemblée dont j'ai parlé ci-dessus au sujet du livre du P. Berruyer se tint avant-hier chez M. l'archevêque de Paris. On nomma six commissaires pour examiner ce livre, trois archevêques, Cambray (Saint-Albin), Paris (Beaumont) et Sens; et trois évêques, Lescar (de Châlon), Bethléem (de la Tasse) et Vannes (de Bertin).

Du jeudi 6, Versailles. — J'ai parlé ci-dessus d'une difficulté pour la place d'honneur dans le carrosse de Madame Adélaïde au sujet de Mme d'Estrades; cette question a été renouvelée et décidée à Fontainebleau. On trouvera ci-après la copie de cette décision, apportée à Madame Adélaïde par M. de Saint-Florentin; elle ne m'a été remise qu'aujourd'hui.

A Fontainebleau, le 21 novembre 1753.

Le Roi s'étant fait rendre compte des usages qui s'étoient pratiqués entre les dames titrées et les dames d'atours de la Reine et de la famille royale ainsi que des différentes décisions qui avoient été faites à cet égard pour la façon de monter et se placer dans les carrosses, S. M. a décidé que la dame d'honneur et la dame d'atours seroient appelées de préférence à toutes autres dames, de quelque état qu'elles puissent être, après les princesses du sang, mais que la dame d'atours cèderoit la place d'honneur dans le premier comme dans le second carrosse, à toutes les femmes titrées qui pourroient y avoir place, quand elle ne le seroit pas.

Du samedi 8, Versailles. — La nouvelle mariée, Mme de Beauvilliers (Desnos de la Feuillée), a été présentée aujourd'hui par Mme sa belle-sœur, et a pris son tabouret.

Le Roi devoit aller jeudi à Choisy ; ce voyage est remis au lundi 17. S. M. va demain à Trianon pour jusqu'à jeudi.

Il y a eu aujourd'hui sermon et il n'y en aura point demain. La Reine a été seule au sermon avec Mgr le Dauphin, Mme la Dauphine, Madame Sophie et Madame Louise. Immédiatement après le sermon, la Reine a remonté à la tribune en haut ; le Roi y est venu, et les chantres de la grande chapelle ont chanté les vêpres. Les missionnaires ont dit le salut.

M. de Fronsac est assez mal ici d'une fièvre violente, accompagnée de quelques symptômes de goutte, ce qui est fort singulier à l'âge de dix-sept ans.

M. le duc de Châtillon est assez mal à Paris d'une fièvre maligne, qui a commencé par une rétention d'urine. Il a déjà été saigné sept ou huit fois.

Le Châtelet a refusé d'exécuter une sentence de la chambre royale, et depuis il a pris le parti de cesser toutes fonctions (1).

Du lundi 10, Versailles. — M. le lieutenant civil (2) a assemblé ce matin chez lui tous Messieurs les conseillers du Châtelet (3), et leur a dit qu'il avoit été à Versailles hier dimanche et qu'il avoit été introduit dans le cabinet du Roi ; que S. M. lui avoit témoigné combien elle étoit mécontente de la déclaration que Messieurs avoient faite et de quitter leurs fonctions et d'abandonner le service, et qu'elle étoit prête à donner les ordres les plus sévères. M. le lieutenant civil a ajouté qu'il avoit supplié très-humblement S. M. de suspendre les ordres affligeants

---

(1) Par un arrêt du 7 décembre.
(2) M. d'Argouges de Fleury. — Il y avait, outre le lieutenant civil, le lieutenant général de police, le lieutenant criminel et 2 lieutenants particuliers.
(3) Le tribunal connu sous le nom de Châtelet jugeait en première instance et se divisait en quatre services : le criminel, le parc civil, le présidial et la chambre du conseil. On y comptait 47 conseillers.

qu'elle étoit disposée de donner; qu'il pouvoit assurer S. M. de la vive douleur dont la compagnie seroit pénétrée en apprenant son mécontentement, et qu'il ne doutoit pas que le Châtelet ne reprît ses fonctions dès qu'il seroit instruit des intentions et des ordres de S. M. M. le lieutenant civil espéroit d'adoucir par un discours si touchant les esprits les plus passionnés, mais il n'a pu rien obtenir, et ces Messieurs ont persisté à lui déclarer qu'ils ne continueroient point dans l'exercice de leurs fonctions, l'emprisonnement de leurs confrères et les décrets prononcés contre eux ne leur laissant point la liberté d'esprit nécessaire pour juger.

On croit que cette nuit on enverra des lettres de cachet à tout un chacun de Messieurs les conseillers du Châtelet, pour leur enjoindre de reprendre leurs fonctions sous peine de désobéissance et de privation de leurs charges, et de reconnoître l'autorité de la chambre royale.

M. d'Argenson, qui étoit à Paris, est reparti de Versailles dès qu'il a su ce qui s'étoit passé chez M. le lieutenant civil.

On trouvera ci-après la liste des changements des logements faits par le Roi dans le château de Versailles, que M. le comte de Noailles m'a envoyée ce matin.

Le logement de M. le vicomte de Chabot, donné à M. le duc de Lauraguais.

Le logement de M. le duc de Lauraguais, près la chapelle, donné à M. de Suzy.

Le logement de M. de Suzy, donné à Mme la duchesse de Lauraguais.

Le logement de Mme la marquise de la Rivière, donné à Mlle de Bracq.

Le logement de Mlle de Bracq, donné à M. le comte de Choiseul.

Le logement de M. le comte de Choiseul, ci-devant à M. le duc de Luxembourg, donné à Mme la duchesse de Boufflers.

Le logement de Mme la duchesse de Boufflers, ci-devant à Mme la comtesse de Châteaurenaud, donné à Mlle la marquise de Boufflers.

Le logement de Mme la marquise de Boufflers, donné à Mme la marquise de Laval, en conservant celui qu'elle a déjà qui contient une chambre.

Du mardi 11, Versailles.

Arrêté du Châtelet, du 11 novembre.

Arrête :

Qu'il sera fait registre des ordres du Roi adressés à chacun de Messieurs, en date du 9 du présent mois.

Que par le profond respect dû aux ordres du Roi, la compagnie se rendra à ses services ordinaires et accoutumés.

Qu'il sera fait à M. le chancelier de très-humbles et très-respectueuses représentations, avec prière de les mettre sous les yeux du Roi : que MM. de Farcy, Pithouin, Quillet, Sauvage, du Coudray et Pelletier sont chargés de rédiger les objets desdites représentations, qui sur leur rapport seront fixées par la compagnie, laquelle à cet effet demeurera assemblée au mardi 18 du présent mois, à l'issue des services.

Que M. le lieutenant civil est chargé de supplier M. le chancelier d'obtenir de la justice et de la bonté du Roi, que MM. Guéret des Voisins, Roger de Montuchet et Millon soient rendus à la compagnie, suivant l'espérance que M. le lieutenant civil lui en a donnée.

Du vendredi 14, Versailles. — L'on attendoit depuis longtemps la promotion des cardinaux; elle a enfin été déclarée le 26 du mois dernier; on trouvera ci-après la copie de cette promotion, faite sur la liste qui a été envoyée au Roi. Il n'y a que 16 cardinaux sur cette liste, mais il y en a deux *in petto*, ce qui fait les 18 places vacantes. On prétend que le Pape, qui naturellement aime assez la plaisanterie, dit, après la promotion, à M. de Galli qui est l'un des cardinaux nommés : « N'ayez jamais l'idée de prétendre à la place que j'occupe, car on vous appelleroit *El papa Galli.* » (Ce qui veut dire le pape gai); le mérite de cette plaisanterie se fait mieux sentir dans la langue italienne que dans la nôtre. S'il vient à vaquer présentement des chapeaux de cardinaux, ce sera le cas de la nomination des couronnes, qui ne peut être faite qu'après celle du Pape.

Liste.

1. Ferroni.
2. Sorbelloni.
3. Stoppani.
4. Tempi.
5. Durini.
6. Henriquez.
7. Impériali.
8. Malvezzi.
9. Matteï.
10. Millo.
11. Chigi.
12. Banchieri.
13. Levizzani.
14. Argenvilliers.
15. L'abbé Galli.
16. Torrigiani.

Du mardi 18, *Versailles.* — Il y eut consistoire à Rome le 26 novembre; c'est dans ce consistoire que la promotion des cardinaux fut déclarée. J'en ai parlé ci-dessus. L'archevêque de Sens et l'évêque de Bayeux y furent préconisés; les bulles ayant été expédiées, ces deux prélats prêtèrent serment hier à la messe du Roi, dans la petite chapelle en haut.

Aujourd'hui mon frère a reçu le *pallium* à la chapelle, parce que Mgr le Dauphin et Mme la Dauphine ont voulu assister à cette cérémonie. C'est M. l'évêque de Meaux (Fontenille) qui l'a faite. La bulle du Pape, que je ferai peut-être copier à la fin de ce livre, donne cette commission à l'archevêque de Paris, à M. de Meaux ou à M. de Troyes. La cérémonie est simple. M. de Meaux et mon frère, tous deux en habits pontificaux, c'est-à-dire avec mitre et chasuble, mais M. de Meaux seulement avec la crosse, sont venus au bas de l'autel, et ont salué l'autel, Mgr le Dauphin, Mme la Dauphine et Madame Adélaïde, qui étoient tous trois à la tribune, la plus près de celle de la musique du côté de l'épître; mon frère a été se placer auprès de la table, du côté de l'épître, M. de Meaux a dit la messe basse de l'office du jour, suivant le Romain. On n'a point porté l'Évangile à baiser à mon frère, et le maître des cérémonies convient qu'en cela il a fait une faute. La messe finie, on a apporté un fauteuil, le dos tourné contre l'autel; M. de Meaux s'y est placé. Mon frère, sans mitre mais en chasuble, est venu se mettre à genoux à ses pieds et a lu une espèce de serment assez long, après quoi M. de Meaux lui a passé au col le *pallium* en récitant une prière. M. de Meaux s'étant rangé a fait ôter le fauteuil; mon frère a monté à l'autel et a donné la bénédiction épiscopale. Ils sont ensuite retournés à la sacristie, mon frère marchant devant comme avant la messe.

Du jeudi 20, *Versailles*. — J'ai parlé ci-dessus (page 113) du nouveau livre du P. Berruyer qui est en effet la deuxième partie de *l'Histoire du Peuple de Dieu*. M. d'Auxerre n'a point donné un mandement contre ce livre, comme on croyoit qu'il en donneroit un d'abord; il est très-vrai qu'il a été dénoncé au Roi par M. l'archevêque de Narbonne, et encore très-vrai que feu M. le chancelier n'avoit jamais voulu en permettre l'impression; mais il y a plus : dès qu'on a commencé à l'imprimer, M. l'archevêque de Paris (Beaumont) en fut averti; il manda sur-le-champ les supérieurs des différentes maisons de jésuites qui sont dans Paris; il leur dit que l'impression de ce livre pouvoit être de dangereuse conséquence, qu'il leur demandoit avec instance de l'empêcher absolument, et que s'il y en avoit déjà un grand nombre d'exemplaires d'imprimés et qu'il ne fût question que de dédommager les imprimeurs et libraires, il consentoit à donner 10,000 écus de son argent pour ce dédommagement. Cette offre, digne de la piété de M. l'archevêque, ne put avoir son effet, parce qu'il y avoit dès lors un grand nombre d'exemplaires débités dans le public. Enfin, en conséquence de l'avis donné par M. de Narbonne, les évêques se sont assemblés, comme je l'ai marqué page 115. Six de ces prélats ont été nommés pour examiner le livre ; dans cet examen qu'ils ont fait par eux-mêmes et par des gens habiles, ils ont remarqué que dans la préface, qui contient tout le premier volume, il y a des expressions hasardées, et quoiqu'on en ait changé quelques-unes, ils ont cru que le mieux étoit que cette préface ne fût point lue. Ils ont trouvé dans le corps de l'ouvrage, que non-seulement il ne répond point au titre, qui dit qu'il est tiré des seuls livres saints, puisqu'il est rempli de raisonnements qui sont purement de l'auteur, mais qu'il y a même des opinions hasardées. Enfin dans le dernier tome, qui est tout latin, ils ont trouvé des propositions, expressions et sentiments qui leur ont paru pouvoir donner occasion à de mauvaises interprétations ; et par conséquent ils ont jugé très-nécessaire de supprimer l'ouvrage. En conséquence, M. l'archevêque vient de donner un mandement, daté du 13 de ce mois, par lequel il défend de lire ou de retenir ledit livre, enjoint à tous supérieurs des monastères de le retirer des religieux et religieuses, et défend aux confesseurs d'en conseiller et permettre la lecture, se réservant à prendre d'autres mesures après un plus mûr examen. Les raisons qu'il expose de cette défense sont que l'auteur a paru éviter de suivre le style de l'Écriture sainte, qu'il y a mêlé des raisonnements et des expressions qui ne sont que de lui, et, souvent sans en avertir, qu'il donne un sens forcé à quelques expressions de l'Écriture, et que contre la session IV du concile de Trente, il fait des additions à l'Évangile dont les interprétations peuvent être dangereuses.

J'ai marqué en détail sous plusieurs dates ce qui s'est passé au Châtelet ; il paroît que jusqu'à présent ce tribunal n'a point voulu obéir. Sur le premier refus fait par cette compagnie d'exécuter un jugement criminel de la chambre royale qui lui avoit été renvoyé, il avoit été décidé au conseil qu'il seroit expédié des lettres de cachet, pour chacun des conseillers du Châtelet, portant ordre d'obéir sous peine de désobéissance et de privation de charge. Dans ces circonstances, M. le lieutenant civil se rendit ici et représenta à S. M. la douleur où étoient Messieurs du Châtelet de lui avoir déplu ; il dit que si on vouloit bien mettre seulement dans les lettres de cachet un ordre d'exécuter le jugement de la chambre royale, ils se soumettroient ; on prétend même qu'il répondit de leur soumission. En conséquence, on a expédié des nouvelles lettres de cachet telles que M. le lieutenant civil les avoit demandées ; elles ne produisirent aucun effet ; il a fallu en expédier de secondes où l'on a ajouté : « sous peine de désobéissance. » Cette démarche n'a pas eu un meilleur succès, et je crois qu'il en a été expédié de troisièmes où l'on a ajouté : « sous peine de privation de charge. » Le Châtelet s'est assemblé, mais ce n'a été que pour travailler aux représentations qu'on lui a permis de faire. Pendant ce temps, la justice est interrompue. MM. de la chambre royale le voient avec peine, non-seulement pour le bien public, mais encore pour leur honneur particulier et pour la gloire du Roi, puisque étant revêtus de l'autorité de S. M. ils sont aussi peu obéis.

On n'a point encore de nouvelles si les lettres patentes pour l'érection de ladite chambre ont été enregistrées dans toutes les justices inférieures, parce qu'elles ne sont pas encore envoyées partout ; mais il y a eu lieu de croire qu'elles ne doivent pas souffrir de difficultés parce que le renvoi y est bien expressément marqué, au lieu que dans la première, pour l'érection de la chambre des vacations, cette forme de renvoi aux justices inférieures avoit été omise.

Du samedi 22, *Versailles*. — Mme de Bouzols a mandé aujourd'hui à Mme de Luynes que Mme la duchesse de Fitz-James, sa belle-sœur, est accouchée ce matin à six heures d'une fille, et Mme de Gacé (Clermont-d'Amboise) d'un garçon, à huit heures.

Il paroît que l'on est fort inquiet sur l'état de la maladie de Mme de Tallard ; elle a la fièvre depuis plusieurs jours ; elle souffre beaucoup ; on attribuoit ces souffrances à un accident que l'on qualifioit de descente de nombril ; mais soit que cet accident soit vrai ou non, il est joint à une enflure considérable qui pourroit être une hydropisie ; elle a dû recevoir aujourd'hui tous ses sacrements.

Du dimanche 23, Versailles. — Mon frère me dit hier, en arrivant de Paris, que le P. Berruyer est venu trouver M. l'archevêque avec le provincial des jésuites, et lui a déclaré qu'il se soumettoit entièrement au mandement qui vient de condamner son livre ; il lui a remis en même temps un écrit portant qu'il se soumettoit entièrement au jugement qui seroit porté par les évêques sur son livre. Cet esprit de soumission, qui est celui de la vraie religion, prouve bien la droiture des intentions du P. Berruyer, qui a pu se tromper dans ses expressions, peut-être même dans ses opinions, mais qui n'a eu d'objet dans le cœur et dans l'esprit que celui de la plus grande gloire de Dieu.

Copie de l'acte de soumission du P. Berruyer.

Je soussigné, prêtre religieux de la compagnie de Jésus, déclare me soumettre sincèrement au mandement de Mgr l'archevêque de Paris en date du 13 du présent mois, qui interdit la lecture d'un ouvrage intitulé : *Histoire du Peuple de Dieu depuis la naissance du Messie jusqu'à la fin de la Synagogue, etc.; seconde partie,* et promets de m'en rapporter au jugement qu'en porteront mon dit seigneur archevêque de Paris et nos seigneurs les évêques, et de regarder comme répréhensible et condamnable ce qu'ils croiront y devoir reprendre. A Paris, ce 21 décembre 1753. — *Signé* Isaac-Joseph Berruyer, de la compagnie de Jésus.

J'appris hier que le conseil de dépêches d'avant-hier rendit un arrêt qui enjoint à Messieurs du Châtelet de reconnoître la chambre royale, sous peine de désobéissance et de privation de leurs charges. Cet arrêt a dû leur être signifié hier; ils ne doivent se rassembler que le 29 de ce mois.

Du mercredi 26, Dampierre. — Mme de Luynes me mande que Mme de Tallard est toujours bien mal. Il y a un médecin de Provence protégé par M. le maréchal de Belle-Isle, nommé M. Faure, qui a grande réputation pour les hydropisies; on lui a proposé de l'entreprendre; il l'a vue et n'a pas voulu s'en charger. Il trouve qu'il y a ulcères, épanchement d'eau dans le ventre et inflammation. M. Senac la juge sans ressource. Elle a reçu Notre-Seigneur des mains du prêtre qui a dit la messe de minuit chez Mgr le duc de Bourgogne. On lui donne actuellement des remèdes de M. André le philosophe.

Mme de Roncherolles (Amelot) devoit quêter hier; elle s'est excusée sur sa santé. La Reine a nommé Mme de Maugiron (Sassenage).

Mme de Bassompierre (Craon) est enfin arrivée. Elle fut présentée hier par sa sœur Mme de Mirepoix.

Mme la baronne de Breteuil, dont je ne sais pas le nom, fut aussi présentée hier par Mme du Châtelet (Rochechouart); et Mme de Fumelle, que je ne connois pas davantage, le sera aussi ces jours-ci après par Mme de Mirepoix.

Du jeudi 27, Dampierre. — On me mande que quoique Mme de Tallard ait communié le jour de Noël, elle a voulu recevoir Notre-Seigneur en viatique pour profiter du temps qu'elle a encore toute sa connoissance. Elle le reçut hier; elle souffre beaucoup. Il paroît qu'on la croit sans espérance.

Du lundi 31, Dampierre. — On trouvera ci-après copie d'un billet de M. le comte de Noailles qu'il m'envoya à Versailles il y a quatre jours.

Disposition des logements que le Roi a faite dans son château de Versailles.

Le logement de feu Mme la duchesse du Maine, donné à Mme la marquise de Clermont, dame d'atours de Mesdames.

Le logement de Mme la marquise de Clermont, donné par emprunt à M. le comte et à Mme la comtesse de Gramont, jusqu'à ce qu'ils soient dans leur logement.

ANNÉE 1754.

JANVIER.

Cérémonie de l'Ordre. — Maladie de Mme de Tallard. — Porcelaine de Vincennes. — La Reine copie un tableau d'Oudry. — Mort de l'évêque de Toul. — Service pour les chevaliers. — Mort de Mme de Tallard. — Mort de l'évêque de Senlis. — Convoi de Mme de Tallard. Cause de sa mort. — Mme de Marsan remplace Mme de Tallard. — Le duc de Chevreuse nommé colonel général des dragons. — Arrangement avec le colonel de Coigny. — Les hautes payes. — Mme de Tallard. — Difficultés. — Naturalisation des Juifs en Angleterre. — Pendule de Passement.

Du mardi 1er, *Versailles.* — Il y avoit aujourd'hui à la procession et à la grande messe 53 chevaliers en tout, hors le Roi. C'est le prince Constantin qui a officié et Mme de Belestat (Châteaurenaud) qui a quêté.

L'état de Mme de Tallard est toujours le même; beaucoup de souffrances et une résignation admirable, une enflure prodigieuse, de fréquentes consultations de ce qu'il y a de plus habiles médecins et de chirurgiens. On voudroit trouver le mal en état que l'on pût faire l'opération, mais jusqu'à présent on ne peut trouver de point fixe.

La porcelaine de Vincennes continue à se perfectionner. Les couleurs, les peintures commencent à être d'une grande beauté; mais les prix sont encore excessifs. Le Roi a donné à Mme la Dauphine un cabaret sur lequel il y a, entre autres pièces, un pot à sucre et un très-petit pot au lait; ces deux seuls morceaux coûtent 28 louis.

Je crois avoir déjà marqué que le Roi et la Reine sont dans l'usage de se donner tous les ans des étrennes qui seroient fort cher pour des particuliers. La Reine a donné cette année un présent de son ouvrage. Quoiqu'elle ne sache point dessiner, elle sait peindre, et s'en amuse et y réussit assez bien ; elle avoit commencé de peindre des estampes ; elle s'est mise à peindre à l'huile. Elle entreprit il y a environ un an de copier un tableau d'Oudry qui fait un paysage très-agréable. L'idée de ce tableau a été donnée à Oudry par Mgr le Dauphin. La Reine a fini cette copie vers le milieu du mois dernier, elle y a fait faire une bordure dont le dessin de la sculpture et la dorure sont admirables. C'est ce tableau qu'elle a donné au Roi, qui a paru le recevoir avec plaisir. La bordure seule est un objet de la valeur d'environ 60 louis (1).

Du mercredi 2, Versailles. — Il y a quelques jours que l'on apprit la mort de Mgr l'évêque de Toul (Bégon). Son père ou son frère avoit été intendant du Canada. Je ne sais pas précisément l'âge de M. de Toul ; on dit qu'il avoit soixante-douze ou soixante-treize ans. Il étoit en apoplexie depuis environ deux ans ; cependant on dit qu'il avoit encore tout son bon sens. J'ai ouï dire à la Reine qu'il écrivit, il n'y a pas longtemps, une très-grande lettre au roi de Pologne, qui ne pouvoit faire soupçonner aucun changement à son esprit.

Le diocèse de Toul est d'une étendue prodigieuse. Il y a, je crois, 1,800 paroisses et même davantage. M. de Toul, qui avoit été sacré au mois de mai 1723, mais nommé en 1721 (en même temps que M. de Tavannes, aujourd'hui archevêque de Rouen, fut nommé à l'évêché de Châlons), gouvernoit avec sagesse, piété, édification et une application admirable ; il avoit fait bâtir une maison commode, honorable et sans magnificence. Il avoit de très-bons lits, une très-bonne table sans recherche, un air de dou-

---

(1) Le tableau d'Oudry est au musée du Louvre et la copie faite par la Reine dans la galerie du palais du grand Trianon ; elle est signée : *Marie Reine de France fecit* 1753. La bordure est ornée d'oiseaux, de reptiles, de branches de chêne et de lis.

cœur qui prévenoit en sa faveur, une conduite simple, mais l'esprit de gouvernement. Il étoit aimé et honoré de tous ceux qui le connoissoient.

Aujourd'hui il y a eu la procession pour aller à la chapelle, en deuil, entendre la grande messe à l'ordinaire pour les chevaliers morts dans l'année. Nous n'étions aujourd'hui que 51, y compris le prélat officiant, sans compter le Roi. C'est encore le prince Constantin qui a officié. Il n'y a point eu de quêteuse aujourd'hui. Le deuil que l'on porte consiste à avoir du linge effilé, des bas noirs, point de plume au chapeau, un rabat de batiste. Je croyois l'épée, boucles et boutons noirs plus réguliers, et je l'ai déjà écrit ainsi; mais il m'a paru que personne n'avoit ni épée noire, ni boutons, ni boucles, ni souliers bronzés.

Le Roi entendit hier les vêpres de la chapelle de la grande tribune. La Reine resta et entendit la prière; il n'y eut point de complies. Dès que le Roi est en haut, il est bien clair qu'il n'y a point de prélat qui y officie, ni de quêteuses.

Du vendredi 4, Versailles. — Mme de Tallard mourut hier au soir à minuit; elle avoit cinquante-cinq ans. Elle s'appeloit Mlle de Tournon avant son mariage et étoit extrêmement maigre. Elle épousa en **1713** M. le duc de Tallard qui avoit été abbé pendant la vie de son frère aîné, M. de la Baume, lequel avoit épousé la fille de M. de Verdun. Mme de Tallard n'a jamais eu d'enfants que M. le duc d'Hostun dont j'ai marqué la mort dans le temps. On dit qu'elle meurt avec beaucoup de dettes, mais aussi il lui est beaucoup dû, tant pour ses appointements et pension que des dépenses faites pour les enfants de France; elle a outre cela un mobilier très-considérable. M. de Tallard doit avoir la moitié de la communauté. Mme de Tallard a toujours conservé sa présence d'esprit presque jusqu'au dernier moment. Hier au matin le Roi envoya savoir de ses nouvelles; après lui avoir marqué sa très-respectueuse

9.

reconnoissance, elle le fit prier de vouloir bien se souvenir des nourrices, parce que le Roi a la bonté de leur donner aux étrennes. Hier, à dix heures du soir, elle fit entrer dans sa chambre tout ce qui est ici de sa famille et leur fit des présents de ses diamants et de ses tabatières. Le mal qui l'a le plus tourmentée à la fin de sa vie, a été à la gorge. Son courage, sa piété, se sont toujours soutenus. Elle a demandé que son corps fût ouvert. Mme de Tallard avoit naturellement le sang échauffé, et n'avoit jamais été régulièrement dans l'état où doivent être les femmes; outre cela elle aimoit le jeu et beaucoup à veiller. Elle avoit de la dignité, de l'esprit et une éloquence très-convenable à la place qu'elle occupoit. Elle sera fort regrettée; elle faisoit beaucoup d'aumônes et outre cela elle employoit son crédit à rendre service à tout ce qui composoit la maison des enfants de France et à tous ceux qui lui étoient attachés.

Le Roi dit, il y a quelques jours, que le roi d'Espagne venoit de faire trois nouveaux grands d'Espagne qui sont M. de Bournonville, M. de Ferrandina, fils de M. de Villafranca et M. de Médina-Sidonia.

Je ne crois point avoir marqué que M. le duc d'Huescar qui a été ambassadeur ici et qui commandoit la première compagnie des gardes du corps, a été fait il y a déjà quelque temps majordome-major de la maison du roi d'Espagne, ce qui répond à notre charge de grand maître.

Du dimanche 6, Versailles. — On a porté le corps de Mme la duchesse de Tallard à l'hôtel de Ventadour dans la place d'armes. J'ai déjà marqué plusieurs détails sur Mme de Tallard. Une particularité qu'on ne peut oublier, c'est que le jour de sa mort, et même tout au plus deux heures auparavant, s'étant fait apporter ses diamants et tabatières dont elle fit différents présents, elle mit un de ses diamants à son doigt; et comme elle ne l'ôtoit point, sa femme de chambre crut qu'elle l'oublioit; elle lui en parla; Mme de Tallard lui répondit qu'elle ne l'oublioit point, qu'elle avoit ses raisons. Ces raisons étoient qu'elle vouloit laisser ce diamant à M. Chauvelin, ci-devant garde des sceaux, qu'elle a nommé son exécuteur testamentaire, et il est dit dans son testament qu'on trouvera ce diamant à son doigt. M. de Puisieux est nommé exécuteur testamentaire au cas que M. Chauvelin ne fût pas vivant à la mort de Mme de Tallard.

Je n'ai appris qu'aujourd'hui la mort du fils dont Mme de Beuvron accoucha il y a peu de jours; il est mort à ce que l'on dit parce qu'il avoit une mauvaise nourrice.

J'ai appris aussi aujourd'hui la mort de M. l'évêque de Senlis (Trudaine); il avoit été sacré en 1714. Il avoit soixante-dix-sept ans. Il avoit été six ans dans l'ordre de Saint-Lazare; il le quitta lorsqu'il fut ordonné prêtre. Il avoit travaillé toute la matinée dans son cabinet à Paris; au sortir de ce travail, son valet de chambre lui trouva un si mauvais visage qu'il en fut effrayé; il lui demanda de ses nouvelles, M. de Senlis dit qu'il étoit fort fatigué, mais qu'il se trouveroit mieux après avoir dîné. Le valet de chambre ne se contenta pas de cette réponse, il envoya quérir Vernage; Vernage lui ayant tâté le pouls, il dit qu'il n'y avoit pas un moment à perdre à envoyer chercher les sacrements. Comme le prêtre qui les apportoit mettoit le pied dans la maison, M. de Senlis mourut.

Du jeudi 10, Paris.

Extrait d'une lettre de Versailles, du 9 janvier 1754.

Mme de Marsan (1) a prêté serment avant la messe du Roi; ensuite elle est venue chez la Reine avec Mmes de Turenne, de Marsan, de Rohan, douairière, et de Soubise, pour faire ses remerciements, et de là chez la famille royale.

Il y a eu plusieurs présentations chez la Reine pour des arrivants et des congés, comme M. l'archevêque de Narbonne, etc. M de Rochechouart prendra son tabouret ce soir.

---

(1) Mme la comtesse de Marsan venait d'être nommée, à la place de Mme de Tallard, gouvernante des enfants de France.

On a demandé l'agrément du mariage de M. de Séran, fils de Mme la baronne de Montmorency avec Mlle d'Olonne.

Du vendredi 11, *Paris.* — Le corps de Mme de Tallard fut transporté dimanche à la paroisse Notre-Dame de Versailles, et le lundi 7, à l'entrée de la nuit, on fit le transport aux Célestins à Paris, où est la sépulture de la maison de Rohan. M. le prince de Rohan-Guémené, M. le prince de Soubise, M. de Brionne, M. le prince de Montauban et son fils, M. le prince de Rochefort, M. de Sassenage et son gendre, M. de Talaru, accompagnoient le convoi. M. de Sassenage par sa femme est neveu de M. de Tallard. La mère de Mme de Sassenage, qui avoit épousé un Sassenage et qui a épousé en secondes noces M. de Vilaine est sœur de M. de Tallard. Il y avoit à la tête du convoi un carrosse du Roi à huit chevaux, avec vingt-quatre palefreniers, douze de la grande écurie et douze de la petite. Au convoi de Mme de Ventadour il y avoit un carrosse du Roi et seulement douze palefreniers de la petite écurie. On avoit cru que cette distinction d'un carrosse du Roi avoit été donnée à Mme de Ventadour parce qu'elle avoit été gouvernante du Roi, à qui on peut dire même qu'elle avoit sauvé la vie par ses attentions, son zèle et son attachement, mais le même honneur avoit été accordé à Mme la maréchale de la Mothe. Il n'y avoit de pages du Roi que deux pour porter la queue du manteau de M. de Brionne. Après le corbillard il y avoit un carrosse de deuil pour le clergé, un autre pour les domestiques, ensuite les carrosses des parents qui accompagnoient le convoi.

Il paroît que la cause de la mort de Mme de Tallard est un ulcère qu'elle avoit à la matrice. On avoit cru qu'il y avoit une descente, il ne s'en est point trouvé; on a trouvé sous le foie, ce qu'en terme d'anatomie on appelle le gâteau, qui étoit devenu caleux et d'une dureté si singulière qu'on a dû le porter à Saint-Cosme pour l'examiner.

Tout le monde se doutoit depuis huit ou dix jours que Mme de Marsan (Rohan-Soubise) seroit nommée pour remplacer Mme de Tallard. On en avoit douté d'abord parce que Mme de Marsan aime sa liberté et jouit d'un très-gros revenu, mais elle n'a pu résister aux instances de toute sa famille, et outre cela elle a un procès considérable avec l'Empereur, d'où dépend la plus grande partie de son bien, et dont elle n'espère pas un succès fort heureux; on croyoit cependant que l'Empereur lui laisseroit la jouissance sa vie durant; quoi qu'il en soit, elle a accepté. Elle prêta serment dans le cabinet du Roi; il n'y avoit avec elle que Mme de Turenne (1). Elle alla ensuite chez la Reine et chez toute la famille royale, accompagnée de toutes ses parentes, même de Mme la princesse de Rohan (Courcillon), sa belle-grande-mère, qui a bien voulu ne marcher qu'après elle; les autres étoient Mme de Turenne, Mme de Marsan la chanoinesse, Mme de Rohan (Bouillon), etc.

Du jeudi 17, *Paris*. — Je n'ai point encore parlé de la charge de colonel-général des dragons que le Roi a bien voulu donner à mon fils; il y aura cependant demain huit jours que cette grâce fut accordée dans le travail de M. d'Argenson avec le Roi. M. de Coigny avoit eu cette charge sur la démission de M. le maréchal son père; à sa mort, le Roi voulut bien rendre la charge à M. le maréchal. M. le comte de Coigny avoit laissé trois garçons, tous fort jeunes, car l'aîné n'a actuellement que dix-sept ans; M. le maréchal de Coigny, âgé d'environ quatre-vingts ans, auroit fort désiré pouvoir faire passer cette charge à son petit-fils, mais il falloit attendre, et on n'a pas le temps d'attendre à pareil âge; d'ailleurs, mon fils étant mestre de camp général des dragons, et le Roi pa-

---

(1) Comme elle entra chez le Roi et qu'elle prêta serment à une heure où il n'y avoit que les grandes entrées, il ne pouvoit y avoir avec elle que Mme de Turenne qui a ces sortes d'entrées comme femme du grand chambellan. (*Note du duc de Luynes.*)

roissant content de ses services, on pouvoit regarder comme une difficulté que le Roi donnât la première charge de ce corps à un aussi jeune homme pendant que mon fils, lieutenant général, n'auroit que la deuxième. Il est même vraisemblable que dans ce cas (si tant est qu'on puisse le prévoir) mon fils auroit demandé la permission de vendre la charge de mestre de camp et que le Roi l'auroit agréé. Pour éviter tous ces inconvénients, on avoit proposé des arrangements. M. de Coigny a un brevet de 100,000 écus sur la charge de colonel général; je ne sais pas ce qu'elle lui a coûté, mais elle vaut 25,000 livres de rente, sans compter le casuel, dont la principale partie est la place de colonel en second qui vaut 40,000 écus. La charge de mestre de camp vaut 13,000 livres de rente sur les états, mais n'en rapporte qu'environ 8,000 tous frais faits, à cause de l'entretien de la compagnie; et il y a outre cela des casuels comme à l'autre charge, excepté la place de colonel en second. Mon fils a acheté le mestre de camp 450,000 livres et a eu 70,000 livres de brevet de retenue. Il n'a point été question du prix des deux charges, mais seulement de brevet de retenue; mon fils offroit de donner 130,000 livres qui est la différence d'un brevet à l'autre; M. le maréchal de Coigny demandoit 180,000 livres. Le Roi a eu la bonté de faire l'arrangement par une nouvelle grâce; il a augmenté le brevet de retenue du colonel général, qui sera pour mon fils 350,000 livres, et mon fils paye dans ce moment-ci à M. le maréchal de Coigny 180,000 livres au lieu de 130,000, c'est-à-dire les 50,000 livres d'augmentation au brevet de retenue. Le Roi donne la charge de mestre de camp à M. de Coigny, petit-fils du maréchal. Tout se passe avec grande politesse et amitié de part et d'autre. On fera de chaque côté une estimation des hommes et des chevaux qui peuvent manquer à chaque compagnie, suivant l'usage, et cette estimation sera la même pour l'une et pour l'autre, quoique la colonelle soit d'obligation de monter sur des chevaux gris, ce qui est plus difficile à trouver et plus cher que le poil noir, qui est celui de la compagnie mestre de camp.

Il y a quelques jours qu'il y eut une promotion dans la marine ; il y a eu quatre chefs d'escadre, MM. de Fontette, de Villers-Franssure, d'Amblimont, et de Montlouet, et un capitaine de vaisseau à la recommandation de Madame Infante ; il s'appelle Dabon.

J'ai appris aujourd'hui le mariage de M. de la Feronnays, colonel d'un régiment de dragons de son nom, avec la fille de M. de Verceil, enseigne des gardes du corps et gouverneur de Dole ; on dit qu'elle aura 20,000 livres de rente.

On a dit aujourd'hui des messes à la Mercy pour Mme de Tallard. M. le prince de Rohan (Guémené) et M. le prince de Soubise étoient les premiers du deuil du côté des hommes, et Mme de Guémené la première du côté des femmes. L'église étoit tendue jusqu'en haut, mais fort claire, les deux côtés n'étant pas bouchés ; il n'y avoit qu'une seule armoirie dans le fond au-dessus du grand autel ; à droite et à gauche dans tout le tour de l'église, deux rangs de petites armoiries ; et entre les deux rangs, les armes en grand ; il y en avoit au plus seize. Tout le dehors étoit tendu de noir avec de grandes et petites armoiries de la même manière.

Du dimanche 20, *Versailles*. — M. le maréchal de Coigny, son petit-fils et mon fils ont remercié aujourd'hui le Roi. J'ai marqué le détail des arrangements. Il y en a un, peu considérable, qui a été fait suivant l'usage ordinaire ; c'est celui des compagnies, la colonelle générale et la mestre de camp général ; la première montée sur des chevaux gris, la seconde sur des chevaux noirs, comme je l'ai déjà dit. On est convenu qu'on feroit une estimation sur le même pied des hommes et chevaux de chaque compagnie, parce que chacune doit être à 30 dragons à cheval ; ce qui manque sera estimé au prix convenu, qui est le même pour les deux compagnies. On avoit proposé que cette estimation fût faite sur le jugement des inspecteurs, mais cette clause a été supprimée comme contraire aux droits des deux charges, ces deux régiments ne devant avoir naturellement d'autres inspecteurs généraux que le colonel et le mestre de camp. Il y avoit encore un petit article qui pouvoit souffrir des difficultés ; c'est par rapport aux hautes payes : ce sont des dragons avec qui on convient qu'au lieu de leur donner une somme en argent pour l'engagement soit en partie, soit en entier, on leur donnera, pendant le temps que doit durer leur engagement, un, deux, trois ou quatre sols, plus ou moins, d'augmentation de paye. Cet arrangement est avantageux au commandant et au bien du corps. Le dragon qui touche son argent l'emporte lorsqu'il déserte ou le dépense lorsqu'il en reste ; en le touchant en détail, il a plus de facilité pour s'acheter peu à peu les choses nécessaires, et le capitaine ne court aucun risque. Ces hautes payes regardent mon fils personnellement ; il se charge de les continuer à ceux à qui elles ont été promises.

M. le duc de Crussol a présenté aujourd'hui son neveu à la mode de Bretagne, le fils de M. de Montauzier, lequel étoit fils de M. le comte d'Uzès. C'est un jeune homme de quinze ans ou environ, et qui a une jolie figure.

M. de la Feronnays, colonel d'un régiment de dragons de son nom, a demandé aujourd'hui l'agrément du Roi pour son mariage.

Du mardi 22, *Versailles.* — Avant-hier, les États de Bretagne eurent audience publique. M. l'évêque de Vannes (Bertin) porta la parole ; il parla avec beaucoup de facilité et d'éloquence. La première harangue fut chez M. le duc de Penthièvre comme gouverneur ; c'est l'usage.

Aujourd'hui, M. le comte de Staremberg, ministre plénipotentiaire de la cour de Vienne, a eu audience particulière. Il arrive. C'est le même que nous avons vu ici avec M. de Kaunitz.

On a donné part ces jours-ci du mariage du fils de M. de Choiseul avec la fille de M. le comte de Lorges. M. de Choiseul est celui qu'on appelle communément *le Merle;* sa femme est Champagne, sœur de feu Mme la comtesse d'Estrées.

J'ai su depuis peu quelques détails sur Mme de Tallard. Elle avoit 15,000 livres de rente du Roi, tant en appointements qu'en pension, parce qu'il y a 3,500 livres d'augmentation à chaque enfant, et ces appointements restent, soit après l'éducation finie, soit après la mort des enfants. Ses dettes montent à 300,000 livres, suivant l'examen qu'en a fait M. Chauvelin, son exécuteur testamentaire, et l'on compte qu'il peut lui être dû par le Roi 200,000 livres, soit en appointements, soit en avances. Elle étoit séparée de bien avec M. de Tallard depuis plusieurs années, mais cette séparation s'étant faite de gré à gré, et point en justice, n'empêche point les droits de communauté.

Du vendredi 25, *Versailles.* — Il se présente de temps en temps dans ce pays-ci de petites difficultés, et toutes sont remarquables parce que souvent il s'en renouvelle de semblables.

On sait que personne, hors les enfants de France, n'a droit de se faire porter en chaise dans la galerie d'en haut de l'aile qu'on appelle des Princes : Mme la maréchale de Duras eut la jambe cassée dans les petits appartements, il y a quelques années, comme je l'ai marqué dans le temps; cet accident l'ayant obligée à de grands ménagements, elle demanda et obtint la permission de se faire porter, dans un petit fauteuil, dans cette galerie d'en haut où elle loge. Elle se fait porter aussi dans les salles des gardes en allant chez le Roi. Son fauteuil restoit toujours dans la petite pièce au haut de l'escalier de marbre, près de l'appartement de M. le comte de Clermont; chez la Reine, son fauteuil restoit dans la grande salle des gardes qu'on appelle le magasin, et elle venoit l'y reprendre. Depuis quelque temps elle s'est fait porter dans l'antichambre de la Reine, jusqu'à la porte du cabinet avant la chambre, et même son fauteuil a resté dans l'antichambre. L'un et l'autre sont contre la règle. L'huissier l'a remarqué et en a rendu compte à Mme de Luynes, qui a demandé l'ordre à la Reine. Cet ordre a été d'ordonner à l'huissier de ne pas laisser entrer les porteurs de Mme de Duras dans l'antichambre de la Reine, parce que cela ne se devoit pas; que le petit fauteuil ne devoit pas même rester dans les salles des gardes, et que Mme la maréchale devoit savoir cette règle et cet usage. Mme de Luynes a donné l'ordre en conséquence, et a cru en même temps devoir, par politesse et par amitié, prévenir la maréchale de Duras, chez qui elle a été en sortant de dîner.

L'autre fait est au sujet de l'ordre chez les enfants de France. Ils sont gardés par des exempts des gardes du corps. C'est la gouvernante ou le gouverneur qui donne l'ordre tous les jours jusqu'à ce que l'enfant soit en état de le donner lui-même. Suivant la règle, la gouvernante ne doit donner l'ordre que dans la chambre du prince ou de la princesse, parce qu'il est censé que c'est en leur nom et pour eux. La grande habitude de recevoir cet ordre de Mme de Tallard, l'usage où étoient les officiers des gardes du corps, et surtout ceux de garde, de souper continuellement chez elle, les avoit accoutumés à prendre moins garde à la règle; ils prenoient l'ordre de Mme de Tallard chez elle. Mme de Marsan, qui a commencé les fonctions de sa charge le 20 de ce mois (1), a cru qu'elle pouvoit donner l'ordre dans sa chambre. M. Cassini, exempt des gardes du corps, ne s'y est point rendu et l'a attendue chez Mgr le duc de Bourgogne. Mme de Marsan lui en a parlé; il s'est excusé sur sa mauvaise santé; cependant il a été recevoir les ordres de M. le duc d'Ayen, qui lui a dit ce qui est de règle, lui ajoutant de s'y conformer.

---

(1) Elle avoit couché cependant deux ou trois nuits chez Mgr le duc de Bourgogne après avoir prêté serment. (*Note du duc de Luynes.*)

M. Cassini en a rendu compte à Mme de Marsan; elle a répondu qu'elle seroit bien fâchée que les droits de sa charge fussent diminués par sa faute pendant son exercice, qu'elle sauroit la volonté du Roi. Elle en a sans doute écrit à M. de Soubise, qui lui a mandé que M. Cassini avoit raison; en conséquence, M. Cassini est venu recevoir l'ordre chez Mgr le duc de Bourgogne. Je crois que c'est sur les deux heures après midi que l'usage étoit de le donner; Mme de Marsan l'a donné, mais lui a dit qu'il seroit plus commode à Mgr le duc de Bourgogne de le donner à neuf heures et demie du matin.

Mme de Marsan ne loge point où logeoit Mme de Tallard, mais dans l'appartement où Mme de Tallard devoit passer lorsque ceux des enfants de France seroient accommodés, car ils sont actuellement dans ceux de M. et de Mme la princesse de Condé. Mme de Marsan occupe les quatre pièces qui sont depuis le milieu de la galerie d'en bas en allant vers le bout de cette galerie (1).

Il y a huit ou dix jours que l'on a apporté ici la pendule du nommé Passement; elle est dans le cabinet du Roi par delà sa chambre à coucher. Cette pendule fut présentée au Roi à Choisy, à son départ pour Fontainebleau, ainsi que je l'ai marqué dans le temps.

Du samedi 26, Versailles. — Je n'ai point parlé jusqu'à présent de la naturalisation des juifs en Angleterre. Les gazettes en sont remplies depuis longtemps. Les juifs avoient sollicité ce privilége et l'avoient obtenu à la pluralité des voix, mais non sans beaucoup de murmures de la part d'une grande partie de la nation. Les juifs ont éprouvé eux-mêmes combien ce droit leur étoit peu avantageux; ils étoient encore plus méprisés et exposés

---

(1) C'est en dernier lieu ce qu'on avoit prêté en partie à Mme de Lède; auparavant, Mlle de la Roche-sur-Yon y a logé, et anciennement c'étoit l'appartement de la grande princesse de Conty, fille du Roi. Il y avoit une pièce fort bien dorée dont on a défait les dorures et on l'a blanchie et retranchée.

à manquer même du nécessaire en certaines occasions, parce qu'on ne vouloit plus les secourir. Enfin ils ont été réduits à solliciter eux-mêmes la révocation de ce privilége. Cette demande a été le sujet de plusieurs délibérations; enfin l'acte a été révoqué. On peut bien regarder cet événement comme une preuve évidente de la malédiction du Seigneur sur cette nation comblée de tant de grâces et si infidèle, qui est en horreur partout, chez les protestants comme chez les catholiques, et même dans un pays où on souffre un si grand nombre de religions.

On apprit hier la mort de Mme de Bellefonds, veuve en [1692] de M. le marquis de Bellefonds. Elle avoit environ quatre-vingt-dix ans (1); il ne lui restoit qu'une fille qui est Mme de Fervaques; Mme de Bellefonds (du Châtelet) est veuve de son petit-fils. Il y a déjà quelques années qu'elle étoit presque en enfance. Elle étoit sœur de feu M. le duc de Mazarin, qui avoit épousé Mlle de Duras, et par conséquent tante de feu Mme de Nesle et grande-tante de toutes Mlles de Mailly.

Du lundi 28, Versailles. — J'ai vu aujourd'hui chez le Roi la pendule de Passement (2) dont j'ai parlé; elle est dans une boîte de bronze doré très-riche et bien travaillée; elle est surmontée d'un globe de cristal contenant le soleil et toutes les planètes comme dans une sphère, suivant le système de Copernic. Les planètes font toutes leur mouvement régulièrement, comme elles le font dans le ciel. Vers le milieu de la boîte sont des ouvertures où l'on voit l'année, le jour de la semaine, le mois et le

---

(1) Elle étoit fille d'Armand-Charles de la Porte, duc de la Meilleraye, et d'Hortense Mancini, nièce du cardinal Mazarin. Son mari étoit Christophe Gigault, marquis de Bellefonds, colonel du régiment Royal-Comtois, gouverneur et capitaine des chasses du château de Vincennes, et reçu en survivance en la charge de premier écuyer de Mme la Dauphine (Bavière). (*Note du duc de Luynes.*)

(2) Ingénieur du Roi. Le Sr Dauthiau, horloger, a fait le mouvement; il a été douze ans. Le Sr Caffieri, ciseleur, a fait la boîte. (*Note du duc de Luynes.*)

quantième dudit mois et le quartier de la lune (1). Cette pendule est placée dans le cabinet ovale après la chambre à coucher, auprès de la ligne méridienne.

J'ai vu aussi dans le cabinet du conseil, auprès d'un grand nombre de têtes de cerfs rangées dans un coin les unes sur les autres, une tête fort singulière; je l'ai fait mesurer par curiosité. L'ouverture des deux perches par en haut, de dedans en dedans, est de près de trois pieds; les perches ont environ trois pieds de haut à compter depuis ce que l'on appelle le massacre. Les perches sont plates comme celle du daim, mais elles ont chacune environ 10 pouces de large, indépendamment des andouillers qui en sortent (2). Le marin est gros comme le bras; à juger de l'animal par la tête, on pourroit le croire aussi gros qu'un éléphant. Cependant M. Rouillé m'a dit que cet animal que l'on nomme orignal n'est que de la grosseur d'un gros âne. On le trouve auprès de Louisbourg, vers l'entrée du fleuve Saint-Laurent, qui passe à Québec en Canada; malgré ce poids énorme, il est fort léger, et court fort vite dans les bois les plus épais; sa chair est bonne à manger : c'est un grand régal et le sujet d'une grande fête pour les sauvages lorsqu'ils peuvent en tuer quelqu'un (3).

FÉVRIER.

Anecdote sur Louis XIV et l'abbesse de Royal-Lieu. — Mariage de M. de Choiseul. — Mort de Roy. — Maladie de M. de Mirepoix et de M. de Châtillon.

---

(1) Elle marque les années bissextiles par l'addition d'un jour à février, et en général pour février elle passe du 28 au 29 ou au 1er mars. Par sa construction elle peut aller six semaines, mais on la monte tous les mois; elle porte aussi un thermomètre; et la verge du balancier est faite de façon qu'elle ne reçoit aucune impression du plus grand froid, ni du plus grand sec, ni de l'humidité. (*Note du duc de Luynes.*)

(2) Cette tête, en terme de chasse, porte 22. (*Note du duc de Luynes.*)

(3) On m'a ajouté depuis que quoique fort léger il n'est pas difficile à attraper, même à la course. (*Note du duc de Luynes.*)

— Le P. Laugier. — Serment prêté par le duc de Chevreuse. — Cabinet de Clairambault. — Anecdote sur trois joueurs. — Vol de la cassette de M. de Vaulgrenant. — Naissance et mort du comte de Montfort. — Mort de l'abbé Divers. — Les salines de Rozières. — Mort de Mme de Pressigny. — Mme de Pompadour obtient une marque de bonté du Roi pour le duc de Châtillon. — Présentation de Mmes de Choiseul et de Langeron. — Services pour Madame Henriette. — Morts. — Abondance et durée de la neige. — Mort du duc de Châtillon. — Anecdote sur le maréchal de Belle-Isle. — Grand bailliage de Haguenau. — Mort de M. de Brezé. — Anecdote sur la mort du duc de Bourgogne. — Bénéfices donnés. — Maladies et morts. — Mort du duc d'Aquitaine et de Mme de Gouffier. — Contrat de mariage de M. de Joyeuse. — Mort de M. du Plessis-Châtillon. — Mariage de M. de Joyeuse. — Riches veuves à marier. — Mort de M. d'Onsen-Bray. Sa succession. — Recettes de l'Opéra. — Le Châtelet.

Du vendredi 1er, *Versailles.* — J'ai appris aujourd'hui la mort de l'abbesse de Royal-Lieu près Compiègne; elle avoit plus de quatre-vingts ans; elle étoit Grimaldi, je ne sais quel rapport avec feu Mme de Valentinois, mais elle étoit bien réellement de cette grande maison, originaire de Gênes, et elle étoit assez occupée de sa naissance. Il y a longtemps qu'il y avoit eu une autre Grimaldi, abbesse de cette abbaye; c'étoit dans le temps de la grande faveur de Mme de Montespan. On avoit parlé de gâteaux fort bons qu'on faisoit dans l'abbaye de Royal-Lieu; Mme de Montespan proposa au Roi d'en aller manger; Mme d'Aumont, femme du gouverneur de Compiègne, fut chargée d'aller avertir l'abbesse du jour que le Roi se trouveroit à l'abbaye. Elle lui dit que le Roi s'y arrêteroit en allant à la chasse, qu'il y mèneroit peu de monde, qu'il ne vouloit ni cérémonial, ni collation, mais seulement des gâteaux. Elle ajouta que Mme de Montespan, qui avoit proposé les gâteaux au Roi, se trouveroit à cette partie. Au nom de Mme de Montespan, l'abbesse dit que si cette dame y venoit aucunes religieuses de sa communauté ne paroîtroit; que pour elle, sa présence étant nécessaire, elle feroit sa cour à S. M. Mme d'Aumont fit tout ce qu'elle put pour lui persuader de recevoir le Roi avec toute sa communauté; l'abbesse fut inflexible. Mme d'Aumont fut obligée de rendre compte de toutes les circonstances de sa conversation. On peut aisément juger que le refus déplut, car le Roi prit le parti de ne point aller à Royal-Lieu. Il se passa plusieurs années sans qu'il fût question ni de l'abbaye ni des gâteaux ; au bout de quinze ans il vint à vaquer une abbaye considérable en Flandre ; il falloit une fille d'un grand nom pour cette place et qui eût de la fermeté et l'esprit de gouvernement ; la maison étoit en désordre ; elle étoit remplie de filles de condition ; le choix étoit difficile. Le P. de la Chaise, alors chargé de la feuille des bénéfices, nomma au Roi plusieurs sujets ; à chacun il faisoit quelques observations ; le Roi prit la parole et lui nomma Mme de Grimaldi. L'abbaye lui fut donnée comme à une fille qui avoit toutes les qualités nécessaires. Cela prouve que le feu Roi aimoit la règle et la vertu, quoiqu'elle eût contredit son goût et son inclination.

J'oubliois qu'il y eut un intervalle de huit ou dix jours entre le premier travail du P. de la Chaise au sujet de l'abbaye de Flandre et la décision du Roi. Le Roi dit au P. de la Chaise qu'il avoit trouvé ce qui convenoit ; il lui conta l'aventure des gâteaux et la réponse ferme de l'abbesse. Cette circonstance est remarquable.

Du samedi 2, Versailles. — Mardi 29 du mois dernier, le mariage de M. de Choiseul avec Mlle de Lorges se fit à Paris dans la chapelle de l'hôtel Molé qu'ils avoient empruntée ; ce fut M. l'abbé de Choiseul, primat de Lorraine, oncle du mari, qui fit le mariage. La noce et le coucher furent à Saint-Joseph. Les mariés demeureront avec M. et Mme de Lorges. C'est dans l'appartement de Mme de Montespan, tout en haut de l'escalier de Saint-Joseph, où logent M. et Mme de Lorges ; M. l'archevêque n'a jamais voulu permettre que le mariage se fit à Saint-Joseph, parce que c'est un couvent de filles. On donne à la mariée 400,000 francs et elle jouit de ce moment-ci de 16,000 livres de rentes ; On donne 20,000 livres de rente à M. de Choiseul.

J'appris hier la mort de Roy, poëte fameux ; il n'avoit

que soixante-huit ans. Il est mort d'apoplexie. On ne peut lui refuser les justes éloges que méritent ses vers lyriques ; il seroit à désirer qu'il ne se fût pas laissé aller à la facilité qu'il avoit de faire des vers ; c'est un talent dangereux lorsqu'il n'est pas gouverné avec sagesse ; il séduit d'autant plus aisément qu'il donne une grande valeur et un grand cours à la médisance, qui est un moyen sûr de s'attirer un trop grand nombre d'applaudissements.

Aujourd'hui, jour de la Purification, il n'y a point eu de chapitre de l'Ordre. La procession s'est faite dans la chapelle ; la neige, la gelée et le grand froid n'ont pas permis de sortir dehors. M. le Dauphin, qui est un peu enrhumé, n'étoit point à la cérémonie, et c'est M. le duc d'Orléans qui a suivi le Roi à l'offrande et qui a remis l'argent entre les mains de S. M. ; M. de Saint-Florentin, qui a fait les fonctions de grand maître des cérémonies à la place de M. de Brezé, est venu remettre cet argent entre les mains de S. M. Tous les princes du sang y étoient, excepté M. le comte de Charolois, qui n'a joint la procession que dans l'appartement lorsqu'elle est revenue. M. le prince de Dombes et M. le comte d'Eu y étoient. M. le duc de Penthièvre ne s'y est point trouvé ; il est à Paris avec Mme de Penthièvre, dont l'état l'inquiète beaucoup avec raison ; elle est grosse de quatre mois et demi, et elle a une fluxion de poitrine. C'est M. l'évêque de Langres (Montmorin) qui a officié et Mme de Mazarin (Duras) qui a quêté pour la première fois. Je ne sais pas encore le nombre des chevaliers (1), mais il y en avoit peu. M. de

---

(1) Il y en avoit trente-trois sans compter l'officiant, sept princes du sang et même huit, si l'on veut compter M. de Charolois et deux grands officiers, M. l'abbé de Pomponne et M. de Saint-Florentin ; il n'y avoit que ces deux-là et ils font partie des cent. M. de Machault ne s'y trouve plus depuis qu'il est garde des sceaux. M. de Brezé étoit malade. M. l'abbé de Pomponne ne put être qu'à la chapelle ; il ne suivit pas même la procession dans l'église. (*Note du duc de Luynes.*)

Tallard y étoit; il s'est trouvé à la chapelle et à la procession, ses jambes ne lui permettant pas de traverser l'appartement.

Il y a fort longtemps que M. l'évêque de Mirepoix n'a travaillé avec le Roi; il est dans sa chambre, même dans son lit. Au retour du Roi de Fontainebleau, il se brûla la jambe dans la chambre du conseil, presque sans s'en apercevoir; il s'est formé une plaie qu'il a d'abord trop négligée; elle est devenue assez considérable; mais elle va bien. Il y a actuellement deux évêchés de vacants : Toul par la mort de M. Bégon, et Senlis par la mort de M. Trudaine, et trois grandes abbayes de filles, Fontevrault, Caen et Royal-Lieu, par la mort de Mmes de Saint-Hérem, de Verue et de Grimaldi. Toute la communauté de Fontevrault désire et a demandé pour succéder à Mme de Saint-Hérem la fille de Mme d'Antin, qui a été élevée dans cette maison, qui depuis quelque temps en est prieure perpétuelle, et dont on rend les témoignages les plus avantageux; mais elle n'a qu'environ trente ans, et il paroît que M. de Mirepoix la trouve trop jeune pour proposer au Roi de la nommer.

L'état de M. le duc de Châtillon n'est pas à beaucoup près si bon que celui de M. de Mirepoix; on le regarde presque comme sans espérance. Sa maladie, qui dure depuis longtemps, a commencé par une fièvre maligne et par une rétention d'urine; on n'a pas pu faire usage de la sonde; on a eu recours aux bougies du fameux chirurgien le Sr Daran. Ces bougies même ne pouvant plus être employées, on est venu à l'opération de la boutonnière, dernier et triste remède, à cause des incommodités qu'elle laisse ordinairement; mais actuellement il paroît prouvé qu'il y a une suppuration intérieure. On attribue cet état à des fautes de jeunesse qui ont exigé plusieurs fois les remèdes ordinaires mais violents; on prétend même que ces remèdes n'avoient pas eu tout le succès que l'on en attendoit. Quand même le premier article seroit vrai, le second ne seroit pas vraisemblable; la bonne santé de Mme de Châtillon, malgré l'intime union dans laquelle ils ont toujours vécu, prouve le contraire. Quoi qu'il en soit, la sagesse et même la piété reconnue de M. de Châtillon depuis plusieurs années doivent fermer la bouche sur pareilles observations; mais on ne voit point de maladie singulière qu'on n'en attribue la cause à ce mal si redoutable et si peu redouté. N'a-t-on pas prétendu, depuis la mort de Mme de Tallard, que cette même cause a influé sur sa dernière maladie!

Du dimanche 3, Versailles. — Il y eut hier sermon à la chapelle à l'ordinaire. C'est le P. Laugier, jésuite, prédicateur du carême, qui a prêché. Il a une belle figure et une voix sonore; son sermon fut très-beau, fort et instructif; c'étoit sur les devoirs des grands. Son compliment ne fut qu'une application du même sujet, en termes très-convenables et en peu de mots. La Reine ne fut point au sermon étant un peu enrhumée. Mgr le Dauphin a une fluxion sur les dents, assez considérable, mais sans fièvre.

Aujourd'hui M. le duc des Deux-Ponts, qui arrive d'Allemagne, a eu audience particulière du Roi, conduit par M. de Verneuil. Il est venu ensuite chez la Reine qui étoit à table. La Reine a fait passer sa table dans le salon et a donné l'audience debout, suivant l'usage. C'étoit un arrangement prévu; Mme de Luynes, Mme de Villars et les dames de la Reine attendoient dans le salon.

Mon fils eut avant-hier les provisions de la charge de colonel-général des dragons, scellées et expédiées (1), et en même temps l'expédition du brevet de retenue de 350,000 livres. Il reçut aussi une lettre de M. d'Argenson qui lui marquoit que tout étoit en règle et qu'il pouvoit

---

(1) Elles sont conçues en termes remplis de bonté de la part du Roi. Il n'y est parlé que d'une blessure à Sahé. J'ai marqué dans le temps que mon fils en reçut quatre. (*Note du duc de Luynes.*)

prêter son serment. En conséquence il a prêté serment ce matin avant la messe du Roi. Auparavant que de le prêter il a fait remettre à un garçon de la chambre quatre rouleaux de 50 louis chacun. Il avoit fait demander ce qu'il falloit donner; on lui avoit dit 200 louis, et celui qui l'a reçu a dit que c'étoit la règle. Ces sommes se partagent entre les officiers de la chambre. C'est le premier gentilhomme de la chambre qui reçoit l'ordre du Roi et le donne pour l'heure du serment. Le serment se prête dans le cabinet du conseil, sans chapeau et sans épée (1), à genoux sur un carreau aux pieds du Roi qui est dans son fauteuil. La règle et l'usage sont de laisser entrer tout le monde dans ce moment. Je le sais de M. de Gesvres, mais M. d'Aumont qui est en année l'a oublié; il n'y a eu que les entrées. M. d'Aumont m'en a fait beaucoup d'excuses depuis, tant pour moi que pour M. le comte de Dunois qui y étoit aussi; il m'a dit même qu'il en avoit rendu compte au Roi, comme je l'en avois prié.

Du lundi 4, Versailles. — Le mariage de Mlle de Verceil, fille de l'enseigne des gardes du corps, avec M. de la Ferronnays, dont la mère s'appeloit des Emeraux, se fit mardi 29 du mois dernier dans la chapelle de l'hôtel de Pomponne, qu'ils avoient empruntée, et la noce chez M. de Verceil.

Du mardi 5, Versailles. — Il y a des articles du mois dernier que je n'ai pas écrits. L'un est le mariage de M. de Langeron, fils du maréchal de Langeron avec

---

(1) C'est l'huissier qui prend le chapeau et l'épée en entrant, et c'est le secrétaire d'État qui lit le serment. C'étoit M. de Paulmy. Celui qui le prête ne lève point la main; après avoir entendu la lecture, il dit : « Je le jure et le promets. »

Le mestre de camp prête serment entre les mains du colonel général. Ce serment pour mon fils consista en une visite; M. le maréchal de Coigny l'embrassa et dit au secrétaire général de dragons d'écrire que le serment avoit été prêté en la forme ordinaire. Mon fils compte en user de même pour M. de Coigny. (*Note du duc de Luynes.*)

Mlle Perrinet de Pezeau, du 15 janvier. L'autre est du 12 ; M. d'Argenteuil prêta serment ce jour-là pour la lieutenance générale du gouvernement de Champagne, à l'occasion de la mort de son père ; il en avoit la survivance.

On travaille actuellement à un arrangement qui regarde l'ordre du Saint-Esprit. Le Sr Clairambault est depuis longtemps généalogiste de cet ordre ; son père avoit la même charge ; il a un cabinet fort riche et curieux contenant toutes les pièces qui regardent l'ordre du Saint-Esprit. Il me dit samedi que ce cabinet contient bien 3,000 manuscrits et environ 2,500 imprimés ; ce cabinet est un bien qui lui appartient, il l'estime 100,000 écus ; il compte cependant qu'il n'en obtiendra pas ce prix, mais il a demandé que l'Ordre l'achetât et qu'on le plaçât soit au vieux Louvre lorsqu'il y aura quelques pièces vacantes, soit en telle autre maison que l'on jugeroit à propos. Ces arrangements ne sont point encore faits, mais on a nommé des commissaires pour examiner la valeur du cabinet ; il n'y a point de place dans ce moment au vieux Louvre.

On a déjà trouvé dans ces mémoires des événements anciens quand ils m'ont paru dignes de curiosité. L'un est une folie de trois hommes dont un est encore vivant, mais une folie si singulière qu'on ne peut s'empêcher de la remarquer. C'étoient trois colonels, MM. de Maurevert qui avoit épousé Mlle du Châtelet, de la Villemeneust qui avoit le régiment d'Orléans, et de Lautrec, aujourd'hui M. d'Ambres, dont la femme est sœur de M. d'Estissac. Ils étoient en Allemagne, en 1710, sous les ordres de M. le maréchal d'Harcourt. Ils aimoient tous trois le jeu, et le plus gros jeu, avec la plus grande passion ; ils trouvèrent que c'étoit un commerce de jeu trop insipide de ne jouer que l'or et l'argent qu'ils avoient apportés avec eux ; ils firent entre eux une estimation de ce que chacun pouvoit avoir de biens, chevaux, mulets, équipages, terres, charges, maisons. Ils firent ensuite sur des cartes des billets de 1,000 francs chacun pour la valeur totale des biens d'un chacun, ensuite ils s'enfermèrent bien résolus de ne se point séparer qu'un des trois n'eût gagné tout le bien des deux autres. Ce beau projet ne put être si secret que quelques âmes charitables n'en avertissent M. le maréchal d'Harcourt; il envoya défendre à ces Messieurs de jouer; mais il fallut envoyer les régiments dans différentes armées pour empêcher que ce jeu ne recommençât.

Un autre fait postérieur, qui fit grand bruit dans le temps et que je n'avois jamais bien su, c'est celui de la cassette de M. de Vaulgrenant, qui fut volée en Espagne, en 1735, pendant le temps de sa première ambassade. M. le duc de Villars étoit alors en Espagne, où il étoit allé reporter la Toison d'or après la mort de son père. La Cour étoit à l'Escurial, où les logements sont fort serrés; M. de Vaulgrenant avoit un cabinet dans lequel étoit un bureau, et sous ce bureau trois cassettes. La blanchisseuse qui servoit M. de Villars blanchissoit aussi M. de Vaulgrenant; toutes les fois qu'elle apportoit le linge, elle trouvoit toujours quelqu'un à qui le remettre; ce jour-là elle ne trouva qui que ce soit dans la maison, tout le monde étoit sorti pour aller voir une fête. La blanchisseuse remit son linge dans la chambre de M. de Vaulgrenant; ne voyant personne, elle entra dans le cabinet; elle aperçut les trois cassettes; la tentation lui prit dans ce moment, elle les souleva; l'une lui parut trop pesante, c'étoit où étoient l'or et l'argent; elle en trouva une trop légère; elle prit celle dont le poids lui parut proportionné à ses forces; elle la mit sous son bras et la couvrit de linges; mais à peine fut-elle dans l'antichambre qu'elle se trouva mal; ne voyant arriver personne, elle reprit courage, reprit sa cassette et sortit. Elle trouva tous les gens de M. de Vaulgrenant qui rentroient; elle continua son chemin et s'en alla chez elle à une demi-lieue de là; elle s'enferma pour ouvrir cette cassette, et ne pouvant en venir à bout elle la cassa. Elle trouva des diamants montés dont elle ne connoissoit point la valeur; elle ne fut touchée que de l'or qu'elle y aperçut; elle s'embarrassa peu des diamants, et elle a toujours dit depuis qu'elle ne se souvenoit pas de ce qu'elle en avoit fait. M. de Vaulgrenant, en rentrant chez lui, ne s'aperçut pas d'abord qu'il lui manquoit une cassette, ce ne fut que le soir ou le lendemain matin. On fit toutes les perquisitions imaginables; et dès que le roi d'Espagne en fut instruit, il donna tous les ordres nécessaires. On n'imaginoit pas de soupçonner la blanchisseuse. Ce fut un orfévre chez qui elle avoit porté l'or des montures qui la fit découvrir. Elle fut arrêtée et interrogée, et elle avoua tout. Elle dit qu'elle avoit jeté tous les débris de la cassette dans un puits abandonné près de sa maison; on la descendit dans ce puits avec des cordes; elle ne rapporta que quelques morceaux de la cassette et autres peu importants. Elle fut d'abord mise dans une maison de force et condamnée à un bannissement perpétuel. M. de Vaulgrenant demanda grâce pour elle; il dit qu'il ne sait pas ce qu'elle devint. On avoit prétendu qu'il y avoit dans cette cassette des papiers concernant l'État ou au moins quelques-uns des ministres; M. de Vaulgrenant assure qu'il n'y en avoit d'autres que ceux qui le regardoient personnellement et plusieurs bijoux, entre autres un portrait du roi de Naples enrichi de diamants et quelques étuis ou tabatières, qu'il avoit fait venir de Paris et dont il devoit faire présent le lendemain. Il estime que ce vol a été une perte pour lui d'environ 50,000 livres.

Du mercredi 6, Paris. — Je vins hier de Versailles avec Mme de Luynes à l'occasion de l'accouchement de Mme de Chevreuse, ma belle-fille; elle étoit tout au moins à la fin de son neuf; elle est accouchée en une demi-heure de temps d'un troisième garçon qu'on a nommé le comte de Monfort. Il fut baptisé hier au soir à Saint-Sulpice, et il a été tenu par M. d'Egmont, son oncle, et par Mme de

Chaulnes, sa grand'tante à la mode de Bretagne. Il a été nommé Charles-Casimir-Joseph. L'enfant étoit pâle quand il vint au monde ; il paroît délicat.

La Reine étoit hors de table et dans ses cabinets quand nous reçûmes cette nouvelle ; Mme de Luynes lui en fit rendre compte et lui demander en même temps la permission de partir. La Reine eut la bonté d'envoyer sur-le-champ un garçon de la chambre nous faire des compliments à l'un et à l'autre, et nous ordonna en même temps de lui aller faire notre cour dans ses cabinets ; elle nous donna mille marques de bontés, à Mme de Luynes et à moi ; elle a bien voulu encore envoyer aujourd'hui un page à Mme de Luynes avec une lettre de sa main, et nous faire de nouveaux compliments à nous et à M. et Mme de Chevreuse.

Hier, jour des étrangers, il y eut cinq princes de Nassau de présentés, dont un est le père avec trois de ses enfants (1).

Il y eut aussi une autre présentation, mais d'une espèce différente. M. de Bassompierre, qui a épousé une Craon (Beauvau), a une sœur âgée de près de trente ans, qui est abbesse de Poussay ; c'est une abbaye considérable en Lorraine, remplie d echanoinesses qui font des preuves ; elles portent sur la tête un petit ruban noir qu'on appelle un mari. L'abbesse seule en est dispensée. Elles sont vêtues en habit séculier et se marient quand elles veulent. Mme de Neufchâtel (Montmorency-Luxembourg), ma belle-mère, avoit été chanoinesse de Poussay. Mme de Bassompierre désiroit de faire sa cour à la Reine mais en particulier ; Mme de Luynes l'y mena au sortir du dîner de S. M. Elle est assez grande, bien faite, point jolie ; elle avoit un habit brun, du rouge et des diamants. L'audience ne fut pas longue.

---

(1) Le surnom de ce prince de Nassau est Usingen ; il est l'aîné et souverain. Il a trois de ses enfants avec lui et son frère cadet que l'on appelle Nassau-Sarrebrück. (*Note du duc de Luynes.*)

Du jeudi 7, Paris. — L'enfant dont accoucha Mme de Chevreuse avant-hier mourut hier à trois heures après midi. On l'a ouvert, et on lui a trouvé un caillot de sang dans la tête; on croit que cet accident vient soit d'une chute que Mme de Chevreuse fit il y a quinze jours, soit de la position de l'enfant, qui ayant le cordon fort entortillé autour du col, a pu se blesser en faisant des efforts pour se débarrasser. On croit aussi que c'est cet embarras qui a retardé cet accouchement. Quoi qu'il en soit, il a été baptisé; il est heureux.

J'ai parlé en détail ci-dessus de tout ce qui regarde la charge de mon fils; je n'ai pas ajouté une observation qui mérite d'être écrite. C'est que M. de Coigny a eu l'exercice de la charge de mestre de camp sans avoir le brevet de brigadier. M. d'Argenson n'a jamais voulu accorder ce brevet (je me sers du terme usité en disant accorder, on sait bien que c'est le Roi qui accorde ou refuse). M. d'Argenson a toujours dit que M. de Coigny, n'ayant que dix-sept ans, ne pouvoit avoir ce brevet; il est vrai que mon fils a eu l'exercice et le brevet en même temps que la charge, mais il avoit dix-neuf ans; et ce même exemple a servi d'une espèce de règle à l'égard de M. de Turenne, lorsqu'il eut la charge de colonel-général de la cavalerie. Il fut dit alors qu'il n'auroit l'exercice qu'à dix-neuf ans. Peut-être que si M. le maréchal de Coigny avoit jugé à propos de demander que son petit-fils n'eût l'exercice qu'au même âge de dix-neuf ans, il auroit évité les difficultés qu'on pourra lui faire pour le brevet, et cet arrangement auroit été avantageux pour la charge même de mestre de camp des dragons, puisque l'exercice et le brevet ne se seroient point trouvés séparés.

Il y a eu encore un autre arrangement proposé qui n'a pas pu se faire jusqu'à présent. Mme de Coigny désiroit que son fils, dans l'exercice de sa charge, pût être aidé des conseils de M. de Goyon. M. de Goyon, homme de condition de Normandie et parent de MM. de Matignon, est depuis plusieurs années colonel en second du régiment colonel-dragons. Cet emploi se vend 40,000 écus au profit du colonel-général. Le colonel-général de la cavalerie a la même prérogative d'avoir un colonel à ses ordres. Dans l'exacte règle, ce colonel en second n'a que le commandement en l'absence du colonel général, et rien ne dépend de lui ; ce sont les procédés de politesses réciproques qui donnent l'agrément à cette place. Mme de Coigny auroit fort désiré que M. de Goyon fût remboursé par mon fils des 40,000 écus qu'il a donnés pour le régiment, et passât en qualité de colonel réformé à la suite du régiment mestre-de-camp-général dont il pourroit même avoir le commandement en l'absence de M. de Coigny. Mon fils désiroit beaucoup, de son côté, de rembourser les 40,000 écus à M. de Goyon, et que le Roi voulût bien donner ce même emploi à son fils le comte de Dunois, qui à la vérité n'a que quatorze ans, et qui fait actuellement ses exercices aux chevau-légers de la garde, mais qui étant perpétuellement sous les yeux de son père s'instruiroit plus promptement et plus facilement, sans aucun inconvénient pour le bien du service. M. de Goyon paroissoit consentir à cet arrangement, mais il n'a pas été approuvé par M. d'Argenson, qui a jugé à propos de supprimer autant qu'il lui a été possible les colonels réformés à la suite des régiments. M. d'Argenson auroit consenti à donner une place dans les grenadiers de France à M. de Goyon, avec promesse que son rang courroit pour la promotion, quoiqu'il le perdît pour le service en entrant dans les grenadiers de France. Cette dernière condition a empêché M. de Goyon d'accepter.

Je n'ai point marqué la mort de Mme de Cany ; elle est morte le 23 du mois dernier. Son nom étoit Paumier de la Bucaille. Son mari s'appeloit Cany Bec de Lièvre.

J'ai toujours oublié de marquer la mort du vicaire de la paroisse Notre-Dame à Versailles ; il s'appeloit M. Divers ; il avoit soixante-dix-huit ans. Cet événement n'est remarquable que par le bien qu'il faisoit pour le soulagement des pauvres ; non-seulement il leur donnoit et procuroit autant d'aumônes qu'il lui étoit possible, mais il les employoit utilement. Il faisoit acheter une grande quantité de filasse et la donnoit à filer à des pauvres femmes ; il en faisoit faire de la toile ; il vendoit ensuite cette toile ou en faisoit faire des loteries pour fournir aux frais des nouvelles emplettes et au soulagement des pauvres familles. On espère que quelques personnes pieuses continueront cette bonne œuvre.

J'ai parlé en détail dans un autre endroit du Sr Gauthier, qui avoit fait des offres pour un nouvel arrangement aux sources salées de Rozières en Lorraine, arrangement qui auroit été fort utile pour le bien de cette source et pour ménager la consommation de bois. Depuis que cet arrangement a été refusé, la source de Rozières a encore perdu de sa force ; elle est à un ou deux degrés de moins. On a été obligé d'augmenter le bâtiment d'épuration, et la consommation de bois est toujours la même, si elle n'est pas même augmentée. Les amis du Sr Gauthier espèrent qu'à la fin du bail actuel, qui est dans un an ou deux, les raisons qu'il a exposées feront impression. En attendant, il vient d'être chargé d'une commission pour un règlement de limites et des échanges avec le prince de Salm, qui avoit en Lorraine plusieurs terres dépendantes de sa souveraineté. Ces échanges sont finis et le Sr Gauthier a reçu les éloges qu'il méritoit.

Du vendredi 8, Paris. — Je n'appris qu'hier la mort de Mme de Précigny ; elle avoit quatre-vingt-onze ans ; elle étoit veuve, je crois, depuis longtemps. Son mari s'appeloit d'Amorezan de Précigny. Elle avoit eu deux filles qui avoient épousé les deux frères ; elles sont toutes deux vivantes ; l'une est Mme de Séchelles, femme de l'intendant de Flandre et mère de Mme Hérault ; l'autre est Mme de Nassigny, dont la petite-fille avoit épousé depuis peu le vicomte de Rohan qui avoit pris le nom de Chabot ; elle est veuve. J'ai marqué le mariage et la mort de M. de Chabot.

Du samedi 9, *Paris.* — M. le duc de Châtillon est toujours dans le même état; il y a de temps en temps des mieux qui semblent donner quelques espérances; mais il est difficile qu'elles soient fondées. Avant-hier M. le baron de Montmorency arriva chez lui, et n'ayant pu le voir dans le moment, il y revint hier au matin pour lui dire que le Roi veut bien oublier ce qui s'est passé et l'assurer de sa protection pour lui et pour toute sa famille; on ajoute qu'il a apporté une lettre de Mme de Pompadour. Je ne puis mettre ce détail que je n'en sois plus instruit. M. de Châtillon n'a point de gouvernement; il a la lieutenance de la haute et basse Bretagne. Le grand bailliage de Haguenau dont il jouit est devenu pour lui un bien patrimonial.

Du lundi 11, *Versailles.* — Il étoit aisé de juger que la marque de bonté donnée par le Roi à M. de Châtillon étoit en conséquence de la grâce que M. de Châtillon avoit fait demander à S. M.; le fait est très-vrai. M. de Châtillon a beaucoup de courage et de piété; il connoît son état; il voit la mort avec résignation et sans foiblesse. Il a parlé à ses enfants et a dit adieu à Mme de Châtillon. Dans cette situation, la douleur d'avoir déplu au Roi et de mourir dans sa disgrâce l'occupoit avec raison. M. et Mme de Châtillon avoient éprouvé en plusieurs occasions, et en particulier dans la circonstance de la place de Mme la duchesse de Rohan chez Mme la Dauphine, donnée à Mme d'Henrichemont, que Mme de Pompadour vouloit bien s'intéresser à ce qui les regarde; ils ont eu recours à elle. Mme de Châtillon a prié M. le baron de Montmorency de vouloir bien représenter à Mme de Pompadour l'état et la douleur de M. de Châtillon; le baron s'en est acquitté exactement; Mme de Pompadour en a été touchée, elle en a parlé plusieurs fois au Roi, et ce n'est pas sans peine qu'elle a obtenu seulement la permission de mander à Mme de Châtillon que le Roi vouloit bien oublier le passé et accorder ses bontés à sa famille.

On avoit dit, à cette occasion, que le Roi avoit bien voulu accorder quelques grâces à M. de la Rochefoucauld; le fait est faux. M. de la Rochefoucauld a seulement eu la permission (et ce n'est pas de ce moment-ci) d'aller en quelques endroits, comme chez M. de Maurepas, à Pontchartrain et à l'Isle-Belle, et chez M. l'archevêque de Rouen, à Gaillon.

Il y eut hier deux présentations de deux nouvelles mariées : Mme de Choiseul (Lorges) par Mme de Choiseul (Champagne), sa belle-mère, et celle de Mme de Langeron (Perrinet) par Mme de Langeron (Menou), sa cousine.

Mme de Choiseul n'est point jolie, mais elle a une figure qui ne déplaît pas; Mme de Langeron est beaucoup mieux. On a donné 26,000 livres de rentes actuellement à Mme de Langeron; elle est fille unique; on prétend qu'elle aura trois millions. Outre cela, les mariés seront nourris, eux, leurs domestiques et chevaux, chez le beau-père. Ce qui a décidé ce beau-père au mariage a été principalement les témoignages avantageux qui ont été rendus de toutes parts de M. de Langeron sur toutes les qualités du cœur et de l'esprit. M. le maréchal de Belle-Isle, sous qui M. de Langeron a servi, a certifié avec plaisir ce qu'il savoit d'avantageux sur M. de Langeron. M. le maréchal de Langeron n'est pas riche; c'est un homme de grande naissance, peu connu, et qui ne se prodigue guère; il n'a d'autres grâces du Roi que le gouvernement de Briançon qui vaut 12,000 livres de rente, et que le Roi vient de donner à son fils, et les 13,000 livres de maréchal de France. Il est d'ailleurs chevalier de la Toison. Mme la maréchale de Langeron (le Camus) est fort économe, ce qui a donné occasion à des difficultés pour le mariage; mais les qualités de M. de Langeron ont levé toutes les difficultés.

Du mardi 12, Versailles. — Il y eut hier le service pour

feu Madame Henriette, fondé par Mgr le Dauphin, ici à Notre-Dame. La Reine y alla avec Mesdames, dans la tribune de Mme la comtesse de Toulouse. Mesdames ni aucune de leurs dames n'étoient en deuil, parce qu'elles étoient censées ne pas assister à ce service; Mgr le Dauphin étoit dans les stalles du chœur, ainsi que ceux qui avoient l'honneur de le suivre; il étoit en deuil ainsi que ceux qui l'accompagnoient. Quoique je fusse dans l'œuvre, j'étois aussi en habit noir. Dans ces occasions il n'y a ni manteaux, ni pleureuses, seulement un habit noir.

Aujourd'hui il devoit y avoir un service aussi pour Madame Henriette à la chapelle; il a été remis à demain, parce que c'étoit aujourd'hui l'anniversaire de Mme la duchesse de Bourgogne, mère du Roi.

Avant-hier on trouva M. de la Reynière mort dans son lit; il étoit directeur des postes. Il est mort de la suite d'une indigestion.

On apprit aussi la mort de Mme de Sandricourt. MM. de Sandricourt sont Saint-Simon. Elle laisse plusieurs enfants, dont un, qui est abbé, qui vient d'avoir l'abbaye de Conches en Normandie, sur les instantes représentations de M. l'évêque de Metz. C'étoit M. l'évêque d'Évreux (Rochechouart) qui avoit cette abbaye; il l'a remise lorsqu'il a été nommé évêque de Bayeux. Mme de Sandricourt demeuroit à Saint-Germain; elle s'occupoit à la chimie; les uns disent que c'étoit pour trouver la pierre philosophale, les autres pour ses remèdes; elle avoit un chimiste qui travailloit chez elle. Hier matin on les trouva tous deux morts, apparemment par la vapeur de quelques drogues auxquelles ils travailloient (1).

---

(1) On a su depuis que c'est par la vapeur d'un poêle de feu qu'elle avoit fait mettre dans un cabinet où il n'y avoit point de cheminée. On trouva le lendemain Mme de Sandricourt sur son lit de repos, morte dans ce cabinet, et dans un coin du même cabinet le chimiste tombé d'un fauteuil où il avoit été assis. On sait que Mme de Sandricourt s'occupoit aussi à faire des remèdes pour les pauvres. (*Note du duc de Luynes.*)

M. de Joyeuse le fils est venu aujourd'hui avec M. d'Ecquevilly, son beau-frère, demander l'agrément du Roi pour son mariage; il doit épouser dans huit jours la fille de M. Delpech, maître des requêtes.

Du vendredi 15, *Versailles.* — Le Roi alla mardi à Trianon et ne reviendra que demain; mais il vient ici tous les jours voir ses enfants. S. M. recommença à courre le cerf mercredi dernier à Saint-Germain; il y avoit trois semaines qu'il n'avoit couru, à cause de la gelée et de la neige qui a été abondante cette année et de longue durée.

Du samedi 16, *Paris.* — M. le duc de Châtillon mourut la nuit d'avant-hier à hier à quatre heures du matin. Il étoit né en 1690, il avoit épousé en première noce une fille de M. Voisin, dont il avoit eu Mme la duchesse de Rohan, et en seconde noce Mlle de Tillières, dont il a eu plusieurs enfants dont il n'en reste que deux, Mme d'Henrichemont et un fils âgé de quinze ou seize ans. M. de Châtillon avoit été inspecteur de cavalerie. Outre son application au service, on peut juger que M. Voisin, secrétaire d'État et depuis chancelier, ne négligeoit pas les occasions de lui faire plaisir; cependant lorsque la place d'inspecteur fut vacante, ce ne fut pas d'abord sur M. de Châtillon que M. Voisin jeta les yeux, ce fut sur M. de Belle-Isle; M. de Belle-Isle, à qui M. Voisin en parla, lui marqua toute sa reconnoissance, mais le pria en même temps de ne point songer à lui pour cette place, à moins qu'il ne jugeât que les devoirs en seroient suffisamment remplis en s'occupant seulement du maintien de la discipline et de la connoissance des officiers, ajoutant que pour ce qui regarde celle des chevaux, il ne s'y étoit jamais appliqué, et qu'il le prioit de ne pas le proposer au Roi parce qu'il craindroit de lui déplaire en n'acceptant pas cette marque de sa bonté. M. Voisin effectivement ne nomma pas son nom au Roi et proposa son gendre. M. de Châtillon donna depuis la démission de cette place en faveur de M. de Vernicourt pour qui il avoit de l'estime et amitié. Ce fut aussi par le crédit de M. Voisin que M. de Châtillon obtint le grand bailliage de Haguenau. Ce grand bailliage est un fief d'Alsace auquel l'Empire avoit droit de nommer avant que l'Alsace eût été cédée à la France; depuis cette cession, le Roi est aux droits de l'Empire et nomme en conséquence à plusieurs autres fiefs. Ces fiefs reviennent au Roi après la mort de ceux à qui ils ont été donnés, mais le grand bailliage de Haguenau a été donné à M. de Châtillon pour lui et ses hoirs successeurs après lui de mâle en mâle; les filles n'y ont nul droit à l'extinction des mâles. Ce bailliage revient au Roi, non pour être réuni à la couronne, mais pour en disposer en faveur de qui il jugera à propos. M. de Châtillon avoit outre cela la lieutenance générale de la haute et basse Bretagne.

Il a beaucoup souffert dans cette dernière maladie et a montré beaucoup de courage, de fermeté et de religion; on lui a reproché d'être extrêmement froid et d'avoir un peu de hauteur; mais il étoit bon ami, rempli de probité et de vertus, fort exact, et fort attaché à ses devoirs. Les fautes qu'il fit dans le voyage de Metz et qui ont été la cause de sa disgrâce ne seroient pas arrivées s'il avoit voulu prendre conseil; il crut bien faire en suivant un principe qui est bon en lui-même, mais dont l'application n'étoit pas juste; il avoit un ordre, il falloit l'exécuter à la lettre.

Du dimanche 17, Paris. — M. de Brezé est mort ce matin à neuf heures. Il est mort presque sans être malade; il donna à dîner dimanche, lundi et mardi, et joua l'après-dînée. Tous les soirs son pouls s'affoiblissoit et sa langue s'embarrassoit; à cet état la fièvre se joignit mercredi. Il avoit eu autrefois la goutte; depuis qu'elle l'avoit quitté il étoit très-sujet à l'asthme, et l'on juge que ç'a été cette même humeur qui a été la cause de sa mort.

M. de Brezé étoit fils de M. de Dreux et Mlle de Chamillart. Il avoit épousé en premières noces Mlle de Nancré, avec qui il avoit peu vécu (1), et en secondes noces Mlle de la Châtre. Il étoit lieutenant général des armées du Roi, très-estimé dans le militaire. Il étoit inspecteur de cavalerie, commandant pour le Roi en Flandre, gouverneur des îles Sainte-Marguerite, grand maître des cérémonies de France, charge dont il eut la survivance du vivant de M. de Dreux son père. Il avoit acheté depuis la charge de grand maître de l'ordre du Saint-Esprit. On compte qu'il avoit au moins 84,000 livres de rentes de bienfaits du Roi (2). Il ne laisse point d'enfants. Il a un frère qu'on appelle le chevalier de Dreux. M. de Brezé n'a-

---

(1) Elle étoit devenue folle fort peu de temps après son mariage, et on fut obligé de l'enfermer. On peut le dire parce qu'il n'y a point eu d'enfants. Elle mourut en 1749 et M. de Brezé se remaria la même année. (*Note du duc de Luynes.*)

(2) Il disoit lui-même avant son mariage avoir 100,000 livres de bienfaits du Roi. L'inspection vaut 8,000 livres, sur quoi il y a la dépense à faire pour les voyages. La charge de grand maître des cérémonies de France vaut très-peu; je crois que c'est 3,000 livres, mais il y a des revenants bons, aux cérémonies de deuils, aux baptêmes, etc.; je crois que c'est 1,000 livres pour chaque enfant que le Roi tient sur les fonts de baptême. (Mais sous le ministère de M. le cardinal de Fleury il y a eu plusieurs cérémonies où l'on baptisoit deux ou trois enfants. Enfants ou personnes âgées est la même chose en pareil cas, et on ne comptoit qu'un droit au lieu de deux ou trois.)

La charge des cérémonies de l'Ordre vaut 10,000 livres de revenus. M. de Brezé l'avoit eue sur la démission de M. Amelot. Le gouvernement des îles Sainte-Marguerite vaut 16,000 livres. Le commandement de Flandre est estimé 60,000 livres. Il y a sur cela beaucoup de dépenses à faire. M. de Brezé y tenoit un grand état et avoit une maison très-bien rangée et qui demeuroit toujours à Lille. Pendant ses séjours à Paris il mangeoit chez Mme du Vigean, sa sœur, qu'il aimoit beaucoup. Il avoit 3,000 livres d'ancienne pension. Il avoit eu le gouvernement de Tournay après la prise de cette place. Ce gouvernement en temps de guerre valoit mieux à ce qu'il disoit que le commandement de Flandre qu'on lui donna pour dédommagement, Tournay ayant été donné à la paix [d'Utrecht].

Mme de Brezé, qui a toujours eu une excellente conduite, a eu de son bien 8,500 livres de rente; elle a 8,000 livres de douaire et 1,500 livres d'habitation sans compter sa part dans la communauté. Elle étoit heureuse par les attentions de son mari, qui étoit un très-parfaitement honnête homme, et elle étoit très-digne de ce bonheur.

M. de Brezé n'avoit que cinquante-trois ans faits. (*Note du duc de Luynes.*)

voit que cinquante-quatre ans, mais il y avoit longtemps qu'il paroissoit quinze ans plus que son âge.

On ne doit pas être étonné de trouver dans ce livre des faits totalement étrangers au journal; lorsque j'en apprends quelques-uns qui me paroissent dignes d'être remarqués, je ne crois pas devoir négliger de les écrire.

Tout le monde sait les propos qui furent tenus dans le temps de la mort de M. le duc et de Mme la duchesse de Bourgogne. Cette princesse mourut la première et M. le duc de Bourgogne le sut étant déjà bien malade; il est certain qu'il jugea lui-même que la cause de sa maladie n'étoit pas naturelle. Pendant le temps de sa maladie, M. le duc d'Orléans se présenta à sa porte pour savoir de ses nouvelles; il n'y avoit dans la chambre que M. de Beauvilliers et M. de Saint-Aignan; M. de Beauvilliers demanda à Mgr le duc de Bourgogne s'il vouloit voir M. le duc d'Orléans, et il reçut ordre de répondre qu'il étoit trop mal pour voir qui que ce soit. Cette réponse fut rendue et M. le duc d'Orléans n'entra pas; le fait est très-certain.

Du mercredi 20, Versailles. — Dimanche dernier 17 de ce mois, M. le duc de Béthune présenta son petit-fils M. le duc de Charost, qui est dans sa seizième année, dont le père avoit été marié le 4 mars 1737 à Mlle de la Rochefoucauld-Roye, née le 17 décembre 1720; il mourut le 26 octobre 1739; il s'appeloit le duc d'Ancenis.

Ce même jour M. de Mirepoix travailla avec le Roi; c'est la première fois qu'il sort depuis sa maladie; il y eut plusieurs bénéfices donnés: l'évêché de Toul à l'abbé de Drouas, ci-devant grand vicaire de Sens et fort estimé de feu M. Languet de Gergy; l'évêché de Senlis à M. l'évêque de Tulle (d'Autichamp); il est âgé; on doute qu'il accepte. Senlis vaut mieux que Tulle; une abbaye à M. l'abbé de Sailly, aumônier de Mme la Dauphine et grand chantre de la Sainte-Chapelle; une autre à l'abbé Panat, aumônier de Madame Adélaïde. Le Roi, dans cette nomination, a bien voulu donner à mon frère une abbaye en considération de la prodigieuse différence de revenus qu'il a éprouvée en se démettant de Bayeux et en acceptant Sens pour obéir aux volontés du Roi. Cette abbaye est celle de Saint-Vincent de Laon; elle étoit vacante depuis la mort de M. de la Salle, évêque d'Arras; elle vaut environ 20,000 livres de rente, mais on lui a mis 3,600 livres de pension.

J'ai toujours oublié de marquer que samedi dernier 16 de ce mois, on fit à Saint-Denis, à l'ordinaire, le service pour feu Madame Henriette. Mme de Beauvilliers et les autres dames qui étoient attachées à cette princesse s'y rendirent.

Dimanche dernier M. de Maulevrier-Colbert, dont la mère est Tessé, vint ici avec M. de Blaru, exempt des gardes du corps, demander l'agrément du Roi; il épouse Mlle de Manneville, nièce de M. de Blaru et cousine germaine de Mme la duchesse de la Rochechouart (1).

Mme la duchesse d'Orléans a la petite vérole depuis deux jours au Palais-Royal; on prétend qu'elle s'est exposée à cette maladie en ne voulant pas se déloger de son appartement au-dessus duquel étoit un gentilhomme de sa maison qui est mort de cette maladie; un escalier de dégagement sur lequel donne une porte de derrière de l'appartement de Mme la duchesse d'Orléans faisoit communiquer la mauvaise odeur jusque dans son appartement.

Mme la duchesse de Penthièvre est toujours fort mal; non-seulement elle crache le sang, mais même le pus en grande abondance.

---

(1) M. de Manneville, père de Mme de Rochechouart, avoit un frère qui est le père de celle qui se marie. Ces deux frères Manneville et la mère de M. de Blaru étoient tous trois enfants de Mlle d'Aligre qui avoit épousé en premières noces M. de Manneville; elle épousa en secondes noces M. le duc de Luynes veuf de Marie Séguier et d'Anne de Rohan sa seconde femme; cette troisième duchesse de Luynes mourut aux Incurables en 1722, âgée de quatre-vingt-un ans. (*Note du duc de Luynes.*)

Je n'ai appris qu'aujourd'hui la mort de Mᵐᵉ de Charleval, mère de Mᵐᵉ la marquise de Rochechouart; elle étoit depuis longtemps dans un état d'infirmité qui laissoit peu d'espérances; je ne sais encore ni son âge ni son nom (1).

Je viens d'apprendre dans le moment la mort du fils unique de M. le comte de Lorges. Il ne leur reste plus que deux filles, dont une est Mᵐᵉ de Choiseul, née le 26 décembre 1739, et l'autre est née le 16 septembre 1744. C'est le second garçon qu'ils perdent; celui-ci avoit près de quatorze ans; il étoit né le 30 août 1740. Celui-ci est mort le quatre ou cinquième jour de la petite vérole. On venoit de le mettre au collége deux jours auparavant; il est mort chez son père à Saint-Joseph. L'autre garçon, qui étoit cadet de celui-ci, étoit né le 10 janvier 1751 et mourut l'année passée le 24 juillet.

Du jeudi 21, Versailles. — La nourrice de Mᵍʳ le duc de Bourgogne doit se marier incessamment; elle épouse un médecin de Bourgogne, qui est le pays de la nourrice; il se nomme Poissonnier. Il a été question de savoir où se feroient les fiançailles. La nourrice de M. le duc de Bourgogne est de droit la première femme de chambre de Mᵐᵉ la duchesse de Bourgogne suivant un usage ancien, comme la nourrice du Roi est première femme de chambre de la Reine. J'ai déjà marqué ailleurs que les filles de la première femme de chambre sont fiancées dans la chambre de la Reine. Par toutes ces raisons la nourrice a demandé à être fiancée dans la chambre de Mᵍʳ le duc de Bourgogne; on a voulu savoir s'il y avoit eu des exemples, mais il auroit été difficile d'en trouver. Cependant il me paroît qu'on a décidé en sa faveur par toutes les raisons de vraisemblance.

---

(1) Le nom de MM. de Charleval est Ris ou plutôt Faucon. Mᵐᵉ de Charleval demeuroit ordinairement à Mantes, mais ayant été aux eaux elle s'étoit retirée à Tarbes. Elle avoit soixante-trois ans; son nom étoit Scorion. (*Note du duc de Luynes.*)

Avant-hier M. de Verneuil présenta M. de Withmar, officier attaché au prince de Nassau-Usingen.

Du vendredi 22, Versailles. — Mgr le duc d'Aquitaine est mort ce matin. Il y a huit jours qu'il étoit malade des dents dont plusieurs étoient prêtes à percer en même temps. L'état où il étoit dès hier empêcha Mgr le Dauphin et Mme la Dauphine d'aller à la comédie ; la Reine même n'y alla point et passa ce temps chez Mme la Dauphine. Il n'y eut que Mesdames qui furent à la comédie. Le Roi revint hier de Choisy, demeura deux heures ici et partit pour Bellevue d'où il revient aujourd'hui.

Du samedi 23, Paris. — Mgr le duc d'Aquitaine avoit été ondoyé en venant au monde, mais il n'avoit point eu la cérémonie du baptême et par conséquent n'avoit point de nom ; ces cérémonies lui furent administrées avant-hier au soir par M. le cardinal de Soubise. M. le maréchal de la Mothe fut le parrain et Mme de Marsan fut la marraine. Mgr le Dauphin avoit dit qu'il vouloit qu'on l'appelât Xavier-Marie-Joseph, et cet ordre fut exécuté.

On apporta hier au soir aux Tuileries le corps de Mgr le duc d'Aquitaine. On doit faire l'ouverture aujourd'hui, et il doit être transporté lundi à Saint-Denis avec les cérémonies accoutumées. Le Roi a nommé M. le prince de Condé pour conduire le convoi et il sera accompagné par M. le duc de Crussol. C'est M. Desgranges, maître des cérémonies, qui a reçu les ordres du Roi, la charge de grand maître étant vacante.

Je n'appris qu'hier la mort de M. de Gouffier. Il avoit été capitaine de cavalerie et avoit quitté le service. Il avoit, je crois, environ cinquante ans. MM. de Gouffier sont originaires de Picardie ; celui-ci étoit de même maison que celui qui épousa en [1694] la fille aînée de M^r le duc de Luynes de son second mariage avec Anne de Rohan. De ce mariage de ma grande tante, il y avoit eu un fils qui avoit épousé Mlle Phélypeaux et deux filles. L'aînée avoit épousé M. de Colbert, cornette des chevau-légers de la garde, qui mourut un an ou deux après sans enfants ; sa veuve se remaria plusieurs années après avec M. de Gouffier qui vient de mourir. La cadette est veuve de M. du Châtel, second fils de M. Crozat, dont elle a eu deux filles, une qui avoit épousé M. le marquis de Gontaut et qui est morte laissant un fils, la seconde qui a épousé M. de Stainville.

Du dimanche 24, Versailles. — Le corps de Mgr le duc d'Aquitaine fut porté dans un carrosse du Roi vendredi au soir aux Tuileries. On le transporta par l'escalier du grand commun. Mme de Marsan et Mme de Butler, l'une des sous-gouvernantes, n'étoient ni l'une ni l'autre en grand habit. Il y eut une dispute entre les huissiers et les gardes du corps ; elle a été décidée en faveur des huissiers. Ce sont les gardes du corps qui portent le corps des enfants de France de leur chambre dans leur carrosse, mais c'est lorsqu'ils ont plus de sept ans ; au-dessous de sept ans, cette fonction appartient aux huissiers. Le transport des Tuileries à Saint-Denis se fera demain à trois heures ; le corps sera accompagné par un détachement général de toute la maison du Roi-Cavalerie ; il y aura 40 gardes du corps, savoir : 20 pour l'escorte des Tuileries à Saint-Denis, 10 pour la garniture à Saint-Denis avec un brigadier et 10 aussi avec un brigadier pour la garniture au Val-de-Grâce. Il y a actuellement aux Tuileries un exempt ; M. d'Estournel, chef de brigade, s'y rendra demain ; ces deux officiers iront à Saint-Denis et au Val-de-Grâce (1). C'est la gouvernante, ou pour une princesse la dame d'honneur, qui reçoit le cœur des mains de celui qui fait l'ouverture et le met dans la boîte de plomb ; c'est aussi la gouvernante ou la dame d'honneur qui met la tête dans le cercueil.

J'appris il y a quelques jours qu'il y a encore actuel-

---

(1) On sait qu'on porte le cœur d'abord à Saint-Denis et de là au Val-de-Grâce. (*Note du duc de Luynes.*)

lement en Lorraine une femme qui est née la même année que Louis XIV; elle a cent seize ans, elle s'appelle la comtesse de Balestein (1); elle demeure à Pont-à-Mousson.

Le contrat de mariage de M. de Maulevrier a été signé aujourd'hui. L'assemblée des parents étoit assez nombreuse; les Tessé, les Colbert, et nous aussi à cause des Colbert, les Biron à cause des Maulevrier. La signature s'est faite chez le Roi avant la messe; il a fallu attendre à une heure pour la Reine qui avoit été à la grande messe. Le conseil d'État s'étoit tenu au retour de la messe. M. de Saint-Florentin, qui a présenté la plume au Roi, n'a pu la présenter à Mgr le Dauphin et à Mesdames; il a fallu attendre après le conseil; mais Mgr le Dauphin a trouvé bon qu'on réservât sa place et que Mme la Dauphine signât avant lui. M. de Maulevrier-Cholet a quarante-deux ans. Il a été capitaine dès l'âge de quatorze ans dans le régiment du Roi, sous les ordres de M. de Pézé. Il faisoit sa cour très-assidûment dans l'enfance du Roi; il se brouilla avec M. de Pézé et quitta; il n'a pas servi depuis. Il avoit quelque bien, mais ses affaires sont dérangées. Mme la duchesse d'Estrées (Vaubrun) lui a laissé par son testament 400,000 livres d'argent comptant sur 700,000 livres provenant de la vente d'une terre; ce sont ces 400,000 livres qui font la plus grande partie du bien de M. de Maulevrier. Mlle de Manneville n'a qu'environ 10,000 livres de rente actuellement, mais elle ne renonce point à ses droits; elle a deux frères dont l'un est dans le régiment du Roi et l'autre est chevalier de Malte et est à Malte actuellement. Le père de cette Mlle de Manneville avoit servi quelque temps dans les cuirassiers et dans les carabiniers. Il étoit frère jumeau, mais cadet, du père de Mme la duchesse de Rochechouart; ils moururent tous deux en 1750, le cadet en février et l'aîné en octobre. Ils étoient fils de

---

(1) Cette Mme la marquise de Balestein est morte dans le courant du mois dernier. (*Note du duc de Luynes*, datée du 9 avril 1754.)

M. de Manneville mort en 1734 ou 35, gouverneur de Dieppe, dont la mère étoit d'Aligre, qui épousa en troisièmes noces M. le duc de Luynes, mon bisaïeul. Ce M. de Manneville, grand-père de la mariée, étoit frère de Mme de Blaru, mère de l'exempt des gardes du corps, et de Mme de Lépine-Danican. Mme de Blaru avoit eu aussi d'autres filles dont l'une fut abbesse de Saint-Autrebert à Montreuil. Ainsi Mme de Rochechouart et Mlle de Manneville sont cousines germaines, et M. de Blaru est leur oncle à la mode de Bretagne. Mlle de Manneville qui se marie a environ vingt-deux ans. J'oubliois d'ajouter que M. de Manneville, gouverneur de Dieppe, avoit acheté 75,000 livres ce gouvernement, qui n'étoit alors que municipal ; ce fut sur sa démission qu'il fut donné à son fils, père de Mme de Rochechouart ; il devint alors gouvernement militaire. Ce M. de Manneville, premier gouverneur de Dieppe, avoit épousé une Mornay, qui fut dame d'honneur de Mme la duchesse du Maine au mariage de cette princesse. Le mariage se fera samedi prochain 2 mars à Iverny, près Bray-sur-Seine, chez M. le duc de Rochechouart, à qui appartiennent ces deux terres et qui a fait bâtir depuis quelques années un assez beau château à Iverny.

M. du Plessis-Châtillon mourut hier au soir à Paris ; il avoit soixante-seize ans et étoit lieutenant général des armées du Roi du 20 février 1734. Il avoit été marié trois fois ; sa dernière femme est Mlle de Torcy, fille du ministre et sœur de Mme d'Ancezune. Il y avoit deux mois qu'il étoit malade. Il laisse plusieurs enfants dont l'aîné a épousé Mlle de Saint-Contest. Je marquerai plus de détail lorsque je serai plus instruit.

J'ai marqué ci-dessus l'âge singulier d'une femme de Lorraine (1) ; il y a un soldat aux Invalides à Marseille, qu'on appelle Annibal, qui est du même âge ; il est né au

---

(1) Mme la marquise de Balestein.

mois de mars 1638 (1). Lorsque Madame Infante passa à Marseille en retournant à Parme, ce soldat, qui porte ordinairement un bâton, le jeta pour faire voir à Madame Infante qu'il pouvoit s'en passer.

Du mardi 26. Versailles. — M. de Mailly (d'Aucourt) qui commandoit en Roussillon a été rappelé depuis peu, aussi bien que M. Bertin, intendant du même pays, à l'occasion de quelques contestations. M. de Mailly a donné ces jours-ci à ses amis un mémoire manuscrit dans lequel il justifie extrêmement sa conduite. M. de Graville a eu le commandement de M. de Mailly; M. Bertin a été remplacé par M. de Bon, premier président de la cour des aides et chambre des comptes de Montpellier. On croit que M. Bertin aura l'intendance de Lyon qu'a actuellement M. Rossignol qui se meurt. Outre l'intendance, M. de Bon a eu la place de premier président du conseil souverain de Perpignan; il est gendre de M. de Bernage.

M. Boucault, président à Montpellier, a épousé Mlle de Saint-Prier; il avoit été chevalier de Malte. En faveur du mariage, le Roi lui a donné la charge de premier président de la chambre des comptes et des aides.

On avoit dit le mariage de M. de Joyeuse rompu; cela n'est pas vrai; on a publié les bans, au moins un, quoiqu'il ne doive se faire que ce carême, mais M. l'archevêque a déclaré qu'il ne donneroit aucune permission pour marier en carême, à moins qu'il n'y eût au moins un ban publié avant le carême. M. de Joyeuse épouse Mlle de Cailly-Delpech dont le père, qui est mort, étoit procureur général de la cour des aides, fils d'une Caumartin. La mère de Mlle de Cailly est Pajot de Villers, fille d'une Mailly du Beuil. Cette Pajot-Villers, mère de Mlle de Cailly, a épousé en seconde noce M. du Châtelet, frère du gou-

---

(1) Joseph Vernet a peint ce vieillard dans son tableau représentant l'entrée du port de Marseille, exécuté en 1754 et placé aujourd'hui au musée du Louvre.

verneur de Vincennes. M. de Joyeuse, père de celui qui se marie, s'appelle Grandpré; il a été colonel du régiment des Cravattes ; il a épousé Mlle de Rouville, fille d'un trésorier de France ; elle a eu 100,000 écus de bien et une figure agréable. Ils ont eu quatre garçons et une fille qui est aujourd'hui Mme d'Ecquevilly ; des garçons, deux sont morts; il reste celui qui se marie, qu'on appeloit la petite fille, et un qui a été abbé et qui est actuellement chevalier de Malte. M. de Joyeuse-Grandpré, père du marié, est le cadet de trois enfants. L'aîné, qui prend la qualité de seigneur de Villers-sur-Tourbes et Montgobert, avoit épousé en première noce Mme de Fuchemberg, veuve d'un homme d'affaires ; elle mourut sans enfants, et il épousa en secondes noces Mlle d'Alais, qui demeuroit à Villers-Cotterets, sœur de M. de Pujol ; il en eut un enfant qui mourut jeune. Ce Joyeuse, aîné des trois frères, demeure à Sedan. L'autre frère de M. de Joyeuse-Grandpré s'appelle le vicomte de Joyeuse et n'est point marié.

J'appris hier que Mme de Chabot, petite-fille de M. de Nassigny, et par conséquent petite-nièce de Mme de Séchelles, qui est veuve comme je l'ai marqué dans le temps, et qui demeuroit chez son grand-père, s'en alla vendredi dernier aux filles Sainte-Marie de Chaillot, où elle a loué un appartement; elle paroît déterminée à ne point retourner chez son grand-père. Elle a seize ans, une figure agréable et tout au moins 60,000 livres de rente; on dit même 80,000 (1).

Il y a encore une riche veuve à marier, d'un âge différent, car elle a trente-cinq ou trente-six ans; c'est Mme de la Reynière ; elle est Mazade, fille d'un fermier général ; elle a des biens immenses. Il y en a encore une veuve

---

(1) Son père étoit un M. de la Loubière, neveu de l'intendant de M. de Luxembourg. Ce neveu épousa la fille de M. Moreau de Nassigny. Mme de Chabot, avant son mariage, s'appelait Mlle de Nassigny. (*Note du duc de Luynes.*)

depuis deux ou trois ans, fort riche et d'une figure agréable ; c'est Mme de Bacancourt, belle-sœur de M. Dupleix qui commande à Pondichéry ; elle est belle-fille de M. de l'Aigle. On trouvera ci-après le détail de cette alliance.

M. de l'Aigle, le fils de la dame d'honneur de Mme la Duchesse, avoit épousé un Deschiens en première noce ; il en eut trois enfants, un fils et deux filles ; l'une des deux filles fut Mme de Prunelé, qui fut enlevée par un chanoine de Chartres et se maria en Angleterre ; l'autre fille est Mme de Marchainville. M. de l'Aigle, en secondes noces, épousa la mère de Mme de Bacancourt.

M. de l'Aigle, fils de celui-ci, épousa en premières noces Mme le Féron (la Viéuville-Villequoy) dont il n'a point eu d'enfants ; en secondes noces il épousa Mlle de Granville, nièce de Mme la maréchale de Broglie. C'est M. de l'Aigle qui eut une affaire terrible avec la femme de chambre d'une Mme Ath, tante de Mme la duchesse d'Olonne (1). Cette Mme Ath est la mère de Mme de Vieu-Maisons et de Mme de Vauvray.

On a appris ces jours-ci la mort de M. de Chiffreville ; il étoit lieutenant général du 1er mai 1745 ; il avoit été officier supérieur des mousquetaires noirs. Il avoit environ quatre-vingts ans.

M. d'Ons-en-Bray mourut il y a quelques jours à sa maison de Bercy qu'on appeloit anciennement la vigne de Chaulnes et qui appartenoit à M. le duc de Chaulnes, ambassadeur à Rome. Il s'étoit marié, mais il avoit fait un mauvais mariage. Son corps fut transporté hier de Bercy à Sainte-Marguerite, qui étoit sa paroisse, et de là aux Carmes déchaussés. Il laisse un neveu qui est lieutenant-général de 1748. Ce neveu épousa il y a quatre mois la fille de M. le Mairat, président de la cour des aides. C'est ce M. le Mairat chez qui a logé pendant assez long-

---

(1) Les détails de cette affaire abominable, qui eut lieu en 1733, sont dans le *Journal de Barbier*, t. II, p. 412-17. (Édit. Charpentier.)

temps la sauvage de Châlons dont j'ai parlé ; c'est même à l'occasion de ce mariage qu'elle n'y loge plus. M. d'Ons-en-Bray, qui vient de mourir, donna à son neveu, lorsqu'il se maria, la terre d'Ons-en-Bray qui est à trois lieues de Beauvais et qui vaut 20 ou 25,000 livres de rente. Il avoit des biens très-considérables. Il laisse environ 700,000 livres de propres qui seront partagées entre ses héritiers naturels. Il donne à M. Pajot Ville-Perat 360,000 livres ; à M. Pajot de Malzac 150,000 livres ; à M. le Geay 100,000 livres, outre la pension de 3 ou 4,000 livres qu'il lui faisoit ; à Mme de Cailly 150,000 livres ; à Mme de Villers, 150,000 livres ; à M. Pajot de la Salle 12,000 livres ; à ses domestiques, en pensions viagères, 18,000 livres. Il fait aussi plusieurs legs pieux ; ces deux articles des pensions et des legs sont à la charge du légataire universel, qui est M. le Gendre d'Ons-en-Bray, son neveu, lieutenant général, dont je viens de parler (1).

On m'a mandé que c'est M. Mazade de Saint-Priesson qui a été nommé trésorier des états du Languedoc, place vacante par la mort de M. de Lamouroux qui avoit succédé à M. Bosnier.

J'ai marqué la mort de M. du Plessis-Châtillon ; il avoit

---

(1) Le père de M. d'Ons-en-Bray étoit fort riche. Soit qu'il ne connût pas lui-même toutes ses richesses ou qu'il eût voulu les laisser ignorer à ses enfants, il laissa chez lui un coffre sans dire ce qui étoit dedans. Je ne sais par quel hasard son fils qui vient de mourir dit un jour qu'il falloit regarder dans ce coffre ; il s'y trouva 130,000 livres en vieilles espèces. Si cette découverte ne s'étoit faite qu'après la mort de celui-ci (M. d'Ons-en-Bray), les vieilles espèces auroient été confisquées au profit du Roi, mais les ayant déclarées lui-même, elles ont été seulement changées et la somme est entrée dans la succession. La succession du père de M. d'Ons-en-Bray, indépendamment des 130,000 livres du coffre, étoit fort considérable. Il y avoit aussi beaucoup d'enfants ; M. d'Ons-en-Bray, qui vient de mourir, étoit l'aîné ; il en auroit coûté considérablement pour les frais en justice ; le Roi permit qu'il fût fait à l'amiable. M. d'Ons-en-Bray donna 700,000 livres à chacun de ses cadets ; et à sa mort, outre la terre donnée à son neveu, comme je l'ai dit, outre les legs que j'ai marqués et l'argent du coffre, il laisse 700,000 livres de fond de bien. (*Note du duc de Luynes.*)

été marié deux fois ; sa première femme étoit la Ravoye, sœur de feu M. de Lanmarie ; sa seconde femme est Mlle de Torcy dont il a deux enfants, dont M. de Château-Mélian, qui a épousé Mlle de Saint-Contest, et Mme de Chabannes. M. du Plessis-Châtillon avoit aimé passionnément sa première femme ; on prétend qu'il parloit de son extrême douleur à Mme du Plessis-Châtillon d'aujourd'hui, sa seconde femme, et qu'elle lui répondit que personne ne la regrettoit plus qu'elle.

Depuis la mort de M. le duc d'Aquitaine, la Reine, ni Mme la Dauphine, ni Mesdames, n'ont point joué. La Reine a recommencé seulement aujourd'hui à jouer au cavagnole ; il n'y a eu ni musique ni comédie. Il y auroit pourtant eu aujourd'hui comédie, s'il n'y avoit pas eu plusieurs acteurs malades, ce qui auroit fait manquer ce spectacle à Paris, s'il y en avoit eu ici. Les spectacles n'ont point été interrompus à Paris. Ici dans la ville il n'y en a d'autre qu'un bal d'un écu ; il devoit y en avoir un dimanche au soir, M. de Saint-Florentin envoya dire de n'en point donner.

Le Roi est à Bellevue de dimanche et ne revient que demain matin.

Du mercredi 27, Versailles. — On a donné les trois jours gras, dimanche, lundi et mardi, à Paris, la troisième, quatrième et cinquième représentation du ballet de *Platée* (1). On sera peut-être curieux de voir une fois le nombre de personnes et le produit en argent de l'Opéra, et du bal aussi à l'Opéra, dans ces trois jours.

Du dimanche 24.

8 personnes aux balcons ; les loges et amphithéâtre assez remplis ; environ 550 personnes au parterre ou au paradis. Le produit a été 2,476 livres.

Au bal de la nuit du dimanche au lundi, il n'y a eu que 460 per-

---

(1) Opéra-ballet dont les paroles étaient d'Autreau et la musique de Rameau.

sonnes et 2,814 livres de recette, y compris le produit de quelques loges louées.

Du lundi 25.

A l'Opéra il y a eu peu de monde; le produit n'a été que de 1,559 livres.

Le bal du lundi au mardi a été assez nombreux; il y a eu près de 1,200 personnes et 7,242 livres de recette, y compris le produit d'une grande partie des loges louées.

Du mardi 26.

A l'Opéra il y a eu un peu plus de monde qu'hier; le produit a été de 1,972 livres.

Le bal de la nuit du mardi au mercredi a été assez nombreux; il y a eu environ 750 personnes et 4,620 livres de recette, y compris le produit de dix loges louées. Il y avoit à ce bal M. le prince de Condé, M. le comte de la Marche et Mlle de Sens.

On trouvera aussi ci-après un détail par rapport au carrosse de Mlle de Sens, qui peut mériter d'être remarqué. Tous ces détails de l'Opéra et du bal sont envoyés jour par jour à M. le duc de Gesvres.

Le caporal de la garde françoise ayant oublié de lever dès le commencement du bal le poteau de fer posé dans le cul-de-sac, vis-à-vis la porte d'entrée de la salle de l'Opéra, lorsque Mlle de Sens est arrivée, et après qu'elle a été entrée au bal, son carrosse a reculé jusqu'au fond du cul-de-sac. Le Sr de Villemard, sergent-major des gardes françoises, en ayant été informé, a dit au cocher de la princesse d'en faire sortir son carrosse, ce qu'il a fait sans difficulté, et on a levé ensuite le poteau ainsi qu'il auroit dû l'être suivant l'usage ordinaire avant l'ouverture du bal.

Lorsque la princesse est sortie du bal, elle a trouvé mauvais que son carrosse ne fût plus dans le cul-de-sac, et qu'on l'en eût fait sortir; elle en a demandé la raison au Sr de Villemard, qui lui a répondu qu'il n'avoit pas été possible de l'y laisser à cause de l'embarras qu'il y auroit causé à la sortie du bal, et que le poteau étoit posé de l'ordre du Roi. La princesse n'a pas paru satisfaite de cette réponse, et lui a dit qu'elle en porteroit ses plaintes à M. le comte de Saint-Florentin pour qu'il en rende compte au Roi.

Le Sʳ de Villemard a envoyé aux prisons de l'Abbaye le caporal qui avoit oublié de lever le poteau.

On a été obligé à ce même bal d'arrêter un gendarme des chevau-légers-Dauphin qui s'étoit placé dans une loge louée; il a fallu appeler le sergent et le caporal; on a conduit le gendarme au For-l'Évêque; il a dit en chemin qu'il étoit furieux, qu'il avoit perdu hier 1,500 livres au jeu.

Du 28. — Le Châtelet, assemblé aujourd'hui en vertu de son arrêté de jeudi dernier, n'a point vaqué à la continuation de ses représentations qui devoient faire l'objet de cette assemblée; il a donné la préférence à la discussion de l'exécution de sa sentence qui a ordonné l'information sur le refus des sacrements fait par le curé de Saint-Nicolas des Champs.

Voici l'histoire. L'information qui étoit ordonnée pour être faite à la requête du procureur du Roi, ne paroissoit pas de nature à être faite si précipitamment dans la circonstance particulière où le procureur du Roi ne seroit pas disposé à se livrer à cette information ordonnée malgré lui, cependant par l'événement cette information s'est trouvée avoir été faite dès le lendemain de la sentence.

A l'ouverture de l'assemblée, M. le lieutenant civil a représenté deux lettres, l'une de M. le chancelier, qui se référoit à celle que M. le comte d'Argenson lui avoit écrite contenant des défenses de la part du Roi de souffrir aucune procédure sur l'exécution de la sentence. Nonobstant ces défenses, la pluralité des voix a été pour entendre la lecture de l'information. Par cette information, composée de douze témoins, il est prouvé que le principal motif de refus des sacrements a été le refus fait par le malade d'entendre M. le curé de Saint-Nicolas des Champs en particulier, refus dans lequel le mourant a été fortifié et soutenu par sa famille et en outre par un particulier de la même paroisse, vêtu d'une redingote, qui arriva chez le malade pendant que le curé y étoit et qui d'office, ayant demandé au malade s'il ne croyoit pas tout ce que l'Église croit et ne condamnoit pas tout ce que l'Église condamne, après les réponses conformes aux questions, soutint au curé qu'il n'avoit rien de plus à savoir, qu'il devoit donner les sacrements, et que le malade ayant été confessé par un prêtre approuvé, le curé n'avoit aucun droit de lui refuser les sacrements. Il est aussi prouvé par l'information que le vicaire de Saint-Nicolas a été par ordre du curé questionner le P. Bloc, doctrinaire, pour savoir s'il avoit confessé le malade; à quoi le doctrinaire répondit ne l'avoir pas confessé depuis les dernières Pâques, et que le Sr Boudrey qui étoit malade dès lors s'étoit fait porter à Saint-Nicolas pour faire ses Pâques. Sur la lecture de l'information, il a été délibéré à la pluralité des voix de mander les gens du Roi; mais les gens du Roi qui avoient prévu ou craint la délibération ne se sont pas trouvés au parquet; en conséquence l'assemblée a été continuée à demain. Il a été arrêté que les gens du Roi seroient mandés et avertis pour se trouver au parquet.

Il y a tout à craindre que demain le curé et le vicaire ne soient décrétés de prise de corps; du moins les 19 qui ont fait aujourd'hui la pluralité paroissent déterminés à aller en avant, quelque chose qui puisse arriver.

MARS.

Affaires du Clergé. — Le Châtelet. — Bonté de l'archevêque de Paris. — Aventure singulière. — Présentations. — Cardinaux et évêques. — Grâce du Roi au duc de Châtillon. — États de Languedoc. — Grâce du Roi au chevalier de Dreux. — Permission de manger des œufs pendant le carême. — Le duc de Bourgogne reçoit la Toison d'or. — Convoi du duc d'Aquitaine. — Fiançailles de la nourrice du duc de Bourgogne. La petite Madame. — Exil de M. de Mailly. — Émeute de paysans soulevés par leurs curés. — Arrêt du conseil contre le Châtelet. — Morts. — Résistance du Châtelet. — Mort de Mme de Marville et du duc d'Aremberg. — Suite des affaires du Châtelet. — Conseiller du Châtelet mis à la Bastille. — Nouvel arrêt du conseil. — Lettre de Messieurs du Châtelet au chancelier. — Mort du prince de Craon. — Le comte de Saint-Germain. — Commandements donnés. — Suite des affaires du Châtelet. — Hôtel de Dangeau vendu. — Pensions. — Décision du Roi sur les charges de l'Ordre. — Morts. — Journal historique du duc de Luynes. — Évêché donné. — M. de Boulainvilliers. — Mme d'Egmont se retire au Calvaire. — Lettre écrite au Roi par le parlement de Rouen. — Mort de l'évêque de Verdun, de la Chaussée et du maréchal de Maulevrier-Langeron. — Présentations et mariage. — Mort de Secousse. — Emprunt de 2 millions de rentes viagères. Abondance de l'argent à Paris. — Ouvrages de peinture et de sculpture des élèves de l'Académie. — Mort de Boffrand et de Ballin. — Le Châtelet. — Intendance donnée. — Réception du comte de Clermont à l'Académie française. — Mort de la maréchale d'Alègre. — Mariage de M. de Creuilly. Anecdote. — Enfants de M. de Seignelay.

Du samedi 2, Versailles. — Il y eut hier conseil de dépêches qui dura trois heures. Il ne fut question que des affaires du Clergé ; je n'en sais pas le détail, je sais seulement que les agents du Clergé obtinrent tout ce qu'ils demandoient ; on cassa tous les arrêts des parlements de Toulouse, d'Aix et de Bordeaux. On sait que celui de Toulouse étoit au sujet des statuts synodaux de M. l'évêque de Comminges, prélat rempli de sagesse, qui ayant vu l'impression que pouvoient faire quelques articles de cet ouvrage, fit retirer les exemplaires et y fit mettre des cartons, de sorte qu'il n'y a eu que quelques exemplaires échappés à cette correction qui ont paru dans le public. Le Parlement est bien convenu que l'ouvrage avoit été retiré, mais il n'en a pas moins agi avec la fureur qu'ils appellent zèle, contre les exemplaires qui ont paru.

Du dimanche 3, Versailles. — Quoiqu'on soit peut-être ennuyé de lire et entendre toujours la continuation de la même conduite des différents tribunaux de justice, résistant à l'autorité du Roi, on ne peut se dispenser de mettre sous les yeux, au moins de temps en temps, l'histoire de ce qui se passe sur les mêmes affaires. Le Châtelet occupe aujourd'hui l'attention ; il se fait gloire de marcher sur les traces du Parlement; il s'imagine lui donner une marque d'attachement et le remplacer en quelque manière en l'imitant.

Il y a quelque temps qu'il parut dans le public un libelle scandaleux contre M. l'archevêque ; il est rempli des termes les plus méprisants. M. Berrier, lieutenant de police, s'attacha à en découvrir l'auteur ; l'ayant trouvé il le fit arrêter et conduire à la Bastille. Il seroit bien à désirer qu'on usât de la même sévérité contre ceux qui répandent une multitude d'écrits fanatiques dont on est accablé. Quelques jours après, lorsque M. l'archevêque alloit pour officier à Notre-Dame, une femme qu'il ne connoissoit point vint se jeter à ses pieds lui demandant la grâce de son mari. M. l'archevêque ne savoit de quoi il s'agissoit et promit de lui donner une plus longue audience après l'office. Au sortir de l'église, elle dit à M. l'archevêque que son mari, accusé d'avoir fait un libelle contre lui, avoit été conduit à la Bastille ; M. l'archevêque écrivit sur-le-champ à M. Berrier pour le prier de faire mettre cet homme en liberté et assura la femme qu'il lui pardonnoit de tout son cœur tout ce qui le regardoit personnellement. M. Berrier ne put pas accorder sur-le-champ à M. l'archevêque la grâce qu'il désiroit, parce qu'il étoit nécessaire de faire subir encore un interrogatoire au prisonnier, après quoi il a été mis en liberté.

Une aventure singulière arrivée dans Paris depuis peu mérite d'être racontée. J'ai déjà marqué qu'il y a eu depuis l'arrivée des Bouffons plus de vivacité que jamais dans les anciennes disputes sur la musique françoise et la musique italienne. Il y a quelques jours qu'un François et un Anglois s'entretenoient sur ce sujet; l'Anglois prenant le parti de la musique italienne et le François soutenant la musique de sa nation, la conversation s'échauffa; l'Anglois laissa échapper quelques expressions offensantes, le François irrité lui en demanda raison et lui proposa de se battre dès le lendemain ; l'Anglois paroissoit peu disposé à ce combat, assurant que pour lui il n'avoit rien à perdre et qu'au contraire le François risquoit beaucoup, ayant une fortune bien différente de la sienne. Ce raisonnement n'arrêtant point la colère du François, l'Anglois promit de se trouver le lendemain au rendez-vous; il s'y trouva en effet, et après avoir répété les mêmes propos sur la différence de leur situation, il ajouta : « Non-seulement, Monsieur, vous courrez risque de perdre tous vos établissements, mais il pourroit arriver que je vous tuerois; pour moi, je n'ai rien de semblable à craindre; car quand même vous me tueriez, ce ne seroit avancer ma mort que de quelques heures, il y a longtemps que je suis déterminé à me tuer demain matin; et pour vous prouver que ce n'est point dans le dessein d'éviter de me battre que je vous tiens ce discours, voici mon nom et ma demeure, envoyez demain matin chez moi et vous verrez si j'ai manqué à ma parole; en tous cas, je vous promets d'être après-demain ici à la même heure pour vous faire raison. » Le François ne put se refuser à cette proposition, et en effet le lendemain l'Anglois fut trouvé tué d'un coup de pistolet. On pourroit douter de cette aventure si elle n'avoit pas été contée il y a trois jours devant l'ambassadeur d'Angleterre qui dit qu'il la croyoit vraie. On peut juger que les noms ne seront pas nommés.

Du lundi 4, Versailles. — Il y eut hier une présentation. Mme d'Escars (Fitz-James), sœur de Mme de Bouzols, présenta sa belle-sœur Mme de Peruse. M. de Peruse est le frère de M. d'Escars. Mme de Peruse est jeune, mais il y a déjà quelques années qu'elle est mariée; elle n'étoit point venue dans ce pays-ci. Son nom est Artaguette. Sa mère s'est remariée et a épousé M. de la Rochecorbon, cousin de celui qui avoit enlevé Mlle de Moras, et qui, ayant été condamné, est en fuite depuis ce temps; il a été longtemps à Turin, il est actuellement à Genève.

Je ne sais si j'ai marqué une autre présentation faite il

y a environ trois ou quatre mois; c'est celle de Mme de
Ruffey, dont je ne sais point le nom; son mari est frère
de M. de Damas d'Anlezy, père de Mme de Talleyrand la
belle-fille. Pour elle, elle avoit épousé en premières noces
M. de Bracq, cousin de Mlle de Bracq, qui est attachée à
Madame Louise.

Il y a plusieurs jours que M. le cardinal de Téncin sa-
cra à Lyon un chanoine de cette cathédrale à qui le Pape
a donné à sa prière un évêché *in partibus* qui est l'évêché
[d'Égée]. Cet évêque est destiné à être le suffragant de
M. le cardinal de Tencin pour le soulager dans les fonctions épiscopales à faire dans le diocèse de Lyon. Il y avoit
plusieurs évêques à ce sacre, cependant ç'a été l'archevêque de Vienne qui a été un des prélats assistants à cette
cérémonie; apparemment que le titre de cardinal fait
une différence; ce qui est certain et que le Roi me fit
l'honneur de me conter hier, c'est que lorsque le roi d'Espagne épousa la fille de Monsieur, ce fut M. le cardinal
de Bouillon qui fit le mariage; il étoit assisté de deux
évêques et lui n'étoit que prêtre; il n'avoit point encore
alors le titre d'évêque d'Ostie qu'il eut depuis. Lorsque
le Pape fait lui-même la cérémonie de sacrer un évêque,
c'est un cardinal qui fait la fonction de diacre assistant,
et c'est toujours un auditeur de rote qui fait celle de sous-
diacre. Les auditeurs de rote ont à Rome une espèce de
rang au-dessus des évêques; dans les grandes cérémonies, lorsque le Pape est sur son trône, les auditeurs de
rote sont assis au pied du trône.

A Rome, la séance des cardinaux entre eux se règle
quelquefois sur les siéges dont ils sont évêques; par
exemple, lorsque M. de la Rochefoucauld alla à Rome, il
prit sa séance non par ancienneté d'épiscopat, mais comme
primat de Bourges, et lorsqu'il signe son nom dans quelque acte, il met toujours deux grands P. P. auparavant.
M. l'archevêque de Rohan (Tavannes) m'a dit avoir voulu
signer de même dans des assemblées et que M. de la Ro-

chefoucauld l'en avoit empêché. L'archevêque de Rouen a une espèce de primatie, mais c'est seulement pour que l'on n'appelle point de ses jugements à un autre primat; l'archevêque de Sens a aussi le titre de primat, mais on appelle de ses jugements à Lyon.

Le nouveau duc de Châtillon, qui a seize ans, fit hier ses révérences avec M. le duc de Rohan et M. d'Henrichemont, ses beaux-frères, et M. de Tillières, son oncle maternel, tous quatre en longs manteaux. Il fit en même temps son remercîment; le Roi lui a donné la lieutenance générale de Bretagne qu'avoit feu M. de Châtillon. Le Roi avoit anciennement accordé un brevet de retenue de 300,000 livres sur cette charge; il étoit question de réduire ce brevet. C'est le système aujourd'hui du ministère, système fort utile. L'intention étoit de diminuer 80,000 livres, cependant on n'en a retranché que 20,000 livres, et en voici vraisemblablement la raison : le Roi a bien voulu accorder une pension de 8,000 livres à Mme de Châtillon; elle avoit désiré que cette pension fût mise sur le trésor royal, disant pour raison que ce seroit une plus grande marque de la bonté de S. M., mais le Roi a voulu qu'elle fût sur la lieutenance générale; cette assignation sur la charge de son fils qui en diminue d'autant le revenu, a affligé ceux qui ont sollicité pour Mme de Châtillon; c'est vraisemblablement par une espèce de dédommagement que le Roi a bien voulu ne retrancher que 20,000 livres du brevet de retenue.

Je n'ai point marqué dans le temps l'arrivée du courrier de M. de Richelieu pour le don gratuit des états de Languedoc; ce fut il y a environ quinze jours. Ce don gratuit est de 3 millions, qui est la somme demandée par le Roi, et il y a outre cela 150,000 livres de capitation. Le terme de don gratuit n'a pas souffert de difficulté. La place de trésorier a été aussi donnée à M. Mazade, comme je l'ai annoncé ci-dessus; il y avoit plusieurs prétendants, entre autres M. Lamouroux, un des frères de celui qui avoit la charge, M. Olivier, dont la femme est fille du feu trésorier, un autre que M. de Richelieu protégeoit; en tout, ils étoient cinq sur la liste; mais il y a eu une lettre de la main du Roi à M. de Richelieu qui a décidé cette affaire.

Ce n'est que d'hier ou avant-hier que l'affaire du chevalier de Dreux est décidée; le Roi lui a donné le logement ici à Versailles et la charge de son frère, grand-maître des cérémonies de France, avec le gouvernement de Loudun.

Ce n'est pas un fait à marquer ordinairement dans ce journal que la permission de manger des œufs pendant le carême; elle est si souvent accordée par l'Église qu'elle est devenue presque un usage. Il y a seulement quelques observations à y faire pour cette année. C'est ordinairement le Parlement qui demande cette permission à M. l'archevêque; on n'a pas jugé à propos qu'elle fût demandée par la chambre royale, contre laquelle les préventions du public subsistent toujours (1). Il a fallu avoir recours à un expédient; le lieutenant de police a fait les représentations nécessaires; M. l'archevêque a dit dans son mandement : « Sur les représentations des magistrats », et la chambre royale, avec toutes les formes requises, a donné arrêt pour qu'il fût permis d'exposer des œufs pendant le carême. Ce qui mérite d'être remarqué, c'est qu'il est rappelé dans cet arrêt toutes les années, depuis 1670 inclusivement, où il a été donné pareille permission de manger des œufs. On trouvera ci-après un détail de ces différentes années :

Vu les arrêts des 21 février 1670, 8 février 1709, 24 janvier 1729, 8 février 1731, 23 février 1732, 19 février 1735, 7 février 1739, 26 fé-

---

(1) Cette prévention a donné occasion à une plaisanterie au bal en masque de l'Opéra; une troupe de masques y arriva déguisée en magistrats, disant qu'ils étoient la chambre royale et que sûrement ils ne seroient pas reconnus. (*Note du duc de Luynes.*)

vrier 1740, 9 février 1741, 27 février 1745, 16 février 1746, 10 février 1747, 23 février 1748, 15 février 1749, 7 février 1750, 20 février 1751, 12 février 1752 et 3 mars 1753 rendus en pareilles occasions, la matière mise en délibération, etc.

Du mardi 5, Versailles. — M. l'ambassadeur d'Espagne est venu aujourd'hui apporter à Mgr le duc de Bourgogne le cordon de l'ordre de la Toison d'or de la part du Roi son maître; l'ambassadeur le remit au Roi, le Roi l'a mis au col de Mgr le duc de Bourgogne.

En attendant que je puisse mettre le détail de ce qui regarde le convoi de Mgr le duc d'Aquitaine, je marquerai que le corps fut porté d'ici à Paris, comme il y auroit été étant vivant, qu'il a été aux Tuileries et ensuite ouvert; que pour le porter à Saint-Denis, il y avoit dans le même carrosse où étoit le corps, M. le cardinal de Soubise, à droite dans le fond, portant le cœur, à sa gauche dans le fond, M. le prince de Condé; sur le devant, Mme de Marsan vis-à-vis M. le cardinal de Soubise et M. le duc de Crussol vis-à-vis M. le prince de Condé, et aux portières, Mme de Butler, sous-gouvernante, et un aumônier du Roi, — un détachement des gendarmes, chevau-légers et mousquetaires, — Que le cœur a été porté de Saint-Denis au Val-de-Grâce avec le même cortége, et que là tout le monde s'est séparé. Il y avoit beaucoup de carrosses : 2 à M. le prince de Condé, 1 à M. le cardinal de Soubise, 1 à Mme de Marsan, 1 à M. de Crussol et 3 ou 4 carrosses du Roi pour les aumôniers, les femmes, les officiers de la chambre. Il n'y a eu nulle difficulté; tout s'est passé suivant la règle. Il n'y avoit point de grand-maître des cérémonies, la charge étant vacante; c'étoit M. Desgranges, maître des cérémonies, qui conduisoit le convoi.

J'ai parlé du mariage de M. Poissonnier, médecin, avec la nourrice de Mgr le duc de Bourgogne. Les fiançailles furent faites hier dans la chambre de Mgr le duc de Bourgogne. La petite Madame y étoit. Tout ce qu'elle voit de nouveau l'effraye; lorsqu'elle vit les prêtres en surplis, elle crut qu'on vouloit renouveler la cérémonie des Cendres qui lui avoit déjà fait grand peur; elle s'écria : « Point de cendres! » et s'enfuit; on ne put la ramener qu'en l'assurant qu'il n'étoit plus question de lui donner des cendres. Il y eut encore une autre scène assez plaisante entre elle et Mgr le duc de Bourgogne; elle regardoit avec beaucoup d'attention le collier de la Toison d'or, d'autant plus qu'il est rouge; elle étoit jalouse de ce que l'on ne lui donnoit rien; Mgr le duc de Bourgogne voulut lui donner son cordon bleu.

Du jeudi 7, Versailles. — J'ai parlé ci-dessus de M. de Mailly (d'Aucourt) qui a été rappelé du commandement de Roussillon ; il a conservé la lieutenance générale de cette province, qui vaut 13 à 14,000 livres de rente. Il vient d'être exilé, il y a huit jours, par une lettre de cachet, dans ses terres; on lui a donné le choix; il est allé à Mailly en Picardie. On dit que la cause de cet exil est une lettre écrite par M. de Mailly à plusieurs de la noblesse de Roussillon. Il s'agissoit du vingtième dans l'affaire entre M. de Mailly et M. Bertin ; peut-être y a-t-il eu de la vivacité de la part de M. Mailly. Il paroît que M. l'évêque de Perpignan (d'Havrincourt) étoit entièrement contre M. Bertin.

Du vendredi 8, Versailles. — Il y eut, il y a dix ou douze jours, une espèce d'émeute dans quelques paroisses entre Meulan et Mantes, auprès d'une terre que M. le duc de Bouillon a achetée dans ces cantons, pour éviter de coucher lui et ses gens dans des cabarets en allant à Navarre. M. de Bouillon fait bâtir dans cette nouvelle acquisition; il y fait beaucoup plus de dépenses qu'il n'auroit pu en faire dans les cabarets, mais ce n'est pas là le sujet de l'émeute. Ce canton est de la capitainerie de Saint-Germain, et M. de Bouillon, qui a je crois une charge de lieutenant de cette capitainerie ou même des pouvoirs particuliers de M. le duc d'Ayen pour la conservation du gibier dans ce canton, y a mis des gardes et y fait observer avec la plus grande exactitude [les règlements] pour la chasse. Les habitants se sont plaints de la grande quantité de gibier qui fait beaucoup de tort à leurs récoltes ; excités ou encouragés par deux curés du canton (au moins cela passe pour constant), ils se sont assemblés au nombre de 800, armés seulement de bâtons, et marchoient très-serrés ; ils tuèrent tout ce qu'ils pouvoient attraper, de lièvres et perdrix ; ils en ont fait une grande destruction. Ce qui pouvoit leur échapper étoit obligé de se jeter dans la rivière ou de passer de l'autre côté. On prétend qu'il y eut un de ces deux curés qui en chaire dit : « Mes enfants, un tel jour, à telle heure, je ferai une battue ; je vous exhorte à vous y trouver. » Les gardes se sont opposés inutilement à cette sédition ; il a fallu faire marcher la maréchaussée, M. d'Ayen me dit hier qu'on a arrêté vingt-sept de ces séditieux.

La conduite du Châtelet est toujours la même. Un refus de sacrements sur la paroisse de Saint-Nicolas des Champs lui a donné occasion de faire de nouvelles procédures aussi singulières que les autres ; ces procédures ont donné occasion à l'arrêt du conseil rendu avant-hier, dont on trouvera le prononcé ci-après. Ce qui se passa au Châtelet hier, en conséquence de cet arrêt, mérite bien d'être rapporté ; on le trouvera aussi à la suite de l'arrêt du conseil. Il y a eu ce matin un conseil extraordinaire.

Arrêt du conseil d'État du Roi

Du 6 mars 1754.

(*Extrait des registres du conseil d'État.*)

Le Roi s'étant fait représenter l'information faite par le Sr Grandjean de la Croix, conseiller au Châtelet, en vertu d'une sentence rendue audit Châtelet, les services assemblés, le 22 février dernier, sur la dénonciation faite par le Sr Grandjean de la Croix d'un refus de sacrements fait par le curé de Saint-Nicolas des Champs à Toussaint Boudret, bourgeois de Paris, S. M. auroit reconnu, par l'examen qu'elle a fait de cette procédure, qu'elle est vicieuse dans toutes ses parties et surtout dans son principe, S. M., ne pouvant regarder les juges qui ont rendu la sentence portant permission d'informer que comme incompétents, suivant qu'elle l'a déclaré en plusieurs occasions, notamment par son arrêt du 12 novembre 1752, qui porte que l'assemblée des quatre services du Châtelet n'est pas compétente pour connoître des affaires de cette nature, ces sortes d'assemblées ne devant avoir pour objet que l'ordre, la discipline et les affaires particulières de la compagnie des officiers du Châtelet. D'ailleurs, S. M., n'a pu voir sans surprise que le conseiller du Châtelet qui a été commis pour faire l'information est celui qui a dénoncé le refus de sacrements en question, et qui a apporté au Châtelet des pièces qui devoient servir à la preuve de ce refus, comme s'il étoit permis de confier l'instruction d'une plainte à celui qui en a été l'instigateur. S. M. ayant en outre été informée que quoique son procureur au Châtelet ait refusé de prêter son ministère dans cette affaire, suivant les ordres qu'elle lui en avoit donnés, on n'a pas laissé de faire assigner des témoins à sa requête et à son insu pour déposer dans l'information, elle ne peut laisser subsister une procédure aussi irrégulière et aussi contraire à toutes les règles. A quoi voulant pourvoir, ouï le rapport; le Roi, étant en son conseil, a cassé et annulé, casse et annulle ladite sentence du 22 février dernier et l'information faite en conséquence de ladite sentence, comme le tout fait par juges incompétents; fait défenses aux officiers du Châtelet de rendre à l'avenir de pareilles sentences à peine de nullité; leur enjoint de se conformer à l'arrêt du 12 novembre 1752; ordonne que le présent arrêt sera transcrit dans les registres des délibérations du Châtelet, et qu'il sera imprimé, lu, publié et affiché partout où besoin sera, etc.

Du samedi 9, Versailles. — J'appris hier la mort de M. de Torsac, exempt des gardes du corps, mort à Paris il y a deux ou trois jours.

Mme la comtesse de Pons mourut aussi hier à Paris; je ne sais pas précisément son âge, mais elle étoit fort vieille. Elle avoit été mariée deux fois, premièrement le 20 mars 1688 à M. de Chabot, comte de Jarnac, et en secondes noces à M. de Pons, comte de Roquefort. Du premier mariage elle avoit eu plusieurs enfants, entre autres une fille qui est vivante et qui a épousé en premières noces M. de Montendre, à qui elle fit prendre le nom de Jarnac à cause de la substitution des biens de cette maison, et en secondes noces, M. de Chabot, frère de M. de Léon, qui est vivant aussi, à qui elle a fait prendre le nom de Jarnac. Cette Mme de Jarnac, au mariage de M. le vicomte de Rohan avec Mlle de Vervins, lui fit donation d'une terre et lui fit prendre le nom de Chabot; ce M. de Chabot étant mort sans enfants, comme je l'ai marqué dans le temps, elle a fait la même donation au second des enfants de M. le comte de Chabot, que nous avons connu sous le nom de chevalier de Rohan et qui est frère de feu M. le prince de Léon et père de Mme de Clermont-d'Amboise. Cette Mme de Pons qui vient de mourir étoit Rohan. De son second mariage avec M. de Pons elle a eu un fils qui a épousé Mlle de Breteuil.

Les services assemblés, les gens du Roi ont mis sur le bureau un paquet contenant l'arrêt du conseil, une lettre de cachet qui ordonne l'enregistrement et transcription sur les registres, en outre une lettre de M. d'Argenson à M. le lieutenant civil pour faire exécuter le tout. Les conclusions des gens du Roi tendoient à l'exécution de l'enregistrement de l'arrêt.

La compagnie, ou du moins la plus grande partie, déclare que l'arrêt n'étant pas revêtu de lettres patentes; la lecture ne devoit pas être faite et qu'il falloit délibérer sur l'information.

M. le lieutenant civil dit qu'il ne pouvoit s'empêcher de procurer autant qu'il le pouvoit l'exécution de l'arrêt du conseil et des ordres du Roi.

Nonobstant l'intention de M. le lieutenant civil, il a été résolu de mander les gens du Roi pour avoir leurs conclusions sur l'information. Les gens du Roi ont dit que d'après les ordres réitérés que le Roi leur avoit donnés, ils ne pouvoient rendre des conclusions sur l'information.

Les gens du Roi retirés, la compagnie, à la grande pluralité, a décidé qu'elle pouvoit se passer d'eux et de leurs conclusions; en conséquence, la lecture de l'information a été commencée.

Comme le temps ne permettoit pas de pouvoir se flatter qu'on pût achever aujourd'hui la lecture de l'information et statuer sur icelle, on a proposé de remettre à mardi prochain; après beaucoup d'incidents et d'agitations sur la proposition de remettre à mardi, qui a été combattue par les plus vifs sous prétexte que d'ici à mardi il y auroit infailliblement des ordres qui peut-être ne viendroient pas d'aujourd'hui à demain, il a passé de remettre à demain.

Si les choses se soutiennent dans la vivacité annoncée aujourd'hui, il y a tout lieu de croire et de craindre que le vicaire de Saint-Nicolas sera décrété demain de prise de corps et le curé d'ajournement personnel.

On n'est sorti du Châtelet aujourd'hui vendredi, 8 mars, qu'à sept heures du soir.

On a appris aujourd'hui la mort de Mme de Marville, femme du conseiller d'État, ci-devant lieutenant de police ; elle étoit fille de M. Hérault et de sa première femme qui étoit Ménier-Duret, et sœur de feu Mme de Polastron. Mme de Marville avoit trente-trois ou trente-quatre ans tout au plus. Mme Hérault qui est vivante est la seconde femme de feu M. Hérault et fille de M. de Séchelles.

Mme de Marville mourut à l'hôtel d'Elbeuf ; elle fut portée à Saint-Sulpice, et de là aux Petits-Pères, place des Victoires, où est la sépulture de M. Feydeau de Marville. Les Capucins ont accompagné le corps depuis l'hôtel d'Elbeuf jusqu'aux Petits-Pères, parce que M. Hérault son père étoit père temporel et bienfaiteur des Capucins.

Du dimanche 10, Versailles. — On apprit hier la mort de M. le duc d'Aremberg ; il est mort en Flandre (1) où il avoit de belles terres. Il y avoit longtemps qu'il étoit malade. Il étoit dans sa soixante-quatrième année. Il avoit beaucoup aimé le plaisir et surtout celui de la table. Sa veuve est la sœur de feu M. le comte d'Egmont, tante de M. d'Egmont d'aujourd'hui, et de Mme de Chevreuse. M. d'Aremberg avoit eu une figure agréable et avoit été regardé comme un homme aimable. Il laisse un fils marié, qui a épousé la fille de M. le comte Louis de la Marck et de sa première femme (Bienassis) ; ce fils, qui s'est toujours appelé jusqu'à ce moment le prince d'Aremberg, a

---

(1) Le 4, à Hervelet, près Louvain, où il étoit allé pour se mettre entre les mains du docteur Riga, fameux médecin (*Note du duc de Luynes.*)

de ce mariage deux garçons et une fille. Feu M. d'Aremberg étoit feld-maréchal des armées de l'Impératrice; il avoit vécu avec des gens d'esprit, mais qui aimoient la table comme lui. Le genre d'esprit de M. d'Aremberg étoit le sérieux, et il s'étoit livré au ton de la plaisanterie, ce qui ne lui réussissoit pas; c'est ce qui a fait dire à quelques personnes qu'il avoit de l'esprit et à d'autres qu'il n'en avoit pas. Il étoit devenu d'une grosseur monstrueuse. Quoiqu'il ait toujours fort bien servi, c'est sa femme qui a contribué le plus à son avancement; elle l'a toujours aimé avec passion et a fait usage pour lui du crédit et de la considération qu'elle a toujours eus auprès de l'Impératrice-Reine; elle a eu une figure qui plaisoit fort, et étoit parfaitement bien faite. M. d'Aremberg étoit gouverneur de Mons et grand bailli de Hainaut. Son fils avoit la survivance au moins du grand bailliage. Outre ce fils, M. d'Aremberg avoit trois filles, Mme la princesse de Bade, une chanoinesse de Château-Châlons et Mme la marquise d'Yus. MM. d'Yus sont Mérode.

La conduite du Châtelet dans les circonstances présentes est si singulière qu'on pourra être curieux d'en trouver ici la suite.

L'assemblée du Châtelet d'hier a commencé par subroger M. Avril, conseiller au lieu de M. Grandjean de la Croix, qui s'est déporté pour cause d'incommodité de l'instruction dont il étoit chargé du procès en question.

Après l'ordonnance de subrogation, il a été procédé à la continuation de la lecture de l'information. Et ensuite la Compagnie ayant délibéré sur ladite information, il a été rendu sentence par laquelle, sur le vu des sommations du 11 février et de l'information, il a été ordonné que le curé de Saint-Nicolas-des-Champs seroit ajourné à comparoir en personne, et le vicaire et le porte-Dieu assignés pour être ouïs, le tout devant M. Avril, conseiller rapporteur.

Il y a eu sept voix pour décréter le curé de prise de corps, cinq pour le decréter d'assigner pour l'ajournement personnel; ainsi il faut regarder ces décrets comme passés à l'unanimité.

Avant de lever la séance, les gens du Roi ont été mandés pour leur donner connoissance des décrets; ils ont été chargés de les faire exécuter, et ils ont promis de le faire. En conséquence, l'huissier Delahogue, appelé, a été chargé de faire les significations et d'en rendre compte mardi à l'assemblée du Châtelet.

Comme les conclusions des gens du Roi ne portoient point sur l'information, mais tendoient uniquement à l'exécution de l'enregistrement d'un arrêt du conseil qui a cassé sur le fondement d'incompétence et par défaut de juridiction dans les différents services du Châtelet assemblés, la sentence qui avoit ordonné l'information et l'information elle-même, les gens du Roi entrés étant convenus que l'arrêt du conseil n'est revêtu d'aucune lettre patente, la compagnie a arrêté que M. le lieutenant civil enverroit à M. le chancelier des représentations faites en 1752 par les quatre services assemblés, et notes des différents actes de juridiction faits par les mêmes services, et qu'il rappelleroit à M. le chancelier différents ordres donnés au Châtelet par le Roi, à l'effet d'envoyer à S. M. des procédures faites par les quatre services, et que M. le lieutenant civil exposera en outre que suivant plusieurs anciennes ordonnances, notamment celle de 1648, les Rois ont défendu aux juges d'avoir égard aux lettres closes qui leur seroient envoyées par le Roi relativement à l'administration de la justice et nommément dans les affaires criminelles.

Comme M. le procureur du Roi avoit intimidé les greffiers du Châtelet pour les empêcher de prêter leur ministère à la confection de la dernière information sur le refus de sacrements, et que le conseiller commissaire avoit été obligé de prendre un scribe à qui il avoit fait prêter serment *ad hoc*, la compagnie a mandé les greffiers et leur a enjoint de travailler par eux-mêmes, ou par leurs commis ayant serment en justice, à l'instruction qui sera faite du procès sur le refus de sacrements, ce que les greffiers ont promis de faire.

Du mardi 12, Versailles. — Le contrat de mariage de M. de Joyeuse fut signé avant-hier.

On trouvera ci-après la copie de l'arrêt du conseil d'avant-hier qui casse et annulle tout ce qui s'est fait au Châtelet. Il y a eu aussi un conseiller du Châtelet nommé Grandjean de la Croix qui fut envoyé à la Bastille; c'est celui qui avoit fait la dénonciation et le rapport de l'affaire concernant le curé et le vicaire de Saint-Nicolas des Champs, démarche condamnée comme irrégulière.

On ne doute pas que le Châtelet, toujours animé du même esprit, ne cesse le service, mais il faut savoir dans quelle forme; s'ils se retirent sans rien dire, le lieutenant civil et le lieutenant de police et criminel pourront continuer à travailler avec les procureurs; si au contraire, ils font un arrêté de quitter le service, la démarche peut être plus embarrassante; elle n'est pourtant pas sans remède.

ARRÊT DU CONSEIL D'ÉTAT DU ROI

Du 10 mars 1754.

(Extrait des registres du conseil d'État.)

Le Roi, étant informé qu'au préjudice de l'arrêt par lui rendu étant en son conseil, le 6 du présent mois, les officiers du Châtelet ont rendu le jour d'hier une sentence, les quatre services assemblés, portant que l'information que S. M. avoit annulée par son dit arrêt du 6 de ce mois, seroit continuée, et que le S^r de l'Ecluse, curé de Saint-Nicolas-des-Champs, seroit ajourné sur-le-champ pour comparoître en personne, ensemble le Sr Dubertrand, vicaire, et le Sr Cousin, porte-Dieu de ladite paroisse, assignés pour être ouïs, pour répondre sur les faits portés en ladite information, et ce quoique lesdits officiers du Châtelet eussent connoissance de l'arrêt du 6 du présent mois qui leur avoit été présenté par le procureur de S. M. et par lui laissé sur le bureau; S. M. ne peut laisser subsister des décrets rendus aussi incompétemment et par attentat contre son autorité; à quoi voulant pourvoir : ouï le rapport, le Roi, étant en son conseil, a cassé et annulé, casse et annulle le décret d'ajournement personnel décerné le jour d'hier contre le S^r de l'Ecluse, curé de Saint-Nicolas-des-Champs, et le décret d'assigné pour être ouïs décerné contre lesdits Srs Dubertrand et Cousin, vicaire et porte-Dieu de ladite paroisse; ordonne que ledit de l'Ecluse demeurera en possession de ses fonctions curiales, nonobstant le décret d'ajournement personnel, qui sera regardé comme non avenu, ainsi que lesdits décrets d'assigné pour être ouïs; fait défense aux officiers du Châtelet de continuer ladite procédure : aux lieutenants civils et particuliers et à tous conseillers du Châtelet de signer aucune ordonnance ou sentence qui seroit rendue en conséquence desdits décrets et qui pourroit y avoir rapport : aux greffiers du Châtelet de signer aucunes expéditions desdites sentences et ordonnances, et à tous huissiers de les signer ou mettre à exécution, à peine de nullité. Ordonne en outre S. M. que par Vassal, huissier de son conseil, qu'elle a commis à cet effet, lesdits décrets d'ajournement personnel et d'assigné pour être ouïs, seront rayés tant sur la minute que sur les registres où ils pourroient avoir été inscrits en vertu du présent arrêt, qui sera inscrit en marge de ladite minute et desdits registres; à l'effet de quoi enjoint aux greffiers du Châtelet de représenter audit Vassal tant ladite minute que lesdits registres à la première sommation qui leur en sera faite, à peine d'y être contrainte par corps. Enjoint pareillement à Delahogue, huissier audiencier audit Châtelet, de remettre ès mains dudit Vassal, à la première sommation qui lui en sera faite, l'original de la signification par lui faite desdits décrets, à peine d'y être pareillement contraint par corps, quoi faisant ledit Delahogue en sera bien et valablement déchargé. Et sera le présent arrêt imprimé, lu, publié et affiché partout où besoin sera, etc.

Les greffiers à qui cet arrêt a été signifié ont fait réponse qu'ils n'avoient aucune minute.

M. le lieutenant civil (1) et M. Lenoir (2) ont reçu chacun des ordres du Roi qui leur font défenses de laisser tenir l'assemblée qui est indiquée pour demain et d'y présider, et dorénavant de tenir aucune assemblée des quatre services pour quelques raisons et sous quelques prétextes que ce puissent être sans la permission expresse du Roi.

Du 12 mars 1754, au Châtelet.

Sur le récit fait par M. le lieutenant civil, il a été arrêté qu'il en sera fait registre et qu'à l'instant il sera écrit par la compagnie une lettre à M. le chancelier (3) pour le supplier d'obtenir de la bonté du Roi et de sa justice la liberté de M. Grandjean de la Croix.

Lecture ayant été faite de ladite lettre, il a été arrêté qu'elle sera transcrite sur les registres.

Arrêté qu'il sera fait registre du récit de M. le lieutenant civil au sujet des représentations de 1752 de la compagnie, et que la compagnie persistant dans ses maximes, droits et usages, a remis à un temps plus opportun à présenter lesdites représentations à M. le chancelier.

A été arrêté qu'il sera fait registre du récit par Delahogue, huissier (4), la compagnie persistant au surplus dans ses précédentes délibérations.

---

(1) M. d'Argouges de Fleury.
(2) Lieutenant particulier.
(3) On trouvera cette lettre sur la page ci-après. (*Note du duc de Luynes.*)
(4) Le récit de Delahogue contenoit qu'ayant été chargé de signifier les décrets aux curé, vicaire et porte-Dieu de Saint-Nicolas, et ayant fait lesdites significations, l'huissier du conseil (Vassal) étoit venu ce matin lui demander de la part du Roi les originaux; que sur les refus fait par lui Delahogue de les donner, ledit Vassal l'avoit arrêté et conduit au For-l'Évêque

L'huissier qui a fait les sommations ne s'est pas laissé prendre. Bourdin, procureur au Châtelet, qui s'est trouvé en redingote chez le malade à l'heure du refus des sacrements, est à la Bastille. On prétend que si on rend les conseillers prisonniers, le Châtelet en restera là, sinon que dans quelque temps il recommencera les procédures.

Le Châtelet a décrété de prise de corps M. du Perier qui a un procès avec sa femme. M. du Perier est écuyer de main du Roi.

Lettre de MM. du Châtelet à M. le chancelier.

Du 12 mars 1754.

Les officiers du Châtelet ne peuvent vous exprimer la douleur et la surprise que leur cause la détention de M. Grandjean de la Croix ; cette nouvelle disgrâce, qu'il n'étoit pas possible de prévoir, ajoutée aux malheurs dans lesquels ils gémissent depuis si longtemps, les plongent dans l'amertume la plus vive. Nous sommes bien convaincus, Monseigneur, que le Roi ne peut approuver le schisme, cette plaie si grande à la religion et à l'État ; S. M. a tant de fois déclaré ses intentions à cet égard qu'il n'est pas possible d'en douter. Pénétrés des mêmes vues, notre devoir est d'employer tout notre zèle et toute notre activité pour réprimer un aussi grand mal. Si la sagesse des mesures prises par S. M. a pu suspendre pendant un temps, nous l'avons vu renaître le 11 février dernier sous un prétexte nouveau et infiniment dangereux. Il a été fait le même jour deux sommations au curé de Saint-Nicolas-des-Champs qui a refusé d'administrer Toussaint Boudrey, son paroissien, décédé depuis sans sacrements. Ces deux sommations étant parvenues entre les mains de M. Grandjean de la Croix, il s'est cru obligé d'en rendre compte à la compagnie. Un fait aussi important nous a paru mériter d'être approfondi par la voie de l'information ; M. de la Croix a été chargé de la faire ; il s'est rendu aux vœux de sa compagnie. Le danger et la nouveauté de ce refus de sacrements nous ont déterminés à vous en instruire à l'instant. L'information a été faite, et M. de la Croix s'étant trouvé indisposé pendant le cours de son rapport, il s'en est déporté. C'est dans ces circonstances que M. de la Croix nous étant enlevé devient ainsi la victime du choix de sa compagnie et de son devoir. Un événement si triste et si affligeant auroit produit naturellement la disposition des officiers du Châtelet ; mais des vues de bien public et la confiance qu'ils ont dans l'équité de S. M.

---

pour y être constitué prisonnier, mais que ledit Delahogue voyant son écrou prêt à être signé, il avoit alors remis les originaux. (*Note du manuscrit.*)

les retiennent encore exposés tous les jours à remplir suivant le dû de leurs charges un ministère aussi essentiel au repos de l'État ; et, pénétrés de la nécessité de veiller à ce que rien ne le trouble, ils ont préféré d'y sacrifier leur sûreté personnelle. Puissions-nous n'être réduits à cette dure nécessité. Les disgrâces ne pourront jamais changer nos devoirs, mais il est du sort de l'humanité qu'elle puisse nous mettre enfin dans l'impossibilité de les remplir. Nous attendons, Monseigneur, de votre protection que vous voudrez bien faire parvenir jusqu'au trône cette expression fidèle de nos sentiments. La tendresse paternelle de S. M. pour tous ses sujets nous fait espérer qu'elle ne rejettera point nos vœux et nos instances pour la liberté de M. Grandjean de la Croix et de nos autres confrères que le poids des disgrâces accable depuis si longtemps.

Du jeudi 14, *Versailles*. — On vient d'apprendre la mort de M. le prince de Craon en Lorraine ; il avoit soixante-seize ans. Il avoit eu beaucoup d'enfants (1) ; il lui en reste onze : deux garçons, qui sont M. le prince de Beauvau, qui a épousé Mlle de Bouillon, et le chevalier de Beauvau ; quatre filles religieuses et cinq mariées, qui sont : Mmes de Maurevert, Mirepoix, Chimay, Boufflers et Bassompierre. Il y en avoit eu plusieurs chanoinesses ; elles sont mortes ou mariées. Mme de Craon est vivante.

---

(1) M. de Craon avoit eu vingt-deux enfants de Mlle de Ligneville, qui est vivante ; il y avoit plus de cinquante ans qu'ils étoient mariés. Elle a eu une figure très-agréable, et cela est fort aisé à croire en voyant ses enfants. M. de Craon en étoit fort amoureux lorsqu'il l'épousa, et cette passion a continué toute sa vie. La grande amitié que le duc de Lorraine, père de l'Empereur, avoit pour M. et Mme de Craon et l'usage où il étoit d'y passer presque toutes les soirées a fait tenir des propos dans le temps, mais ces discours n'ont point troublé l'union intime de l'homme et de la femme. Il y a lieu de croire que le roi de Pologne sera peu affligé de cette mort ; il n'aimoit pas M. de Craon ; il le savoit tout dévoué à la maison de Lorraine. On prétend qu'il y avoit eu un propos de M. de Craon qui avoit déplu au roi de Pologne. Ce prince étant allé chez lui y trouva une fort belle statue ; il parut en admirer l'ouvrage, et M. de Craon la lui offrit ; elle représentoit le duc de Lorraine ; le roi de Pologne lui répondit qu'elle lui seroit inutile ; « et pourquoi, Sire, repartit M. de Craon, il n'y a qu'à lui couper la tête et mettre à la place celle de V. M. » La réponse ne plut pas au roi de Pologne qui dit pour finir la conversation : « On ne lui donneroit pas mon gros ventre », et s'en alla. Je ne sais s'il l'a revu depuis. (*Note du duc de Luynes.*)

Il n'y avoit dans ce moment-ci auprès de lui que M. le prince de Beauvau.

J'ai parlé dans le temps des trois intendants des Menus. L'un de ces intendants est M. de Gagny (Blondel); il a un fils qui porte le nom d'Azincourt, nom fameux dans notre histoire par la bataille perdue par les Anglois. Ce M. de Gagny est aussi trésorier de la caisse des amortissements.

Le commandement de Flandre étoit vacant par la mort de M. de Brezé; on avoit cru que cette place seroit supprimée, mais elle vient d'être donnée à M. de Saint-Germain, lieutenant général. M. de Saint-Germain est François; il s'étoit attaché à l'électeur de Bavière; il repassa au service de France. Il étoit fort ami du maréchal de Saxe. En dernier lieu il commandoit à Givet. On m'a dit que le commandement qu'on lui a donné n'est pas tout à fait aussi étendu que celui de feu M. de Brezé; il commandera sous les ordres de M. de Soubise et en son absence. M. de Brezé étant plus ancien lieutenant général que M. de Soubise revenoit toujours ici quand M. de Soubise alloit en Flandre.

Le commandement dans les Trois-Évêchés avoit toujours été vacant depuis la mort de M. de Ségur; il vient d'être donné à M. de Mortaigne ou Mortani qui commandoit à Sedan. Il a été aussi à l'électeur de Bavière et a passé à celui de France; il est aimé et estimé de M. le maréchal de Belle-Isle.

Le Roi travailla hier avec M. d'Argenson. On attendoit quelle seroit la décision pour le gouvernement des îles Sainte-Marguerite et Saint-Honorat, ou pour M. de Maubourg qui a 12,000 livres de gratifications annuelles en attendant un gouvernement, ou pour M. de Montboissier. M. de Montboissier, homme de grande condition, ancien lieutenant général et qui a bien servi, avoit demandé pour se retirer le gouvernement de Schelestadt qui a été donné à M. d'Havré, et la survivance pour son fils. Ne l'ayant pu obtenir il s'est borné à demander celui-ci, sans survivance. Bien entendu que ce qu'il auroit le mieux aimé auroit été un cordon bleu. Sa naissance, ses services sembloient pouvoir lui faire espérer cette grâce(1); enfin l'affaire du gouvernement a été finie dans ce travail. Le gouvernement vaut 16,000 livres de rente. Il a outre cela le bénéfice des soubrevestes (2); j'ai déjà parlé de cet arrangement. Les chevaux des tambours et des hautbois des mousquetaires sont au Roi; le Roi les achetoit et les nourrissoit; c'étoit un petit détail qui ennuya Louis XIV; les commandants des mousquetaires, je crois que c'étoit du temps de M. de Maupertuis et de M. de Vins, proposèrent un arrangement qui fut accepté. Le Roi donnoit des soubrevestes tous les trois ans ou tous les cinq ans; on rapportoit les anciennes et on les mettoit au garde-meuble; elles y étoient gardées fort inutilement, et je crois qu'il y en a encore qui ne servent à rien. Les commandants proposèrent que le Roi leur permît de retirer ces soubrevestes et de les faire vendre à leur profit, moyennant quoi ils se chargeroient de l'entretien et nourriture et achat desdits chevaux des tambours et hautbois. Cet arrangement s'exécute, et comme ces dix chevaux ne servent que dans le temps de la revue du Roi ou en campagne, le reste de l'année ils servent au commandant qui les fait mettre à son carrosse ou à la suite comme il le juge à propos. Les frais de nourriture desdits chevaux ne sont pas entièrement à la charge du commandant. Il est d'usage de retenir 10 sols par jour à chacun des tambours et hautbois, apparemment que c'étoit un ancien état qu'on a laissé subsister dans le temps du forfait des soubrevestes. On estime le produit de ces soubrevestes

---

(1) D'autant plus qu'il y a des exemples; M. de Maulevrier, qui a été le premier commandant, M. de Montbrun et M. de Canillac ont été tous trois chevaliers de l'Ordre. (*Note du duc de Luynes.*)

(2) Le marquis de Montboissier était capitaine lieutenant de la seconde compagnie des mousquetaires de la garde.

à 9 ou 10,000 livres tous les trois ans; on les renouvelle au bout de ce temps. Cela est égal pour les noirs et pour les gris; ces soubrevestes sont toutes en argent (1).

Il y avoit une place vacante à l'Académie des sciences par la mort de M. d'Ons-en-Bray; elle vient d'être donnée à M. le maréchal de Lowendal; nous ne le connaissions que comme général, ceci prouve que tous ses talents n'étoient pas connus.

On trouvera ci-après l'arrêté du Châtelet d'aujourd'hui.

Les quatre services du Châtelet se sont assemblés aujourd'hui; le résultat a été uniquement de remettre au jeudi d'aujourd'hui en quinze la lecture des représentations arrêtées il y a aujourd'hui huit jours. M. le lieutenant civil auroit bien voulu éviter cette assemblée pour se conformer aux derniers ordres du Roi qui lui défendent de souffrir aucune délibération des quatre services, mais comme il a été prévenu hier et averti ce matin qu'on lui demanderoit l'assemblée et que s'il la refusoit décisivement que le service seroit quitté par la plus grande partie des officiers du Châtelet, il a cru mieux faire de s'y prêter sous la condition néanmoins, qui a été exécutée, qu'il n'y seroit question que des représentations. Quelques conseillers avoient voulu que l'on informât contre le curé de Saint-Nicolas des Champs pour avoir dit la messe lundi malgré le décret donné contre lui, mais la chose n'a pas été proposée. Voilà les nouvelles d'aujour-

---

(1) J'oubliois de parler du reste de l'arrangement. L'usage dans ces troupes est que tous les officiers montent lorsqu'il y a un changement, et c'est la dernière charge qui se trouve vacante qui est celle de dernier cornette. Ces charges de cornettes ne doivent être que du prix de 70,000 livres.

L'agrément de celle-ci a été donné à M. de Valan, qui, au lieu de 70,000 livres, en donne 150,000. On dit même 180,000.

Cette somme est remise à M. de Montboissier, et outre cela M. de la Rivière donne, à ce qu'il m'a dit, à M. de Montboissier 30,000 livres. On m'avoit dit 36,000, mais enfin il convient de 30,000. (*Note du duc de Luynes.*)

d'hui. On parle d'un refus de sacrements sur la paroisse de Saint-Laurent; il n'y a point eu de sommations, parce que l'on n'a point trouvé d'huissiers pour les faire, mais on dit qu'il sera aisé d'en avoir la preuve testimoniale.

Depuis la mort de Mme de Dangeau (Lœwenstein) Mme de Courcillon (Pompadour), sa belle-fille, a toujours logé à l'hôtel de Dangeau, rue de Bourbon, maison achetée du président Duret par feu M. et Mme de Dangeau. Mme de Courcillon s'étant retirée aux Carmélites, Mme la princesse de Rohan (Courcillon) n'a pas voulu garder la maison; elle vient de la vendre 230,000 livres à M. le Gendre, lieutenant général, qui a pris le nom d'Ons-en-Bray depuis que M. d'Ons-en-Bray, son oncle, qui vient de mourir, lui avoit donné la terre d'Ons-en-Bray, comme je l'ai dit, qui vaut 35,000 livres de rente. Cette donation de la terre d'Ons-en-Bray a été faite à cette condition.

J'ai parlé ci-dessus de M. de Maulevrier qui avoit épousé Mlle de Fiennes; il avoit un logement au Luxembourg; il le céda avec l'agrément du Roi pour un prix convenu au chevalier de Redmont.

J'ai parlé de la mort de Mme de Marville. On me contoit ces jours-ci une action charitable qu'elle a faite en mourant; elle avoit fait prendre soin d'une petite orpheline et la faisoit élever avec attention; elle lui a laissé 2,000 livres de rentes viagères.

Le Roi a donné une pension de 6,000 livres à Mme du Plessis-Châtillon, et une seulement de 4,000 livres à Mme de Brezé. Cette différence de traitement mérite explication. Je n'examine point qui a mieux servi de M. de Brezé ou de M. du Plessis-Châtillon, mais celui-ci ne servoit plus depuis longtemps, et M. de Brezé étoit employé continuellement en paix et en guerre; il aimoit avec passion ce qui regardoit le militaire, et étoit regardé comme un des meilleurs officiers des troupes du Roi. On pourroit ajouter que Mme de Brezé paroissoit avoir besoin d'une pension plus forte que Mme du Plessis-Châtillon. Ce ne sont point toutes ces considérations qui ont déterminé. Mme du Plessis-Châtillon est fille de feu M. de Torcy, ministre dont la réputation sera toujours honorée. L'usage a toujours été que le Roi vouloit bien donner une pension aux filles de ses ministres lorsqu'elles se marioient; Mme d'Ancezune, sœur de Mme du Plessis-Châtillon, en avoit eu une en se mariant; Mme du Plessis-Châtillon n'en avoit jamais eu; cette circonstance a donné occasion à de très-humbles représentations lesquelles ont été écoutées.

On attendoit quelle seroit la décision par rapport à la charge de prévôt grand maître des cérémonies de l'Ordre; on avoit cru que suivant un ancien usage, ou plutôt un abus, cette charge pouvoit passer sur la tête de M. le chancelier, pour lui laisser le cordon, et que de là elle iroit à M. de Saint-Contest; mais le Roi a déclaré sa volonté sur cet abus, et il a été réglé que l'on seroit obligé de conserver les charges pendant vingt ans, avant que d'obtenir la permission de porter le cordon après les avoir vendues; enfin M. de Saint-Contest a été nommé prévôt grand maître des cérémonies de l'Ordre. Des quatre charges de l'Ordre (1), il n'y a que celle-là et celle de chancelier qui exigent des preuves : on sait que celle de grand aumônier, qui n'est pas une des quatre, n'exige pas de preuves, parce qu'Henri III voulut la donner à son précepteur (2), qui n'étoit pas en état de faire ses preuves.

M. Rossignol, intendant de Lyon, qui vient de mourir, étoit greffier de l'ordre de Saint-Louis et par cette raison portoit le cordon rouge. Cette place vient d'être donnée à M. de Vaux, fils de M. de Bernage (ci-devant Saint-Maurice), prévôt des marchands; M. de Vaux a prêté serment aujourd'hui entre les mains du Roi et a lu lui-même le

---

(1) Les quatre charges de l'Ordre qui donnaient le titre de grands officiers et commandeurs de l'Ordre aux titulaires étaient : le surintendant des finances, le prévôt maître des cérémonies, le grand trésorier et le secrétaire.

(2) Jacques Amyot, évêque d'Auxerre, grand aumônier de France.

serment, ce qui n'est pas dans l'usage ordinaire; mais apparemment affecté à la charge de greffier.

On a appris aujourd'hui que M. de Saint-Just, conseiller au Parlement, frère de M. Moreau du Châtelet, est mort subitement à Plancy chez Mme de Guenégaud. Ces Moreau sont cousins de MM. de Nassigny et de Séchelles, lesquels sont aussi Moreau.

Du lundi 18, *Versailles.* — On pourra voir dans un *Journal historique* dont une partie est prise sur ces Mémoires-ci et qui commence en l'année 1715 inclusivement (1), que les années 1719-1720 et 1721 furent des temps incroyables par la rapidité des fortunes immenses occasionnées par la banque de Law; ce fut peu de temps après, c'est-à-dire en 1722 ou 23 que M. le duc de Charost, chef du conseil des finances, étant à ce conseil, on apporta au Roi à signer un compte de finances. Ce compte se montoit à 1,900 millions; c'étoit le compte de billets de banque. Cette somme, quelque excessive qu'elle soit, ne paroîtra point incroyable quand on fera réflexion au prodigieux nombre de billets de banque qui furent faits alors et distribués dans le public; elle en prouvera seulement la vérité. Je sais ce fait de manière à n'en pouvoir douter, et à l'occasion d'une circonstance fort peu intéressante en elle-même. Mme de Luynes, alors marquise de Charost, avoit donné à M. le duc de Charost une plume, que l'on appelle une plume sans fin. Fort peu de temps après (ceci prouve que c'étoit au commencement de l'année), M. le duc de Charost lui dit que sa plume venoit d'avoir un emploi bien remarquable, qu'il l'avoit prêtée au Roi dans le conseil des finances pour signer un compte de 1,900 millions. Cette facilité de faire des billets de banque fut la véritable cause de la ruine d'un système dont plusieurs personnes sensées ont soutenu

---

(1) C'est le Journal dont il est question, t. I, p. 7.

l'utilité; mais ils ont jugé en même temps qu'il convenoit peu au génie de la nation françoise et qu'il n'auroit pu lui être utile que par une fermeté inébranlable de la part du gouvernement, qualité bien rare et peu connue alors.

Mme de Toulongeon fut présentée hier par Mme la duchesse de Brancas (Clermont), douairière. Mme de Toulongeon est jeune, mais il y a déjà plusieurs années qu'elle est mariée. Elle est fille de M. de Launay, trésorier de l'extraordinaire des guerres.

J'ai marqué ci-dessus que l'évêché de Senlis, vacant par la mort de M. Trudaine, avoit été donné à M. l'évêque de Tulle (d'Autichamp), M. de Tulle, qui a soixante-dix ans ou environ, a mieux aimé garder son évêché que d'aller entreprendre un nouveau travail et faire un nouvel établissement. Il a remercié, et le Roi a donné cet évêché à M. l'abbé de Roquelaure, qui étoit neveu et grand vicaire de feu M. l'évêque d'Arras (la Salle).

J'ai parlé au 26 février et au 7 de mars de l'affaire de M. de Mailly et de M. Bertin. M. de Rossignol, intendant de Lyon, est mort, et M. Bertin a eu sa place.

Je ne sais si je n'ai pas déjà parlé de M. de Boulainvilliers; c'étoit un homme extraordinaire; il s'étoit occupé toute sa vie à l'astrologie judiciaire, folie contraire à la religion, toujours dangereuse, et beaucoup plus encore lorsque l'on réussit quelquefois. Vouloir connoître l'avenir par l'inspection des astres, c'est aller directement contre la volonté de Dieu, dont les décrets éternels ont voulu que cet avenir nous fût caché, pour tenir notre esprit plus assujetti à sa volonté et pour nous engager à travailler à tous les moments à notre salut et à ne pas remettre ce travail au dernier moment de notre vie. Cet arrangement de la Providence est même le repos de notre esprit; l'incertitude laisse toujours quelque espérance, et la certitude du moment de la mort plongeroit les hommes dans le plus noir chagrin. Enfin, c'étoit la folie de M. de Boulainvilliers. Un jour qu'il étoit à se promener le soir avec M. l'abbé de Choiseul, aujourd'hui évêque de Mende, il s'arrêta tout d'un coup paroissant regarder le ciel avec beaucoup d'attention ; M. l'abbé de Choiseul en fut étonné et lui en demanda la raison. « Ce que je vois, lui dit M. de Boulainvilliers, m'afflige ; je crains beaucoup pour Mgr le duc de Bretagne. » Ce prince n'étoit point malade ; c'étoit en 1705 ; il mourut peu de temps après.

Il ne faut qu'un événement aussi considérable pour achever le dérangement d'un cerveau ébranlé sur la certitude de ces calculs astrologiques. N'a-t-on pas prétendu qu'il avoit prédit plusieurs événements, entre autres la mort de sa femme et la sienne même, sur laquelle à la vérité il se trompa de huit jours. Pour le fait que je rapporte, c'est M. l'évêque de Mende qui l'a conté à Mme de Luynes.

Du vendredi 22, Versailles. — Je n'ai point encore parlé de la retraite de Mme d'Egmont (Villars) au couvent du Calvaire (1). Ce fut lundi dernier 18 qu'elle exécuta cette résolution.

On a su à cette occasion qu'elle avoit déjà eu le projet de se faire religieuse avant d'être mariée, et qu'il s'étoit renouvelé depuis le moment qu'elle est devenue veuve. Personne de sa famille ne s'en doutoit. Lundi matin, M. le maréchal de Noailles reçut une lettre de Mme d'Egmont par laquelle elle lui donnoit part de sa résolution et le prioit de vouloir bien en instruire Mme la duchesse de Villars sa mère, et toute sa famille. Elle écrivit une lettre semblable à Mme d'Egmont, sa belle-mère, et apparemment une à Mme la maréchale de Villars. On avoit toujours imaginé que si Mme d'Egmont vouloit se faire religieuse ce seroit aux Carmélites, ou que si elle ne prenoit pas ce parti ce seroit à cause de l'austérité de la règle, et par

---

(1) Mme d'Egmont a trente et un ans ; elle a attendu le jour de sa naissance pour entrer au Calvaire. (*Note du duc de Luynes.*)

conséquent on ne pouvoit pas croire qu'il fût jamais question du Calvaire.

On trouvera ci-après la copie d'une lettre que le parlement de Rouen a écrite au Roi. On pourra être étonné qu'un corps aussi respectable ait fait un ouvrage aussi inutile et rempli de raisonnements aussi peu solides et aussi mal placés.

Sire, votre Parlement eut l'honneur d'exposer l'année dernière à V. M. les inconvénients des ordres particuliers qu'on surprend sans cesse à sa religion. Un nouvel ordre qui entraîne après lui les suites les plus fâcheuses nous engage aujourd'hui de réitérer nos très-humbles représentations.

Le Sr Dufossé, conseiller en la première chambre des enquêtes de votre Parlement, reçut le 9 décembre dernier une lettre de votre chancelier qui lui marquoit de se rendre à Versailles pour recevoir vos ordres. Ce magistrat, plein de respect pour tout ce qui a l'apparence d'un ordre émané de votre autorité, partit le lendemain, et dès le jour même informa votre chancelier de son arrivée; il n'a pu depuis ce temps recevoir vos ordres, et quelques instances qu'il ait faites, il ignore encore la cause pour laquelle il a été mandé.

Nous manquerions, Sire, à ce que nous vous devons, à ce que nous nous devons à nous-mêmes, si nous étions indifférents sur cette situation d'un de nos membres, et si nous n'élevions pas nos voix pour représenter à V. M. le danger de pareils ordres.

La résidence est une obligation imposée aux officiers de vos Parlements par les ordonnances de Philippe le Bel en 1302, Charles VII en 1446 et 1453, Charles VIII en 1493, Louis XII en 1498, François Ier en 1535; et enfin Louis XIV, votre auguste bisaïeul, par sa déclaration de 1648, en a rappelé et ordonné l'exécution. Ces lois enjoignent expressément aux magistrats de résider pendant la durée du Parlement, quelques lettres missives que le Roi écrive pour les en dispenser.

Le nombre des officiers de chaque Parlement a été proportionné à la quantité d'affaires qui peuvent y être portées; qu'on enlève un de ses magistrats, c'est retarder le jugement des procès dont il est chargé, et on prive sa compagnie des secours qu'elle auroit tirés de ses lumières et de son exemple.

Sans ces motifs si intéressants, nous aurions vu partir sans peine ce magistrat, si digne d'être choisi par votre Parlement pour porter aux pieds du trône le témoignage de notre profond respect pour votre personne sacrée et de notre attachement inviolable à votre service.

Nous ne pensons pas, Sire, que quelqu'un ait osé accuser le Sr Dufossé dans le dessein de vous rendre sa fidélité suspecte ; nous ne connoissons rien qui puisse lui être imputé. En nous interdisant par respect toute conjoncture sur ce qui peut avoir occasionné l'ordre dont nous nous plaignons, nous espérons que notre réclamation est suffisamment autorisée par une détention de plus de trois mois qui nous prive d'un magistrat qui nous est précieux à tous égards.

Les Rois vos augustes prédécesseurs ont toujours reconnu qu'il étoit de leur intérêt que les Parlements fussent respectés. Comment le seroient-ils aujourd'hui lorsqu'on voit leurs membres traités avec si peu de ménagement, lorsque sur un ordre particulier ils seront obligés d'abandonner leurs fonctions pour se rendre à Versailles et y rester plusieurs mois sans que V. M. leur accorde audience, ni leur fasse donner ses ordres, ou qu'on leur laisse seulement apercevoir ce qui a occasionné leur disgrâce.

Plus nos fonctions sont importantes, plus elles exposent aux traits de la haine et de la vengeance. Nous sommes établis par V. M. les gardiens et les conservateurs des lois. Chargés de les faire observer à ceux mêmes qui se servent de votre nom pour les violer ouvertement, ils tâchent de suspecter dans votre esprit les magistrats les plus zélés, les plus fermes, les plus attachés à votre service; en obtenant des ordres qui les mettent par voie de fait dans l'impuissance d'agir, ils rendront inutile l'autorité de ceux de vos officiers de vos cours qui leur seront les plus redoutables.

Daignez, Sire, accorder votre confiance à des magistrats qui n'agissent que dans l'espérance de la mériter ; daignez examiner avec votre attention ordinaire les vues de ceux qui sollicitent des ordres pour leur lier ainsi les mains. Le bien public, la gloire même de V. M. demandent qu'ils ne soient pas gênés dans l'exercice de leurs charges. La bonté connue de votre cœur nous assure que vous protégerez des magistrats qui, sans aucun motif d'intérêt et par un travail pénible et assidu, rendent la justice à vos peuples, défendent les droits de votre couronne, et veulent maintenir la paix de l'Église et de l'État. Seroit-il possible que sous un règne aussi juste, des magistrats fussent enlevés du sein de leur famille et détenus par forme de peine à la suite de votre cour ?

Nous réclamons votre justice en faveur du Sr Dufossé, persuadés que ce ne sera pas en vain. Nous espérons que V. M., touchée de nos motifs et justement indignée contre ceux qui l'ont surprise, révoquera des ordres aussi contraires à ses intérêts qu'à ses véritables sentiments. En rendant à nos vœux un magistrat qui nous est si utile, elle nous remettra en même temps dans l'état de tranquillité d'esprit si nécessaire à la continuation de l'exercice de nos fonctions.

On apprit avant-hier la nouvelle de la mort de M. l'évêque de Verdun (Dromesnil); il avoit quatre-vingts ans. Il étoit bien incommodé depuis longtemps. C'étoit un homme d'esprit, très-aimable, singulier à cause de sa mauvaise santé, mais malgré cela d'une société charmante. Il ne s'étoit jamais consolé d'avoir fait bâtir un palais épiscopal à Verdun qui n'a pu jamais être habité ni même achevé. M. de Verdun, qui avoit été auparavant évêque d'Autun, fut nommé évêque de Verdun en 1721; il succéda dans cet évêché à M. de Béthune, et ce fut à la mort de M. de Béthune que l'on réunit à l'évêché de Verdun l'abbaye de Saint-Vannes. Cet évêché est marqué valoir 50,000 livres, apparemment en y comprenant l'abbaye. M. de Verdun avoit depuis longtemps l'abbaye de la Charité dans le diocèse de Besançon; elle est marquée valoir 12,000 livres.

Mme de Roncey fut présentée hier par Mme de Castellanne (Rouillé). Mme de Roncey est Vibraye. Sa mère étoit d'Auneuil. C'est par là que MM. de Vibraye sont parents de MM. de Saint-Simon. M. de Vibraye est petit-fils de M. de Grignan, mais non pas de Mlle de Sévigné, c'étoit d'un premier lit. M. de Grignan étoit veuf quand il épousa Mlle de Sévigné. Mme de Roncey doit être attachée à Mme la princesse de Condé, qui la présentera au Roi en cette qualité aujourd'hui ou demain.

Il y a deux jours que M. de la Chaussée mourut à Paris; il est connu par plusieurs ouvrages, et entre autres par plusieurs comédies qui ont fort bien réussi. Il pouvoit avoir environ cinquante ans. Il étoit de l'Académie françoise; il avoit été reçu en même temps que M. l'ancien évêque de Mirepoix par feu M. l'archevêque de Sens, Languet de Gergy. On sait qu'à la mort de M. de Boze, lorsque M. le comte de Clermont a été choisi pour le remplacer, il y avoit beaucoup de voix en faveur de M. de Bougainville, auquel la Reine s'intéressoit; il s'éleva une faction contraire, à la tête de laquelle étoit M. de la

Chaussée. Ce qu'il y aura de singulier dans cet événement-ci, c'est que ce sera ce même M. de la Chaussée qui par sa mort facilitera à M. de Bourgainville l'entrée à l'Académie.

On a appris ces jours-ci la mort de M. Winslow, fameux anatomiste ; il étoit fort vieux.

J'ai marqué ci-dessus la mort de M. le prince de Craon. Sa veuve est Ligneville, propre tante de Mlle de Ligneville qui a épousé M. Helvétius le fils. Par cette raison on pourroit croire que M. et Mme Helvétius prendroient le deuil ; mais le caractère de M. Helvétius est la simplicité et la modestie. Il a cru qu'il ne lui convenoit pas de porter le deuil de M. de Craon, et il a déclaré qu'il ne le prendroit pas.

Du samedi 23, *Versailles.* — M. le maréchal de Maulevrier-Langeron est mort à Paris aujourd'hui. Le nom de MM. de Langeron est Andrault. Il étoit né le 3 novembre 1677 ; il fut fait colonel d'infanterie en 1697, brigadier en 1704, maréchal de camp en 1710, lieutenant général en 1720, chevalier de la Toison d'or en 1721, commandeur de l'ordre de Saint-Louis en 1730, gouverneur de Briançon en 1737 et maréchal de France le 1er mai 1745. Il avoit épousé en 1716 la sœur de M. le Camus, premier président de la cour des aides ; il en a eu trois garçons, dont un mort en 1742 en Bavière, et deux filles, dont une religieuse aux filles Sainte-Marie à Lyon et l'autre qui est morte. M. le maréchal de Langeron est frère du commandeur de Langeron, chef d'escadre. La famille d'Andrault fut divisée en deux branches vers l'an 1560 par deux frères, Pierre et Philippe. M. le maréchal de Langeron descend de Philippe qui étoit le cadet ; il étoit son arrière-petit-fils.

Du dimanche 24, *Versailles.* — Mme de la Ferronays fut présentée par Mme de Clermont-d'Amboise (Chabot) et Mme d'Houdetot par Mme de Saint-Séverin (Villemur), sa tante. Mme de la Ferronays est la fille de M. de Verceil, comme je l'ai marqué ci-dessus ; elle est grande et bien faite et a fort bonne grâce. Mme d'Houdetot est fille de M. de la Live, fermier général ; c'est celui qui a acquis la terre de la Mailleraye de la succession de feu M. le maréchal d'Harcourt.

Le Roi a donné à M. l'abbé de Marbeuf l'abbaye de Saint-Germer (diocèse de Beauvais), vacante par la mort de M. l'évêque de Toul (Bégon) ; cette abbaye n'est marquée qu'à 12,000 livres de revenu, mais elle en vaut bien 15 ou même 18,000.

Le mariage de Mlle de l'Hôpital vient d'être déclaré ; c'est l'aînée des deux filles de M. de l'Hôpital. Il avoit déjà été question d'un mariage pour elle avec M. de Galiffet ; il y eut alors des difficultés qui arrêtèrent. Elle épouse M. de Lostanges (Dulau) ; il est colonel du régiment des cuirassiers depuis neuf ans et chevalier de Saint-Louis. En faveur du mariage, le Roi donne à M. de Lostanges la survivance de la charge de premier écuyer de Madame Adélaïde qu'a M. de l'Hôpital, et une place de dame de Madame Adélaïde à la nouvelle mariée ; on dit sans appointements ; cependant on prétend qu'il y aura 4,000 livres d'appointements, c'est peut-être un article secret ; ce qui est certain c'est que M. de Lostanges a 2,000 écus de pension en attendant qu'il soit titulaire de la charge.

On a appris la mort de M. Secousse ; il étoit pensionnaire de l'Académie des Inscriptions et Belles-Lettres ; il est mort le 15, âgé de soixante-quatre ans. Il est illustre par l'ouvrage qu'il a fait contenant le recueil des Ordonnances.

Je crois avoir parlé dans le temps de l'édit du mois de mai 1715 portant création de 2 millions de rentes viagères sur les aides et gabelles et les cinq grosses fermes ; M. de Montmartel a été chargé de la recette. Comme il y a beaucoup d'argent dans Paris et peu d'emploi, tout le public s'est empressé d'acquérir de ces rentes, de sorte qu'il s'est trouvé entre les mains de M. de Montmartel plus de 22 millions par delà les fonds pour lesquels l'édit de 1741 avoit été rendu. Le Roi a bien voulu créer de nouvelles rentes viagères pour cet excédant de 22,261,285 livres. Il y a eu un arrêt du conseil et des lettres patentes enregistrées à la chambre des Comptes.

J'ai toujours oublié de parler des tableaux qui ont été présentés au Roi. On trouvera cet article ci-après.

Le 4 mars, M. de Vandières présenta au Roi les ouvrages de peinture et de sculpture faits pendant l'année 1753 par les élèves de l'Académie établie à Paris. Il y avoit en tableaux : l'*Enlèvement de Céphale par l'Aurore*, de Deshayes ; *Psyché montre à ses sœurs les présents qu'elle a reçus de l'Amour*, par Fragonard ; un *Sacrifice à Bacchus*, de Monet ; *Laban qui cherche ses idoles*, de Brenet. Les ouvrages de sculpture sont un modèle de ronde bosse représentant le Roi à cheval habillé à la gauloise, deux bas-reliefs dont l'un représente un cheval nu et l'autre un cheval avec son équipement, par Guiard, quatre petits bas-reliefs qui représentent les Saisons, figurées par des enfants, et un modèle de ronde bosse dont le sujet est une Bacchante qui enivre des enfants, par La Rue le cadet.

Du mardi 26. — Il y eut hier (1) sermon ; le Roi et la Reine y étoient ; ils n'entendirent point le salut en bas ; immédiatement après le sermon ils remontèrent en haut. La Reine entendit dans la tribune les complies et la prière et le salut. Il y avoit eu sermon le dimanche, et on a remarqué comme un événement singulier qu'il y ait eu deux sermons de suite, parce qu'il est arrivé qu'il y avoit sermon le jour de la fête de préférence au dimanche.

On vient d'apprendre la mort de M. le marquis de Saint-Gilles, ci-devant ambassadeur d'Espagne en Hol-

---

(1) Lundi 25 mars, jour de l'Annonciation.

lande, à Madrid, le 16 février, âgé de soixante-treize ans; il étoit chef du conseil des finances.

Du mercredi 27, Versailles. — M. de Creil est venu aujourd'hui faire son remercîment; il est intendant de Metz depuis trente-cinq ans et l'avoit été auparavant pendant quatre ans à la Rochelle. En changeant d'intendance, il avoit eu 7,000 livres de pension. Il quitte l'intendance de Metz, et le Roi lui donne une nouvelle pension de 8,000 livres; outre cela il a promesse de la première place vacante au conseil royal, ce qui est une grande grâce.

Il est mort à Paris deux hommes illustres, chacun dans leur art; l'un est M. Boffrand, architecte du Roi, âgé de quatre-vingt-huit ans, et l'autre est Ballin, orfèvre du Roi, âgé de quatre-vingt-treize ans.

Du jeudi 28, Versailles. — Mardi dernier, M. le lieutenant civil reçut une lettre de M. le chancelier pour l'avertir de se rendre à Versailles le lendemain mercredi. En conséquence de cette lettre, M. le lieutenant civil s'étant rendu à Versailles eut une audience du Roi à laquelle M. le chancelier fut présent, et le Roi défendit à M. le lieutenant civil de donner ni souffrir aucune assemblée des quatre services du Châtelet pour quelque cause que ce fût.

M. le lieutenant civil, regardant cette défense du Roi comme bien générale, prit la liberté de représenter à S. M. que les officiers du Châtelet, comme conseillers, greffiers, procureurs, ne se recevant que par les quatre services assemblés, la défense de s'assembler pourroit empêcher ces réceptions. Sur la représentation de M. le lieutenant civil, S. M. ordonna de nouveau l'exécution de ses premiers ordres, et confirma la défense d'assembler les quatre services, si ce n'étoit pour y notifier par M. le lieutenant civil les ordres du Roi. M. le lieutenant civil, avant de prendre congé du Roi, supplia S. M. de lui accorder la liberté des confrères pour récompense de ses longs services, et le Roi lui dit que cet article dépendroit de la conduite que le Châtelet tiendroit.

Aujourd'hui jeudi, M. le lieutenant civil ayant rendu compte de son voyage de Versailles et de la volonté du Roi aux quatre services du Châtelet assemblés, la pluralité des voix a trouvé que la généralité des ordres du Roi paroissoit gêner toute espèce de service de la Compagnie, et M. le lieutenant civil ayant persisté à dire que les seules assemblées des quatre services et non les fonctions particulières de chaque service étoient défendues, on a prétendu que cette difficulté ne pouvoit se lever sans avoir par écrit la volonté du Roi et que M. le lieutenant civil auroit dû la demander hier à Versailles. Pour concilier la difficulté, la compagnie a chargé M. le lieutenant civil de retourner à Versailles aujourd'hui jeudi, et en conséquence M. le lieutenant civil a sur-le-champ dépêché un courrier à M. le chancelier pour le prévenir de son arrivée et le prier de lui ménager une audience du Roi.

Du vendredi 29, Versailles. — M. le lieutenant civil vint hier à Versailles; il n'eut point d'audience du Roi; il ne vit que M. le chancelier, qui lui parla de la part de S. M. La conduite du Châtelet est si singulière, qu'on ne peut s'empêcher d'en marquer le détail; on trouvera ci-après le bulletin d'aujourd'hui.

Il a été arrêté qu'il sera fait registre du récit fait par M. le lieutenant civil que la compagnie persistera dans ses maximes, droits et usages et dans ses précédents arrêtés, attendu qu'il est défendu aux juges par les ordonnances de déférer à de simples ordres verbaux; que la compagnie ne peut exister sans la liberté de s'assembler et de délibérer; que cette liberté seroit enlevée par lesdits ordres à la compagnie et qui la rendroient inutile pour le service du Roi et du public; et qu'elle ne pourroit renoncer à cette liberté sans s'écarter de son institution et des édits et ordonnances sur lesquels elle est fondée. La compagnie s'assemblera le vendredi 5 avril, à l'issue des services, pour aviser aux moyens de faire parvenir au Roi par M. le chancelier les représentations arrêtées le 14 mars du présent mois, desquelles dépendent comme elle l'espère la justification de sa conduite et le retour des bontés de S. M.

Cet arrêté a passé à la pluralité de 19 contre 18, les voix de MM. Lenoir père et fils n'en faisant qu'une. L'avis qui n'a point passé étoit un sursis indéfini à toutes délibérations sur le récit de M. le lieutenant civil.

J'ai parlé en différentes occasions des grands et utiles établissements que le roi de Pologne fait en Lorraine. J'appris il y a quelques jours que ce prince, toujours occupé du bonheur de ses sujets, et non content de la construction de greniers publics qu'il a fait faire à Nancy pour y mettre des provisions de blé, vient de donner encore une somme de 100,000 livres pour faciliter l'augmentation de ces provisions.

Du samedi 30, *Versailles.* — M. de Caumartin a fait hier et aujourd'hui ses remercîments; il vient d'être nommé intendant de Metz à la place de M. de Creil. M. de Caumartin est petit-neveu de M. d'Argenson, d'aujourd'hui, ministre et secrétaire d'État. M. d'Argenson, père du ministre, avoit épousé la sœur de M. de Caumartin, conseiller d'État, grand-père de celui-ci. Celui-ci a une sœur mariée à M. de la Porte, maître des requêtes et intendant, qui est grande et bien faite et a une figure très-agréable.

Je ne marque point de détail sur les sermons parce que c'est une chose ordinaire. La seule chose qui mérite d'être remarquée, c'est que lorsque la Reine y est seule, M. le cardinal de Soubise, comme grand aumônier, se met auprès du prie-Dieu, comme quand le Roi y est présent.

Du dimanche 31, *Versailles.* — J'ai parlé au 2 décembre dernier de M. le comte de Clermont, qui a rempli à l'Académie françoise la place de M. de Boze. On sait les usages ordinaires des réceptions, la harangue du nouvel académicien et celle du directeur, et les éloges qui sont de règle dans ces discours. Il y avoit des difficultés pour

M. le comte de Clermont, à cause qu'il est prince du sang, titre respectable et qui mérite des distinctions, et en quelque manière incompatible avec un corps dont la gloire et le soutien est la liberté et l'égalité. Quoi qu'il en soit, M. le comte de Clermont n'avoit point encore été reçu ; enfin mercredi ou jeudi dernier, un jour d'assemblée d'Académie, il résolut d'y arriver incognito et de surprendre l'assemblée. Il arrive au vieux Louvre sans être attendu et il entre dans une salle sans savoir où il étoit ; il reconnoît que c'est l'Académie des Sciences ; il sort au plus tôt et arrive enfin à l'Académie françoise ; il prend place auprès de l'abbé Alaric. Le directeur, qui est M. de Saint-Aignan, n'y étoit point ; M. le comte de Clermont fait un petit compliment à la Compagnie : qu'il se félicite d'être entré dans une compagnie savante où il trouveroit des conseils et des exemples pour s'instruire, et qu'il prioit ces Messieurs de recevoir cette assurance de ses sentiments. Il n'y eut pas d'autre forme.

On apprit hier la mort de Mme la maréchale d'Alègre. Je ne sais pas précisément son âge, mais elle avoit plus de vingt ans quand elle fut mariée, et elle le fut le 21 août 1724. M. d'Alègre qu'elle épousa étoit veuf ; il avoit épousé en premières noces la fille de M. de Caminade, président au parlement de Toulouse, dont il avoit trois filles ; l'aînée avoit épousé en 1696 M. de Barbezieux, fils de M. de Louvois, dont elle n'a eu qu'une fille qui étoit la première femme de M. le duc d'Harcourt, mort maréchal de France. Mme de Barbezieux (d'Alègre) mourut le 29 octobre 1706. Les deux autres filles ont été Mme de Rupelmonde dont j'ai marqué la mort, et Mme la maréchale de Maillebois. Mme la maréchale d'Alègre étoit sœur de M. d'Ancezune, dont le nom est Cadare ou Caderousse à cause d'une substitution.

M. de Creuilly, dont j'ai parlé fort au long dans ces Mémoires à l'occasion de ses prétentions sur le duché d'Estouteville, vient de faire une autre démarche d'une autre espèce qui n'a pas mieux réussi. Il a soixante-huit ans et a eu plusieurs attaques d'apoplexie; malgré cela il veut se remarier; il épouse la seconde fille de Mme d'Urfé, qui s'appelle la Rochefoucauld-Lascaris. Il est venu demander que S. M. voulût bien lui faire l'honneur de signer son contrat (1). M. de Creuilly n'a point d'enfants de sa première femme, Mlle de Spinola, et doit être fort riche; on dit qu'il a beaucoup de viager. Mlle de Lascaris a environ vingt-deux ou vingt-trois ans; on prétend qu'elle n'a que 5 ou 6,000 livres de rentes. Sa sœur aînée en avoit davantage, mais elle a voulu quitter sa mère dont l'humeur ne lui convenoit pas; elle a pris une maison, a fait beaucoup de dépense, de manière que l'on dit qu'elle doit environ 500,000 livres. MM. de la Rochefoucauld ont désiré qu'elle se mît dans un couvent, où elle est; elle s'appelle Mlle d'Urfé. Mlle de Lascaris est grande et a une figure très-agréable. Mme d'Urfé est Pontcarré. M. de Pontcarré, son père, premier président du parlement de Rouen, avoit été marié quatre fois; sa première femme étoit Boulanger; la seconde étoit Bragelonne; la troisième Bonnetot, et la quatrième l'aînée de la Marguery. Mme d'Urfé est fille de la Bragelonne (2).

---

(1) Il prétend que depuis qu'il a prêté serment au parlement de Rouen de prendre le nom et les armes d'Estouteville, il ne peut plus porter d'autre nom; en conséquence tous les billets qu'il envoie pour faire part de son mariage sont sous le nom d'Estouteville; mais l'embarras étoit grand en présence du Roi, qui lui avoit fait défendre de porter ce nom; il s'est adressé à M. d'Aumont, qui est en année, et M. d'Aumont a dit que M. le duc d'Estissac qui étoit présent demandoit l'agrément de S. M. pour Mlle de Lascaris avec *Monsieur*, en montrant M. de Creuilly, mais sans le nommer. (*Note du duc de Luynes.*)

(2) M. de Creuilly, dont il est parlé ci-devant, est né en 1686; il est le deuxième fils de M. de Seignelay, de son deuxième mariage. M. de Seignelay étoit fils aîné de M. de Colbert, né à Paris le 31 août 1619, mort le 6 septembre 1683, et de Marie Charon, mariée en 1648, morte le 8 avril 1687. Ce M. de Seignelay né en 1651 fut marié deux fois : 1° le 8 février 1675 à Mlle d'Alègre, fille unique du marquis, morte le 16 mars 1678, dont il n'eut qu'une fille morte en bas âge; 2° le 6 septembre 1679, avec la fille puinée du comte de Torigny

AVRIL.

Nouvel aumônier du Roi. — Abbaye donnée. — Vol chez la Dauphine. — Exil de M. Parisot. — Révérences et serment. — Mort de M. de Nestier. — Haras de Séez. — Les grandes entrées. — L'Académie française. — Mort du bailli Deschpisy. — Anecdote sur Monsieur, frère de Louis XIV. — Affaires du Châtelet. — Magasin de blé en Lorraine. — Suite des affaires du Châtelet. — Mort de M. de Meuse. — Le P. Laugier. — Morts. — Anecdote sur le siége de Gravelines. — M. de Lambert. — Évêque nommé. — Vol chez Mme de Durfort. — Morts. — Évêché de Bethléem. — M. de Lambert et sa fortune. — Mort de M. de Céreste. — Élection de M. de Bougainville. — Mariages et morts. — Automate. — Lettre au maréchal de Belle-Isle sur la mort de M. de Caravajal. — Sacre d'un évêque et usages. — Mort de la duchesse de Penthièvre. — M. de Bridge.

Du lundi 1er, *Versailles.* — Je vis hier pour la première fois un nouvel aumônier du Roi ; c'est l'abbé de Chabannes, qui a eu la place de l'abbé de Termont lorsque celui-ci a été nommé évêque de Blois. Ce Chabannes est cousin de celui que l'on appeloit *le Bavarois* et de celui qui a épousé Mlle du Plessis-Châtillon.

Le Roi travailla hier avec M. l'ancien évêque de Mirepoix ; il n'y eut de bénéfice de donné que l'abbaye de Saint-Amand ; c'est une abbaye régulière qui vaut, à ce que l'on dit, 100,000 livres de revenu. Le choix de l'abbé se fait toujours par élection, mais c'est toujours en présence d'un commissaire du Roi. Ces abbayes régulières sont

---

(Matignon). Il mourut le 3 novembre 1689. Sa veuve se remaria le 22 février 1696 au comte de Marsan (Lorraine), duquel elle eut M. le prince de Pons et M. le chevalier de Lorraine depuis prince de Lixin, tué à Philipsbourg en 1734. Elle mourut le 7 décembre 1699, laissant cinq garçons de M. de Seignelay. L'aîné, marquis de Seignelay, maître de la garde-robe du Roi en 1690, en survivance du marquis de la Salle, mourut le 26 février 1712, âgé de vingt-huit ans. Il avoit épousé le 10 janvier 1708 Mlle de Furstemberg, dont il eut deux filles, l'une desquelles a été la première femme de M. le duc de Luxembourg. — Le deuxième, M. de Creuilly ci-dessus, veuf de Mlle de Spinola. — Le troisième, chevalier de Malte, né en 1687, mort en janvier 1705. — Le quatrième, l'abbé de Seignelay, depuis comte, lequel épousa, en premières noces, le 11 mars 1717, Mlle de Valsassine (la Tour-Taxis) de laquelle il a eu Mme de Jonsac ; en secondes noces il épousa Mlle de Biron, dont il a eu plusieurs enfants. — Le cinquième fils étoit M. le comte de Ligny, né en 1690 et mort en 1695. (*Note du duc de Luynes.*)

données quelquefois à des cardinaux ; c'est un privilége attaché à la dignité de cardinal. Les auditeurs de rote prétendent le même droit. Celle-ci a été donnée à un régulier, mais le Roi a mis 37 ou 38,000 livres de pensions sur ce bénéfice. Il y en avoit encore d'anciennes pour une somme fort considérable.

Du mardi 2, Versailles. — Il y eut un vol fait avant-hier chez Mme la Dauphine, qui est fort singulier. Mme la Dauphine laisse l'argent de son jeu entre les mains de Mme Dufour, sa première femme de chambre ; mais elle a outre cela de l'argent à elle qui est renfermé dans une cassette ; il y avoit 400 louis dans cette cassette et beaucoup d'autres choses dont je ne sais point le détail. Il y a plus d'un an que Mme la Dauphine s'aperçoit qu'elle est volée de temps en temps, et elle avoit jugé à propos de prendre des précautions pour enfermer cette cassette ; elle étoit enfermée dans une armoire dans son cabinet particulier ; la clef de cette armoire étoit dans un secrétaire, et la clef du secrétaire étoit dans la bourse de Mme la Dauphine. La cassette s'est trouvée enlevée de l'armoire sans qu'il y ait aucune fracture ni que l'armoire ait été ouverte.

J'apprends dans le moment que M. Parisot, maître des requêtes, qui est actuellement à Versailles, a ordre de se retirer dans ses terres et de vendre sa charge ; il n'avoit plus depuis deux ans la permission d'exercer cette charge ; on dit que c'est au sujet d'un mémoire qu'il a donné.

Du mercredi 3, Versailles. — On a appris aujourd'hui la mort de Mme d'Orçay et de M. de Fontanges. Mme d'Orçay étoit Saint-Abre ; elle avoit eu un fils qui mourut d'une suite de petite vérole le vingt-cinquième ou le vingt-sixième jour ; elle avoit dix-sept ou dix-huit ans. Il étoit capitaine dans le régiment d'Aumont. M. d'Orçay, son mari, étoit maître des requêtes et intendant de Limoges ; il avoit épousé en premières noces Mlle le Grain, dont il avoit eu Mme de Pracomtal et Mme de Bérenger.

M. de Fontanges avoit épousé Mlle de Fontaine, qui est dame d'honneur de Mme la princesse de Conty.

Du jeudi 4, Versailles. — La famille des d'Alègre a fait aujourd'hui ses révérences, les hommes le matin, les femmes l'après-dînée. Les hommes étoient M. le maréchal de Maillebois et son fils, M. d'Hautefort à cause de sa seconde femme, petite-fille du maréchal d'Alègre, M. de Guerchy aussi comme mari d'une petite-fille, et M. de Sourches comme gendre de M. de Maillebois. Les femmes étoient Mme la maréchale de Maillebois avec sa belle-fille (d'Argenson), sa fille Mme de Sourches et sa nièce Mme de Guerchy. Je ne suis pas cependant sûr si Mme de Maillebois la belle-fille y étoit. Les hommes en manteaux longs et les femmes en mantes.

M. de Saint-Contest a prêté serment aujourd'hui dans le cabinet. La seule chose à remarquer dans cette cérémonie, après laquelle il commence à porter le cordon, c'est qu'il prête serment l'épée au côté, et que l'on ôte ordinairement son épée pour prêter serment; il n'y a que le capitaine des gardes qui a le privilége de ne la point ôter.

Ce matin on a trouvé M. de Nestier en apoplexie dans son lit. On est entré à neuf heures chez lui comme à l'ordinaire; son domestique a été étonné de ce qu'il ne lui disoit rien; il est ressorti et est rentré au bout d'une heure ou environ; il a été à son lit, l'a trouvé sans connoissance ayant la bouche tournée. C'est la première attaque qu'a eue M. de Nestier. Hier au soir il se portoit très-bien; il soupa longuement comme à son ordinaire; il étoit quelques fois jusqu'à trois heures à table, même étant tout seul. Il prétendoit que de manger doucement, mâcher beaucoup et se reposer souvent en mangeant étoient absolument nécessaires pour sa santé; on prétend qu'il mangeoit peu malgré cela. Il avoit un fort bon cuisinier; il dînoit fort sobrement, ne faisoit d'autre repas que le soir et ne mangeoit presque jamais hors de chez lui. Je l'ai vu fort longtemps attaché à M. le comte d'Évreux, commandant son équipage ; il étoit bon veneur, très-bel homme de cheval et très-habile. Feu M. le prince Charles l'aimoit beaucoup ; il le demanda à M. le comte d'Évreux pour l'attacher au Roi. M. de Nestier s'étoit occupé à monter les chevaux du Roi pour les perfectionner et être en état de pouvoir en répondre autant qu'il est possible. M. le prince Charles lui avoit donné le commandement de la grande écurie, et il y a quelques années que le Roi lui donna la survivance du chevalier de Garsault de la charge de capitaine ou commandant du haras établi dans la ville de Seez, place qui ne vaut que 7,000 livres d'appointements fixes, mais qui à ce qu'on prétend en vaut bien 20,000 et même davantage. Il n'y a qu'un an ou environ que le chevalier de Garsault est mort ; il vivoit encore lorsque le Roi donna à M. de Butler, second écuyer de la grande écurie, la survivance de la survivance de M. de Nestier. M. de Nestier n'avoit que soixante-huit ans.

Du vendredi 5, Versailles. — J'ai marqué ci-dessus que le Roi a accordé les entrées de la chambre à M. l'archevêque de Rouen à la prière de la Reine. La Reine a demandé aujourd'hui cette même grâce au Roi pour M. le maréchal de la Mothe et pour moi, et le Roi l'a accordée de fort bonne grâce. Aussitôt que cela fut fait la Reine écrivit à Mme de Luynes dans les termes les plus remplis de bonté pour elle et pour moi. Mme de Luynes, qui par sa charge a les grandes entrées chez le Roi, vint en même temps que moi faire ses remerciements au Roi et ils furent très-bien reçus. Les entrées de la chambre ne font aucune différence au coucher. Au lever elles entrent un moment avant les courtisans quand on appelle la chambre, lorsque le Roi sort de son prie-Dieu pour entrer dans son cabinet de glace. Les entrées de la chambre entrent dans ce cabinet ; elles suivent le Roi par la porte de glace lorsqu'il va à la messe, et rentrent aussi par cette même porte, mais seulement à sa suite. Le même droit d'entrées par la porte de glace à la suite du Roi subsiste pour l'heure du sermon et des vêpres ; mais pour les saluts le Roi passant par sa garde-robe et ses cabinets et sortant et rentrant par la petite porte qui est dans la pièce du trône, non-seulement elles ne suivent point le Roi par cette petite porte, mais même elles ne rentrent point alors par la porte de glace ; elles ne rentrent dans le cabinet qu'en faisant le tour par l'Œil-de-Bœuf et la chambre. Elles entrent aussi au débotté, mais non pas à l'heure de l'ordre le soir ; c'est alors une entrée particulière, entrée de charges, charges qu'ont le grand aumônier, le premier aumônier, les quatre capitaines des gardes, le capitaine des Cent-Suisses, les deux commandants des gendarmes et chevau-légers, le grand écuyer et le premier écuyer. Il y en a peut-être encore quelques autres que j'oublie, mais peu de gens ont ces entrées.

Du dimanche 7, Versailles. — J'ai marqué la mort de M. de la Chaussée. Il est mort dans le quartier de janvier. On sait que l'usage et la règle de l'Académie est de faire tous les trois mois l'élection d'un directeur et d'un chancelier. C'est le directeur qui reçoit les académiciens, et en l'absence du directeur c'est le chancelier. L'usage étoit anciennement que lorsqu'un académicien mouroit à la fin d'un quartier, le successeur étant élu dans le quartier suivant étoit reçu par le nouveau directeur ou par le nouveau chancelier. Il y a quelques années que l'Académie a fait un règlement pour changer cet usage ; le directeur ou le chancelier du quartier dans lequel est mort l'académicien reçoit son successeur. C'étoit M. le duc de Saint-Aignan qui étoit directeur du quartier de janvier, et M. le président Hénault chancelier ; ainsi le nouvel académicien sera reçu par l'un des deux. Le directeur de ce quartier-ci est l'abbé Alary et le chancelier est Crébillon.

J'appris avant-hier que le bailli Deschoisy (1), qui étoit

---

(1) Il s'appeloit Lesmerye. Outre le grand prieuré d'Aquitaine, il avoit les

fort âgé, est mort; il étoit grand prieur d'Aquitaine. Cette place, qui vaut 35 ou 40,000 livres de rente, a été donnée, suivant l'usage et la règle, au chevalier de Saint-Germain, qui étoit grand hospitalier.

On a déjà vu dans ces journaux que je mets souvent des faits anciens lorsqu'ils sont dignes de curiosité; j'ai peut-être déjà écrit celui-ci : c'est sur la reine d'Espagne, femme de Charles II et fille de Monsieur et de Madame Henriette d'Angleterre. Lorsque le mariage fut arrêté, la reine d'Espagne voulut savoir qui étoit celui sur qui Monsieur avoit jeté les yeux pour la conduire en Espagne; elle le demanda à Monsieur, qui lui nomma le chevalier de Lorraine. « Ah! Monsieur, s'écria-t-elle, celui qui a empoisonné ma mère! » On sait, quoi qu'en dise M. de Voltaire, que la reine d'Espagne fut empoisonnée, que le roi d'Espagne, qui l'aimoit, prévoyoit ce funeste événement et lui avoit recommandé de ne boire et de ne manger que les mêmes choses que lui. On sait aussi que Madame Henriette fut aussi très-certainement empoisonnée. Voltaire veut révoquer en doute ces faits abominables; mais malheureusement ils n'en sont pas moins vrais, et le chevalier de Lorraine, quoiqu'il fût alors à Rome, a toujours été regardé comme l'auteur de l'empoisonnement de Madame. Quoi qu'il en soit, Monsieur fut fort étonné de la réponse de la reine d'Espagne, et lui demanda avec colère qui lui avoit tenu de pareils propos; la reine d'Espagne, effrayée et embarrassée, lui dit que c'étoit la maréchale de Clérembault, qui étoit sa gouvernante. Monsieur, transporté de colère, entre chez Madame (c'étoit sa seconde femme, de la maison Palatine) et lui dit qu'il faut absolument renvoyer Mme de Clérembault;

---

commanderies de Blizon et du Fretay. Il est mort à Poitiers, à l'âge de quatre-vingt-quinze ans. Il faisoit beaucoup d'aumônes. Il avoit bâti, meublé et fondé un hôpital pour les pauvres incurables de la province du Poitou. (*Note du duc de Luynes.*)

il lui en dit en même temps la raison. Madame lui répond qu'il a grand tort de se fâcher : « Vous avez intimidé votre fille, lui dit-elle, par la vivacité avec laquelle vous lui avez parlé ; c'est par embarras qu'elle vous a nommé la maréchale de Clérembault; elle n'a pas osé me nommer ; c'est moi qui lui ai dit ce qu'elle vous a répété du chevalier de Lorraine. » La présence d'esprit de cette réponse est remarquable.

Il y a eu aujourd'hui grande messe à l'ordinaire. Le Roi et la Reine ont été en bas. LL. MM. ont été aussi en bas entendre le sermon et les vêpres chantés par la grande chapelle; il n'y a point eu de complies, seulement la prière et le salut. Le Roi et la Reine ont remonté après les vêpres. La Reine est entrée dans la grande tribune. Le Roi a retourné chez lui et est revenu au salut. Il n'y a point d'évêque qui officie ces jours-ci. C'est Mme de Riants (Croissy) qui a quêté. L'usage ordinaire des prédicateurs ce jour-ci est de prêcher sur la communion. Le P. Laugier, qui nous a souvent donné des sujets nouveaux, a pris pour sujet la bonté que les grands doivent avoir pour leurs inférieurs ; rien de plus essentiellement nécessaire aux grands que cette bonté, premier point; rien de si avantageux pour eux, second point. Ce discours étoit détaillé et instructif.

On trouvera ci-après ce qui s'est passé au Châtelet le 5 et le 6.

Du 5. — L'assemblée de la compagnie qui avoit été indiquée pour aujourd'hui n'a pas été tenue. M. le lieutenant civil, attendu les ordres du Roi qu'il avoit reçus, n'a pas voulu entrer en la chambre du conseil après l'audience du parc civil, quoiqu'il ait été requis sur-le-champ par plusieurs de MM. les conseillers, qui sur son refus ont été trouver M. Lenoir, lieutenant particulier, pour l'engager à venir les présider ; mais il leur a répondu qu'il ne pouvoit déférer à leur demande, M. le lieutenant civil étant encore au Châtelet à son cabinet; que d'ailleurs il y avoit, entre ce magistrat et lui, M. le lieutenant de police auquel ils pouvoient s'adresser. Tous ces Messieurs en très-grand nombre, se sont retirés en la chambre du conseil, où, après avoir conféré ensemble jusqu'à près de deux heures, ils se sont séparés sans avoir fait aucun délibéré ni arrêté par écrit.

Il y a lieu de craindre une cessation de tout service, avec d'autant plus de raison que de tous les conseillers que M. le lieutenant civil avoit mandés chez lui en conséquence des ordres du Roi qu'il avoit reçus pour les leur notifier, le plus grand nombre d'entre eux n'a tenu compte de s'y trouver.

Du 6. — Les audiences du parc civil et du présidial ont tenu comme à l'ordinaire.

A l'issue de l'audience du parc civil, MM. de Farcy et de Montaut ont invité M. le lieutenant civil de passer à la chambre du conseil, ce qu'il a refusé. Il avoit été requis précédemment par M. l'abbé de Montanglois de reconduire au sortir de cette audience tous Messieurs de la colonne du parc civil (1) en la chambre du conseil, ce qu'il a aussi refusé.

---

(1) Les conseillers du Châtelet étaient divisés en quatre *colonnes* qui remplissaient quatre *services*, savoir :

Le criminel,
Le parc civil,
Le présidial,
La chambre du conseil.

Les *colonnes* changeaient de *service* tous les mois, de sorte que chaque colonne servait trois fois dans chaque service pendant l'année, ainsi qu'on le voit dans le tableau suivant.

CRIMINEL.....	1re col. janvier, mai, septembre. 4e col. février, juin, octobre. 3e col. mars, juillet, novembre. 2e col. avril, août, décembre.
PARC CIVIL...	1re col. février, juin, octobre. 4e col. mars, juillet, novembre. 3e col. avril, août, décembre. 2e col. mai, septembre, janvier.
PRÉSIDIAL....	1re col. mars, juillet, novembre. 4e col. avril, août, décembre. 3e col. mai, septembre, janvier. 2e col. juin, octobre, février.
CONSEIL......	1re col. avril, août, décembre. 4e col. mai, septembre, janvier. 3e col. juin, octobre, février. 2e col. juillet, novembre, mars.

Chaque colonne se composait de 12 ou 13 magistrats présidés par le doyen.

Messieurs se sont ensuite assemblés en la chambre du conseil, où, après avoir conféré ensemble jusqu'à une heure et demie, ils se sont séparés sans qu'il y ait eu aucune délibération, ni arrêté par écrit. Ils ont remis à mardi prochain à se rassembler avant les services.

Du lundi 8, Versailles. — J'ai parlé ci-dessus des 100,000 livres que le roi de Pologne vient de donner depuis peu pour des magasins de blé; j'avois grande curiosité de savoir le détail de ce nouvel arrangement; on le trouvera dans l'extrait ci-après. Cet extrait est de la lettre d'un conseiller intime du roi de Pologne dont la capacité et l'intelligence sont aussi grandes que l'affection et le zèle; c'est lui qui depuis la mort de M. de Mechek règle tout ce qui regarde la dépense de la maison du roi de Pologne, sous les ordres de M. le duc Ossolinski.

Extrait d'une lettre datée du 1er avril.

J'ai en effet, Monsieur, fait délivrer à M. de la Galaisière, il y a quinze jours, une somme de 100,000 livres, argent au cours de France, pour être employée, suivant les intentions du roi de Pologne, à faire une augmentation de magasins de blé en Lorraine pour le soulagement de ses sujets en cas de disette.

S. M. a déjà fait délivrer, en 1750, 120,000 livres qui ont dû être employées en achats de blé pour former des magasins à Nancy, Bar, Étain et Épinal. Les 100,000 livres que je viens de faire remettre serviront à faire augmenter le magasin de Nancy de 1,000 sacs, et celui de Bar de 1,000 sacs, à en établir un à Lunéville de 2,000 sacs, un à Saint-Mihiel de 1,000 sacs, un à Pont-à-Mousson de 1,000 sacs, un à Dieuze de 1,000 sacs, un à Sarreguemines de 1,000 sacs, un à Saint-Dié de 1,000 sacs, un à Boulay de 1,000 sacs, un à Mirecourt de 1,000 sacs, et un à Neufchâteau de 1,000 sacs.

Ces magasins seront régis et administrés par les officiers municipaux des villes, aux frais desdites villes, et renouvelés à chaque Saint-Martin.

Vous voyez, Monsieur, que malgré nos immenses bâtiments, dont la dépense en vérité me fait trembler, le Roi trouve par nos arrangements les moyens de faire du bien à ses peuples, sans rien diminuer de la dépense de sa maison, qui est toujours la même et qui se soutient par le plus grand ordre.

Il y a quelques jours que l'on a fait une augmentation

dans la chapelle de Madame Adélaïde; elle avoit deux aumôniers, deux chapelains et deux clercs de chapelle; on vient d'ajouter deux aumôniers, deux chapelains et deux clercs de chapelle.

J'ai oublié d'écrire la mort de M. Marolles de Rocheplate, brigadier de cavalerie, mort à Paris le 18 du mois dernier, âgé de soixante-neuf ans.

Du mardi 9, Dampierre.

Suite de la conduite du Châtelet.

Les audiences du parc civil et du présidial ont remis comme à l'ordinaire; les chambres du conseil et criminelle n'ont point entré. Deux de MM. les conseillers ont été requérir M. le lieutenant civil, après l'audience du parc civil, d'assembler la compagnie, ce qu'il a refusé. Ces Messieurs se sont retirés à la chambre du conseil, où, après avoir conféré ensemble près d'un quart d'heure sans avoir fait d'arrêté, ni pris de délibération par écrit, ils se sont séparés et ont remis à s'assembler le lundi d'après la Quasimodo.

M. Quillet, conseiller au Châtelet, a été arrêté cette nuit et conduit à la Bastille de l'ordre du Roi, et ses papiers enlevés. MM. le Pelletier et du Coudray, aussi conseillers au Châtelet, qu'on devoit conduire à la Bastille, ont pris la fuite; mais leurs papiers ont été enlevés (1).

Du vendredi 12, Dampierre. — Mme de Luynes me manda hier la mort de Mme de Bellefonds, arrivée le 9. Elle étoit malade de la poitrine depuis longtemps. Cette raison et la grande piété dans laquelle elle étoit l'avoient déterminée à quitter la place de dame de Mme la Dauphine; elle vivoit dans une grande retraite et dans la plus grande dévotion. Elle avoit, je crois, tout au plus quarante ans. Elle étoit fille de M. du Châtelet et de la sœur de M. de Richelieu. La mère de son mari étoit Ecquevilly, la grand' mère Mazarin, et la bisaïeule Fouquet.

Il n'y a rien eu de remarquable hier à la cène, excepté

---

(1) C'est M. le président Onillon qui a mis le scellé. Ils n'ont rien fait; cela est remis à demain.

qu'à celle du Roi, M. le prince de Condé y a fait pour la première fois les fonctions de grand maître. Tous les princes du sang y étoient, excepté M. le duc d'Orléans et M. le comte de Charolois. M. de Dombes et M. d'Eu y étoient aussi ; M. de Penthièvre ne pouvoit y être à cause de l'état de Mme de Penthièvre. Les seigneurs qui ont servi étant souvent remplacés par des gentilshommes servants, étoient MM. de Flamarens oncle et neveu, d'Armentières ou son fils Conflans, Croissy, Guerchy quoiqu'en pleureuses, Coigny, Seran, fils de la baronne de Montmorency.

A la cène de la Reine, Mesdames toutes quatre, Mme la princesse de Condé, quatre dames du palais titrées, Mmes de Boufflers, Fitz-James, Fleury, Aiguillon, Mme de Mazarin (Duras) qui a quêté, quatre dames du palais non titrées, Mmes de Bouzols, Talleyrand, Gramont et de Flavacourt ; la quinzième dame étoit Mme d'Escars (Berwick).

L'absoute a été faite par M. l'évêque de Blois (Termont), ci-devant aumônier du Roi. Le prédicateur est M. l'abbé Sutil, Prémontré et prieur de Château-Thierry.

Le prédicateur de la Reine est M. l'abbé Spiat, chanoine de Besançon et conseiller clerc au parlement de Besançon. Il est prédicateur de la Reine en charge.

Du dimanche 14, *Dampierre.* — M. de Meuse mourut à Paris, le 11, dans une maison qu'il avoit louée sur le quai des Théatins ; il avoit soixante-sept ou soixante-huit ans. Il étoit fort sujet à la goutte depuis plusieurs années ; outre des attaques violentes qu'il avoit de temps en temps, il étoit tourmenté de rhumatismes fort douloureux, et en dernier lieu de palpitations de cœur très-violentes ; c'est de la suite de ce mal qu'il est mort. Il avoit été à toute extrémité la surveille ; on le crut hors de danger le lendemain, mais ce mieux ne fut pas de longue durée. Il avoit eu deux garçons de Mlle de Zurlauben, qui est vivante ; tous deux sont morts de la petite vérole. L'un avoit épousé la fille de M. Paris, nièce de M. de Montmartel ;

elle est fort retirée, vivant dans une grande piété ; elle a deux garçons. L'autre qui est du Han, dont j'ai marqué le mariage dans le temps, a laissé un garçon ; sa veuve n'est point remariée. M. de Meuse étoit lieutenant général, chevalier de l'Ordre et gouverneur de Saint-Malo. Il avoit été ce qu'on appelle jeune, aimant fort à se divertir et d'une gaieté naturelle qui se communiquoit presque nécessairement à tous ceux avec qui il vivoit. Il étoit de la plus grande politesse ; le Roi avoit beaucoup de bonté pour lui ; il suivoit ordinairement S. M. dans ses voyages, il soupoit avec elle dans ses cabinets ; il étoit toujours très-bien reçu parce qu'il étoit fort aimable. Il avoit le visage jeune. On lui avoit souvent fait des plaisanteries sur ce qu'il avoit la bouche extrêmement petite. Depuis un an ou deux sa mauvaise santé l'avoit obligé à demeurer souvent à Paris. Il avoit une assez belle terre en Lorraine nommée Sorcy, où il y a un château bien bâti ; c'étoit presque tout son bien, et il n'étoit à son aise que par les bienfaits du Roi et parce que, vivant presque toujours à la cour sans en sortir, il avoit moins de dépense à faire. Il avoit été élevé dans sa jeunesse chez M. le duc de Choiseul, second mari de Mme Brulart, mère de Mme de Luynes.

Du mardi 16, *Dampierre.* — J'ai appris aujourd'hui que M. de la Vallière a vendu avec l'agrément du Roi le gouvernement de Bourbonnois à M. de Peyre. Ce gouvernement vaut 35,000 livres de rente ; mais il est chargé de 8,000 livres de pension pour Mme la duchesse de la Vallière (Noailles), et le Roi veut bien quand elle sera morte que Mme de la Vallière (d'Uzès) jouisse de la même pension sa vie durant. On ne sait pas au juste le prix qu'il donne pour ce gouvernement, mais on croit que c'est 200,000 écus, et que c'est pour l'en dédommager qu'on lui donne une place de colonel dans les grenadiers de France, c'est-à-dire la promesse de la première vacante. Le jeune homme n'a pas seize ans et il est mousquetaire surnuméraire; sa mère est Gassion, et par conséquent petite-fille de M. d'Armenonville, le garde des sceaux; elle avoit une sœur qu'on appeloit Mme d'Anlezy, dont le mari, homme fort extraordinaire, faisoit beaucoup de dettes où il exigeoit qu'elle signât. M. de Gassion son père lui avoit défendu de signer, sous peine de la déshériter; comme elle est très-vertueuse, elle n'a pas voulu courre les risques de se brouiller avec son mari; elle a été déshéritée; elle meurt de faim pendant que sa sœur (qui est Mme de Peyre) a plus de 50,000 écus de rente.

M. de la Rivière vint hier à Versailles avec M. de la Trémoille et M. de la Fayette demander l'agrément du Roi pour le mariage de Mme de la Rivière, sa petite-fille, avec M. de la Fayette. M. de la Fayette est un jeune homme qui vient d'avoir une place de colonel dans les grenadiers de France; il est parent de M. de la Trémoille, parce que Mme de la Trémoille grande-mère de M. de la Trémoille d'aujourd'hui, étoit la Fayette. Mlle de la Rivière est fille de Mme de la Rivière, dame de Madame Adélaïde, qui mourut l'année dernière.

J'ai marqué la mort de Mme de Bellefonds. J'appris hier une circonstance de ses dispositions testamentaires. La famille de son mari lui avoit remboursé son douaire; ce remboursement, qui étoit de 100,000 livres en argent comptant, n'avoit point été employé; Mme de Bellefonds n'a pas voulu en disposer, quoiqu'elle n'ait point d'enfant, que pour le rendre à la famille de son mari; elle a donné ces 100,000 livres à Mme de Fervaques, sa tante, qu'elle a priée en même temps d'être son exécutrice testamentaire, on m'a dit même légataire universelle, mais je ne suis sûr que de celle d'exécutrice testamentaire. Comme Mme de Bellefonds étoit dans la plus grande piété, elle a ordonné par humilité qu'on l'enterrât dans le cimetière des pauvre, avec cette inscription : *Ci-gît....* mettre son nom; et ensuite *grande pécheresse à qui Dieu a fait la grâce de donner le temps de faire pénitence.* On peut bien croire qu'on ne mettra pas cette inscription, mais la volonté de Mme de Bellefonds est une nouvelle preuve de sa vertu.

Le gouvernement de Saint-Malo qu'avoit M. de Meuse a été donné à M. de Maubourg, lequel, comme j'ai dit ci-dessus, avoit 12,000 livres de pension en attendant un gouvernement; ainsi voilà la pension éteinte, et M. de Maubourg y gagnera beaucoup.

Le sermon du P. Laugier d'avant-hier a fait encore grand bruit; j'ai déjà dit qu'il ne s'assujettissoit point à traiter les sujets ordinairement consacrés aux différentes solennités; il ne parla point de la Communion le dimanche des Rameaux, ni avant-hier de la Résurrection; il parla du devoir des grands par rapport à la religion, dit qu'ils sont en quelque manière à la religion et qu'ils contribuent à la faire honorer; et dans le second point, que lorsqu'ils ne remplissent point cette obligation, ils déshonorent la religion et se déshonorent eux-mêmes. Je n'étois pas au sermon, mais en voilà à peu près le sens, suivant ce que l'on m'en a rapporté. Il y a eu des expressions très-fortes sur la nécessité que les grands empêchent que l'on ne s'écarte de l'obéissance due à la religion, que c'est leur devoir et même leur intérêt, ceux qui leur sont soumis n'étant pas bien éloignés de leur désobéir lorsqu'ils sont dans l'habitude de désobéir à Dieu. M. le cardinal de Soubise avoit parlé au P. Laugier et lui avoit demandé à voir son sermon de Pâques et son compliment, mais ce Père lui répondit qu'il ne pourroit lui montrer que des morceaux détachés qu'il écrivoit pour fixer sa mémoire, que d'ailleurs il parloit sur-le-champ. Le compliment d'avant-hier fut fort convenable. La quêteuse fut Mme la duchesse d'Olonne. Mme la duchesse d'Olonne est fille de M. de Ravannes; sa mère étoit une jeune personne que Mme la princesse de Conty (la grande) a fait élever et qu'on appeloit Agnès; cette petite-fille avoit été trouvée et avoit très-bien tourné. Mme la princesse de

Conty s'est intéressée à M. de Ravannes à condition qu'il épouseroit cette jeune fille; le mariage s'est fait et elle a eu Mme d'Olonne d'aujourd'hui, laquelle a épousé en premières noces M. de Bayers, de la maison de la Rochefoucauld, dont elle n'a point eu d'enfants.

Il y eut jeudi à la cène de la Reine une petite occasion de plaintes des dames du palais. Mme la princesse de Condé portoit des plats; Mme de Renty, sa dame d'honneur, crut devoir la suivre continuellement dans cette fonction, et par conséquent elle coupoit souvent les dames du palais qui servoient. Les dames du palais l'ont trouvé mauvais, et n'avoient pas tort. Les filles de France, et je crois les petites-filles, ont droit de se faire suivre par une dame dans cette occasion, mais les princesses du sang n'eurent jamais pareil droit. Mme de Renty est une fille de condition qui a été élevée en province et dans un couvent; elle étoit attachée à Mlle de Soubise; elle est devenue sa dame d'honneur; elle ne sait point les usages de la Cour et elle en convient. On lui aura dit en général qu'il falloit que Mme la princesse de Condé fît comme Mesdames, cela étoit vrai à certains égards; Mme de Renty n'a pas su faire la distinction; aussi Madame Adélaïde a-t-elle jugé que ce n'étoit point prétention, mais ignorance.

Du jeudi 18, *Dampierre.* — Je n'appris qu'hier la mort de M. de Caravajal, ministre et secrétaire d'État du *Despacho universal* du roi d'Espagne; il avoit une capacité et une probité qui le faisoient universellement estimer. J'ai déjà parlé de lui dans ces Mémoires. M. d'Ensenada, qui a la principale confiance du roi d'Espagne, n'aimoit pas M. de Caravajal, mais il l'estimoit et vivoit bien avec lui; il avoit même l'attention de lui renvoyer avec exactitude toutes les affaires qui pouvoient le regarder. J'ai déjà dit que ces deux ministres ne s'accordoient que dans leur aversion pour la France. On me mande de Versailles que c'est M. le duc d'Huescar qui a la place de M. de Caravajal; il l'a eue effectivement, mais il ne l'a eue que par intérim.

On me mande aussi que M. de Céreste et Mme Blot ont la petite vérole. M. de Chenonceaux a aussi cette maladie; il est fils de M. Dupin, fermier général. Il a épousé la fille de Mme la vicomtesse de Rochechouart (Rochechouart-Bâtiment).

Distribution de logements que le Roi a faite dans son château de Versailles.

Le logement de M. le marquis de Meuse donné à Mme la marquise de Boufflers.

Le logement de Mme la marquise de Boufflers donné à Mlle de Bracq.

Le logement de Mlle de Bracq donné à Mme la marquise de Laval.

Du dimanche 21, Dampierre. — Le Roi a signé le contrat de mariage de M. le prince de Chimay, fils de Mme de Chimay (Beauvau-Craon) avec la seconde fille de Mme de Châteaurenaud (Montmorency), dame de Mesdames. Le père de M. de Chimay étoit la Verre, frère de M. le prince de Chimay qui avoit épousé une Saint-Simon.

Du lundi 22, Versailles. — Je revins hier de Dampierre où j'avois été passer la quinzaine de Pâques. J'appris en arrivant la mort de Mme de la Rivière (Barbarin de Reignac), de Mme de Verderonne (Groslée de Viriville) et de M. de Lambert. Mme de la Rivière mourut hier à Versailles, à l'hôtel d'Orléans (1), des suites d'une fluxion de poitrine; on l'avoit crue hors d'affaire depuis quelques jours; elle avoit cinquante-huit ans; elle ne laisse d'enfant que Mme de Lusignan.

Mme de Verderonne étoit sœur de Mme de Senozan; elle n'avoit jamais beaucoup paru dans le monde, et il y a

---

(1) Elle avait été dame d'honneur de Louise-Élisabeth d'Orléans, reine douairière d'Espagne.

déjà du temps qu'on ne la voyoit plus; Je ne crois pas qu'elle ait jamais eu d'enfants ; elle laisse tout son bien à son mari, frère de Mme de Pontchartrain. Il a eu pendant longtemps l'équipage du Roi pour le lièvre, et dans le temps que le Roi commença de faire usage de la chasse à courre, M. de Verderonne lui présenta cet équipage aussi bien tenu et même aussi magnifique qu'il étoit possible, et certainement les appointements de cette charge, qui je crois n'étoient que de 1,000 écus, n'étoient pas en état de faire cette dépense. M. de Verderonne étoit capitaine de gendarmerie.

M. de Lambert étoit lieutenant général de 1720. Il avoit soixante-dix-huit ans. Il n'étoit pas jeune quand il épousa la veuve de M. de Locmaria, laquelle étoit Rochefort; il n'en avoit point eu d'enfant. Il y a plusieurs années qu'il épousa en secondes noces Mlle de Menou, sœur de Mme de Jumilhac et de Mme de Langeron. C'est une femme fort aimable par son caractère et son esprit; elle a toujours parfaitement bien vécu avec lui ; il avoit de l'amitié et de la considération pour elle, et elle étoit fort heureuse. C'est le père de M. de Lambert, qui n'étant que maréchal de camp, en 1644, fit cette action mémorable et singulière au siége de Gravelines. MM. les maréchaux de la Meilleraye et de Gassion servoient à ce siége sous les ordres de M. le duc d'Orléans, et c'étoit Don Fernando Solis qui commandoit dans la place et qui la défendit pendant deux mois; elle ne fut prise que le 28 juillet. M. le maréchal de la Meilleraye étoit colonel du régiment des gardes françoises et M. de Gassion avoit conservé le régiment de Navarre dont il avoit été le colonel. M. de Gassion commandoit une attaque ; ce fut de ce côté que la place se trouva le plus entamée. Le commandant de Gravelines demanda à capituler et vouloit remettre la place à M. de Gassion et au régiment de Navarre. C'est l'usage que dans tous siéges où est le régiment des gardes il a le privilége d'entrer le premier dans la place. La vo-

lonté décisive du commandant, qui disoit que le régiment
de Navarre l'ayant obligé à capituler il vouloit lui rendre
la place par préférence à tout autre, fut une occasion de
dispute très-vive ; M. de la Meilleraye soutenoit les intérêts du régiment des gardes, M. de Gassion ceux du régiment de Navarre. Les deux régiments prirent les armes,
les deux maréchaux à la tête de chacun ; on étoit au moment du combat ; M. de Lambert élevant la voix dit aux
deux troupes qu'au nom de M. le duc d'Orléans il leur
défendoit de reconnoître ici ni l'un ni l'autre des deux
maréchaux. Ce seul mot apaisa les esprits. Les raisons
de part et d'autre furent examinées, et enfin la décision
fut en faveur du régiment des gardes. Ce fait, qui a été
rapporté en abrégé par M. le président Hénault, m'a été
conté plus en détail par M. de Lambert qui vient de mourir. La mère de M. de Lambert, que j'ai connue dans ma
jeunesse, étoit une femme de beaucoup d'esprit ; elle
avoit toutes les semaines chez elle des assemblées de gens
d'esprit ; elle avoit même composé différents ouvrages.
M. de Lambert n'étoit pas son seul enfant ; elle avoit une
fille qui avoit épousé M. de Saint-Aulaire, fils de celui
qui étoit attaché à la cour de Mme la duchesse du Maine,
qui n'a commencé à être connu pour un homme d'esprit
qu'à soixante ans et qui est mort à quatre-vingt-dix-neuf.
Ce M. de Saint-Aulaire, gendre de Mme de Lambert, vécut
peu et laissa une fille unique qui épousa M. le comte de
Beuvron, aujourd'hui duc d'Harcourt ; elle mourut de la
petite vérole laissant deux garçons dont le cadet a épousé
Mlle Rouillé, comme je l'ai marqué dans le temps, et
l'aîné qui est M. de Lislebonne, qui est marié depuis ; il a
épousé Mlle de la Feuillade. Ce sont ces deux frères, MM. de
Lislebonne et de Beuvron, qui sont les héritiers de M. de
Lambert. M. de Lambert étoit fort riche ; il avoit environ
80,000 livres de rente. Il avoit de l'esprit et contoit fort
bien ; il aimoit à faire bonne chère et avoit presque tous
les jours un fort bon souper ; avec cela peu de domes-

tiques et peu de chevaux, un grand ordre dans sa maison, beaucoup d'économie ; on prétend qu'il ne dépensoit pas à beaucoup près son revenu et qu'il avoit beaucoup d'argent comptant ; ce qui est de certain, c'est qu'il en prêtoit à ses amis à contrats de constitution ; on dit même qu'il a fait souvent d'assez mauvais emplois par la crainte de garder chez lui de l'argent dont il ne tiroit aucun revenu. On ajoute cependant qu'il ne plaçoit que l'argent et qu'il gardoit l'or. Par son testament ses deux neveux partagent son bien, et l'on estime qu'ils en auront chacun au moins 120,000 livres. Il ne fait d'autre avantage à M. de Lislebonne que de lui donner le tiers qu'il avoit dans la maison qu'il habitoit et de quoi acheter les deux autres tiers de cette maison qui appartient aux héritiers de Mme de Locmaria, sa première femme. Il nomme Mme de Lambert son exécutrice testamentaire et lui fait présent d'un diamant de 12,000 livres. Mme de Lambert a de son bien une terre de 8,000 livres de rente qui ne lui en vaut que 6 ; elle a pour son douaire 8,000 francs.

M. le prince d'Anhalt-Bernbourg eut une audience particulière du Roi. Le même jour M. de Verneuil, à la toilette de la Reine, avant l'audience, présenta M. Bornstedt, gentilhomme attaché à ce prince.

Du mardi 23, Versailles. — J'appris avant-hier que dans le travail de ce même jour de M. de Mirepoix avec le Roi, M. l'abbé de Nicolaï avoit été nommé évêque de Verdun. J'ai déjà marqué que ce siége étoit vacant par la mort de M. de Dromesnil, qui avoit succédé à M. de Béthune en 1721. Verdun vaudra 80,000 livres de rente ; actuellement il n'est affermé que 57,000. Il n'est point du clergé de France (1) ; les charges et décimes ne vont qu'à 180 livres. En 1721, M. le duc d'Orléans y mit 1,500 livres de pension ; il y en a la moitié d'éteinte ; on

---

(1) Metz, Toul et Verdun étaient suffragants de Trèves.

vient d'en mettre pour 6,500 livres. Les bulles sont d'environ 50,000 livres. Il y a une fort belle maison épiscopale dans Verdun, bâtie par M. de Dromesnil qui aimoit à bâtir, mais si magnifique qu'elle n'a jamais pu être achevée. Les portes, croisées, parquets, manquent dans la plus grande partie; il n'y a que quelques appartements d'habitables, principalement en haut, où il y a quatre-vingts marches à monter. M. de Dromesnil désiroit beaucoup que M. l'abbé de Nicolaï devînt son successeur; il l'aimoit et l'estimoit, et tous ceux qui le connoissent pensent de même; mais M. l'abbé de Nicolaï étoit agent du Clergé à l'assemblée de 1750; cette assemblée ayant encouru la disgrâce du Roi, il avoit partagé ce malheur; il avoit eu permission de revenir servir Mme la Dauphine dont il est aumônier de quartier. M. de Mirepoix le jugeoit très-digne d'être placé; il en avoit parlé de temps en temps au Roi; le Roi n'avoit jamais refusé, mais avoit toujours répondu qu'il n'étoit pas encore temps. Mme la Dauphine s'y est intéressée vivement et a parlé ou écrit au Roi, et elle est fort aise actuellement qu'on lui fasse compliment sur cette nomination.

Mme de Puisieux présenta avant-hier Mme de Balincourt; elle est nièce du chevalier de Saint-Poin; sa grande-mère étoit Puisieux.

Mme de Durfort, dame de Mesdames, fut volée hier dans son appartement au château dans l'aile neuve du côté de la chapelle; on ouvrit un secrétaire qui étoit dans sa chambre, on lui prit une bourse, dans laquelle il y avoit 55 louis et trois tabatières d'or; ce qui est encore plus fâcheux, on lui prit aussi des boucles d'oreilles valant 10 ou 12,000 francs que Mme de Rochechouart-Faudoas lui avoit prêtées. Il y avoit dans ce même secrétaire quatre ou cinq rouleaux de 50 louis chacun dans un tiroir à secret; les voleurs n'ont pas trouvé le secret ou n'ont pas eu le temps d'ouvrir le tiroir. Le secrétaire a été ouvert par force; il semble aussi qu'il y ait eu une porte d'une garde-robe enfoncée, mais on a cru remarquer qu'elle l'a été en dedans pour donner lieu de soupçonner que c'étoient des voleurs externes. Jusqu'à présent, il y a de grands indices contre un domestique de la maison, qui cependant y est depuis seize ans, et un des principaux indices est un grand chien de M. de Durfort, fort méchant pour ceux qu'il ne connoît pas, lequel n'a point fait de bruit et a paru fort tranquille.

Il y a trois ou quatre jours que M. le duc d'Aiguillon, pour qui l'Infant duc de Parme a beaucoup de bonté et d'amitié, partit d'ici fort promptement par ordre du Roi sur les fâcheuses nouvelles de l'état de M. de Crussol, chargé des affaires de France à Parme. M. de Crussol, fils de Mlle de Villacerf et petit-fils de M. de Florensac, a fort bien servi et s'est fait aimer et estimer partout où il a été. Il a épousé, comme je l'ai dit dans le temps, une fille de Mme de Morville, qui a des enfants et est grosse présentement; elle est à Parme avec lui. M. de Crussol est venu ici pendant le séjour que Madame Infante y a fait; on remarqua qu'il étoit triste et taciturne, on jugea que c'étoit un mouvement de vapeurs que le changement d'air et les occupations dissiperoient, et il eut ordre de retourner à Parme auprès de l'Infant. Ces mêmes vapeurs se sont renouvelées et assez fortement; il paroît qu'il est question de le ramener dans ce pays-ci.

M. de Mailly mourut hier à Paris, âgé de cinquante-neuf ans. Ce n'étoit pas un homme de beaucoup d'esprit; on lui avoit même donné un sobriquet qui ne le prouvoit que trop. Il avoit épousé en 1720 Mlle de Bournonville; il en a eu trois garçons et une fille. L'aîné des garçons est dans le service; il avoit épousé la fille de Mme de Sebbeville (Chevalier); j'ai marqué dans le temps qu'elle mourut en couches, ayant appris que sa mère avoit épousé en deuxièmes noces M. le chevalier d'Esclignac. Le garçon dont elle étoit accouchée mourut peu de temps après, mais elle en avoit déjà un qui est vivant. Le second fils de M. de Mailly n'est point marié ; sa mauvaise conduite a déterminé à le mettre dans un château. Il y a un troisième fils qu'on nommoit Honoré, qui est aujourd'hui abbé. La fille de M. de Mailly a épousé M. Dezecq, homme de condition d'Artois ; elle a été élevée à Poissy.

On a appris aujourd'hui la mort de M. Lenoir, lieutenant particulier du Châtelet ; il n'a été que trois jours malade. Outre la perte d'un bon magistrat, cette mort est un nouveau malheur dans les circonstances présentes, M. Lenoir étant soumis aux ordres de la Cour.

On a appris la mort de M. l'évêque de Bethléem (la Taste), d'une esquinancie, en deux jours ; il est mort à Saint-Denis, le 22, âgé de soixante-neuf ans ; il étoit un des commissaires nommés pour l'examen du nouveau livre du P. Berruyer intitulé : *Le Peuple chrétien*, sur lequel on n'a point encore prononcé décisivement. M. de Bethléem avoit été bénédictin. Cet évêché n'a d'autre diocèse que le faubourg de Clamecy, petite ville dans le Nivernois au confluent de la rivière de Beuvron avec l'Yonne. Cet évêché a peu de revenu ; il avoit l'abbaye de Moiremont qui vaut sur l'État 5,300 livres (1).

---

(1) Les ennemis de M. de Bethléem ont voulu faire courre le bruit qu'il s'étoit brouillé avec l'ordre des Bénédictins. Quelqu'un d'instruit m'a assuré aujourd'hui qu'il n'a jamais été brouillé qu'avec les jansénistes de cet ordre, que c'étoit un prélat fort instruit, qui a composé plusieurs ouvrages, et d'un caractère sage et rempli de douceur. Il étoit supérieur des Carmélites ; cela s'appelle visiteur. Ils sont trois, dont l'un est grand vicaire de Toulouse, un autre grand vicaire de Rennes ; ils ont chacun leur département ; M. de Bethléem avoit celui de Paris et des environs, et c'étoit à lui principalement qu'on s'adressoit pour toutes les affaires.

Ce n'est pas le Roi qui nomme à cet évêché, c'est M. le duc de Nevers qui présente trois sujets, desquels S. M. en choisit un. Dans cette occasion, le Roi lui a fait mander qu'il désiroit que la place de visiteur des Carmélites fût donnée à celui qui seroit évêque de Bethléem, et que si le sujet convenoit à S. M. elle le demanderoit au Pape.

Cet évêché, qui n'a point de diocèse et qui est sous la métropole de Sens, fut érigé l'an 1110, à Bethléem dans la Palestine, par Gibelin, archevêque d'Arles, légat du saint-siége dans la terre sainte. Les Sarrasins ayant chassé les chrétiens des saints lieux en 1223, Raymont, évêque de Bethléem, suivit

Depuis ce que j'ai écrit sur M. de Lambert, j'ai su quelques particularités. Il n'avoit en fonds de terre qu'environ 500,000 livres, mais on lui a trouvé 1,600,000 livres de contrats, 440,000 livres en espèces, sur lesquelles il y a 11,000 louis, et par conséquent 176,000 livres en argent. Il avoit depuis longtemps ce goût de garder l'argent. Il y a plusieurs années (c'étoit avant la mort de Mme de Beuvron), il montra son coffre-fort à une personne de ses amis de qui je le sais; ce coffre-fort étoit dans un enfoncement de la muraille, et il y avoit dans ce même endroit plusieurs cassettes; il fit voir 7,000 louis qui étoient dans les cassettes, et dans ce coffre beaucoup de sacs d'argent, dont il disoit lui-même qu'il ne savoit pas le compte. Il jouissoit de 17 ou 18,000 livres de rentes de bienfaits du Roi, savoir du gouvernement d'Auxerre qu'il avoit eu pendant la régence sur le pied de 12,000 livres d'appointements par une grâce particulière, car il ne valoit anciennement que 210 livres. M. de Lambert, son père, avoit une maison, où j'ai vu encore sa veuve, tenant à l'arcade de la rue de Richelieu; cette maison a été prise depuis pour la bibliothèque du Roi, et pour dédommagement on donna à M. de Lambert 7 ou 8,000 livres de rente sur les droits qui se lèvent sur les poids et mesures à Paris. J'ai parlé ci-dessus du bien de Mme de Lambert; elle a 2,000 livres d'habitation, 4,000 livres de rentes foncières que son mari lui avoit données à l'occasion d'un principal de 100,000 livres en deux parties au denier vingt-cinq, dont 50,000 livres prêtées à mon fils, avec l'obligation de Mme de Chevreuse et une bonne délégation, lorsque mon fils a acheté la charge de colonel général des dragons. Ce ne fut pas sans peine que Mme de Lambert put, par le conseil de ses amis, se déterminer

---

en France Guy, duc de Nevers, qui lui donna l'administration de l'hôpital de Clamecy en Nivernois, où le titre de l'évêché fut établi et où il est encore aujourd'hui. (*Note du duc de Luynes.*)

à parler à son mari de cet arrangement, et son mari l'accorda sur-le-champ sans aucune difficulté. Les héritiers naturels de M. de Lambert sont, comme je l'ai dit, MM. d'Harcourt; mais il avoit encore des parents, qui sont les enfants de feu M. de Courson et de feu Mlle de Villacerf. M. de Courson a laissé deux garçons et une fille qui ne sont pas riches, mais la fille est encore plus à plaindre, n'ayant pour tout bien que 5,200 livres de rente; cependant M. de Lambert ne lui laisse rien et donne à chacun des garçons 20,000 livres une fois payées. M. de Lambert a eu un garçon et une fille qui sont morts l'un et l'autre.

Du vendredi 26, Versailles. — M. de Céreste mourut hier; c'étoit le septième ou le huitième jour de sa petite vérole; il avoit cinquante-sept ans, étant né en 1697. Il étoit conseiller d'État d'épée et chevalier de l'Ordre. Il n'avoit jamais été marié. Il avoit été ambassadeur du Roi en Suède, en 1725, et plénipotentiaire au congrès de Soissons en 1727. C'étoit un homme sage et sensé, d'un caractère sérieux, même froid, cependant fort aimable dans la société; il avoit beaucoup d'amis. Il étoit frère cadet du maréchal de Brancas et de M. l'archevêque d'Aix et de M. l'évêque de Lisieux.

J'appris hier que Mlle d'Urfé l'aînée se marie; elle épouse M. du Châtelet, écuyer de main du Roi, qui n'est point parent de MM. du Châtelet.

Mme la duchesse de Penthièvre est toujours dans le même état, c'est-à-dire à la dernière extrémité; malgré cette situation, on l'a saignée deux fois du pied depuis huit jours, et elle a soutenu ces saignées; on croit son enfant mort; elle souffre beaucoup et on n'attend que le dernier moment.

Du samedi 27, Versailles. — Il y a eu aujourd'hui assemblée de l'Académie; ils étoient 26, ce qui est plus que suffisant pour une élection, la règle étant seulement qu'il y en ait plus de moité, ainsi 21 suffisoient. M. de Fontenelle y étoit, qui a actuellement quatre-vingt-dix-neuf ans; le plus grand nombre des suffrages a été en faveur de M. de Bougainville, dont j'ai parlé ci-dessus, et il a été élu.

J'ai oublié de marquer que le jour de Pâques, Mme la Dauphine soupa au grand couvert en robe de chambre à cause de sa grossesse, et que ce même jour Mme la princesse de Condé et Mme la princesse de Conty, qui n'étoient point en grand habit, entendirent la grande messe en bas; en pareil cas, c'est être incognito. On donne tous les dimanches à la chapelle du bain bénit. Le grand aumônier, ou le premier aumônier, quand ils y sont, présente le pain bénit au Roi, à la Reine et à la famille royale; l'aumônier de quartier le présente aux princes et aux princesses du sang. Lorsque l'aumônier eut présenté le pain bénit aux princes et aux princesses du sang qui étoient à la suite du Roi, il alla le présenter à Mmes les princesses de Condé et de Conty, non pas à leur rang mais après les autres.

J'ai parlé ci-dessus du mariage de M. de Joyeuse avec Mlle de Cailly. La mère de Mme de Cailly (1) est Villers-Pajot; elle épousa en secondes noces M. du Châtelet, frère du gouverneur de Vincennes. La mère du gouverneur de Vincennes et de ce M. du Châtelet étoit Bellefonds, sœur d'une Mme de Vergeton qui est morte sans enfants.

J'ai marqué le mariage de M. le prince de Chimay avec Mlle de Saint-Fargeau. Il s'est fait le 20 ou 21 de ce mois. Mlle de Saint-Fargeau est petite-fille de feu M. le Pelletier des Fors, contrôleur général.

J'appris hier la mort de M. l'abbé de Fourcy; il avoit

---

(1) Fort peu de temps après le mariage, il y a eu de grandes contestations entre Mme de Cailly et sa fille; Mme de Cailly sortit de la maison de M. et de Mme de Joyeuse il y a environ trois semaines. Comme cette maison et la plus grande partie du bien est à elle, cette brouillerie fait un grand dérangement dans les affaires de M. de Joyeuse. (*Note du duc de Luynes*, datée du 13 juin 1754.)

quatre-vingts ans. Il étoit par sa mère petit-fils du chancelier Boucherat; il jouissoit depuis 1690 de l'abbaye de Saint-Vandrille.

J'ai parlé ci-dessus en détail de l'automate qu'on a vu à Versailles. L'homme qui le montre, et qui n'en est pas l'auteur, comme je l'ai dit, désiroit fort que le Roi voulût bien le voir; et comme il y a beaucoup de gens qui s'imaginoient qu'il y a de la supercherie, on disoit que le Roi étoit dans le secret et qu'il ne le verroit point; cependant le Roi l'a vu dans la semaine de Pâques. La machine a été portée dans ses cabinets; je crois même qu'elle a été démontée en sa présence. L'homme offrit de la laisser vingt-quatre heures dans les cabinets du Roi, ce qui prouve bien qu'il n'y a point d'enfants cachés, comme l'ont prétendu même des gens de l'art. Quelques-uns se fondent sur ce que cet homme n'a pas voulu démonter le baril devant eux, sans faire attention que, ne connoissant point la facture de cette machine, mais l'usage, il peut craindre avec raison qu'elle ne soit dérangée puisqu'il ne pourroit point la raccommoder, comme il est arrivé à l'aigle qui est sur la tête de Bacchus, et que d'ailleurs si la composition de la machine est simple, c'est précisément devant les gens de l'art qu'il ne veut pas la démonter, quoiqu'on lui ait offert pour cela jusqu'à 40 louis (1).

Du dimanche 28, Versailles. — J'appris avant-hier que M. de la Fayardie, ci-devant secrétaire d'ambassade de feu M. de Lanmarie (en Suède), gentilhomme de Poitou, qui avoit épousé en Suède une fille d'un beau nom, nouvelle convertie et fort pauvre, et qui vient d'être envoyé ministre plénipotentiaire auprès de la république de Pologne, y est mort depuis peu. Le Roi a donné 1,500 livres de pension à sa femme.

J'appris hier quelques détails sur le testament de M. de

---

(1) Voir les détails que le duc de Luynes donne sur cet automate à la date du 24 février 1755.

Céreste. Il fait son légataire universel M. le marquis de Brancas, son neveu, et donne à M°ᵐᵉ de Rochefort, sa nièce, 200,000 livres. Elle n'a point d'enfants, et en cas qu'elle meure sans en avoir, ce qui est assez vraisemblable, les 200,000 livres sont substituées aux enfants de M. le marquis de Brancas. M. de Céreste laisse 500,000 livres de bien. On peut être étonné que M. de Céreste laisse autant de bien; il est vrai cependant qu'il étoit vêtu fort simplement, qu'il avoit peu de domestiques et qu'il mangeoit peu souvent chez lui et qu'il ne tenoit point d'état; mais il avoit passé la plus grande partie de sa vie avec 15,000 livres de rente; la place de conseiller d'État et l'Ordre lui avoient fait une augmentation de 8,000 livres, et outre cela il avoit un parent, un comte de Brancas en Provence, qui lui avoit laissé par son testament 350 ou 400,000 francs.

Le Roi a signé aujourd'hui le contrat de mariage de M. de Lostanges avec M°ᵉ de l'Hôpital.

Extrait d'une lettre de M. Party, datée de Madrid du 17 avril 1754, et écrite à M. le maréchal de Belle-Isle.

Monsieur, vous aurez appris par un courrier dépêché d'ici le 10 de ce mois la mort presque subite de M. de Carvajal, ayant été alité seulement trois jours. La place de ministre des affaires étrangères a été donnée par intérim à M. le duc d'Huescar avec les postes qui y avoient été annexées depuis quelques temps; mais tous les détails concernant les manufactures, les compagnies, les monnoies, les bâtiments et les maisons royales avec la présidence de la junte de commerce et des étrangers ont été rendus à M. le marquis de la Ensenada, car tout cela regardoit le ministre des finances. Ce ministre a été fort regretté de LL. MM. catholiques, et je les ai vues le pleurer à la conversation. A l'égard de la Cour, chacun en a parlé ainsi qu'il est affecté. On a donné à M. son frère Don Nicolas de Carvajal, colonel des gardes espagnoles, 4,000 piastres de pension reversibles au jeune duc d'Abrantès, son neveu, qui a été fait gentilhomme de la chambre avec exercice, et 2,000 piastres de pension à la sœur de M. d'Abrantès. Le secrétaire de M. de Carvajal et les principaux domestiques ont été placés fort avantageusement.

A l'égard du ministère de M. d'Huescar, il m'a répondu, quand je lui ai fait mon compliment, que cela n'en valoit pas la peine, et que c'étoit l'affaire de huit ou dix jours, jusqu'à ce que le Roi eût eu le temps de choisir un ministre. Il paroit réellement que ce n'est qu'un intérim et qu'il y en a un de nommé; j'ai lieu de croire qu'il n'est pas en Espagne.

Il est bon que vous soyez informé, Monsieur, qu'on attribue la mort de M. de Carvajal à l'usage trop fréquent qu'il faisoit de la poudre d'Aix ou d'Ailhaud; ce remède lui avoit brûlé le sang en tirant toutes les humeurs qu'il avoit dans le corps, et lui avoit donné une diarrhée qui n'a pu être arrêtée par aucun remède.

Du lundi, 29, Versailles. — M. de Nestier mourut hier à quatre heures du matin; il n'a jamais eu l'usage de la parole depuis le commencement de son apoplexie. Il a été pendant plusieurs jours qu'il paroissoit avoir sa connoissance et sentir son état; il répondoit par signes à ce qu'on lui disoit. M. le curé de Saint-Louis l'a été voir plusieurs fois dans ses derniers moments, autant qu'il a été possible; il n'a pu recevoir que l'extrême-onction.

Le sacre de M. l'évêque de Châlon-sur-Saône (Rochefort-d'Ailly) se fit hier matin dans la chapelle du séminaire de Saint-Sulpice. Ce fut mon frère qui fit cette cérémonie; les évêques étoient M. l'évêque de Vannes (Bertin) et M. l'évêque d'Autun (Montazet). L'usage est que l'évêque consacré prie à son sacre ses parents et amis, hommes et femmes, et le prélat consacrant ordinairement donne un grand dîner à celui qui est consacré et à ceux qui ont assisté au sacre. Les femmes ne sont point priées à ce dîner. Tous les évêques qui sont à Paris sont ordinairement invités au sacre et au dîner. Le dîner que donna hier mon frère fut fort grand et fort bon; il y avoit quinze évêques et huit ou neuf abbés; en tout trente-cinq personnes à une table et seize à une autre.

M. l'évêque de Châlon (Rochefort-d'Ailly) a prêté aujourd'hui serment entre les mains du Roi à la petite chapelle en haut.

Du mardi 30, Versailles. — J'ai déjà parlé du triste état de Mme la duchesse de Penthièvre. Toute la faculté croyoit son enfant mort même depuis quelques jours ; on avoit désiré qu'elle pût accoucher et on l'avoit saignée du pied deux fois en huit jours pour déterminer cet accouchement. Elle souffroit beaucoup et étoit presque toujours dans le délire ; enfin hier elle accoucha d'un garçon qui fut porté sur-le-champ à la paroisse Saint-Eustache et baptisé ; on espéroit même hier que cet enfant pourroit vivre, mais cet accouchement n'a servi qu'à augmenter l'extrême foiblesse de Mme la duchesse de Penthièvre et elle est morte ce matin, environ douze heures après être accouchée ; c'est une grande perte pour M. le duc de Penthièvre et pour toute cette maison. Elle avoit une figure agréable, beaucoup de piété, de douceur, de complaisance et de politesse qui lui avoit mérité l'estime et l'amitié de tous ceux qui la connoissoient. On ne pouvoit s'empêcher de respecter la vertu de M. et de Mme de Penthièvre et l'union intime dans laquelle ils vivoient ; ils donnoient l'un et l'autre de grands exemples de religion et de charité. Mme la duchesse de Penthièvre étoit née le 6 octobre 1725 ; elle a été mariée le 29 décembre 1744 ; elle a eu cinq garçons et deux filles, dont l'aîné qui portoit le nom de duc de Rambouillet, est mort en 1749 ; le second est le prince de Lamballe ; le troisième, le duc de Châteauvillain ; le quatrième, le comte de Guingamp, qui est mort en 1752 ; et le cinquième qui vient de naître et qui est mort aujourd'hui. La première des deux princesses est morte le 25 septembre 1753. Il reste deux garçons et une fille : M. le prince de Lamballe, né en 1747, M. le duc de Châteauvillain en 1748, et la princesse en 1753.

M. de Bellegarde, envoyé de Saxe, a eu aujourd'hui audience publique. Il est fils de M. d'Antremont, ci-devant ambassadeur de la cour de Sardaigne en France. M. de Bellegarde est frère de M. des Marches, qui avoit épousé Mlle Ogletorp, sœur de Mme de Mézières et tante de Mmes les princesses de Montauban et de Ligne et de Mme l'abbesse de Panthemont. M. de Bellegarde a épousé une fille naturelle du feu roi de Pologne, électeur de Saxe, sœur de père par conséquent de feu M. le maréchal de Saxe.

J'apprends la mort de M. le président Chauvelin à Soissons; il étoit frère de Mme Talon, tous deux enfants de M. Chauvelin, avocat général, frère aîné de M. Chauvelin, ci-devant garde des sceaux.

J'appris hier que le Roi a nommé M. de Bridge pour commander la grande écurie à la place de M. de Nestier. J'ai marqué ci-dessus que M. de Bridge a passé de la petite écurie à la grande, parce qu'il est regardé comme un très-bel homme de cheval et un des plus habiles dans cet art. Il étoit fort attaché à M. de Nestier et ne l'a pas quitté pendant sa maladie. M. de Nestier a fait un testament; il donne beaucoup à ses domestiques; il laisse ses meubles et sa vaisselle à M. de Butler, et 20,000 francs pour marier la fille de M. de Butler; pour le surplus de son bien, il fait son neveu son légataire universel.

Mme la comtesse de Toulouse et M. le duc de Penthièvre, aussitôt la mort de Mme la duchesse de Penthièvre, ont été dans la maison de M. de Penthièvre à Puteaux. C'est là qu'ils ont appris la mort de l'enfant dont Mme de Penthièvre étoit accouchée; il a peu survécu à sa mère. Ils s'en vont à la Rivière, près de Fontainebleau, pour être plus dans la solitude.

MAI.

Code Frédéric. — Suite du vol commis chez Mme de Durfort. — Suite de l'émeute de Mantes. — Mort de Bachelier. — Le Roi achète le palais Bourbon. — Agnès Sorel. — Nouvelles diverses de la Cour. — Réception du commandant des mousquetaires noirs. — Audience des États d'Artois. — Le maréchal de Belle-Isle chargé d'examiner le nouvel exercice et les nouvelles manœuvres qui seront essayés dans quatre camps rassemblés à cet effet. — Mort de M. de Montgeron et du duc de Ruffec. — Pose de la première pierre du portail de Saint-Eustache. — La Reine à Dampierre.

Du vendredi 3, Versailles. — Le convoi de Mme la

duchesse de Penthièvre passa hier ici à minuit; on la porte à Rambouillet. L'enfant dont elle est accouchée est dans ce même convoi.

Je n'ai point encore parlé des règlements que le roi de Prusse a faits au sujet de la manière de rendre la justice. Voulant trouver les moyens d'abréger les formalités qui retardent la fin des procès et donnent occasion à des frais immenses qui souvent ruinent les parties ou les empêchent de répéter les droits les mieux établis, il a été occupé de former un code qu'on appelle le *Code Frédéric*. Ses intentions ont eu tout le succès qu'on pouvoit désirer; on comptoit 11,978 procès dans les 23 régences qui composent ses états; il n'en reste plus actuellement que 229.

J'ai parlé dans le temps de la distinction accordée aux chanoines de Lyon. Cet arrangement a été imité dans les pays étrangers; l'Impératrice vient d'accorder aux chanoines de Tournay la permission de porter une croix d'or octogone, émaillée de violet, entrelacée d'un aigle impérial en or, portant d'un côté sur un écusson émaillé de blanc l'image de la sainte Vierge et de l'autre Marie-Thérèse, aussi en or et surmonté d'une couronne impériale, et le roi de Prusse vient de donner aux chanoines d'Halberstadt la permission de porter une croix d'or octogone, émaillée de blanc, sur laquelle on voit d'un côté l'image de saint Étienne, et de l'autre un aigle noir couronné avec le chiffre de S. M. *Fredericus Rex*, et cette croix est attachée à un ruban ponceau. Ces chanoines sont tous des plus illustres maisons d'Allemagne. La ville d'Halberstadt étoit autrefois un évêché sous la métropole de Magdebourg, et fut sécularisée par la paix de Westphalie; le siége de Salinsted, autrement Asterwick, fondée par Charlemagne, y avoit été transféré en 879, et par la sécularisation, la principauté qu'on y érigea fut partagée entre le duc de Brunswick, l'électeur de Brandebourg et le prince d'Anhalt, et la ville d'Halberstadt se trouva dans la portion de l'électeur.

Du dimanche 5, Versailles. — J'ai parlé ci-dessus du vol fait à Mme de Durfort. Il y a trois ou quatre jours que ce vol s'est retrouvé au moins en grande partie. De cinq ou six domestiques dont est composée la maison de M. et de Mme de Durfort, quatre furent arrêtés et mis en prison dans le premier moment. Deux laquais qui servoient ce jour-là même M. et Mme de Durfort à souper chez Mme la maréchale de Duras, et qui après le souper restèrent à dormir dans l'antichambre ne paroissoient pas soupçonnés, quoique l'un d'eux ne fût dans la maison que depuis trois semaines. Un très-ancien domestique, comme je l'ai déjà dit, qui leur étoit attaché depuis seize ou dix-sept ans, étoit regardé comme l'auteur du vol ; une multitude de circonstances dont le détail seroit trop long, comme d'être au fait de toutes les affaires de la maison, de n'avoir pas voulu souper ce jour-là et d'y avoir envoyé souper son camarade pour l'en éloigner, d'avoir dit qu'il feroit du feu et de n'en avoir point fait, d'être prêt à partir et de différer toujours son départ, d'avoir dit qu'il lui étoit dû 55 livres par un homme dans Versailles dans le temps qu'il lui en étoit dû 240, d'avoir demandé cet argent avec instance et ensuite de ne l'avoir pas voulu recevoir, quelques autres particularités encore semblables sembloient décider contre lui ; cependant il se trouve qu'il est innocent et que le nouveau domestique est le seul coupable. L'ancien et le nouveau ont resté en prison ; on étoit au moment d'appliquer l'ancien à la question ; il nioit toujours constamment, et faisoit dire beaucoup de messes pour que la vérité se découvrît ; enfin le nouveau, touché apparemment du repentir de ses fautes, a commencé à écrire une lettre anonyme pour indiquer le lieu où il avoit caché le vol et l'a jetée par la fenêtre à un homme de sa connoissance. Cette lettre a été portée à M. de Durfort ; on a été au lieu indiqué, au pied d'une statue qui a le bras cassé dans le fer à cheval de Latone ; on a trouvé 35 louis et les diamants. On a su depuis que presque tout le reste de l'argent a été jeté dans les lieux avec une boîte d'or. Cette aventure prouve combien la vraisemblance est différente de la vérité, et doit servir d'instruction pour ne pas juger légèrement.

Il y a trois ou quatre jours que M. le baron de Montmorency présenta MM. de Montmorency (de Flandre). Ils sont deux frères et fort jeunes ; l'aîné a une marque considérable au front qui s'étend jusqu'à l'œil ; le second a une assez jolie figure. Ils sont dans les mousquetaires gris ; ils sont frères de Mme la duchesse de Boufflers.

Le P. Laugier, qui a prêché ici le carême et qui est je crois de la province de Lyon, a eu ordre d'y retourner, mais ce n'est point un ordre de la Cour comme on l'a voulu dire, ce sont ses supérieurs qui l'y renvoient.

J'ai parlé ci-dessus des chasseurs d'auprès de Mantes, et j'ai dit que de 37 qu'on avoit arrêtés il n'en étoit resté que 5 en prison. J'appris il y a quelques jours que ces 5 ont été mis en liberté, et que l'on a trouvé justes les représentations sur l'immense quantité de gibier, et que les officiers de la capitainerie ont fait faire des battues pour détruire les lièvres.

J'appris hier la mort de M. Desnos. J'ai marqué ci-dessus que Mme la duchesse de Beauvilliers, la seconde, est Desnos de la Feuillée ; elle a une sœur qui avoit épousé un homme de son nom ; c'est ce M. Desnos qui vient de mourir ; il ne laisse point d'enfant, mais on croit sa femme grosse. Il est mort à Brest ; il étoit enseigne de vaisseau et prêt à s'embarquer.

Du lundi 6, Versailles. — On prit avant-hier le deuil pour Mme la duchesse de Penthièvre ; on le portera onze jours ; c'est M. le comte d'Eu qui a fait part de sa mort.

Mme de Grasse (Coupigny), qui avoit été dame d'honneur de Mme la comtesse de Toulouse et qui s'étoit retirée depuis quelques années, est morte le 1er de ce mois âgée de quatre-vingt-un ans.

Je ne sais si j'ai marqué la mort de M. Chauvelin, président à mortier (1) ci-devant garde des sceaux ; il est mort à Soissons, le 29 du mois dernier, dans sa quarante-neuvième année. Cette charge de président à mortier a été donnée à M. d'Ormesson de Noyseau (2), avocat général, fils du conseiller d'État. M. d'Ormesson continuera d'exercer la place d'avocat général jusqu'après le retour du Parlement.

Du mardi 7, Versailles. — J'ai oublié de marquer que le Roi a accordé il y a quelques jours une pension de 20,000 livres à M. le maréchal de Lowendal.

Aujourd'hui il y a eu deux présentations d'étrangers ; ce n'est point audience, mais seulement présentation. Les deux princes Corsini, qui voyagent dans différentes cours de l'Europe, ont été présentés par l'abbé Durini, neveu du cardinal de ce nom. Ce cardinal, comme l'on sait, étoit nonce ici. Ce neveu est chargé des affaires de Rome en attendant qu'il y ait un autre nonce. L'autre présentation est d'un grand seigneur napolitain qui s'appelle le prince della Catholica ; il a été présenté par l'ambassadeur de Naples que l'on appelle le comte de Cantillana.

J'appris hier qu'en levant le scellé chez M. le marquis de Lambert, on y a trouvé pour 400,000 livres de contrats dont on n'avoit aucune connoissance, ce qui augmente encore la succession.

Du vendredi 10, Versailles. — M. Bachelier mourut avant-hier à Paris. Il avoit, je crois, environ soixante-dix ans ; il étoit premier valet de chambre du Roi ; il avoit obtenu cette charge par la protection de M. le duc de la Rochefoucauld ; il avoit le gouvernement du vieux Louvre et la conciergerie du château de Saint-Germain. Ce dernier poste est assez considérable pour le revenu ; outre les appointements, il y a un ancien droit qui y a été conservé.

---

(1) Il étoit fils du frère aîné de M. Chauvelin, ci-devant garde des sceaux. *Voyez* au 30 avril. (*Note du duc de Luynes.*)

(2) De Noisseau.

Louis XIII y fit un établissement pour les chiens de son équipage de chasse qui étoient encore trop jeunes ou qui se trouvoient hors d'état de service par vieillesse ou maladies ; il y avoit des fonds pour la nourriture de ces chiens ; ces sommes se payent encore au concierge et vont à 5 ou 6,000 livres par an. C'est M. Marchais qui a actuellement la charge de premier valet de chambre de M. Bachelier ; il en avoit la survivance.

Je ne sais si j'ai marqué que c'est M. de Bridge qui commande la grande écurie à la place de M. de Nestier. M. de Bridge a été page du Roi ; il étoit écuyer de la petite écurie, il monte très-bien à cheval ; par cette raison et par une bonté particulière, le Roi l'a fait passer de la petite écurie à la grande écurie et lui a donné le commandement. M. de Butler est son ancien, mais il se retire. M. de Tourdonnet est aussi le premier de M. de Bridge à la grande écurie, mais non pas son ancien d'écuyer du Roi.

Le mariage de M. de Lostanges avec Mlle de l'Hôpital se fit avant-hier à Paris.

M. le comte de Mainville mourut il y a quelques jours d'apoplexie, à Paris, à la place Royale ; il avoit soixante-dix-neuf ans ; il étoit maréchal de camp de 1734. Il étoit fort riche ; c'est M. de Pont Saint-Pierre qui en hérite.

J'ai oublié d'écrire que le 5 de ce mois il y eut une présentation et une révérence. La présentation est Mme de Chimay (Saint-Fargeau) la jeune ; elle a été présentée par Mme de Chimay (Beauvau), sa belle-mère.

La révérence est de Mme de Marcieu (Landry), qui n'avoit point paru depuis la mort de son mari.

Des gens mal instruits croyoient que Mme de Chimay ne devoit pas être assise et que les lettres de grandesse ne s'étendoient pas jusqu'à son mari. J'ai vu ces lettres ; elles prouvent que la grâce s'étend jusqu'à ses successeurs.

M. le comte de Noailles vient de m'envoyer ici ce qui a été réglé ces jours-ci pour quelques logements dans le château.

Le logement de Mme la comtesse de Laval, ci-devant à Mme la marquise de Boufflers, pour M. le marquis du Muy. — Le logement au-dessus de Mme de Gouy, ci-devant à M. le marquis de Puisieux, à Mme la marquise de Bassompierre. — Le logement de M. le marquis de Montboissier à M. le marquis de la Rivière.

Du mardi 14, Versailles. — Il y a quelques jours que l'on sait que le Roi achète le palais de Bourbon. M. le prince de Condé ne voulant point faire usage de cette maison, il avoit été résolu de la démolir; un aussi beau bâtiment, qui avec celui de M. de Lassay fait une décoration pour Paris, méritoit d'être regretté, d'autant plus que le projet d'une place auprès du Pont-Tournant commencé à s'exécuter et que l'on doit faire un pont au bout de la rue de Bourgogne; ces deux raisons formoient une nécessité encore plus grande de ne pas laisser perdre une aussi belle décoration pour le coup d'œil que cette entrée pour Paris. Sur les représentations réitérées qui ont été faites au Roi, il a bien voulu se déterminer à acheter la maison; le prix est de 900,000 livres; il sera payé en plusieurs termes par les fermiers généraux. La maison est destinée pour les ambassadeurs extraordinaires; et l'hôtel de Pontchartrain, qui avoit été acheté à cette intention, sera pour le contrôleur général ou pour le garde des sceaux (1).

---

(1) Cet article n'est pas bien expliqué. J'ai écrit ci-dessus en l'année 1743 que la résolution étant prise de vendre le palais de Bourbon, Mme la princesse de Conty et Mlle de Charolois l'achetèrent. Mme la princesse de Conty me dit hier qu'elles l'avoient acheté 620,000 livres; elles l'ont loué pendant deux ans à M. de Kaunitz 25,000 livres par an. L'année passée, on leur en offrit 900,000 livres; cette année le Roi en a offert 850,000 livres; elles ont fait leurs représentations en disant que le Roi étoit le maître; ces représentations ont eu leur effet. Le Roi n'a point augmenté le prix de 850,000 livres, mais en considération de l'intérêt qu'elles ont payé des 620,000 livres et des réparations et entretiens qui montent en total à 750,000 livres, les loyers déduits, le Roi a accordé à chacune de ces princesses 1,000 louis de pot-de-vin. (*Note du duc de Luynes*, datée du 29 mai.)

Mme de Lostanges (l'Hôpital) fut présentée avant-hier par Mme sa mère; elle est bien faite; il me paroît que l'on a été fort content de son maintien et de sa figure. M. de Lostanges a prêté serment aujourd'hui entre les mains du Roi pour la charge de premier écuyer de Madame Adélaïde (1).

M. Acciaioli, archevêque de Petra, nonce en Portugal, et qui n'est ici qu'en passant pour se rendre à Lisbonne, a eu ce matin audience particulière, présenté par M. de Verneuil.

J'ai marqué que feu M. de Bethléem (la Taste) avoit l'abbaye de Moiremont. Cette abbaye a été donnée à M. l'évêque de Saint-Brieuc (du Breignou).

M. de Paulmy nous contoit ici, il y a quelques jours, une remarque qu'il a faite dans un château en Touraine nommé la Guerche, appartenant à M. d'Argenson, son oncle; ce château avoit appartenu à Agnès Sorel, maîtresse de Charles VII, morte en 1450. Il y a un appartement orné avec des inscriptions. Cet appartement est composé de plusieurs pièces; dans la première, Agnès est représentée comme résistant aux charmes de l'Amour et comme invulnérable à ses traits; dans la seconde, on remarque que sa vertu est moins austère; enfin dans la troisième qui est la chambre à alcôve, elle est montée sur l'aigle de Jupiter, et l'inscription porte qu'il n'y avoit que ce dieu qui eût pu remporter la victoire sur elle.

J'ai beaucoup parlé de M. et de Mme de Lambert; on me dit hier que le Roi a donné 5,000 livres de pension à Mme de Lambert.

M. de Richelieu et Mme de Brancas, ancienne dame d'honneur de Mme la Dauphine, tinrent, le 2, sur les fonts

---

(1) Ils ont été mariés le 8 par M. l'archevêque dans la chapelle de l'archevêché. M. de Lostanges est parent de M. l'archevêque. Son père est grand sénéchal de Quercy; le nom de sa mère est l'Armandie. Mme de Lostanges est dame de Madame Adélaïde. (*Note du duc de Luynes.*)

de baptême, au nom de Mgr le Dauphin et de Mme la Dauphine, à la paroisse Notre-Dame à Versailles, le fils dont venoit d'accoucher Mme Boisgiroux (Dufour). Le Sr Boisgiroux est premier valet de chambre de Mgr le Dauphin, en survivance de M. Binet, son père.

Le gouvernement d'Auxerre qu'avoit feu M. le marquis de Lambert, a été donné à M. le marquis d'Anlezy qui a été gouverneur de M. le prince de Condé.

J'ai parlé ci-dessus de M. le comte de Fersen, Suédois, qui avoit un régiment d'infanterie au service de France; il a donné sa démission de ce régiment, et le Roi y a nommé le prince de Nassau-Usingen, qui étoit colonel réformé à la suite du régiment du prince de Nassau.

J'ai parlé de Mmes d'Hautefeuille dans le temps de la présentation. Celle qui fut présentée est la Tournelle, sœur de M. de la Tournelle qui a épousé la petite-fille de feu M. le chancelier Daguesseau, Mlle de Châtelus. La belle-mère de Mme d'Hautefeuille est Sorel, de la même maison qu'Agnès de Sorel, et Mme d'Hautefeuille la grande belle-mère est Grancey.

Du jeudi 16, *Dampierre.* — Avant-hier mon frère présenta un de ses grands vicaires, M. l'abbé de Murat, que le Roi a nommé aumônier de Mme la Dauphine à la place de M. l'abbé de Nicolaï, que le Roi a nommé évêque de Verdun.

Ce même jour, M. d'Argenson travailla avec le Roi; M. le maréchal de Belle-Isle fut appelé à ce travail.

Du samedi 18, *Versailles.* — Mardi dernier, 14 de ce mois, le domestique de Mme de Durfort, dont j'ai parlé, fut pendu ici à neuf heures du soir.

M. Gilbert, président à mortier du Parlement de Paris, fils du conseiller d'État (1), mourut de la petite vérole à

---

(1) M. Gilbert de Voisins, conseiller d'État, a eu deux frères, dont un est M. Gilbert, greffier en chef du Parlement, qui a la vue perdue, lequel est garçon; l'autre est M. Gilbert de Voisins, marquis de Villaines, qui fut fait

Soissons, le 15 de ce mois, âgé de trente-neuf ans. Sa veuve est fille de M. de Coste. Il ne laisse qu'un fils âgé de six ans, mais si délicat qu'il n'a pu prendre encore d'autre nourriture que du lait.

Avant-hier, jour de Saint-Jean Népomucène, la Reine fit ses dévotions aux Récollets. Il y eut sermon l'après-dînée par M. l'abbé de la Tour-du-Pin. Il a un frère qui est colonel. MM. de la Tour-du-Pin ont été reconnus par MM. de Bouillon comme parents. Je n'étois point à ce sermon ; j'ai entendu dire qu'il a été un peu long ; d'ailleurs il paroît que ce prédicateur a du talent, et son compliment a été approuvé.

Avant-hier la compagnie des mousquetaires noirs se rendit à cheval dans la grande place qui forme la tête de l'avenue de Choisy, les deux escadrons en bataille faisant face l'un à l'autre. Le Roi, qui est toujours en habit vert à Choisy, prit un habit rouge, monta à cheval, et s'étant avancé entre les deux escadrons, y fit recevoir M. de la Rivière. Les termes de cette réception sont : « Mes mousquetaires, je vous donne pour commandant le comte de la Rivière ; vous lui obéirez en tout ce qu'il vous commandera pour mon service. » Après quoi le Roi se débotta et alla se promener (1).

Du dimanche 19, *Versailles.* — M. de Lujac, colonel du régiment de Beauvoisis, a demandé aujourd'hui l'agrément du Roi pour son mariage ; il épouse la fille de M. de Bachi, ambassadeur du Roi en Portugal. Elle n'a que treize ans ; elle sera remise au couvent après le mariage. M. de Lujac a été page du Roi, et S. M. a beaucoup

---

brigadier d'infanterie le 1er février 1719 ; il avoit épousé une sœur de M. le duc de Tallard. (*Note du duc de Luynes.*)

(1) C'est la seule forme qui s'observe pour les deux commandants des mousquetaires ; ils ne prêtent serment ni entre les mains du Roi, ni entre les mains d'un maréchal de France, et par la même raison les officiers supérieurs ne prêtent point serment entre les mains des commandants. (*Note du duc de Luynes.*)

de bonté pour lui. J'ai parlé dans le temps de la blessure affreuse qu'il a eue au visage. Il est fort estimé et regardé comme un officier fort appliqué. Je crois son bien peu considérable, mais il a pour 9,000 livres de bienfaits du Roi. Il a outre cela la charge de chambellan de M. le duc d'Orléans, qui lui vaut 4,000 livres, et à l'occasion du mariage on lui donne une place d'inspecteur d'infanterie qui lui vaut 8,000 livres. MM. de Bachi sont gens de condition; ils sont de même maison que les d'Aubais et les du Cayla.

Aujourd'hui les États d'Artois ont eu audience publique du Roi; seulement ces audiences sont, comme l'on sait, dans la chambre à balustre du Roi, non pas en dedans comme les audiences des ambassadeurs, mais en dehors le dos à la cheminée; le Roi a le chapeau sur la tête et ne l'ôte point. C'est le grand maître des cérémonies qui prend l'ordre du Roi et qui conduit les députés. Ils sont présentés par le gouverneur, M. de Chaulnes, qui est à la droite, et par le secrétaire d'État, qui a le département de la province; c'étoit M. de Paulmy comme survivancier. M. d'Argenson en a demandé la permission au Roi, parce qu'il a eu la goutte et qu'il y a des révérences à faire. M. d'Argenson étoit dans la chambre auprès de la porte du cabinet, attendant le moment du conseil d'État. L'audience a été entre la messe et le conseil. C'est M. l'évêque de Senlis (Roquelaure) qui a porté la parole; ce n'est pas comme évêque de Senlis, cet évêché n'étant point de la province d'Artois, et d'ailleurs il n'est pas sacré, mais il est neveu de l'évêque d'Arras et chanoine de cette cathédrale. Il a très-bien parlé de la gloire et des armes du Roi, de sa modération au milieu de ses victoires, et de sa bonté, qui fait le bonheur de ses sujets; il n'a pas oublié de parler aussi des priviléges de cette province accordés par les rois prédécesseurs de S. M. Il a présenté un grand mémoire au Roi, et le Roi l'a donné sur-le-champ à M. de Paulmy. Le député de la noblesse est le chevalier de Belua, colonel à la suite du régiment italien et chevalier de Saint-Louis. Le député du tiers-état s'appelle M. Gosse. M. l'ancien évêque de Mirepoix étoit à la droite du fauteuil du Roi ; le capitaine des gardes et le gentilhomme de la chambre sont tous deux derrière le fauteuil.

J'ai marqué ci-dessus que M. le maréchal de Belle-Isle a été appelé à un travail du Roi avec M. d'Argenson ; dans ce travail il fut question des ordres de S. M. pour les quatre camps qu'il doit y avoir cette année. Comme il y a différents sentiments sur le nouvel exercice, le Roi dit à M. de Belle-Isle qu'il désiroit qu'il allât examiner lui-même les différentes opérations militaires que l'on fait faire aux troupes pour lui en rendre compte. M. de Belle-Isle ira donc, au mois de septembre, voir le camp de M. le duc de Randan, en Franche-Comté, ensuite celui d'Alsace, commandé par M. le Voyer ; M. de Belle-Isle ira de là voir les deux autres camps, dont un sur la Meuse commandé par M. Chevert, et un sur la Sambre commandé par M. le prince de Soubise. Dans ce même travail il fut question de MM. les inspecteurs de cavalerie, principalement, qui prétendent devoir se mêler des détails des exercices de chaque régiment et de la discipline qui s'y observe. Ils se fondent sur ce qu'ils ont joui de ce droit à l'armée du Roi et sur ce que dans le temps de leurs revues ils entrent dans tous ces détails. M. de Belle-Isle a cru devoir représenter au Roi que ces prétentions n'étoient pas fondées, que les inspecteurs avoient ce droit dans le temps des revues, mais que partout ailleurs il appartenoit aux officiers commandants de chaque régiment sous l'autorité de l'officier de l'état-major de la cavalerie et des dragons.

Du lundi 20, Versailles. — M. de Rochechouart (Faudoas) fut déclaré hier ministre plénipotentiaire du Roi auprès de l'infant don Philippe, à la place de M. de Crussol, dont la tête est toujours dans un état qui laisse peu d'espérance, et qui est en chemin pour revenir, et qui doit s'arrêter aux eaux de Pougues, près Nevers.

Mme la duchesse de Modène vint ici avant-hier; hier elle reçut dans son lit la visite du Roi, de la Reine et de toute la famille royale. Mme la princesse de Conty étoit avec elle pour recevoir ces visites. La Reine et Mesdames y étoient en grand habit, c'est l'usage. Mme de Modène a été aujourd'hui faire ses remerciments.

Il y a quelques jours que M. de Montgeron mourut à Valence en Dauphiné. J'ai marqué son aventure dans le temps qu'il présenta un livre au Roi. C'étoit un des plus zélés partisans des jansénistes; il étoit exilé depuis 1737; il avoit été dans différents châteaux; en dernier lieu Valence étoit le lieu de son exil. Il étoit conseiller au Parlement, il avoit monté depuis quelques années à la grande chambre. Il avoit toujours la folie d'écrire ; on lui avoit donné toute permission pour cela, mais on avoit grand soin que tous ses ouvrages ne vissent pas le jour.

Le Roi a accordé un appartement à M. et à Mme de l'Hôpital Sainte-Mesme, à l'hôtel de Pontchartrain, pour la vie de l'un et de l'autre.

Du jeudi 23, Dampierre. — M. le duc de Ruffec mourut le 20 à Angervilliers. Il étoit dans sa cinquante-sixième année, étant né le 22 août 1699. Il étoit second fils de M. le duc de Saint-Simon; il s'appeloit alors le marquis de Ruffec; son frère aîné s'est appelé longtemps le vidame de Chartres. Il prit le nom de duc de Ruffec lorsque M. de Saint-Simon lui céda son duché, à l'occasion de son mariage avec Mme de Bournonville (Gramont); j'ai parlé de lui à l'occasion de sa mort, en 1746. De ce mariage il n'y a eu qu'une fille, qui est aujourd'hui Mme de Valentinois. Le marquis de Ruffec hérita du duché par la mort de son frère aîné, et prit le nom de duc de Ruffec; il épousa en [1733] la fille de M. d'Angervilliers, veuve de M. de Maisons; elle avoit eu de son premier mariage un garçon qui mourut enfant ; elle n'en a jamais eu de M. de Ruffec. M. de Ruffec avoit eu la goutte dès l'âge de vingt-trois ans ; on lui avoit conseillé, pour prévenir les attaques de ce mal, de faire usage d'une poudre composée d'extrait d'amères. M. le chevalier de Luynes, frère de M. de Grimberghen, a fait usage de cette même poudre, et on prétend que les suites de ce remède ont été la cause de sa mort. A l'égard de M. de Ruffec, soit l'effet de cette poudre, soit celui des sels purgatifs qui se trouvèrent de mauvaise qualité, il eut une maladie terrible avec des douleurs d'estomac si violentes qu'on l'entendoit crier de la cour de la maison qu'il habitoit. Le fameux Silva, médecin de M. et de Mme de Saint-Simon, travailla inutilement plusieurs années à guérir cette maladie ; il ne put que donner quelques soulagements. Depuis, la faculté a tenté sans succès toutes sortes de remèdes ; l'état de M. de Ruffec devint toujours plus fâcheux ; il étoit parvenu au point de ne pouvoir prendre presque aucune nourriture ; le bouillon, la viande, le pain, le fruit, tout lui faisoit des maux affreux ; il ne vivoit que de deux ou trois petites tasses de lait qu'il prenoit chaque jour, lorsqu'il y étoit contraint par un besoin pressant, et quelquefois mettoit sept ou huit heures d'intervalle d'une tasse à l'autre ; malgré ce peu de nourriture, il étoit obligé de se purger tous les quinze jours ; mais cette purgation ne pouvoit être que deux ou trois pintes d'eau chaude dont il remplissoit son estomac, après quoi il étoit encore obligé de se faire vomir. Cet étrange régime n'empêchoit pas totalement les douleurs, mais les rendoit moins fréquentes et moins vives. On peut juger de la foiblesse où il étoit réduit ; cependant il sortoit encore dans Paris quelquefois et à la campagne ; il y avoit des moments où il pouvoit un peu se promener. Il passoit ordinairement quelques mois à Angervilliers, terre appartenante à Mme de Ruffec. Il y a quinze jours ou trois semaines qu'y étant, il lui prit un vomissement affreux et on le crut mort. Il avoit été un peu mieux et enfin il est mort tout d'un coup.

Lorsque M. de Saint-Simon alla à Madrid en [1721] faire la demande de l'Infante, il mena ses deux enfants ; il obtint des grâces du roi d'Espagne pour tous deux, pour l'aîné la Toison d'or, et pour le cadet la grandesse ; mais la grandesse passa sur la tête de M. de Saint-Simon. Il fut fait grand de la première classe en 1721 ; et ce ne fut qu'en 1722 que sur sa démission, cette même grandesse fut accordée à son second fils (1). M. de Saint-Simon avoit

---

(1) La mort du duc de Ruffec a donné occasion à plusieurs questions sur la grandesse. On sait que les cessions de cette dignité du père aux enfants ne sont plus admises actuellement en Espagne ; on verra même par ce journal que la permission de céder les duchés est devenue très-difficile et presque impossible à obtenir. Feu M? le maréchal de Brancas n'a jamais pu obtenir pour M. de Forcalquier, son fils, la permission de lui céder sa grandesse, et, le Roi, pour l'en dédommager, eut la bonté de donner un brevet d'honneur à M. de Forcalquier. Cet exemple pourroit ne pas tirer absolument à conséquence, par rapport aux raisons particulières de prévention dans le gouvernement d'Espagne contre M. de Brancas ; mais M. le maréchal de Villars est un exemple à citer ; il ne vouloit pas se démettre de son duché en faveur de son fils, mais il vouloit bien se démettre de la grandesse, et il ne put l'obtenir ; cependant comme on vouloit le bien traiter sans manquer à la règle qu'on s'est faite à Madrid, le roi d'Espagne aima mieux créer une grandesse passagère pour le marquis de Villars, laquelle s'est éteinte à la mort du maréchal. M. le maréchal de Noailles n'a pu obtenir la permission de céder sa grandesse à M. le comte de Noailles qu'à la condition d'une cession totale sans aucune réserve.

Indépendamment de ces différents événements, des circonstances particulières donnoient occasion aux raisonnements. Tout dépend, comme l'on sait, des termes du diplôme expédié à Madrid, et celui de M. de Saint-Simon n'avoit pas été vu, pas même dans le temps du mariage de Mme de Valentinois. Avant ce mariage, il avoit été question de deux autres pour elle, et ils avoient été rompus faute d'avoir vu le diplôme ; peut-être aussi que les termes du diplôme dont il sera parlé ci-après, quoique très-avantageux à M. de Saint-Simon, pouvoient ne pas rendre le sort de Mme de Valentinois aussi assuré ; quoi qu'il en soit, il est certain qu'un homme habile, éclairé et qui pouvoit être instruit, fut consulté sur un des deux mariages qui ne se sont point faits, et répondit que la chose étoit incertaine ; enfin, dans cette occasion-ci, M. de Saint-Simon a montré le diplôme, et quelqu'un qui l'a lu me mande qu'il n'en a jamais vu un si étendu et si général ; que M. le duc de Saint-Simon est le maître de disposer de sa grandesse de son vivant ou par

obtenu de M. le duc d'Orléans, pendant la Régence, d'autres grâces pour ses deux enfants; il a le gouvernement de Blaye et celui de Senlis; la survivance du premier fut donnée à l'aîné et celle de Senlis fut donnée au duc de Ruffec qui vient de mourir.

Il y a quelques jours que M. le chevalier de Champigny, chef d'escadre, mourut à Paris âgé de soixante-dix-neuf ans. Il avoit été gouverneur et lieutenant général pour le Roi des Iles du Vent et de l'Amérique.

Il y a eu aujourd'hui un feu d'artifice au Palais-Royal et un *Te Deum* à Saint-Eustache où a assisté M. le duc de Chartres; après quoi il a fait la cérémonie de poser la première pierre du portail de cette église.

M. de Pracomtal le fils, guidon des gendarmes, mourut hier. Hier à Paris, sa femme, qui est grosse de huit mois, a pensé mourir.

Du samedi 25. — M. de Ruffec a laissé 2,000 écus de rentes viagères à partager entre ses domestiques; il a ordonné qu'on l'ouvrît. Il fait Mme de Valentinois, sa nièce, sa légatrice universelle, et M. de Parisot, maître des requêtes, son exécuteur testamentaire.

Le Roi a pris des eaux les trois premiers jours de cette semaine; il part lundi pour Crécy; il en reviendra samedi; il y retournera le mercredi suivant jusqu'au lundi.

Du jeudi 30, *Dampierre*. — La Reine nous fit l'honneur de venir ici avant-hier; elle arriva à trois heures et repartit avant six heures. Dans le carrosse des écuyers il y avoit M. le maréchal de la Mothe, chevalier d'honneur,

---

testament comme il le jugera à propos, et qu'il peut la donner à un étranger même qui ne soit ni de ses parents ni de son nom. Cette circonstance est bien singulière; tous les cas y sont prévus. Il n'est pas douteux que M. de Saint-Simon, en demandant une expédition de cette pièce, a eu en vue les circonstances où il pouvoit se trouver, ayant une fille contrefaite et hors d'état de paroître dans le monde (Mme de Chimay). Il est question présentement de l'agrément du Roi; M. de Saint-Simon a eu l'honneur de lui écrire. (*Note du duc de Luynes*, datée du 25 mai 1754.)

M. de Tessé, premier écuyer, M. Delavigne, premier médecin en survivance et l'écuyer de main. Il y avoit deux carrosses du corps. Les dames qui suivirent la Reine n'étoient que cinq, Mmes de Chevreuse, d'Antin, de Flavacourt, de Talmond et de Grancey. Ce voyage étoit un mystère que je devois même ignorer; il n'étoit confié qu'à Mme de Luynes. L'ordre pour les équipages de la Reine étoit pour aller à Haute-Bruyère. La Reine se promena dans les appartements, et malgré le vent et le froid elle voulut bien monter dans le carrosse de Mme de Luynes pour aller voir la ménagerie de mon fils à Senlis. Il n'y eut point de jeu parce qu'on avoit oublié d'apporter un cavagnole. Quoique tout le monde eût dîné, on servit plusieurs tables en viandes froides et pâtisseries : une dans le vestibule pour la compagnie, où quelques personnes mangèrent; une dans la grande salle pour M. de la Luzerne, chef de brigade, M. de Caulaincourt, exempt, M. Delavigne, et l'écuyer de main ; une dans l'antichambre des toiles pour les pages; une chez le concierge (1) pour les huit gardes avec le brigadier ; une pour les valets de pied ; une pour les cochers et postillons, garçons d'attelages, etc. La Reine fit l'honneur à Mme de Luynes de l'embrasser en arrivant et en partant, et nous donna à l'un et à l'autre mille marques de bonté. Mme de Luynes étoit arrivée à Dampierre le jeudi 23. Dès le vendredi 24, la Reine lui fit l'honneur de lui écrire et lui envoya un page porter sa lettre, et pendant tout ce petit voyage de Dampierre il y est venu tous les jours ou un page ou un palefrenier avec une lettre

---

(1) *Concierge*, celui qui a la garde, les clefs d'un château, d'une maison de prince ou de grand seigneur (*Palatii præfectus*). On l'appelle aujourd'hui plus ordinairement *capitaine*. L'on nommoit autrefois *concierges*, ceux que l'on a depuis nommés *capitaines* et ensuite *gouverneurs* des maisons royales. (*Dict. de Trévoux*, 1721.) Déjà à cette époque, il y avait parmi les comédiens une espèce d'officier chargé d'ouvrir et de fermer la porte (*Janitor*), appelé *concierge*. Ce qu'on appelle *concierge* aujourd'hui s'appelait alors *suisse* et *portier*.

de la Reine, excepté le seul jour que S. M. y est venue elle-même. Les pages de la Reine y sont venus plus souvent que les palefreniers, parce qu'ils ont demandé avec instance d'être chargés de cette commission dont la Reine avoit voulu leur épargner la fatigue.

JUIN.

Contestation entre les valets de chambre de la Reine. — Cérémonie de l'Ordre. — Devoirs de la quêteuse. — Le Roi veut réduire le prix des charges des officiers des gendarmes de la garde. — Différences dans les croix des colliers de l'Ordre. — Voyage du prince et de la princesse de Condé à Dieppe. — Mort du bailli de Bissy. — Le parlement de Rouen demande une audience au Roi et envoie MM. les gens du Roi à Versailles sans permission. — Lettre de milord Keith au maréchal de Belle-Isle. — Cérémonie à l'abbaye de Saint-Cyr. — Le Roi travaille beaucoup. — Audience du Roi au premier président. — Grâces du Roi à M. de Courbouson. — Le droit de survivance. — Les gens du Roi du parlement de Rouen rendent compte de la réponse du chancelier. — Audiences. — Brochures sur les affaires du temps. — Nouvelles diverses. — Mort de l'évêque de Saint-Omer. — Refus de sacrements. — Mort de la fille de Mme de Pompadour. — La Reine envoie un page chez Mme de Pompadour. — Le roi de Prusse donne une pension à d'Alembert. — La Reine donne son portrait à milord Marshall. — Étiquette pour souper avec la Reine chez la duchesse de Luynes. — L'abrégé chronologique du président Hénault. — Évêché donné. — Augmentation des revenus de l'infant don Philippe. — Mort de M. Poisson. — Mot de Frédéric sur M. de Gisors.

Du samedi 1er. — Nous revînmes hier de Dampierre. Mme de Luynes a trouvé en arrivant une contestation entre les valets de chambre de la Reine et le valet de chambre ordinaire; elle en rendit compte sur-le-champ à la Reine et en a parlé fortement aujourd'hui à M. de Saint-Florentin, qui lui a dit qu'il feroit rechercher s'il y avoit des exemples chez le Roi ou chez la Reine qui pussent contribuer à la décision de cette question; voici le fait. La Reine a quatre valets de chambre par quartier et deux ordinaires qui servent toute l'année (il y en a actuellement trois, mais il y a une survivance). Lorsqu'un valet de chambre qui doit entrer de quartier a quelques raisons, ou pour sa santé ou pour ses affaires, qui l'empêchent de se rendre à son devoir, il en rend compte à la dame d'honneur, et alors, sur la permission qu'elle lui accorde, un des valets de chambre qui sort de quartier continue le service. C'est un arrangement qu'ils font entre eux ; il en revient un petit bénéfice à celui qui sert pour un autre. Le valet de chambre ordinaire n'est que pour remplacer. Les valets de chambre de quartier s'absentant pour raison de maladie ou affaires, avec la permission de la dame d'honneur, font avertir l'ordinaire, mais aussitôt qu'ils sont revenus, ils reprennent leur service ; l'ordinaire se retire et cela ne fait aucune difficulté. L'un des valets de chambre du quartier d'avril ne pouvant pas venir servir son quartier, a fait prier, avec la permission de Mme de Luynes, un de ses camarades de janvier (Brion) de servir pour lui ; Brion a continué son service, mais ayant eu affaire pour quatre ou cinq jours à Paris, il a fait avertir un valet de chambre ordinaire qui est venu servir à sa place ; lorsqu'il a voulu reprendre son service, l'ordinaire n'a pas voulu lui rendre, et a prétendu que lorsqu'il remplaçoit un valet de chambre qui n'étoit point de quartier et servoit pour un autre il devoit continuer le service. Les valets de chambre disent pour raison que cela n'a jamais été ; que celui qui remplace est censé de quartier, et que d'ailleurs la prétention de l'ordinaire seroit contre sa propre institution ; qu'il doit être toujours en état de remplacer ceux qui manquent, et que s'il étoit assujetti à servir un reste de quartier quelquefois fort long, il ne pourroit plus remplacer ceux qui viendroient à vaquer dans le courant dudit quartier ; que par conséquent le remplacement de l'ordinaire ne peut et ne doit être que passager et non à demeure (1).

---

(1) M. Mesnard, premier commis de M. de Saint-Florentin, a cherché tous les exemples qui pouvoient contribuer à décider cette question, et en consé-

Du dimanche 2, jour de la Pentecôte, Versailles. — Le Roi ne revint de Crécy qu'hier à neuf heures du soir; il avoit couru le cerf en revenant. Lorsque le Roi est à Versailles il y a un office à la chapelle le matin; il n'y en eut point hier à cause de l'absence de S. M.; l'après-dînée il y eut les premières vêpres chantées par ce que l'on appelle la grande chapelle, après quoi les missionnaires dirent la prière. La Reine étoit dans la tribune en haut avec Mgr le Dauphin et Mesdames; Mme la Dauphine étoit en bas dans une des niches. Il n'y eut point de prélat officiant. Aujourd'hui c'est M. le prince Constantin qui a officié. Il est, je crois, inutile de dire qu'un prêtre ne dit point les premières vêpres en cérémonie, au moins ici à la chapelle; d'ailleurs il n'est point d'usage que lorsqu'il y a cérémonie de l'Ordre le jour de la Pentecôte, le prélat de l'Ordre dise les premières vêpres la veille. La quêteuse a été Mme de Lostanges (1) (l'Hôpital); le prédicateur

---

quence il a été décidé que le valet de chambre ordinaire ne devoit que remplacer, et qu'il rendroit le service au valet de chambre du quartier précédent qui auroit continué ledit service et qui ne se seroit absenté que pendant quelques jours. (*Addition du duc de Luynes*, datée du 3 juin.)

(1) C'est la première fois que Mme de Lostanges ait quêté, et les jours de cérémonie des chevaliers sont regardés pour les quêteuses comme les plus difficiles. Mme de Lostanges quêta très-bien, sans avoir plus d'embarras que celui qui convient à son âge; elle fit ses révérences doucement comme cela se doit et assez bas. Après avoir quêté le Roi et la Reine, etc., l'usage est de quêter tous les chevaliers l'un après l'autre et de faire à chacun une révérence après avoir reçu leur aumône. On commence par les chevaliers les plus près du Roi et on continue jusqu'à ceux qui sont les plus près de l'autel; on quête ensuite les prélats qui sont dans le chœur; on revient ensuite repasser derrière le Roi pour quêter les chevaliers du côté gauche de la même manière; on fait une révérence au Roi en passant à sa vue, ensuite une à l'autel derrière le fauteuil du Roi, et lorsque l'on a quêté le côté gauche jusqu'au chœur, la quêteuse revient de même repasser derrière le Roi et monte ensuite en haut pour quêter la Reine dans la tribune. La place de la quêteuse est sur la banquette à droite en entrant, avant tous les chevaliers. Quand elle a fini elle demeure à la suite de la Reine. Mme de Lostanges, en repassant devant les chevaliers qu'elle a quêtés, crut devoir faire plusieurs révérences, d'autant plus qu'ils se lèvent toujours lorsque la quêteuse passe; cette politesse de la quêteuse, qu'on dit avoir été d'usage autrefois, a été condamnée; on dit que

est le P. Couterot, Barnabite (1). Tous les princes du sang étoient à la cérémonie, excepté M. le comte de Clermont et M. le duc de Penthièvre, lequel est toujours à la Rivière, dans la plus vive douleur. M. le comte de Charolois s'est trouvé dans le cabinet du Roi avant la cérémonie; mais comme sa santé est mauvaise, il n'a point suivi la procession et l'a rejointe au retour de la chapelle. Il y avoit en tout cinquante et un chevaliers, en comptant les princes du sang, sans compter le Roi et Mgr le Dauphin.

On me mande de Paris que M. d'Avaray, fils du feu lieutenant général, épouse la seconde fille de M. de Bachi, ambassadeur en Portugal. M. de Pracomtal, guidon des gendarmes, étant mort, cette charge vient d'être donnée à son frère; il la paye 100,000 livres qui est le prix ordinaire de la taxe et on lui donne 50,000 livres de brevet de retenue. L'intention du Roi étant de diminuer le prix de ces charges, qui est effectivement très-considérable, l'argent que donne M. de Pracomtal sera employé à rembourser 25,000 livres à chacun des guidons des gendarmes de la garde.

M. le marquis d'Houchin, homme de condition de Flandre, qui est fort riche, épouse Mlle Kérouart, riche héritière.

La Reine me fit l'honneur de me dire hier qu'elle avoit demandé au Roi une pension de 10,000 livres pour Mme de Talmond, et qu'elle l'avoit obtenue.

---

la présence du Roi exclut toutes révérences, hors celles pour demander ou pour remercier; et l'on cite pour exemples : le maître des cérémonies de l'Ordre qui venant avertir le Roi pour l'eau bénite, l'Évangile, l'offrande, etc., passe devant les chevaliers sans faire aucunes révérences. On cite encore ce qui arrive aux audiences publiques et particulières, aux audiences de congé, qui ne font aucune révérence en entrant chez le Roi, la Reine, etc., qu'à LL. MM. ou aux enfants de France qui leur donnent audience. (*Note du duc de Luynes.*)

(1) Il était supérieur des Barnabites de Passy près Paris.

Je n'ai appris qu'aujourd'hui une différence qu'il y a dans les croix des colliers de l'Ordre que j'aurois dû savoir il y a longtemps ; c'est que les croix où le Saint-Esprit est des deux côtés sont faites du temps de Henri III, et que celles où le saint-Esprit est d'un côté, et de l'autre saint Michel, sont faites sous Louis XIV.

J'oubliois de marquer que M. l'abbé de Pomponne a lu aujourd'hui au Roi les preuves de M. de Saint-Contest ; on sait que des quatre charges de l'Ordre, il n'y a que celle de chancelier et de prévôt maître de l'Ordre qui fassent des preuves.

Du lundi 3, *Versailles.* — Il y a dix ou douze jours que M. et Mme la princesse de Condé allèrent faire un voyage à Dieppe pour voir la mer ; ce voyage fut exécuté presque aussitôt qu'imaginé. Ils étoient à Chantilly, et Mme de la Guiche y étoit avec eux ; ils étoient à la promenade et il pleuvoit, ce qui devoit détourner l'idée de faire un voyage ; Mme de la Guiche proposa d'aller à Dieppe, et cette idée fut saisie sur-le-champ. On représenta à M. le prince de Condé qu'un prince du sang ne pouvoit guère aller dans une place de guerre sans la permission du Roi ; la réflexion est en effet fort sage ; si cela n'est pas nécessaire, au moins cela est mieux pour une place de guerre ; mais Dieppe n'en est pas une ; cependant comme M. le prince de Condé le croyoit, il dépêcha sur-le-champ un courrier à M. le prince de Soubise. La permission fut accordée ; le courrier étoit de retour à Chantilly à quatre heures du matin ; on partit sur-le-champ dans une de ces grandes voitures qu'on appelle une gondole. Ils étoient douze ou treize ; ils couroient la poste à huit chevaux et étoient suivis par une berline. Ils furent trois jours dans ce voyage ; on peut juger qu'ils virent tout fort en passant. Ils n'arrêtèrent point à Rouen en allant, et ne se couchèrent point dans tout le voyage ; il n'y eut qu'à Dieppe qu'ils prirent quelques heures de repos. On rendit à M. le prince de Condé, à Dieppe, les honneurs dus aux princes du sang. On rend les mêmes honneurs aux maréchaux de France depuis la dernière ordonnance. M. de Fougères qui, au passage de M. le prince de Condé par Rouen, avoit été instruit du jour de son retour, lui donna un grand dîner à neuf ou dix heures du matin. M. le prince de Condé auroit dû avoir une députation du Parlement; mais les chambres étoient assemblées, et le Parlement fit prier M. le prince de Condé de vouloir bien recevoir ses excuses. M. le prince de Condé devoit souper à Crécy le jour de l'arrivée du Roi, qui étoit le 27; pour ne pas manquer, il prit la poste à cheval à Évreux, et arriva encore assez à temps pour souper. On conviendra qu'il faut avoir l'âge de M. et de Mme la princesse de Condé pour entreprendre un pareil projet.

M. le prince de Condé a prêté aujourd'hui serment entre les mains du Roi, dans le cabinet, pour le gouvernement de Bourgogne.

M. le bailli de Bissy, grand bailli de Champagne, mourut à Paris le 29 du mois dernier, âgé de quatre-vingt-onze ans; il étoit frère de feu M. le cardinal de Bissy. Le grand bailliage de Champagne devoit, par ancienneté, passer au bailli de Resnond, c'est celui qui devoit avoir le grand bailliage de France qui a été donné à M. le prince de Conty; j'en ai parlé dans le temps; il a accepté la place de grand hospitalier dans le temps du changement du bailli de Saint-Germain, dont j'ai aussi parlé; ainsi le grand bailliage de Champagne a été donné au bailli de Lanmarie, oncle de celui qui étoit ambassadeur de France en Suède. Le bailli de Sainte-Marie étoit plus ancien que le bailli de Lanmarie, mais il est mort dans le même temps que le bailli de Bissy. Ce bailli de Sainte-Marie avoit beaucoup de bien, argent comptant, meubles, vaisselle d'argent; il étoit à Paris à la dernière extrémité; il avoit un neveu qu'il aimoit beaucoup et à qui il vouloit laisser son bien. L'usage est que l'ordre fait mettre le scellé; on examine les réparations des commanderies, et ordinairement il revient peu de chose aux héritiers. Le bailli savoit ces formalités; il dit qu'absolument il ne vouloit point mourir à Paris; il se fit mettre dans une litière et se mit en chemin, suivi de chariots et surtout avec tous ses effets. Son neveu suivoit ce cortége, disant à ses amis que c'étoit une espèce de convoi, parce qu'il ne répondoit pas que son oncle ne mourût avant que de sortir de la ville. En effet il mourut en arrivant à Nanterre.

Du mardi 4, Versailles. — MM. les gens du Roi du parlement de Rouen arrivèrent ici avant-hier. Le parlement de Rouen avoit écrit à M. le chancelier pour le prier d'obtenir du Roi de vouloir bien recevoir une députation de ce Parlement; cette députation étoit pour demander la liberté de M. Dufossé. L'usage est toujours que nulle députation n'arrive non-seulement qu'après en avoir obtenu la permission du Roi, mais encore après que les gens du Roi sont venus demander à S. M. le jour qu'elle voudra bien recevoir la députation; en conséquence, il n'étoit pas douteux que les gens du Roi devoient venir ici, mais dans le cas seulement que le Roi agréât la députation; M. le chancelier étoit à sa terre de Malesherbes lorsqu'il reçut la lettre de ce Parlement; il leur répondit qu'il étoit à la campagne, qu'il en reviendroit le lundi de la Pentecôte, et qu'à son retour il prendroit les ordres du Roi; en même temps il écrivit au Roi à Crécy. L'impatience de pouvoir obtenir la permission d'envoyer des députés a déterminé le parlement de Rouen, malgré la lecture de la lettre de M. le chancelier, à faire partir les gens du Roi pour se rendre à Versailles, et il y a lieu de croire que tout au moins leur voyage sera inutile; en effet, le parlement de Rouen est en faute par cette démarche; il est vrai que les gens du Roi sont obligés d'obéir aux ordres du Parlement et d'aller partout où il les envoie, mais pourvu que ce soit dans le ressort dudit Parlement. C'est pour cela que les gens du Roi du parlement de Paris peuvent se rendre à Versailles, Fontainebleau, Compiègne même, la Cour y étant, parce que tous ces lieux sont dans l'étendue du parlement de Paris; mais ils ne peuvent sortir du ressort du Parlement sans une permission (1).

Du mercredi 5, *Versailles.* — Le jour de la Pentecôte, le Roi, la Reine et toute la famile royale, excepté Mme la Dauphine, après le sermon, entendirent en bas les vêpres chantées par la grande chapelle. Le Roi sortit après les vêpres, rentra chez lui et revint entendre le salut dans la grande tribune. La Reine remonta dans la tribune après les vêpres. Le prince Constantin n'officia point l'après-dînée, mais Mme de Lostanges quêta pendant les vêpres; la quête, l'après-dînée, commence à *Magnificat*, et le matin après le milieu du *Credo*. M. de Saint-Contest fit les fonctions de sa charge à la grande messe. Hier et avant-hier le Roi entendit dans la grande tribune les vêpres des missionnaires.

On me mande de Paris que M. de Dreux épouse Mlle de Saint-Hyacinthe. M. de Saint-Hyacinthe, père de cette fille, étoit un homme savant qui a été en Angleterre et qui a fait plusieurs ouvrages; on ne les croit pas riches ni l'un

---

(1) J'ai trouvé différentes opinions sur ce qui est marqué ci-dessus. On prétendoit que les gens du Roi, de tout parlement n'étoient jamais en faute quand ils venoient trouver le Roi, et qu'ils n'avoient pas besoin de permission, et on citoit pour exemple ce qui arrive souvent aux gens du Roi du parlement de Paris. J'ai voulu m'éclairer sur ces questions, et voici ce que me mande une personne instruite.

Aucun parlement, hors celui de Paris, ne peut envoyer les gens du Roi sans permission de S. M., laquelle passe toujours par M. le chancelier. Les gens du Roi ne peuvent, même pour leurs affaires particulières, quitter le ressort de leur parlement. On en a averti MM. les gens du Roi de Rouen et ils ont répondu le savoir, qu'ils l'avoient même dit au parlement, et qu'ils s'étoient attendus à ne point voir le Roi. Le procureur général du parlement de Rouen étoit à Paris, avec permission; MM. les avocats généraux l'ont pris en passant, et sont venus avec lui; il est retourné à Rouen avec eux.

Le seul parlement de Paris a en effet la prérogative d'envoyer les gens du Roi sans en demander la permission, et ils ont l'honneur de parler à S. M. toutes les fois qu'ils viennent. On n'apprend qu'ils sont envoyés que quand ils arrivent. (*Note du duc de Luynes.*)

ni l'autre; ce M. de Dreux est fils d'un abbé de Nancré qui a eu un procès contre M. de Brezé. Ce M. de Dreux qui se marie a été aussi abbé et a eu des bénéfices; son père, l'abbé de Nancré, a eu un procès à soutenir pour son mariage, et le mariage fut déclaré bon, mais il fut dit en même temps que les enfants seroient inhabiles à succéder, le père ayant toujours été abbé et jouissant de ses bénéfices.

J'ai déjà parlé des voyages de M. de Gisors; on trouvera ci-après la copie d'une lettre qui lui fait trop d'honneur pour n'être pas insérée dans ce Journal. C'est une réponse que milord Keith fait à M. le maréchal de Belle-Isle qui lui avoit écrit pour le remercier de ses attentions pour M. de Gisors. Ce milord Keith est Écossois, attaché au roi de Prusse, aussi bien que son frère milord Marshal, qui est ici ministre plénipotentiaire du roi de Prusse.

Monsieur, je m'étois proposé par la vénération que j'ai pour le nom de M. le maréchal de Belle-Isle de rendre tous les petits devoirs qui dépendroient de moi à M. votre fils, mais en ceci je me trouve même prévenu par de plus grands que moi, qui m'envient le plaisir de lui être utile; je le ressens d'autant plus que ce n'est plus par le même motif que je suis porté à présent à lui offrir mes services; ce n'est plus pour témoigner ma considération pour M. le maréchal; c'est son propre mérite qui m'y engage. Qu'il possède la politesse françoise, la finesse espagnole et la franchise allemande, il n'y a rien à dire; il tient à ces trois pays; ainsi il est en droit de s'emparer de leurs bonnes qualités; mais qu'il veuille aussi nous enlever notre simple bon sens anglois, je ne vois pas sur quoi il fonde ses prétentions, à moins qu'il ne veuille se faire aussi duc et pair, ce que je souhaiterois de tout mon cœur pour l'honneur de ma nation; car sans le flatter il n'y a point de pays au monde qui ne se fera gloire d'une telle acquisition que M. le comte de Gisors. J'épierai les occasions de lui témoigner mon attachement, mais l'empressement de le servir me paroît trop général pour que je puisse en espérer d'en avoir souvent; mais je n'en négligerais aucune qui pourroit vous prouver la parfaite considération avec laquelle j'ai l'honneur d'être, Monsieur, votre, etc. KEITH.

De Potsdam, ce 20 mai 1754.

Du jeudi 6, Versailles. — Mardi dernier, il y eut une

cérémonie à Saint-Cyr, non à la maison royale, mais à l'abbaye; cette abbaye est fort ancienne, elle est de l'ordre de Saint-Benoît et fut fondée il y a onze cents ans. Les affaires de cette maison étant en mauvais état par défaut de bonne administration, on avoit compté la comprendre dans le nombre de celles qui devoient être supprimées, et c'étoit en conséquence de ce projet qu'on avoit formé le dessein d'établir à Versailles une maison religieuse. On a représenté depuis au Roi la nécessité de conserver l'abbaye de Saint-Cyr pour donner aux principaux officiers de sa maison la facilité de mettre leurs filles en pension sans les éloigner d'eux. L'abbesse qui y étoit a consenti à se retirer, et on a mis à sa place depuis quelques années Mme de Molitart. Elle s'est déjà fort occupée du bien de cette maison, et il paroît qu'elle y réussit. Il y a trente religieuses dans cette maison et beaucoup de pensionnaires.

La cérémonie dont il s'agit est la bénédiction de trois abbesses, Mmes de Fontevrault (Valence) et de Royal-Lieu (Soulanges) furent nommées il y a environ deux mois, la première à la place de Mme de Saint-Hérem, et la seconde à la place de Mme de Grimaldi; la troisième est l'abbesse de Pont-aux-Dames. On trouvera ci-après le détail de cette cérémonie.

Il falloit deux abbesses assistantes; celle de Saint-Cyr n'étant pas en état, parce qu'elle relève de maladie, on a choisi l'abbesse de Port-Royal (Vauban) et la prieure perpétuelle de l'hôpital de Pontoise (Tournefort), qui porte la croix ayant été abbesse de l'abbaye de Chaillot (1).

Je ne crois pas avoir marqué que Mme de Soulanges

---

(1) Mme de Rannes d'Argouges, sœur de feu Mme de Troisville et nièce de M. le lieutenant civil, étoit prieure de Pontoise; ayant désiré de se rapprocher plus près de Paris, Mme de Tournefort a consenti à lui remettre l'abbaye de Chaillot et a accepté le prieuré de Pontoise, où elle est parfaitement bien logée. (*Note du duc de Luynes.*)

étoit religieuse à Fontevrault, et que c'est elle qui a élevé Madame Louise ; elle est venue ici passer plusieurs jours et a été reçue de cette princesse avec toutes sortes de marques de bonté et d'amitié.

M. et Mme de Vauban sont venus ici à l'occasion de cette cérémonie. Mme de Vauban n'étoit jamais venue à Versailles. M. de Vauban est maréchal de camp; il a servi dans la gendarmerie ; son frère cadet est dans le régiment du Roi. Ils sont fils de feu M. du Puy-Vauban, mort lieutenant général et gouverneur de Béthune, neveu du maréchal de Vauban. Ils ont une fort belle terre en Bourgogne où ils habitent ordinairement. Mme de Vauban est Châteaugay ou la Queuille, ce qui est la même chose.

Avant-hier Mme de Valentinois prit son tabouret comme grande d'Espagne.

Le Roi revint samedi dernier de Crécy et y retourna hier. S. M. a beaucoup travaillé pendant son séjour ici : deux conseils d'État, un conseil des finances, travail avec M. le prince de Conty, dimanche et lundi avec M. le chancelier, M. de Muy, et M. Rouillé, le mardi; et immédiatement après M. Rouillé, S. M. donna une audience de cinq quarts d'heure tête à tête à M. le premier président du Parlement de Paris. Personne n'avoit ici la moindre idée de l'arrivée de M. le premier président; tous les ministres prétendent qu'ils n'en savoient rien, et M. le prince de Conty avoit dit quelques jours auparavant qu'il ne se mêloit plus de cette affaire. Quoi qu'il en soit, un palefrenier de la petite écurie porta à M. le premier président à Soissons lundi matin une lettre de la main du Roi; en conséquence, M. le premier président assembla tous Messieurs de la grande chambre qui se trouvèrent à Soissons ; il partit le mardi matin avec deux domestiques à cheval et un derrière sa chaise; il ne passa point dans Paris et vint tout droit ici. Il arriva entre sept et huit heures du soir ; il n'alla point descendre chez M. le chancelier, qui étoit sorti de chez le Roi une heure auparavant; il vint tout droit chez le Roi. Il y avoit ordre de le faire entrer dans le cabinet du premier valet de chambre qui donne dans l'OEil-de-Bœuf ; le Roi avoit donné ordre qu'on l'avertît. Il est vraisemblable que le travail de M. Rouillé fut un peu abrégé ; ce qui est certain, c'est que M. le premier président entra dans le cabinet du Roi à huit heures un quart, qu'il y resta plus d'une heure seul avec S. M. et on remarqua qu'il sortit du cabinet les larmes aux yeux. Le Roi demeura seul un petit quart d'heure environ, après que le premier président fut sorti. Mgr le Dauphin entra ensuite dans le cabinet du Roi, et il étoit environ dix heures quand le Roi se mit à table au grand couvert. Cet événement attire l'attention générale ; tout ce que l'on sait jusqu'à présent, c'est que le premier président repartit immédiatement après et alla tout de suite à Soissons ; il se coucha à neuf heures du matin en arrivant.

Détail de la cérémonie faite pour la bénédiction des dames abbesses de Fontevrault, de Royal-Lieu et du Pont-aux-Dames,

Faite par M. l'évêque de Meaux le mardi de la Pentecôte 4 juin 1754, en présence de M. le Dauphin, et de Mesdames Adélaïde, Victoire, Sophie et Louise, à l'abbaye de Saint-Cyr.

M. l'évêque de Meaux est arrivé vers les dix heures à la sacristie, où il s'est habillé pontificalement. M. le Dauphin et Mesdames sont arrivés environ un quart d'heure après. M. l'évêque de Meaux est arrivé au bas des marches de l'autel crossé et mitré, et après les révérences ordinaires a commencé une messe basse, assisté de deux abbés en surplis et de son aumônier.

Les trois abbesses étoient sur des prie-Dieu, tous trois sur une même ligne au bas de la marche du sanctuaire, faisant face à l'autel. Il y avoit deux autres prie-Dieu, aux deux côtés, sur le retour, pour deux abbesses assistantes (Mmes de Port-Royal et de Pontoise), ces deux derniers plus près de la marche du sanctuaire et se faisant face l'un à l'autre.

Outre ces deux assistantes, il y avoit une religieuse derrière chaque abbesse, vêtue de même que les abbesses, Mme de Fontevrault et Mme du Pont-aux-Dames tout en noir, et Mme de Royal-Lieu en blanc. Les prie-Dieu de ces dames étoient tous nus, sur un drap de pied, car

JUIN 1754.

l'église en entier et les marches de l'autel en étoient couvertes ; et l'église tapissée des deux côtés.

Entre l'Épître et l'Évangile, on a mis un fauteuil, le dos appuyé à l'autel, dans lequel s'est assis l'officiant, et trois carreaux sur les marches. Les trois abbesses se sont levées et ont avancé jusqu'au bas de ces marches ; elles ont fait ensemble une profonde révérence, comme les prêtres à l'autel ou à l'évêque ; elles ont fait ensemble aussi une pareille révérence à M. le Dauphin, en tournant par la droite ; puis elles se sont mises à genoux sur les carreaux. L'officiant assis dans son fauteuil, la mître sur la tête, a lu plusieurs oraisons ; ensuite il leur a imposé les mains sur la tête pendant un moment à chacune, en récitant quelques prières ; après quoi on a mis sur les genoux de l'évêque un autre livre dans lequel elles ont remis l'une après l'autre une espèce de patente ou écrit sur du papier de grandeur de papier à lettre avec un cachet de cire rouge à la marge, appuyant la main sur le livre pendant une bonne minute. L'évêque prenoit ensuite le papier et le remettoit à un prêtre à sa droite, lequel le posoit sur l'autel du côté de l'Évangile. Ces trois papiers remis ainsi, M. de Meaux s'est levé et a lu encore sur chacune d'elles quelques prières. Elles se sont levées et ensuite elles sont revenues à leurs prie-Dieu. Après l'offertoire, on a rapporté le fauteuil le dos appuyé à l'autel ; l'évêque s'est assis ; Mme de Fontevrault s'est levée de son prie-Dieu, s'est avancée au bas des marches, a fait une révérence à l'autel, ensuite à M. le Dauphin, s'est mise à genoux sur un carreau vis-à-vis l'évêque ; six demoiselles sont venues de la sacristie, deux à deux ; les deux premières, chacune avec une torche allumée, chargée d'un cartouche aux armes de l'évêque et de l'abbesse ; deux autres demoiselles avec un pain argenté et un doré, deux autres avec deux barils argentés et dorés. Étant toutes rangées, elles ont fait une révérence à l'autel et une à M. le Dauphin ; les deux torches ont été présentées, par la droite de l'abbesse toujours à genoux, à l'évêque qui les prenoit et les remettoit à un des prêtres assistants ; ensuite les deux pains et les deux barils déposés sur une crédence du côté de l'Évangile. Ces trois offrandes faites, elle s'est levée de son carreau, que l'on a porté à côté de l'autel ; on a mis leurs carreaux sur la plus haute marche de l'autel, au coin du côté de l'Évangile ; elles se sont mises à genoux sur celle d'en bas, et se sont prosternées appuyées sur ces carreaux pendant environ un demi-quart d'heure qu'ont duré des prières ou oraisons dites par l'évêque tourné de leur côté. Les deux autres abbesses les ont fait de même.

Pendant qu'elles étoient prosternées, on a ôté le fauteuil de l'évêque, on en a apporté trois autres le dos appuyé à l'autel. L'évêque a béni les trois coiffes ou voiles sur un plat. Les trois abbesses sont revenues se mettre à genoux vis-à-vis le milieu de l'autel sur les marches. L'évêque, aidé d'un prêtre, leur a mis, l'une après l'autre, à chacune, un de ces voiles par-dessus celui qu'elles avoient déjà, et les religieuses qui étoient derrière sont venues les attacher avec des épingles. Après quoi, il leur a mis à chacune, au doigt de la main droite, un anneau qui avoit vraisemblablement été bénit avec les voiles; ensuite on a présenté une crosse d'or à M. l'évêque, qui l'a mise dans la main droite de Mme de Fontevrault, et deux d'argent pour les deux autres. Elles se sont levées, ont fait une révérence à l'autel et une à M. le Dauphin; elles ont été s'asseoir dans les trois fauteuils placés comme il est marqué plus haut. Une religieuse de chacune des abbesses est venue recevoir le baiser de paix, à genoux devant son abbesse qui étoit assise. L'orgue a entonné le *Te Deum*, la seconde strophe chantée en musique à trois parties par les religieuses, la troisième par l'orgue, et ainsi alternativement jusqu'à la fin ; après quoi elles sont descendues ensemble, ont fait les révérences leurs crosses à la main, et les ont données à leurs religieuses porte-crosse qui les ont toujours gardées derrière les abbesses.

A la communion, elles se sont mises à genoux sur les marches; Mme de Fontevrault, toujours au milieu, a reçu la communion la première, ensuite Mme de Royal-Lieu à droite, et Mme du Pont-aux-Dames à gauche.

Pendant l'élévation, des religieuses ont chanté en musique l'*O salutaris hostia*, et à la fin de la messe le *Domine salvum fac Regem*. M. l'évêque n'a point dit l'oraison pour le Roi ; il a apporté à M. le Dauphin et à Mesdames le corporal à baiser, et l'eau bénite à la fin de la messe. Je n'ai point vu qu'il la leur eût donnée en entrant.

M. le Dauphin et Mesdames sont sorties de l'église par le cloître, comme ils y étoient entrés. Il y avoit une garniture de huit gardes du corps sur l'estrade où étoient M. le Dauphin et Mesdames. Une partie des dames de leur suite sont restées dans le chœur des religieuses; Mme de Duras, Mme de Beauvilliers, Mme de Mazarin et quelques autres étoient dans l'église.

Les banquettes à droite et à gauche étoient remplies par des religieuses (il y en avoit dix sans compter les trois abbesses), par des abbés (il y en avoit autant), par plusieurs personnes et les domestiques des abbesses.

Du lundi 10, *Versailles*. — M. de Courbouson, conseiller au parlement de Besançon, a deux fils, dont l'un est président à ce même parlement et l'autre abbé. Je ne sais si je n'ai pas déjà parlé de M. de Courbouson; il a été chargé de la part de la Cour de plusieurs commissions dont il s'est très-bien acquitté ; il a fait des mémoires instructifs sur la principauté de Montbelliard et autres matières; il a de l'esprit et est aujourd'hui un des principaux membres de l'académie que M. le duc de Tallard a établie à Besançon, il y a environ deux ans. M. de Courbouson s'est conduit avec prudence et sagesse dans les démêlés qui ont subsisté pendant longtemps entre le parlement de Besançon et le feu premier président de ce parlement (Boissot) ; il a toujours été aimé et considéré des deux partis et traité avec distinction et amitié par tous les officiers généraux qui ont commandé en Franche-Comté, M. le duc de Lévis, M. le maréchal de Duras et M. le duc de Randan. Le Roi a bien voulu lui donner des marques de bonté et de la satisfaction qu'il a de ses services. Il donna, il y a plusieurs années, le prieuré d'Arbois à M. l'abbé de Courbouson, et lorsque M. de Quinçonnat, du parlement de Grenoble, a été fait premier président du parlement de Besançon à la place de M. Boissot, S. M. a donné 2,000 livres de pension à M. de Courbouson qui, je crois, en avoit déjà une de même somme. M. de Courbouson auroit été jugé digne de remplir cette place de ce Parlement, si l'intention de S. M. n'avoit pas été d'y mettre un étranger. L'aîné des fils de M. de Courbouson étant tombé malade à la dernière extrémité et sans espérance de guérison, et ses affaires étant fort dérangées, le père, pour conserver s'il est possible cette charge dans sa famille, l'a demandée, et elle vient de lui être accordée sur la démission de son fils; il y a, en pareil cas, des frais inévitables; M. de Courbouson, qui a beaucoup d'amis, a demandé et a fait demander à M. le garde des sceaux la remise de ses frais. Le Roi a bien voulu lui remettre le droit de survivance. On trouvera ci-après un détail sur ce droit.

Le droit de survivance est un droit que toute charge de robe paye au Roi dans les mutations, à proportion de sa finance ; c'est le huitième denier, et on trouve plus honnête le terme de survivance. Le Roi quelquefois fait la grâce de remettre son droit, ce qui est assez rare. S. M. a toujours fait la grâce aux présidents à mortier du parlement de Paris et aux avocats généraux de Paris, et quelquefois à quelques présidents à mortier et avocats généraux de province. Toutes les charges qui payent le droit de survivance payoient aussi un droit au marc d'or au prorata du prix de la charge; il n'y a jamais de remise au marc d'or.

On mande de Rouen que les gens du Roi y sont arrivés mercredi; qu'ils ont rapporté que M. le chancelier leur avoit dit qu'il étoit fort surpris de leur arrivée, et que le Roi ne leur donneroit point audience, et qu'il feroit savoir ses intentions au Parlement. Cette réponse, qui n'est nullement relative à une lettre qu'on dit que M. de Saint-Florentin avoit écrite aux avocats généraux, par laquelle il leur mandoit que le Roi leur donneroit audience le lundi de la Pentecôte, a occasionné bien du tapage aux chambres assemblées. On a remis l'assemblée au lundi 17 pour pouvoir rassembler tout le monde.

On apprit hier la mort de Mme l'abbesse de Saintes, sœur de M. le maréchal de Duras; elle avoit soixante-quatorze ans. Elle étoit l'aînée de M. le maréchal de Duras de quatre ans.

Du jeudi 13, *Dampierre.* — Avant-hier il y eut trois audiences particulières : le nonce Acciaiuoli, qui étoit en Suisse et qui s'en va en Portugal, a pris son audience de congé; c'est un homme d'une taille médiocre, assez gros, le visage plein, et qui paroît avoir environ quarante ans; il porte la croix; il a pris son audience de congé. — Milord Marshal eut aussi son audience de congé. On sait qu'il est Écossois; son nom est Keith. Son frère est feld-maréchal du roi de Prusse. Milord Marshal est sorti de son pays à vingt et un ans et a beaucoup voyagé; il paroît d'un caractère doux et aimable. Comme il n'est plus jeune, qu'il a une mauvaise santé et peu de bien, il a demandé au roi son maître la permission de se retirer (1). Il est extrêmement sensible au froid et n'a trouvé que le climat d'Italie qui convînt à son tempérament; il aime le séjour de Venise et compte y aller passer le reste de ses jours, aussitôt qu'il aura rendu compte au Roi son maître de ses négociations en France. Il nous montra il y a quelques jours la lettre que lui avoit écrite le Roi de Prusse; elle est remplie de sentiments de considération, d'estime et d'amitié; il y est dit, entre autres choses, que les raisons de politique et celles d'amitié auroient pu le faire balancer sur ce qu'il demandoit, mais qu'il s'étoit déterminé en faveur de l'amitié, et qu'ainsi il désiroit qu'il partît aussitôt pour qu'il eût le plaisir de le voir avant que d'aller dans la Poméranie. Dans cette lettre, le roi de Prusse lui parle de M. de Gisors; il dit que ce jeune homme, dont il paroît fort content, se couche trop tard et se lève trop matin. Je suis, dit-il, trop ami de son père pour n'y pas mettre ordre au plus tôt et ne pas m'intéresser à la conservation de sa santé.

La troisième audience fut celle de M. Sorba; il n'étoit ici que chargé des affaires de Gênes; la république lui a donné le titre de ministre plénipotentiaire, et c'est en cette qualité qu'il a eu audience.

Il y a quelques jours que M. de Pont-Saint-Pierre mourut à Paris, à l'Institution. Il avoit environ quatre-vingts ans. C'est le père de M. de Pont-Saint-Pierre qui étoit chef de brigade, de M. de Roncherolles et de Mme de Rothelin.

Mme l'abbesse de Fontevrault (Valence) eut, il y a quelques jours, une pension de 5,000 livres sur l'abbaye de la Victoire. L'abbesse de Fontevrault a 12,000 livres de la maison pour son entretien, et outre cela certaines fournitures pour sa table. Mme de Saint-Hérem qui vient de mourir avoit eu 8,000 livres de pension du Roi.

---

(1) M. de Kniphausen, qui étoit déjà ici, reste chargé des affaires du roi de Prusse. (*Note du duc de Luynes.*)

Le Roi et la Reine, suivant l'usage, ont envoyé faire des compliments à M. le maréchal et à Mme la maréchale de Duras. J'étois dans le cabinet du Roi lorsque M. le duc d'Aumont fit entrer un gentilhomme ordinaire à qui le Roi donna lui-même l'ordre pour ces compliments : c'est la règle. Ce gentilhomme n'a été qu'à Versailles, Mme la maréchal de Duras y étant revenue le lundi au soir ; il vouloit aller chez M. le maréchal de Duras à Paris, mais il est à sa maison de campagne près des Camaldules, et le Roi n'envoie point en pareil cas. La Reine, Mgr le Dauphin, Mme la Dauphine et toute la famille royale envoient faire des compliments. Pour Mgr le Dauphin, c'est un écuyer ; pour la Reine et Mme la Dauphine, ce sont des pages, lorsque les compliments se font à Paris, et c'est alors que le premier écuyer donne l'ordre aux pages ; les pages rendent compte eux-mêmes de la commission. Lorsque les compliments se font dans le lieu même du séjour de la cour, c'est un valet de chambre qui en est chargé de la part de la Reine ou de Mme la Dauphine, et alors c'est la dame d'honneur qui donne l'ordre.

Mme de Marsan a envoyé son écuyer à Mme la maréchale de Duras de la part de Mgr le duc de Bourgogne et de Madame. Comme MM. de Duras ont l'honneur d'appartenir à la maison de Condé, et que les princes ne prennent le deuil qu'après qu'on leur a donné part, M. le maréchal de Duras, qui a la goutte, a chargé M. le duc de Randan d'aller chez tous les princes, ce qui a été exécuté.

Je ne parle point ici d'une multitude de brochures qui se débitent journellement sur les matières du temps ; tout Paris en est rempli, et c'est une lecture des plus ennuyeuses. Dans la plupart on voit l'esprit de parti, même dans le système le plus sage et le plus digne d'être approuvé. Toutes cependant n'ont pas ce défaut ; il y en a eu plusieurs écrites avec prudence et modération. Il y en a une in-4° qui paroît depuis environ un mois ; elle a 258 pages ; elle a pour titre : *Observations sur le refus que fait le Châtelet de reconnaître la chambre royale*, etc. Elle pourroit être mieux écrite et avec plus de modération, et outre cela le style en est trop diffus ; cependant il y a beaucoup de faits et des recherches très-curieuses ; ce qui y est dit sur l'autorité du Roi et sur le pouvoir du Parlement mérite d'être remarqué ; en tout c'est un ouvrage qui mérite d'être lu.

J'ai oublié de marquer que le curé de Saint-Étienne-du-Mont, dont on a tant parlé et qui est chanoine de Sainte-Geneviève, a donné la démission de sa cure ; le Roi lui a donné une abbaye ; il y a déjà longtemps que cela est fait.

On sait depuis plusieurs jours que Mlle de Calonges, qui a au moins cinquante ans, a épousé M. de Lusignan qui n'en a que vingt-cinq ; Mlle de Calonges est sœur de Mme de Ribérac, qui étoit dame d'honneur de Mlle de Clermont. M. de Lusignan est de même nom et à ce que l'on dit de même maison que le gendre de M. de la Rivière et la femme de M. Turpin.

Du vendredi 14, Dampierre. — M. le prince de Condé prêta serment il y a deux jours entre les mains de M. le garde des sceaux, pour les gouvernements particuliers d'Avalon, Saint-Jean-de-Losne, Semur, etc.

Du dimanche 16, Dampierre. — M. l'évêque de Saint-Omer mourut il y a quelques jours dans son diocèse ; il étoit Valbelle, oncle de Mme de Valbelle la mère, qui demeure à Paris à l'hôtel d'Ancezune et dont le nom est Valbelle. Mme de Valbelle, qui est veuve, a deux fils, dont l'un a épousé Mlle de Beaujeu, et l'autre n'est point marié. M. l'évêque de Saint-Omer n'avoit que soixante-quatre ans ; il étoit fort incommodé depuis plusieurs années, mais il ne vouloit voir aucun médecin ; il avoit eu plusieurs attaques d'apoplexie, et on n'avoit jamais pu le déterminer à faire aucun remède ; en dernier lieu cependant, il avoit consenti à se faire saigner, mais il étoit trop tard. Il est mort d'une attaque d'apoplexie.

On me mande de Paris que M. de Sauvigny, intendant de Paris, a obtenu pour son fils, qui est fort jeune, la permission du Roi d'acheter une charge de conseiller au grand conseil; il n'aura voix délibérative qu'à vingt-cinq ans.

M. Courtois, conseiller du parlement de Dijon, a obtenu la même grâce.

Le désir d'exciter de nouveaux troubles sur les questions présentes continue toujours à se montrer sous différentes formes et en différents lieux. Il y a eu un diocèse où l'on n'a point eu d'horreur de se servir d'une fille si décriée par sa conduite scandaleuse qu'elle avoit été reprise de justice et que les magistrats avoient ordonné qu'elle sortît de la ville. Cette fille, dont la mère menoit la même vie, en sortant d'un corps de garde où elle avoit passé la nuit, elle alla se présenter à la sainte Table, ce qui fait frémir à raconter ; le curé la connoissoit et crut ne devoir pas la communier ; c'est tout ce qu'on désiroit. La justice se préparoit à suivre cette affaire. On a cru devoir l'assoupir, et c'est en effet le parti le plus prudent et le plus sage, vu la disposition des esprits.

Il vient d'arriver dans la ville de Troyes une aventure dont l'esprit est le même, quoique les circonstances soient différentes. Une fille nommée des Essarts tombe malade ; elle envoie demander les sacrements le mardi de la Pentecôte, 4 de ce mois; elle étoit de la paroisse de Saint-Remy. M. Dubois, le curé, va chez elle ; à peine est-il entré qu'on lui demande d'administrer les sacrements ; il demande si la malade a été confessée, on lui dit qu'elle l'a été ; il veut savoir le nom du confesseur ; la malade dit qu'elle lui a promis de ne point le nommer et que ce seroit manquer à la charité que de dire son nom. Le curé exhorte avec douceur et n'obtient rien ; il y retourne le soir même ; la malade persiste et entre en conversation pour disputer ; le curé répond comme il convient en pareil cas. Le lendemain, après midi, sommation au curé au nom de la malade; il répond par écrit, disant que l'opiniâtreté de la malade étoit la seule occasion du scandale, que pour lui il ne pouvoit qu'exécuter ce qui est prescrit par les statuts anciens et nouveaux du diocèse. M. l'évêque, instruit de ce qui se passe, va chez la malade; il y demeure cinq quarts d'heure, sans qu'elle veuille jamais lui nommer son confesseur. Le même jour 6, nouvelle sommation au curé; il se rend aussitôt chez la malade avec l'huissier même; il l'interroge, elle persiste; il dit qu'il ne peut s'empêcher de différer les sacrements. Pendant ce temps-là on apporte un poulet à la malade, qui dit qu'elle mangera quand M. le curé sera sorti. Le curé prend l'assemblée à témoins du poulet et du discours; il veut le faire constater dans le procès-verbal, mais l'huissier l'emporte et s'enfuit. M. l'évêque, voyant ce que l'on avoit dessein de faire, permet au curé de s'absenter pour affaire, et ôte les pouvoirs aux deux vicaires. Le même jour 7, invitation de la part du bailliage pour les sacrements, et à huit heures, sommation en conséquence d'une requête. Le lendemain, dès le matin, M. l'évêque fait signifier au baillage que c'est à lui seul qu'il faut s'adresser pour cette paroisse et pour l'administration des sacrements; malgré cela, le curé est décrété de prise de corps. Le même jour, nouvelle invitation à M. l'évêque par les gens du Roi. M. l'évêque répond que le curé n'a agi que par ses ordres; il ajoute que pour lui il aura toujours beaucoup d'égards pour le tribunal qui avoit envoyé les gens du Roi; mais qu'ils devoient savoir que dans les choses spirituelles comme les sacrements, un tribunal séculier devoit obéir à l'Église et non pas lui commander; qu'il retourneroit chez la malade, mais qu'il ne l'administreroit point si elle persistoit. Il y retourna en effet et ne put rien obtenir. Le même jour, deux sommations à M. l'évêque en trois heures de temps; dans la première, il est requis et interpellé; dans la seconde, il est prié, invité et néanmoins tenu de faire cesser le scandale, etc.

Le même jour, signification de prise de corps au Sʳ curé. Le bailliage assemblé ordonne la saisie du temporel et l'exécution des meubles de M. l'évêque. C'étoit le samedi ; on remet au lundi pour agir, et ce même samedi la malade meurt.

Du lundi 17, Dampierre. — Il devoit y avoir mercredi 19, à Bellevue, trois mariages : celui des deux filles de M. de Bachi, dont l'aînée a treize ans et qui épouse M. de Lujac ; la cadette en a douze et épouse M. d'Avaray ; le troisième mariage est celui de Mˡˡᵉ de Quitry avec M. d'Amblimont. Les deux filles de M. de Bachi devoient être mises dans le couvent immédiatement au sortir de la noce. Tous ces projets sont vraisemblablement dérangés par la nouvelle que l'on apprit hier de la mort de Mˡˡᵉ Alexandrine, fille de Mᵐᵉ de Pompadour. Elle étoit au couvent de l'Assomption. Je ne la savois pas malade ; il faut que la maladie ait été fort courte. En conséquence du mariage dont je viens de parler, M. de Lujac a obtenu la survivance du gouvernement de Toul, dont M. le marquis de Crécy est titulaire.

Du mercredi 19, Dampierre. — Tout ce que l'on sait de la maladie de la fille de Mᵐᵉ de Pompadour, c'est qu'elle prenoit du lait ; vendredi 14, elle fut purgée et la médecine fit très-bien ; elle mangea du potage avec un peu de poulet ; quelques heures après, il lui prit un grand vomissement et de la colique, mais elle parut mieux pendant quelques heures. La fièvre lui prit le samedi avec des convulsions qui augmentoient à tous moments. Dès qu'on le sut à Choisy on fit partir M. Senac et M. de la Martinière, mais ils la trouvèrent morte en arrivant. On me mande de Paris qu'on l'a ouverte et qu'on lui a trouvé le péritoine gangrené. Elle fut enterrée avant-hier à midi dans le chœur des dames de l'Assomption. M. d'Étiolles, son père, qui a pris le nom de Le Normand depuis la mort de son père, l'a été voir dans cette maladie et a paru extrêmement affligé.

JUIN 1754.

Le nouveau nonce Gualtiero arriva avant-hier à Paris; il étoit déjà venu en France apporter la barrette à M. le cardinal de Fleury. Il est neveu du cardinal Gualtiero qui a été nonce en France en [1701].

M. le cardinal de la Rochefoucauld arriva le 16 à Paris; on ne l'attendoit que le 17. On a cru d'abord qu'il venoit à Paris pour voir ses deux nièces, Mmes d'Ancenis et de Biron, qu'il aime beaucoup. Elles vont toutes deux aux eaux de Cauterets pour leur santé. Mme de Biron est incommodée depuis longtemps et Mme d'Ancenis a mal à la poitrine et a même craché du pus. Quelque vraisemblable que pût être cette raison de M. le cardinal de la Rochefoucauld, on assure cependant qu'il n'est venu que parce qu'il a été mandé. Cette arrivée donne occasion à renouveler les raisonnements, mais il paroît que l'on ne sait rien, et l'on ne parle plus du Parlement.

Mme de Pompadour est à Bellevue très-affligée et incommodée; elle a été saignée du pied. La Reine lui a envoyé un page lui faire des compliments.

Le Roi ne vit point hier les étrangers; il alla courre le cerf du côté de Rambouillet et retourna le soir coucher à Bellevue. La revue des mousquetaires, qui devoit être hier, se fera aujourd'hui à Versailles à l'ordinaire. M. le chancelier a averti MM. les conseillers d'État et maîtres des requêtes que le conseil n'ira point à Compiègne.

Le roi de Prusse a donné une pension à M. d'Alembert, de l'Académie des sciences; cette grâce lui a été annoncée par milord Marshall.

J'ai marqué ci-dessus le départ prochain de ce ministre pour Berlin; il faisoit souvent sa cour à la Reine qui l'a toujours reçu avec beaucoup de bonté; il a même eu occasion de lui faire quelques présents de papiers des Indes singuliers et autres curiosités. La Reine a cru devoir donner son portrait; elle l'a fait mettre dans une boîte d'or. Mme de Luynes a été chargée de l'envoyer à milord Marshall.

Du jeudi 20, *Dampierre.* — Mme de Valbelle (Beaujeu), qui par son père est parente de Mme de Luynes, eut l'honneur de souper avant-hier avec la Reine chez Mme de Luynes. Je crois avoir déjà dit que depuis que la Reine ne soupe plus chez elle avec des dames, les soupers chez Mme de Luynes ont repris la même forme, et la Reine n'accorde cet honneur que du consentement du Roi.

J'ai déjà parlé de l'excellent livre intitulé : *Abrégé chronologique de l'histoire de France,* par M. le président Hénault, ouvrage qu'il est possible de copier, mais très-difficile d'imiter parfaitement; le travail en est immense; c'est le fruit de plusieurs années ; l'ordre dans l'arrangement des faits en est admirable. Les extraits prouvent un génie supérieur ; mais ce qui mérite encore plus d'être loué et admiré ce sont les portraits ; ils sont courts, ils ne laissent cependant rien à désirer. On trouve aussi dans cet ouvrage grand nombre d'anecdotes très-dignes de curiosité, et dans les remarques particulières des détails très-instructifs, et qu'il est bien rare d'avoir pu rassembler et expliquer avec autant de netteté et en si peu de mots. Cet ouvrage est déjà à sa quatrième édition. L'auteur compte donner incessamment une augmentation de plus d'un tiers ; il a déjà été traduit en plusieurs langues et a acquis dans les pays étrangers la même réputation qu'en France. Ce même modèle a déjà été suivi ; il parut il y a quelque temps une *Histoire abrégée d'Angleterre* à peu près semblable, mais qui n'a pas eu à beaucoup près le même succès. Nous avons vu aussi un *Abrégé de l'Histoire ecclésiastique* qui a été mieux reçu du public que celui d'Angleterre, mais qui ne peut cependant être comparé à celui de M. le président Hénault. On me mande de Paris qu'il paroît un nouvel *Abrégé chronologique de l'Histoire d'Allemagne,* composé, à ce que l'on croit, par un secrétaire de M. le comte de Brulh. Cet ouvrage est absolument semblable à celui de l'*Histoire de France* : on y a mis une préface fort courte à la fin de laquelle est une citation de Pline fort obligeante pour M. le président Hénault.

Du lundi 24, Versailles. — J'ai toujours oublié de marquer que l'évêché de Bethléem, vacant par la mort de dom la Taste, fut donné il y a environ quinze jours à M. Quélin, curé du Havre de Grâce (1) ; c'est M. de Nevers qui le propose au Roi. La famille de MM. Quélin sont attachés depuis longtemps à la maison de Conty. La cure du Havre est très-considérable. Il y a dans ce lieu 40 ou 50,000 habitants, et il n'y a qu'une paroisse qui est desservie par 60 prêtres. Cet ouvrage étoit au-dessus des forces de M. Quélin, son mérite et sa régularité l'ont fait juger d'être nommé à l'évêché de Bethléem.

On voit dans les gazettes que le roi d'Espagne a donné une augmentation de pension de 700,000 piastres à don Philippe, et outre cela lui fait payer 6 ou 700,000 autres piastres pour payer ses dettes. Ce qu'on appelle piastre vaut environ 3 livres (2). On me mande de Madrid avant-hier la nouvelle de cette augmentation de pension, qui est l'effet des représentations que notre Cour a fait faire au roi d'Espagne ; en effet, les revenus de l'Infant ne pouvoient guère monter qu'à 15 ou 1,600,000 livres en comptant ce qu'il touchoit déjà d'Espagne.

---

(1) La paroisse n'est pas au Havre de Grâce, elle est à Ingouville, mais le Havre de Grâce en dépend. L'évêché de Bethléem étant sans diocèse et sans revenu, ou au moins presque rien de l'un ni de l'autre, le Roi a toujours la bonté de donner un bénéfice ; il y a deux ou trois ans que M. Quélin a une abbaye.

(2) On m'a assuré que ce que l'on appelle piastre vaut 4 livres de notre monnaie, mais on m'a assuré qu'il y a un zéro de trop dans ce que la gazette marque, et c'est 70,000 piastres au lieu de 700,000 ; ainsi c'est environ 280,000 livres d'augmentation de pension, dont la première année a été payée par gratification. Les revenus que l'infant touche d'Espagne montent à 300,000 livres d'une part en commanderie ou pension, et de l'autre en terre pour la valeur de 60,000 livres de rente qui ont été achetées pendant sa minorité des sommes qu'avoient produit les revenus dont il jouissoit dès lors. On comptoit que les États d'Italie lui vaudroient 1,800,000 livres, mais ce compte ne s'est pas trouvé juste. (*Note du duc de Luynes.*)

Le Roi a décidé qu'il partira mardi, 2 de juillet, pour Compiègne. La Reine partira le 3. Mesdames partiront avec le Roi. Mme la Dauphine reste ici, comme on peut bien se l'imaginer; Mgr le Dauphin ira de temps en temps y faire quelques voyages.

On a vu par les nouvelles publiques de Madrid que la place de M. de Carvajal a été donnée à M. Wal; cette place avoit été exercée par M. le duc d'Huescar en attendant l'arrivée de M. Wal. M. d'Huescar a été fait doyen au conseil. Cette place est honorable et vaut 35,000 livres; elle avoit été créée pour M. Carvajal, mais elle est sans fonction, parce que le conseil ne s'assemble point.

Du mardi 25, Versailles. — Le nouveau nonce (Gualtiero) est arrivé ici aujourd'hui. Il a eu audience particulière. A l'audience qu'il a eue de la Reine, il a présenté de la part du Pape une caisse remplie de fleurs et une petite boîte d'essence de Rome. Le cardinal de Gualtiero, son oncle, mourut à Rome en 1728; il avoit été fait commandeur de l'ordre du Saint-Esprit en 1724.

Il y a deux ou trois mois que M. le duc de Bourgogne et Madame sont entrés dans leurs nouveaux appartements, qui n'étoient pas encore en état de les recevoir à la mort de Mme de Tallard. Ces appartements, que l'on pourroit plutôt appeler anciens que nouveaux, sont au bout de la galerie des princes en bas. Ceux desquels ils sortent étoient anciennement à M. le Duc et à Mme la Duchesse, et depuis à M. le prince de Condé et à M. le comte de Charolois, et en dernier lieu de M. et de Mme la princesse de Condé. Ce changement des enfants de France d'une part, et de l'autre les ouvrages nécessaires à faire dans le nouvel appartement de M. le prince de Condé oblige Mme la duchesse de Villars à déloger, à cause de la construction des deux cheminées qui passent dans son logement; enfin la mort de M. Bachelier, dont j'ai parlé dans le temps, ont donné occasion à de nouveaux changements dans les logements dont on trouvera la liste ci-après (1).

Du jeudi 27, Versailles. — On sait depuis huit jours que le Roi a donné une pension de 4,000 livres au petit-fils de M. Gilbert de Voisins, qui n'a que six ans.

M. Poisson, père de Mᵐᵉ de Pompadour, mourut avant-hier à Paris; il avoit environ soixante-dix ans; il y avoit longtemps qu'il étoit hydropique.

Du dimanche 30, Versailles. — L'abbé de Prades, qui s'est retiré à Berlin après avoir vu sa thèse condamnée à Paris, est toujours en commerce de lettres avec le roi de Prusse. Ce prince, à l'occasion de M. de Gisors, écrivit, il y a quelque temps, à cet abbé : « Écrivez en lettres d'or qu'il est arrivé ici un jeune seigneur françois, rempli d'esprit, de bon sens et de politesse. »

JUILLET.

Les sauvegardes. Opinion des maréchaux de Saxe et de Belle-Isle à ce sujet. — Mariages. — Nouvelles diverses de la Cour. — Fabrication du papier. — Paris faits à propos de la quadrature du cercle. — Évêchés donnés. — Nouvelles diverses. — La Cour à Compiègne. — Journal de la Cour. — Lettre du premier président aux présidents des chambres. — Contestations entre le gouverneur et l'intendant de Picardie et Artois. — Changements dans le ministère. — Rappel du Parlement. — Disgrâce du premier ministre d'Espagne. — Suite du journal de la Cour à Compiègne.

Du lundi 1ᵉʳ, Versailles. — Je dois avoir parlé ci-dessus des sauvegardes, et ceci ne sera peut-être qu'une répéti-

---

(1) Le logement qu'occupoit par emprunt Mᵍʳ le duc de Bourgogne, prêté à Mᵐᵉ la duchesse de Villars jusqu'à ce qu'elle puisse habiter le sien.

Le logement qu'occupoit Madame, ci-devant à M. le comte de Charolois, rendu à M. le comte de Charolois.

Le logement de Madame Victoire, de Madame Sophie et de Madame Louise, à M. le prince et Mᵐᵉ la princesse de Condé.

Le logement de M. Bachelier, à M. le Bel, premier valet de chambre du Roi.

Le logement de M. le Bel comme concierge du château de Versailles, à M. Boucheman, valet de chambre de quartier du Roi et concierge du château de Versailles en survivance.

tion, cependant on pourra y trouver des détails qui ne sont pas dans le premier article. Les sauvegardes que l'on demande aux généraux d'armées produisent des sommes considérables. Cet argent avoit toujours été au profit du Roi jusqu'en 1690; après la bataille de Fleurus, le Roi donna les sauvegardes à M. de Luxembourg. Le droit est de 1 louis par jour pour chaque sauvegarde (1). Outre ce louis, il y a 30 sols pour le secrétaire qui expédie l'ordre, et le cavalier ou dragon envoyé en sauvegarde touche 30 ou 40 sols par jour et est nourri, lui et son cheval. Lorsqu'on envoie un soldat, la dépense est moindre pour celui qui demande la sauvegarde, parce qu'il n'y a point de cheval à nourrir. La règle étoit et devroit être encore de n'envoyer de sauvegarde qu'à ceux qui en demandent, mais souvent on oblige les communautés ou particuliers à en prendre. L'intendant de l'armée étoit chargé de faire expédier les sauvegardes sur l'ordre du général, et de faire payer le louis pour le Roi. Louis XIV, voulant donner une marque de bonté à M. de Luxembourg, lui donna ce louis de sauvegarde, qui lui valut 40 ou 50,000 écus cette année 1690. Cette même grâce fut accordée immédiatement après à M. de Chamilly, et depuis elle l'a été successivement à tous les généraux. Il est certain que plusieurs en ont abusé et en ont tiré des sommes immenses. Dans une des dernières campagnes du maréchal de Saxe, qui aimoit beaucoup les sauvegardes, un officier général lui représenta qu'une grande partie de l'armée étoit en maraude et qu'il avoit fait ce qu'il lui avoit été possible pour arrêter ce désordre; toute la réponse du maréchal fut : « Et pourquoi ne demandent-ils pas des sauvegardes? » L'officier général, surpris et piqué de la réponse, crut qu'il étoit plus sage de s'en aller sans rien dire. M. le maréchal de Belle-Isle a pensé différemment

---

(1) Le louis tel qu'il est. (*Note du duc de Luynes.*)

sur les sauvegardes ; avant que de partir pour commander l'armée en Provence, il rendit compte au Roi très en détail de tout ce qui concernoit les sauvegardes, et ajouta qu'il ne prévoyoit pas d'occasions d'en établir, à moins qu'il n'entrât dans le pays ennemi, mais que lorsqu'il s'agiroit de protéger les sujets de S. M. en Provence ou ceux d'une souveraineté amie et alliée dans le territoire de Gênes, ce n'étoit point le cas de faire acheter cette protection par des sauvegardes.

Du vendredi 5, Montargis. — Le samedi 29 du mois dernier, il y eut à Versailles trois contrats de mariage signés par le Roi, les deux de Mesdemoiselles de Bachi, l'aînée avec M. de Lujac, et la cadette avec M. d'Avaray. Le troisième fut celui de Mlle de Quitry avec M. d'Amblimont. J'ai déjà parlé de ces trois mariages ; ils devoient être faits tous trois à Bellevue ; la mort de la fille de Mme de Pompadour a fait changer ce projet, qui n'auroit pas pu même s'exécuter sans ce malheur, M. Poisson étant mort. Il fut donc résolu que les mariages se feroient à Notre-Dame à Versailles ; ce devoit être dès le lendemain dimanche, mais on attendoit le retour d'un courrier que l'on avoit été obligé d'envoyer en Provence pour réparer quelques manques de formalités au sujet de Mlles de Bachi. Les mariages furent remis au lundi ; il n'y eut que les deux demoiselles de Bachi. Celui de Mlle de Quitry a été retardé de quelques jours. Mlles de Bachi n'ayant ni père ni mère ici, et Mme de Pompadour leur tante ne pouvant y être, M. d'Aubais, de même nom et de même maison que M. de Bachi, leur a tenu lieu de père, et Mme d'Estrades a tenu lieu de mère. Il y avoit fort peu de monde à ces mariages. Toute la noce, au sortir de l'église, alla à Bellevue. Le Roi, qui y avoit couché, en étoit parti pour aller voir Mme la Dauphine, et alla ensuite dîner à Trianon. Pendant ce temps, Mme de Pompadour donna à dîner à la noce, et avant que S. M. fût revenue à Bellevue, les deux mariées en étoient reparties pour retourner à leur couvent. Mlle de Quitry est parente de Mme de Pompadour par sa mère, qui est Dufey, parente de MM. le Normand. Les Quitry sont de Normandie, Chaumont et Quitry sont la même chose; M. de Quitry est de même nom et de même maison que le chevalier de Chaumont, qui fit le voyage de Siam par ordre de Louis XIV avec l'abbé de Choisy. M. de Quitry a eu une première femme dont il a une fille qui est Mme de Montferrand.

Du lundi 8, Dampierre. — On me mande du 4 que M. de Lavaux doit épouser demain mardi Mlle de Guitaut, nièce par sa mère de Mme de Brienne ; que Mlle de Rochambeau épouse M. des Sales ; que M. de la Salle, officier des gendarmes de la garde, a obtenu une pension du Roi de 3,000 livres, et que S. M. a donné à M. le comte d'Argenson le logement que Bachelier avoit au Louvre, pour en faire ce qu'il jugera à propos. On me mande aussi que M. de Montillet, neveu de M. l'archevêque d'Auch, acheté de M. de Montesquiou 200,000 livres la charge qu'il a dans les mousquetaires.

Le même jour que la Reine partit pour Compiègne, j'allai voir ma sœur à Montargis; j'y restai le jeudi et le vendredi et je revins ici le samedi. Pendant ce voyage, j'allai voir la papeterie qui est à un quart de lieue de Montargis. Il y a deux cents personnes employées à cette manufacture. Le papier se fait avec du vieux linge que les entrepreneurs font venir de différentes provinces du royaume ; ils l'achètent 100 francs le millier pesant. La première opération est le triage que des femmes font des chiffons; elles mettent d'un côté ceux de toile fine et de l'autre ceux de grosse toile; on leur donne 12 sols pour le poids de 100 livres. La deuxième opération est de laver ce vieux linge ; la troisième, de le mettre dans des cuves, dans de l'eau ; il y reste plusieurs jours, et lorsque par la fermentation qui se fait l'eau est échauffée à n'y pouvoir plus tenir la main, on le tire de ces cuves, et de jeunes garçons coupent les chiffons avec des lames de faux arrêtées et disposées de manière que ces enfants font usage des deux mains ; c'est la quatrième opération. Ces enfants gagnent 2 sols 3 deniers par panier ; ils en peuvent faire chacun huit ou neuf par jour. La cinquième opération est de mettre ce linge haché sous un premier cylindre qui est tourné par deux roues ; cela s'appelle l'éfilochage. La sixième est pour l'affinage ; on prend ce qui a coulé de l'éfilochage dans un baquet, et on le met sous un second cylindre disposé de même que le premier. A chacune des opérations du cylindre et des roues, il y a une caisse, qu'on appelle caisse de dépôt, où la matière écrasée sous le cylindre coule successivement. Chacune de ces opérations du cylindre se fait par le moyen d'une roue de 16 à 18 pieds de diamètre que l'eau fait tourner. Lorsque la matière a été écrasée successivement par les deux cylindres, on la met dans une chaudière, et c'est dans cette chaudière que l'on trempe les moules sur lesquels se forment les feuilles. Cette opération se fait très-promptement, avec deux moules ; un homme en trempe un dans la chaudière, le secoue un moment, le donne à un autre ouvrier qui lui remet un autre moule. Les feuilles sortant du moule sont mises sur de la revêche, les unes sur les autres. Lorsqu'il y en a une certaine quantité de faites, on les met sous une presse qui est à côté de la chaudière. Il n'y a que deux ouvriers pour les moules et cette presse ; ils font environ huit rames par jour. Il faut ensuite laisser sécher le papier ; lorsqu'il est sec, on le porte à la colle ; elle est dans une chaudière sur le feu. Quoique les feuilles aient été séchées, les pages cependant tiennent ensemble ; un ouvrier plonge en même temps plusieurs cahiers dans la chaudière où est la colle, et alors les feuilles se détachent. Cette opération de la colle est ce qui mérite le plus d'attention, pour que le papier ne soit ni trop mou ni trop cassant. Le papier étant collé, on le met sous une presse près de la chaudière, ensuite on le sépare par feuille et on l'étend sur des cordes ; ce sont des femmes qui font cette opération; lorsqu'il est sec, on le remet sous la presse, on l'épluche et on le met en rame. On compte qu'il se fait dans la manufacture environ cent rames de papier par jour. L'espèce de papier que l'on fait à cette manufacture est pour la plupart du papier de carte à jouer. Sur chaque feuille de ce papier il y a 20 fleurs de lis imprimées; chacune de ces fleurs de lis paye un denier au Roi, et ce sont ces droits qui sont affectés à l'École Militaire.

La carte à jouer est faite de trois espèces de papier, le plus gros dans le milieu et le plus fin dessus. Quoique la plus grande partie du papier qui se fait à Montargis soit destinée pour les cartes, on y fait cependant du papier de compte, du grand et du petit papier à lettre; on a même essayé d'y faire du papier pour des cartes géographiques et des plans; cette expérience n'a pas trop bien réussi jusqu'à présent. Cette manufacture fournit aujourd'hui plusieurs marchands de Paris. Il y a un endroit destiné pour battre et couper le papier, mais ce n'est que le papier à lettre; on le bat avec une petite masse de marbre attachée à une perche, et on le coupe dans une presse; ce papier est encore recoupé à Paris. Le papier à lettre se vend dans les environs de Montargis et dans quelques villes de province. Il y auroit de la perte à l'envoyer à Paris, parce qu'une rame de petit papier coûte autant de droit qu'une rame de grand papier. Le papier de l'espèce de celui qu'on fait à Montargis se vend environ 5 livres à Paris, et il se vend 4 livres 10 sols à Montargis, et c'est le plus beau; il est blanc, uni et ne boit point. Il est fort différent de celui de Hollande, mais aussi le prix est-il bien différent. Le papier à lettre d'une espèce plus grosse se vend 4 livres à Montargis et 4 livres 10 sols à Paris; il est fort blanc, mais il boit un peu; et celui qui est plus fin est si clair qu'on pourroit lire au travers d'une enveloppe.

Cet établissement est fait il y a dix ou douze ans. Les

premiers entrepreneurs se sont retirés, et on prétend qu'ils ont perdu beaucoup. Le terrain sur lequel est cette manufacture consiste en 24 ou 25 arpents, le tout enfermé de murailles, dont partie en bâtiments, jardins, canaux et pièces d'eau. Ce qui fait la grande commodité de cet établissement, c'est qu'on a tiré un canal du canal même de Montargis et que par ce canal les bateaux du canal de Montargis arrivent dans un grand réservoir ou pièce d'eau qui est au milieu de la cour, vis-à-vis la principale face du bâtiment, de sorte que toutes les marchandises arrivent et sortent par eau ; et cette même eau retourne à quelque distance de là dans le canal. C'est de ce réservoir que sortent les deux voies d'eau qui font tourner les deux grandes roues dont j'ai parlé, lesquelles vont toute l'année jour et nuit ; leur ouvrage n'est interrompu que cinq ou six jours tout au plus pour les raccommoder. On a tiré de cette même pièce d'eau un réservoir où on a établi des pompes avec des conduites pour porter l'eau aux différents endroits nécessaires pour le service de la manufacture. Ce bâtiment des pompes est dans un coin à gauche en entrant, du côté de la pièce d'eau. Le bâtiment est immense, et on prétend qu'il a coûté 2 millions ; une grande partie du terrain appartenoit au couvent des dames dominicaines ; elles avoient même un moulin à tan qu'il a fallu détruire ; on les a dédommagées par des rentes. C'est feu M. le duc d'Orléans qui s'est mêlé de cette affaire. Le bâtiment du fond, qui ne forme en bas qu'une seule pièce, a 64 toises de long sur 18 de large. Je n'ai point mesuré la hauteur, mais elle peut être de 18 pieds environ ; ce bâtiment est accompagné de deux ailes de la même hauteur : elles ne sont pas tout à fait aussi longues, mais elles sont très-considérables. C'est dans l'aile à gauche, en entrant, qui forme la droite du bâtiment, que se font les premières opérations ; elles vont tout de suite jusqu'à l'aile où elles finissent.

Du mercredi 10, *Dampierre.* — Je ne sais si j'ai parlé

en détail de l'affaire de M. le chevalier de Causans; il a cru avoir trouvé la quadrature du cercle et être en état de le prouver par des démonstrations; il a répandu dans le public plusieurs imprimés, afin que non-seulement dans le royaume, mais même dans les pays étrangers, on fît des paris contre lui; il a paru même désirer avec grande vivacité ces paris, et quelques-uns de ceux qui dans la conversation avoient dit qu'ils parieroient la proposition impossible à prouver ont été sollicités fortement à ne pas s'en tenir à des paroles et de réaliser les paris. M. de Stainville a été de ce nombre, et s'est trouvé engagé assez malgré lui à une partie d'un pari de 100,000 livres. Les notaires ont été nommés et ont donné leurs obligations particulières pour, après le jugement de l'Académie des sciences, remettre l'argent à ce M. de Causans ou à ceux qui auroient gagné, en se conformant exactement aux conditions énoncées dans les imprimés. M. de Causans a sollicité fortement tous ceux sur qui il avoit des rentes viagères de vouloir bien le rembourser pour le mettre à portée de faire honneur à ses engagements; heureusement pour lui, cet arrangement lui a été refusé par quelques-uns. L'argent étant chez les notaires et le terme fatal du 25 juin étant passé, il étoit question de prendre un parti décisif; l'Académie des sciences a refusé de prononcer, disant qu'elle jugeoit des questions et non pas des procès, qu'il lui falloit une attribution particulière par des lettres patentes; le Roi n'a pas jugé à propos de donner ces lettres. Dans cette situation, M. de Causans a cru devoir prendre des précautions autant qu'il dépendoit de lui; il a remis sa démonstration par écrit entre les mains du Roi, de M*^{gr}* le Dauphin, de M. de Saint-Florentin, etc.; il dit qu'il a gagné, on lui répond que sa démonstration n'est pas une preuve, et il soutient qu'elle en doit tenir lieu, puisqu'il n'y a point de jugement; voilà l'état de l'affaire; on trouvera ci-après les propositions contenues dans le dernier imprimé de M. de Causans.

Ces propositions sont : 1° de décrire un carré parfaitement égal à un cercle quelconque ; 2° démontrer qu'un tout en géométrie a deux parties distinctes séparément, géométriquement et numériquement égales au tout ; 3° prouver par une règle générale le véritable rapport du diamètre du cercle à sa circonférence ; 4° donner la quadrature géométrique du cercle qui présentera la vraie figure de la terre, et les précisions des longitudes sur toute sa surface. Si l'une des quatre propositions ci-dessus paroît, dans les démonstrations, fausse, obscure ou douteuse, le chevalier de Causans se tiendra pour condamné ; si le 25 juin 1754 les démonstrations ne sont pas données, pour quelque cause que ce puisse être, les notaires rendront sans aucune difficulté, le 26 de ce même mois, 1,100 livres aux souscripteurs pour chaque souscription de 1,000 livres.

Mercredi dernier 3 de ce mois, la Reine partit sur les dix heures du matin. Mme de Luynes, qui s'étoit trouvée incommodée la veille, demanda permission à S. M. de partir avant elle dans son carrosse ; il y avoit donc dans le carrosse de la Reine, sur le devant, Mmes de Villars et de Fitz-James, et aux portières, Mmes de Flavacourt et de Brienne. Dans le second carrosse, Mmes d'Antin, d'Aiguillon et de Montauban.

On sait l'usage d'accorder la permission aux dames, deux ou trois jours avant de départ pour Fontainebleau et Compiègne, d'être à la Cour en robe de chambre. Celles qui ne sont point de ces voyages, ou du moins qui ne vont point dans les carrosses de la Reine, de Mme la Dauphine ou de Mesdames, sont toujours obligées d'être en grand habit. Mme la duchesse de Modène, qui étoit venue faire sa cour quelques jours avant le départ, mais qui étoit très-décidée à ne point suivre la Reine, ni même à aller à Compiègne, crut qu'à cause de sa mauvaise santé, la Reine lui permettroit d'aller à son cavagnole en robe de chambre ; elle en parla à Mme de Luynes, qui en rendit compte à la Reine ; la Reine répondit qu'une pareille permission pourroit tirer à conséquence, et qu'il étoit plus à propos que M*^me^* de Modène ne vînt point jouer puisque le grand habit l'incommodoit. M*^me^* de Modène ne vint point au jeu.

J'ai oublié que le 29 du mois dernier les deux enfants de M. de Lauraguais, qui ont voyagé dans les pays étrangers depuis 1751, firent leurs révérences ; ils viennent d'arriver.

Le 30, M. l'ancien évêque de Mirepoix travailla avec le Roi. Il y eut trois évêchés de donnés : celui d'Auxerre, vacant par la mort de M. de Caylus, à M. l'evêque de Gap (Condorcet) ; celui de Gap à M. l'abbé de la Péruse, conseiller au parlement de Grenoble, et celui de Saint-Omer, vacant par la mort de M. de Valbelle, à M. l'abbé Malouet, grand vicaire de Dol. M. l'abbé Malouet se trouva aux États de Bretagne lorsqu'ils se tinrent à Dol en Bretagne, et y fut extrêmement utile à M. l'évêque (Sourches).

Le 30, le Roi signa le contrat de mariage de M. d'Houchin avec M*^lle^* de Kerouart ; il fallut présenter M. d'Houchin, il n'étoit jamais venu à la Cour.

Je crois avoir déjà dit que le Roi donna, il y a un an ou dix-huit mois, à M. de la Tour, le commandement de Dunkerque. C'est un gentilhomme d'auprès de Beauvais, il est maréchal de camp ; il a été capitaine dans le régiment de Richelieu (depuis la Tour-du-Pin) et major de ce régiment, ensuite aide-major général en Bohême, puis major général de l'armée de M. de Belle-Isle en Provence. Il a été envoyé deux ou trois fois par M. de Belle-Isle, de Bohême, au roi de Pologne. Le Roi l'envoya, après la bataille de Lawfeldt, auprès du roi de Prusse, pour lui donner part du gain de cette bataille ; ce qui est singulier, c'est qu'il y arriva la veille de la bataille de Friedberg, qu'il y servit d'aide de camp à ce prince, et que le roi de Prusse le chargea de rapporter au Roi le détail de la victoire qu'il gagna.

Le voyage de Compiègne a fait une interruption dans mes mémoires. J'ai passé ce temps à la campagne; mais j'ai été instruit exactement et par différentes voies de ce qui s'y est passé pendant ce voyage. J'ai cru devoir mettre par continuation de journal les extraits des lettres que j'ai reçues; on peut compter sur l'exactitude et la vérité des faits.

Extraits des lettres reçues de Compiègne pendant le voyage de 1754.

Du 3. — La Reine arriva à Compiègne à sept heures trois quarts; elle avoit mangé entre Louvres et Senlis. Le Roi et Mesdames se trouvèrent dans la chambre de la Reine à son arrivée.

Madame Louise alla ce même jour voir Mme l'abbesse de Royal-Lieu (Mme de Soulanges), qui a eu soin de son éducation à Fontevrault; elle y passa une grande partie de l'après-dînée; Mesdames ses sœurs n'y allèrent point, elle étoit seule.

Du 4. — M. de Lavaux doit épouser mardi 9 de ce mois Mlle de Guitaut.

Mlle de Rochambeau épouse incessamment M. le chevalier des Salés. Mme de Rochambeau (Bégon) a été gouvernante des enfants de M. le duc d'Orléans, et est présentement dame d'honneur de Mme la duchesse d'Orléans. Le frère de Mme de Rochambeau est fort riche; il est dans les affaires; il est protégé par Mme de Pompadour dont il est parent. Mme de Pompadour a aussi fait avoir un régiment au fils de Mme de Rochambeau, qui a épousé Mlle Thelés qui est très-riche; il a monté dans les carrosses du Roi et a eu l'honneur de manger avec S. M. Sa femme a aussi eu l'honneur de monter dans les carrosses de la Reine.

M. de la Salle vient d'obtenir une pension de 3,000 livres.

Le Roi vient de donner à M. le comte d'Argenson le logement qu'avoit au Louvre feu M. Bachelier, premier valet de chambre de S. M., pour en disposer comme il jugera à propos.

M. de Montillet, neveu de M. l'archevêque d'Auch, a acheté la charge de M. de Montesquiou dans les mousquetaires; il la paye 200,000 livres.

Du 5. — On a fait à Compiègne une nouvelle maison de bois pour le Roi; elle n'est point dans la forêt, comme celles qui ont été faites au Vivier-Coras et auprès de la Faisanderie; la première ne subsista qu'un voyage de Compiègne en 1748 ou 1749; l'année suivante, on en fit une autre sur le bord de la route d'Humières, où le Roi alloit souper deux ou trois fois par semaine. On vient de m'envoyer le plan de cette nouvelle maison ; le Roi l'a trouvée faite à son arrivée ; elle est entre la porte Chapelle et la forêt, au milieu d'un enclos de 10 ou 12 arpents environ ; il y a un potager, des orangers, des fleurs et des arbres.

On a continué aussi les changements et augmentations du château ; on a abattu l'aile du gouvernement, ce qui donne une croisée de plus à l'antichambre de Mme de Luynes ; l'hôtel de Richelieu et les maisons de derrière cet hôtel sont démolies ; il est seulement resté dans cette partie le corps de garde des Suisses.

On a construit une aile sur la terrasse du Roi qui fait face à la forêt ; cette aile va sur le derrière du cabinet du Roi, à gauche de la terrasse, et ôte une partie de l'appartement de Mme de Pompadour, de sorte qu'elle occupe présentement une partie de l'aile qui prend de l'aile neuve et qui va au jeu de paume.

Il y a aussi un nouveau bâtiment achevé depuis l'aile où est le logement de Mme de Pompadour jusqu'à l'aile de l'appartement de Madame Adélaïde.

Le Roi arriva le 2 à Compiègne ; le 3, il chassa avec les petits chiens ; le 4, le sanglier ; le 5, le chevreuil, et grand couvert ; et le 6, il courra avec les grands chiens.

Du 6. — Madame Victoire s'est trouvée mal après son dîner ; elle a vomi ; elle a un grand mal de tête et de la fièvre. Il y a beaucoup de plâtres neufs dans sa chambre, du vernis nouvellement mis et peu d'air ; on a pris le parti de la changer de logement ; elle est dans celui de Mgr le Dauphin.

M. de Belle-Isle est arrivé aujourd'hui à Compiègne avec M. d'Argenson.

Du 7. — Madame Victoire est mieux. La Reine est enrhumée et a une fluxion à la joue ; ces incommodités l'ont empêchée d'aller à Saint-Jacques entendre la grande messe ; il y aura grand couvert ce soir, mais la Reine a prié le Roi de la dispenser de s'y trouver ; cependant elle ira au salut à la Congrégation.

Au grand couvert le vendredi 5, il y eut une difficulté entre les gentilshommes servants et les officiers de la bouche. Il manquoit quelques-uns des gentilshommes servants ; les officiers de la bouche ne vouloient pas présenter le service à ceux qui s'y trouvoient, de sorte que le côté de la Reine étoit servi, pendant que celui du Roi ne l'étoit pas ; il fallut prendre les ordres du Roi ; il ordonna que par provision on le servît. Il semble qu'on auroit pu imaginer que c'étoit la première chose à faire.

Mme de Pompadour, qui n'avoit point encore fait ses révérences à la Reine depuis la mort de son père, a fait demander à S. M. la permission de paroître devant elle à l'heure de son café (ce n'est pas un temps ordinaire pour des révérences), et la Reine l'a trouvé très-bon.

Du 8. — Madame Victoire continue d'être mieux ; elle a été purgée aujourd'hui. Comme elle occupe l'appartement de Mgr le Dauphin, on prépare celui de M. de Penthièvre pour Mgr le Dauphin.

J'ai parlé des prêtres du Mont-Liban qui vinrent ici il y a deux ans. La Reine les protége et les a fait recommander au roi d'Espagne et à sa cour. S. M. Catholique leur a donné 1,000 écus et la permission de quêter dans tout le royaume.

Du 9. — J'ai marqué ci-dessus que Madame Victoire occupoit l'appartement de Mgr le Dauphin à Compiègne ; il y arrive ce soir, et il logera dans celui de M. le duc de Penthièvre ; pour cela on a percé une porte dans l'antichambre pour en faire une salle des gardes. Mgr le Dauphin a les deux appartements de M. et de Mme de Penthièvre, et le total fait un très-petit logement pour lui. Ce qui est singulier, c'est que le premier jour il coucha dans un lit fort mauvais et qui n'avoit que trois pieds de large ; on fut obligé de mettre des tabourets à droite et à gauche.

M. le prince de Conty est toujours à Compiègne ; il dit qu'il voudroit bien pouvoir aller à Paris et à l'Ile-Adam, mais qu'il ne sait pas quand cela sera possible.

M. de Belle-Isle, qui est à Compiègne depuis le 6, part pour Metz le 10 ; il va souper à Soissons chez M. le premier président, où il trouvera Mme la maréchale.

Tous nos ministres sont à Compiègne, excepté M. de Saint-Contest et M. le garde des sceaux, qui sont malades, l'un à Versailles et l'autre à Arnouville.

M. le chancelier et M. de Staremberg, ministre plénipotentiaire de la cour de Vienne, sont arrivés.

Du 10. — Le nouveau nonce (Gualtiero), est arrivé à Compiègne, et l'abbé Durini, neveu du dernier nonce, qui étoit resté après son départ chargé des affaires, a pris congé ici.

M. de Saint-Aignan attend à Paris des nouvelles de Mme de Morangiés, sa fille, qui est accouchée depuis peu et qui est assez mal.

M. Dumas, qui étoit dans les postes à la place de M. de la Reynière, est mort : il étoit âgé de trente-trois ans ; sa place est donnée à M. le Normand d'Étioles ; elle vaut environ 200,000 livres de rente.

Du 11. — La Reine a été cette après-dînée à Royal-Lieu.

Du 13. — Il y a eu ce matin un grand conseil de dépêches qui a commencé une heure avant la messe et qui a duré deux heures après ; on croit qu'il y a été question de l'affaire du Parlement.

Du 14. — M. le curé de Saint-Antoine, paroisse de cette ville, mourut hier ; il y avoit fort longtemps qu'il étoit malade.

La Reine se met en retraite demain pour faire ses dévotions après-demain aux Carmélites, fête de Notre-Dame-du-Mont-Carmel.

On trouvera ci-après deux lettres écrites au sujet du retour du Parlement (1).

On apprend dans le moment l'arrivée de M. le premier président à quatre heures et demie; il a monté tout de suite chez le Roi, où il a été cinq quarts d'heure ; il a suivi quelque temps publiquement S. M. et est reparti pour Soissons. M. le prince de Conty attendoit avec tout le monde, ayant le chevalier de Meaupeou à côté de lui.

On me mande de Compiègne que M. l'abbé de Lowendal est mort; il étoit frère du maréchal ; il avoit une bonne abbaye (la Cour-Dieu) et le doyenné de Saint-Marcel.

Le Roi a donné à M. de Fougères la lieutenance générale de Nivernois (2) qu'avoit feu M. le marquis de Richerand, qui avoit épousé

---

(1) Pour le coup, notre retour paroît sûr; M. le premier président a été hier à Compiègne sur une lettre que le Roi lui a écrite; il a été près de deux heures enfermé avec lui, et le Roi lui a enfin permis de dire et écrire à nos Messieurs que voulant faire grâce à son Parlement, il alloit incessamment faire expédier les ordres pour en réunir les membres à Paris.

A Soissons, le 15 juillet 1754.

Lettre que le Roi a permis à M. le premier président d'écrire à MM. les présidents des chambres.

Je profite, Monsieur, avec autant d'empressement que de satisfaction, de la permission que le Roi m'a donnée de vous mander que j'ai eu l'honneur de le voir deux fois, suivant les ordres qu'il m'en a donné par écrit; que dans la première conversation que j'ai eue avec S. M., Elle m'a laissé entrevoir beaucoup d'espérance dans ses bontés, sans néanmoins s'expliquer totalement avec moi, et que dans la seconde, qui étoit hier, après m'avoir fait part en général de ses intentions et confié ses dernières résolutions, dont la compagnie n'aura connoissance que lorsqu'elle sera rassemblée, Elle m'a dit qu'elle vouloit bien faire grâce à son Parlement, et qu'Elle feroit incessamment expédier les ordres pour réunir les membres à Paris. Mes sentiments pour la gloire du Roi, pour le bien général du royaume, pour l'honneur de la compagnie et pour vous en particulier, vous sont trop connus pour que vous puissiez douter du plaisir que j'aurai de vous revoir ; je vous prie de communiquer ma lettre à ceux des Messieurs qui sont avec vous, de leur faire mes compliments, et d'être bien persuadé de l'inviolable attachement avec lequel j'ai l'honneur d'être très-parfaitement, etc.

Par apostille au dos de la lettre d'envoi ci-dessus, on marque :

J'apprends dans le moment que le Roi va faire expédier les lettres de rappel pour rassembler son Parlement à Paris.

(2) Cette lieutenance ne vaut qu'environ 2,000 livres de revenu, et il y a

M.me la marquise d'Entragues, nièce de l'abbé de Menguy ; elle est bossue et sœur de M.me de Changy, mère de M.me la présidente Turgot.

Il y a ici peu de grands couverts, seulement le dimanche et les jours que le Roi chasse le chevreuil.

Du 15. — Madame Louise a obtenu pour M.me l'abbesse de Royal-Lieu (Soulanges) la même pension qu'avoit feu M.me de Grimaldi, abbesse du même couvent. Cette communauté est composée de onze religieuses de la maison ; il y en a outre cela sept de Marienval, et deux d'Issy près de Paris.

M.gr le Dauphin retourne aujourd'hui à Versailles.

Tous les ministres étrangers sont à Compiègne, excepté M. de Rewentlaw, envoyé de Danemark, qui a été dangereusement malade.

Du 16. — On dit, mais c'est encore un secret à la Cour, que le Parlement sera réuni à Paris.

La Reine a dîné aujourd'hui aux Carmélites.

Du 17. — On prétend que les pourvoyeurs du Roi lui ayant donné des perdreaux, il en a envoyé les plumes à M. le duc de la Vallière, pour lui faire voir qu'il est bien singulier qu'il ne lui en ait point encore donné de sa capitainerie.

Je vois que le cavagnole de M.me la Dauphine à Versailles se soutient fort bien, mais il ne peut se comparer à ceux de M.me la maréchale de Duras ; elle a pris des eaux de Vichy deux ou trois jours, et pendant ce temps-là, elle a eu des cavagnoles à soixante-douze tableaux ; on eut la curiosité avant-hier de compter ce qu'il y avoit d'argent sur la table, on y trouva 40,000 livres ; il est vrai que la maréchale avoit mis pour sa part 750 louis. Nous n'avons encore rien vu d'aussi beau.

Du 18. — Le nouvel envoyé de Prusse (Kniphausen) eut hier sa première audience.

La Reine, pendant son dîner, a envoyé tous les étrangers voir sa terrasse et son bosquet ; les archevêques de Narbonne et de Toulouse y étoient aussi, ce qui leur a fait grand plaisir.

M. le prince de Conty travailla hier avec le Roi et ensuite M. d'Argenson.

Il y aura demain conseil de dépêches.

M. le premier président alla hier dîner à Prémontré. Voici ce qu'il a dit en arrivant à Soissons : qu'il avoit reçu une lettre de la main

---

un brevet de retenue à payer qui est de 15 ou 16,000 livres ; mais M. de Fougères a ses terres dans cette province, où il a même fait bâtir ; c'est ce qui rend cet arrangement fort agréable pour lui. (*Note du duc de Luynes.*)

du Roi, la veille, qui lui avoit mandé d'être ici le dimanche à quatre heures, ce qu'il exécuta; qu'il fut enfermé cinq quarts d'heure avec le Roi tête à tête; que S. M. lui a montré plusieurs papiers tous écrits de sa main (dont il n'a pas dit la teneur); que le Roi lui a dit qu'il feroit dire sa dernière volonté à l'assemblée des chambres; et que pour y parvenir, voulant bien faire grâce à son Parlement, il alloit donner ses ordres incessamment pour la réunion des membres qui la composent à Paris; qu'il a fait sentir à lui premier président qu'il connoissoit toute l'étendue du pouvoir que Dieu lui avoit confié; et qu'enfin il lui avoit paru que tout ce que le Roi lui avoit montré étoit son propre ouvrage et de son écriture.

Du 21. — Le Roi a été aujourd'hui à vêpres et au salut à Saint-Corneille. S. M. aime la manière d'officier dans cette église. La Reine y a été aussi, au salut seulement.

Mme la comtesse de Toulouse et M. de Penthièvre ont enfin quitté la Rivière et sont arrivés à Luciennes. Il a vu ses enfants à Versailles et a voulu coucher dans la chambre de sa femme. On croit qu'il ira à Rambouillet et à Chartres pour un vœu que Mme de Penthièvre avoit fait pour la guérison d'un de ses enfants.

Il y a à Compiègne des marionnettes où tout le monde court pour voir un optique fort curieux; on y voit Amsterdam, le fameux hôpital nouvellement construit en Angleterre, sur le bord de la Tamise, un combat naval avec du canon qui fait un effet surprenant, aussi bien qu'une tempête avec un tonnerre très-bien imité.

Du 22. — M. le duc de Saint-Aignan a su il y a quelques jours qu'une de ses nièces Bénédictine étoit morte; nous lui avons demandé s'il prenoit le deuil; il a répondu qu'il ne le prendroit point parce qu'elle n'étoit que simple religieuse. Cette nièce s'appeloit Marianne de Jésus; c'étoit une des huit filles de M. le duc de Beauvilliers, mort en 1714, frère de père de M. le duc de Saint-Aignan; toutes furent élevées au couvent des Bénédictines de Montargis; il n'en sortit qu'une qui épousa M. le duc de Mortemart; les sept autres furent religieuses dans cette maison. Il n'en reste plus qu'une dont le nom de religion est l'Enfant Jésus. Les six autres sont mortes dans le couvent, même une qui avoit été quinze ou seize ans prieure d'un couvent du même ordre à Provins, et qui a voulu venir finir ses jours comme simple religieuse à Montargis. Celle qui vient de mourir étoit fort petite, et avoit été fort incommodée toute sa vie.

Du 23. — Le Roi va souper ce soir pour la première fois dans la nouvelle maison de bois dont il est parlé ci-dessus.

Du 24, à Versailles. — M. de Saint-Contest est mort ce matin ici, à neuf heures trois quarts, de la poitrine.

On me mande de Compiègne que M. le duc de Mirepoix, notre ambassadeur, est arrivé ce matin et a fait sa révérence, ainsi que MM. de Séchelles et de Moras, son gendre.

Du 25, à Compiègne. — Il y a eu une petite nomination de bénéfices, mais je ne sais que l'abbé d'Andigné, aumônier de la Reine, qui a eu l'abbaye de la Cour-Dieu vacante par la mort de M. l'abbé de Lowendal, et l'abbé de Breteuil, ci-devant agent du Clergé, qui a eu celle de la Charité, vacante par la mort de M. l'évêque de Verdun.

J'arrive de Saint-Jacques avec la Reine ; il y a eu une grande messe solennelle ; Mgr le Dauphin y a rendu le pain bénit ; Mme d'Esquelbec y a quêté et y quêtera encore à vêpres.

L'affaire entre M. de la Popelinière, fermier général, et M. le Riche, son père, est enfin finie par accord, moyennant 100,000 livres que donne M. de la Popelinière.

Du 26. — Le gouvernement de Neufchâtel en Suisse vient d'être donné par le roi de Prusse à mylord Marshal, son ministre ici, avec des appointements doubles ; c'est le baron de Knyphausen qui le remplace à notre Cour.

On joue à Compiègne chez les ministres étrangers, et surtout chez l'ambassadeur d'Espagne, au pharaon ; le tri est aussi fort à la mode à Compiègne, et assez cher par les paris que l'on y joint.

Du 26, Dampierre. — La fille unique de M. de Marville, qui avoit tout au plus six ou sept ans, mourut il y a quelques jours à Paris. M. de Marville, maître des requêtes, depuis lieutenant de police, est aujourd'hui conseiller d'État ; il avoit épousé la fille aînée de M. Hérault, lieutenant de police, d'un premier mariage (1).

Il y a quelques jours qu'il y eut en Artois des contestations entre M. de Chaulnes (2) et M. de Boislandry d'Aligre (3). Il y avoit eu dès l'année passée quelques diffi-

---

(1) La première femme de M. Hérault étoit Duret de Vieucourt. M. de Vieucourt, père de cette première Mme Hérault, étoit frère de feu M. Duret de Sauroy, père de M. du Terrail et de Mme de Brissac. La femme de M. de Vieucourt étoit sœur de Mme d'Aligre, de Mme de Noinville, et de M. d'Arnoncourt, père de la femme de M. de Sauvigny, intendant de Paris. Cette première Mme Hérault ne laissa que deux filles, Mme de Marville et Mme de Polastron, toutes deux mortes de la poitrine. Mme d'Aligre et Mme de Vieucourt étoient mortes de la même maladie. (*Note du duc de Luynes.*)

(2) Gouverneur de Picardie et Artois.

(3) Intendant d'Amiens et Artois.

cultés entre eux pour des sujets peu importants; mais tout sert d'occasion de dispute lorsque les caractères ne se conviennent pas. Cette année, M. de Chaulnes, d'une part, et M. d'Aligre, de l'autre, ont été nommés commissaires pour l'élection de deux abbesses, l'une à Étrun, l'autre à Blangis. M. de Chaulnes avoit avec lui deux secrétaires, dont l'un est secrétaire du commandant de la province, est payé par le Roi et contresigne les ordres; l'autre est secrétaire particulier de M. de Chaulnes. Il y a eu deux grands repas de cérémonie, l'un à Etrun et l'autre à Blangis. M. d'Aligre, avant qu'on se mît à table, à Etrun, demanda à M. de Chaulnes si son usage étoit de faire manger ses secrétaires avec lui; M. de Chaulnes lui répondit qu'il ne faisoit pas manger son secrétaire particulier, mais seulement celui qui étoit payé par le Roi. M. d'Aligre prétendit de ce moment que son secrétaire à lui, comme intendant, devoit aussi manger à la même table; M. de Chaulnes soutint le contraire. Je ne sais pas précisément ce qui arriva à cette première scène, mais elle se renouvela à Blangis; on proposa par arrangement de faire manger les deux secrétaires à une table séparée, mais cet accommodement ne fut pas accepté; les deux secrétaires se mirent à table. M. de Chaulnes ordonna à celui de l'intendant de sortir de table; l'intendant lui ordonna de rester, et il y resta en effet. On peut juger que cela fit une scène au sortir de table; chacune des deux parties en explique les circonstances de la manière la plus favorable pour elle. M. d'Aligre vint à Compiègne avant M. de Chaulnes, et y parla très-haut et très-fortement; M. de Chaulnes, s'y est rendu depuis. Ils avoient déjà écrit tous deux, et je crois qu'on n'a encore rien décidé. Ce qui est vraisemblable, c'est qu'il y aura quelques arrangements pour donner une autre intendance à M. d'Aligre. On trouvera ci-après une lettre de M. de Chaulnes à un de ses amis sur cette affaire.

Lettre de M. le duc de Chaulnes, du 18 juillet 1754, écrite à un de ses amis à Abbeville.

Je n'ai pas pu, mon cher, vous mander ni même vous faire écrire le détail de ce qui s'est passé, parce qu'en vérité, ni ceux qui sont avec moi, ni moi n'avons eu un moment depuis que ma tournée est commencée. La scène d'Étrun a été suivie d'une autre à Blangis, qui a été encore plus forte, et toutes les deux sont d'une extravagance qui ne peut se rendre. La forme a emporté le fond, qui étoit très-peu considérable. Je ne puis vous dire autre chose dans ce moment-ci, si ce n'est en général que la prétention d'égalité entre l'intendant et le gouverneur commandant dans la province, que M. d'Aligre a voulu établir et soutenir par un éclat qu'il avoit prémédité et que je n'ai pas souffert, en a été le sujet ; que sa conduite, en s'éloignant de toute espèce de règle et de bornes, a été poussée à un point que personne n'auroit pu imaginer, encore bien moins prévoir, et que j'en ai rendu compte à la Cour qui en décidera. Je n'ai pas le temps de vous en dire davantage ; j'en réserve les détails à des moments plus libres ou quand je pourrai vous revoir (1).

Du 29. — Mme la Dauphine, à Versailles, soupoit avec des dames en public de temps en temps depuis le départ de la Cour pour Compiègne ; ces dames n'y souperont plus qu'aujourd'hui jusqu'au retour de la Reine, qui devoit être le 3 et qui ne sera que le 5.

M. Rouillé, qui avoit la marine, vient d'être nommé ministre des affaires étrangères, et M. de Machault, qui est garde des sceaux, contrôleur général et grand trésorier de l'Ordre, est nommé ministre de la marine et prévôt de l'Ordre ; il vend à M. Rouillé sa charge de trésorier de l'Ordre 300,000 livres et 100,000 livres de pot-de-vin. Celle de contrôleur général des finances est donnée à M. de Séchelles, intendant de Lille. M. de Beaumont, son neveu, intendant de Besançon, passe à Lille. M. le garde

---

(1) J'ajouterai une apostille extraite d'une lettre de Compiègne : Les gens de même espèce que M. de Chaulnes et dans le même cas croient qu'il doit être soutenu, et qu'on ne doit pas donner tort au supérieur devant l'inférieur. (*Note du duc de Luynes.*)

des sceaux qui étoit contrôleur général, comme il vient d'être dit, lorsqu'on lui donna les sceaux, supplia le Roi de lui permettre alors de ne point prendre les appointements de la charge de garde des sceaux, qui sont d'environ 80,000 livres, ceux de la place de contrôleur général et les droits du sceau étant des objets trop considérables pour qu'il pût désirer rien de plus; cette permission lui fut accordée. Dans cette occasion, où il quitte la place de contrôleur général, le Roi lui a rendu les appointements de garde des sceaux.

Les lettres de rappel du Parlement sont envoyées pour rentrer entre le 20 août et le 1er septembre. On lui mandera de la part du Roi le lieu que chaque membre habitera pendant cet intervalle, et en arrivant à Paris tout ce corps y recevra les ordres du Roi.

On a reçu des nouvelles d'Espagne qui apprennent la disgrâce de M. de la Ensenada premier ministre; il a été arrêté et conduit à Grenade; il a cette ville pour prison. Il avoit la guerre, la marine, les finances et les Indes. C'est M. d'Huescar, que nous avons vu ici, qui a été le principal auteur de cette disgrâce. L'homme de confiance de M. de la Ensenada a été conduit à Valladolid; M. Wal, secrétaire d'État des affaires étrangères, a eu le département des Indes; M. de Leslava, capitaine général et directeur général de l'infanterie, qui a défendu Carthagène, a été fait ministre de la guerre; un chef d'escadre qui étoit intendant de marine à Cadix a eu le département de la marine, et le marquis de Ville-Peroso, premier écuyer de la Reine, a eu les finances.

M. le président va demain aux Brières; il verra en passant M. le chancelier à Compiègne.

Du 30, à Compiègne. — M. de Séchelles logera à Versailles où logeoit M. de Machault. M. de Machault aura le logement de M. Rouillé et M. Rouillé celui de M. de Saint-Contest.

Du 31. — Mme de Luynes a présenté aujourd'hui M. le marquis de Giron, fils de M. de Buron, homme de qualité et fort riche;

M. de Giron a vingt-huit ans et est aveugle; on dit qu'il va se marier.

M. de Séchelles est chargé de la fin de l'affaire entre M. de Chaulnes et M. d'Aligre.

AOUT.

Rétractation de l'abbé de Prades. — Retour de la Cour à Versailles. — Douleur du duc de Penthièvre. — Affaire de Mme de Rannes. — Nouvelles diverses. — Morts. — Naissance du duc de Berry. — Feu d'artifice à Versailles. — Morts. — On dit la messe pour la première fois à Saint-Louis de Versailles. — Règles relatives aux enfants de France. — Révérences à la famille royale. — Scrutin de la Ville. — Renouvellement des difficultés pour la place derrière le fauteuil du Roi. Le journal du duc de Luynes consulté pour la solution de ces difficultés. — Église de Saint-Louis à Versailles. — Médecin de la Bastille. — Le *Te Deum* pour les enfants de France. — Apanage du duc d'Orléans. — Logements. — M. Bignon nommé grand maître de l'Ordre. — Gouverneur des pages de la Reine. — Morts et pensions. — Intendant nommé. — Mariage de Mme Amelot. — Indignation de Paris contre la nourrice du duc de Berry. — Menin et dames nommés. — Mort de la maréchale de Tonnerre. — Anecdote sur M. de Pons. — *Te Deum* à Paris. — Illuminations et feu d'artifice à Paris. — Illumination de la maison du président Hénault.

Du 1er. — Mme de Boursac soupa hier avec la Reine, grâce demandée par M. l'évêque de Noyon.

Du 2. — M. de Boynes a l'intendance d'Amiens. M. de Moras, gendre de M. de Séchelles, lui est adjoint dans les finances (1).

Du lundi 5, Dampierre. — J'ai parlé en détail de la thèse de l'abbé de Prades soutenue en Sorbonne en 1751, et condamnée par la Sorbonne et par M. l'archevêque; l'abbé de Prades se retira ensuite à Berlin. L'abbé de Prades a écrit différentes lettres pour se justifier; bien loin d'y réussir, ces lettres ont causé de nouveaux scandales; enfin ayant fait des réflexions, il s'est déterminé à donner une rétractation pure et simple; il l'a d'abord adressée à son évêque, M. l'évêque de Montauban, et ensuite à

---

(1) Ce n'est qu'une expectative; il n'y a point de place vacante; mais l'arrangement est fait pour qu'il ait la survivance de M. de Baudry. En attendant, M. de Moras aura l'exercice de la charge. (*Note du manuscrit.*)

M. l'archevêque de Paris. M. de Montauban a donné un mandement en conséquence de cette rétractation, et M. l'archevêque de Paris vient d'en donner un dans lequel, après avoir exprimé sa douleur sur les scandales de la thèse et des justifications, il dit : « Le Sr de Prades a été enfin effrayé d'avoir attaqué la religion dans le sein même d'une école qui lui avoit appris à la défendre ; il a reconnu ses erreurs, et nous a envoyé la rétractation de sa thèse et de tout ce qu'il a écrit pour la justifier ; nous vous l'adressons afin que son retour à la vérité soit aussi public que l'avoit été son égarement ; vous aviez partagé avec nous la douleur que cette thèse nous avoit causée, il est juste que nous vous fassions part de la joie que son repentir nous donne, etc. » Le roi de Prusse a beaucoup d'estime et de bonté pour l'abbé de Prades ; on prétend que le Roi a voulu lui donner l'évêché de Breslau, mais que le Pape s'y est opposé formellement à cause de la thèse et des explications.

Du vendredi 9, Versailles. — Le Roi ne revint ici qu'avant-hier. Il étoit parti la veille de Compiègne et étoit venu coucher à la Meutte. Il arriva avec Mesdames et descendit chez Mme la Dauphine, alla chez M. le duc de Bourgogne et chez Madame, qui est fort incommodée d'une coqueluche avec un peu de fièvre ; il revint chez lui, alla à Trianon, revint encore voir Mme la Dauphine et ensuite alla coucher à Bellevue.

Mme la comtesse de Toulouse et M. le duc de Penthièvre sont ici depuis deux jours ; M. le duc de Penthièvre est toujours dans une douleur extrême. Depuis la mort de Mme de Penthièvre il n'a été occupé qu'à chercher la solitude ; il a choisi sa maison de la Rivière près Fontainebleau, par préférence à toute autre, parce que c'est un lieu plus solitaire ; il ne s'y est entretenu que de sa douleur dont rien n'a pu le distraire. On connoît sa très-grande piété et on ne peut lui rendre assez de justice ; elle n'est peut-être pas aussi connue qu'elle mériteroit de l'être ;

mais cette consolation, qui est la seule véritable, n'a pas diminué la vivacité de son affliction ; il ne parle que de Mme de Penthièvre, tout le rappelle à cet objet. Il passoit sa vie à la Rivière à ne rien dire, ou fort peu de chose, pendant les repas, et à faire presque tous les jours des promenades dans la forêt, où il alloit seul dans une chaise de poste et permettoit rarement à un ami particulier, comme le bailli de Froulay, d'aller avec lui. Il a fallu enfin sortir de cette retraite, d'autant plus qu'il n'avoit point vu ses enfants. Il est venu les voir ici ; de là il a été à Rambouillet prier Dieu dans l'église où est enterrée Mme de Penthièvre, ensuite il a été à Chartres pour accomplir un vœu que Mme de Penthièvre avoit fait pour la santé d'un de ses enfants ; enfin il est revenu à sa maison de Puteaux. Il doit voir en particulier, ce soir ou demain, le Roi, la Reine et toute la famille royale ; après cela il va dans les ports de Marseille et de Toulon pour y prendre des connoissances particulières pour ce qui regarde la marine. Il ne peut avoir d'autres motifs dans ce moment-ci, pour interrompre la satisfaction de se livrer à sa douleur, que ceux de l'obéissance au Roi ou de l'amour de son devoir.

Je n'ai point encore parlé de l'arrivée de la Reine ; elle partit lundi de Compiègne, à neuf heures et demie ou environ ; elle fit halte pour son dîner dans la forêt d'Halatte ; elle s'arrêta à Sèvres chez Mme d'Armagnac, qui lui donna une collation où il y avoit des jambons et de la viande froide ; elle n'arriva ici qu'à huit heures et demie.

Il y a quelques jours que j'appris la mort de M. de Maillé. Sa femme, dont le nom est [d'Anglebelmer de Lagny], avoit épousé en premières noces M. Hennin, dont elle avoit eu une fille qui a épousé M. du Muy, premier maître d'hôtel de Mme la Dauphine, fils aîné de M. du Muy ci-devant sous-gouverneur de Mgr le Dauphin. Cette mort a donné occasion à une question pour savoir si M. du Muy devoit prendre le deuil, et comme il devoit le prendre du second mari de sa belle-mère, et il a été décidé qu'il ne pouvoit y avoir de difficulté à prendre le deuil et même le grand deuil. Avant que de le prendre, il en a demandé la permission à Mme la Dauphine, parce qu'il a l'honneur de lui être attaché. On prétend qu'il ne devoit pas demander cette permission, qu'il n'y a que les domestiques inférieurs qui la demandent; d'autres croient que c'est une plus grande marque de respect et disent que c'est un ancien usage.

M. le duc de Penthièvre ayant demandé de ne plus loger dans l'appartement qu'il avoit pour Mme de Penthièvre et pour lui, au bout de la galerie des Princes, et qui est fort beau, et d'autant plus commode qu'il avoit des entre-sols faits pour Mesdames, on a donné cet appartement à M. le prince et à Mme la princesse de Condé, et on donne à M. de Penthièvre le logement qu'avoient Mesdames au milieu de cette galerie, et qui étoit destiné à M. et à Mme la princesse de Condé. Madame Louise va occuper l'appartement qu'on lui a accommodé, en bas, au-dessous de la grande galerie, auprès de ceux de Mesdames ses sœurs. On a accommodé aussi auprès de cet appartement un cabinet pour Mme la maréchale de Duras, qui ne quitte point le logement qu'elle avoit auprès de Mesdames dans la galerie des Princes, mais qui est trop éloigné pour pouvoir se trouver à tous moments dans la chambre de Mesdames; comme il arrive dans tous les cas de maladie.

Du samedi 10. — Il y a à Paris une affaire qui fait grand bruit, entre Mme de Rannes et ses enfants (1). La vente qu'elle a faite d'une terre a déplu aux enfants; ils ont agi avec une vivacité qui paroît indiscrète; ils ont fait signer un avis des parents contre leur mère. M. de Bauffremont est un de ceux qui ont signé cet acte; Mme de

---

(1) Voyez au 6 octobre.

Bauffremont en a été très-piquée et a écrit en conséquence à MM. de Rannes. Cette lettre doit leur avoir déplu, elle est d'un style fort haut; elle dit que la maison de France s'est alliée quelquefois avec la noblesse, et qu'ainsi il ne seroit point impossible qu'elle fût de leurs parents; mais que cependant elle ne le voit pas; que dans les différentes circonstances de leur vie ils n'ont jamais parlé de leur parenté; qu'ils n'y ont eu recours que dans une occasion qui ne leur fait pas d'honneur, d'autant plus que Mme de Rannes a eu avec eux des procédés sur l'intérêt dont ils ne peuvent se plaindre; qu'elle seroit fort aise que leurs enfants eussent l'honneur de leur appartenir, si on pouvoit être parent de leur nom sans l'être de leur personne, etc. Il ne convient point de porter un jugement sur pareilles affaires; il faudroit avoir entendu les raisons de part et d'autre, il suffit de dire les faits en général.

Messieurs du Parlement n'ont point de permission de se rendre à Paris avant le 1er septembre; quelques-uns cependant ont obtenu la permission de pouvoir aller à Paris pour leurs affaires, mais ils ne peuvent y coucher; ce n'est pas même sans peine que l'on obtient ces sortes de permissions. M. de Novion n'avoit pu l'obtenir pour aller voir Mme de Baudry, sa belle-mère, qui est malade; le Roi l'a cependant accordée en partant de Compiègne, mais à condition qu'il couchera à Bercy chez son beau-frère.

M. le cardinal de la Rochefoucauld est venu ce matin au lever du Roi.

M. Trudaine, conseiller d'État et intendant des finances, a obtenu la survivance de cette place pour son fils.

Du lundi 12, *Dampierre.* — J'ai dit que M. du Muy, le fils, avoit demandé à Mme la Dauphine la permission de prendre le grand deuil pour la mort de M. de Maillé; j'ai voulu avoir quelques éclaircissements pour être plus sûr de ce que j'écris. Ce n'est point une question que ce grand deuil ; il est suivant toutes les règles. A l'égard de la permission, on prétend que l'usage ancien étoit de la demander; mais cet usage ne subsiste plus, et M. le duc de Gesvres étant premier gentilhomme de la chambre ne la demanda pas à la mort de sa femme. A l'égard de M. de Maillé, il étoit Maillé-Brézé, fils de Mme de Kerman, dame d'honneur de feu Mme la Duchesse. Mme de Maillé avoit eu Mme du Muy de son premier mariage avec M. Hennin. Ce M. Hennin n'étoit point Hennin-Liétard, comme ils le prétendent; ils avoient une grand'mère de cette maison de Hennin-Liétard, et ils en prirent le nom; leur nom est Cuvilier, seigneur de Blaincourt en Champagne. Le père de Mme du Muy avoit deux frères qui tous deux ont été chevaliers de Malte. Il y en avoit un qui portoit le nom de chevalier d'Alsace, ce qui lui attira beaucoup d'affaires; l'autre ne put obtenir d'être reçu dans le prieuré de Champagne sous le nom de Hennin; il fut obligé de prendre le sien qui est Cuvillier du Blaincourt, et qui est fort bon. Le père de Mme du Muy avoit une figure fort agréable ; il étoit capitaine dans le régiment du Roi ; il arriva à Dijon, où il sut qu'il y avoit une veuve nommée Mme de Bussy qui étoit bien véritablement Hennin-Liétard ; pour lui il convenoit que ce n'étoit pas son nom. Il se fit présenter à Mme de Bussy, qui, fort contente du nom et de la figure, lui donna par testament plusieurs terres fort considérables, cependant chargées de substitutions. Ce M. Hennin avoit épousé une fille de condition de Flandre qui est la mère de Mme du Muy.

J'ai parlé du jugement du procès de Mme de Bandolles contre M. Passerat. M. de Brou, le fils, avocat général de la chambre royale, a parlé dans cette cause avec une éloquence qui lui a attiré de grands applaudissements.

Du mardi 13, *Dampierre.* — Avant-hier, Mme d'Amblimont (de Quitry) fut présentée par Mme de Pompadour. Il y eut aussi la présentation de M. l'évêque d'Auxerre (Condorcet), de M. le chevalier de Crenay qui vient remercier du cordon rouge, que le Roi lui a donné, et du deuil de M. de Saint-Contest composé de quatre hommes, dont M. de Château-Melian, son fils, M. de Fleury, son beau-frère, fils de l'ancien procureur général (ils avoient épousé les deux sœurs), M. de Courteil son cousin, et un homme de robe dont je ne sais pas le nom.

M. de Beaumont et M. de Trudaine firent aussi leurs remerciements le même jour, l'un pour l'intendance de Flandre et l'autre pour la survivance de la place d'intendant des finances accordée au fils.

Du mercredi 14, Dampierre. — Je raisonnois hier avec un homme instruit sur la forme des lettres que le secrétaire du cabinet fait signer au Roi. On sait l'ancien usage : *Je vous fais cette lettre,* et à la fin : *sur ce, je prie Dieu qu'il vous ait en sa sainte et digne garde.* Il n'y a que ceux que le Roi traite de cousin à qui il ajoute le mot de *digne,* pour les autres il n'y a que *sa sainte garde.* Mme de Trivulce, que Madame Infante a prise pour sa dame d'honneur, a écrit au Roi; dans la réponse du Roi, il lui donne le mot de *digne garde,* parce qu'il la traite de cousine comme grande d'Espagne. Elle a même une ancienne pension du Roi, ou du moins il y en a une dans la maison de Trivulce comme ayant été attachée aux intérêts de la France.

Du vendredi 16, Dampierre. — Hier, jour de l'Assomption, la grande messe fut à onze heures et demie. Ce fut M. l'évêque de Comminges (Lastic) qui officia, et Mme de Maugiron (Sassenage) qui quêta; la procession se fit à l'ordinaire, dans la cour, après les vêpres.

M. de la Chétardie, ci-devant ambassadeur en Russie, fit hier son remerciement du fort Louis qui étoit vacant par la mort de M. de Montesquiou.

C'est M. de Boissy qui fut élu lundi dernier à l'Académie françoise, à la place vacante par la mort de M. Destouches.

Il y a deux ou trois jours que Mesdames allèrent à Mousseaux chez Mme de Brissàc, faire une promenade. J'ai peut-être déjà parlé de cette maison; le bâtiment en est comme neuf, étant fait il y a environ trente ans; Mme de Brissac avoit déjà beaucoup fait travailler au jardin pendant la vie de Mme de Pécoil, sa mère, à qui appartenoit Mousseaux; depuis qu'il est à elle, elle s'en est encore occupée davantage; elle y a fait faire un très-grand nombre de bosquets.

M. le contrôleur général travailla hier pour la première fois avec le Roi; le travail fut fort long et on ne se mit à table au grand couvert qu'à dix heures.

Du 16, Versailles. — La Reine a été aujourd'hui se promener à Trianon; Mme de Machault, comme femme de secrétaire d'État, a eu l'honneur de monter dans les carrosses de S. M. et de l'y suivre; elle avoit mangé plusieurs fois avec la Reine depuis que M. de Machault avoit été fait contrôleur général; c'est l'usage, mais non pas de monter dans les carrosses de la Reine.

Du lundi 19, Versailles. — L'Amour (1) qui étoit dans le salon d'Hercule a été transporté à Choisy.

On a appris aujourd'hui la mort de la mère de M. le baron de Scheffer; le père est mort il y a vingt ans. Ils sont deux garçons et deux filles, dont l'une est veuve.

Du 20. — M. Delsaker, envoyé de Cologne en Hollande, a été présenté par M. Durfort, introducteur des ambassadeurs.

Les États de Languedoc, précédés suivant l'usage par M. le chevalier de Dreux, ont été présentés par M. le prince de Dombes et M. de Saint-Florentin. M. l'archevêque de Toulouse (Crussol) a porté la parole et a très-bien parlé. Le député de la noblesse étoit M. Lordat.

M. Aquaviva, ancien vice-légat d'Avignon, à qui M. Passionnei a succédé, a été présenté par le nonce M. Gual-

---

(1) La statue de l'Amour se taillant un arc dans la massue d'Hercule, par Bouchardon.

tiero. M. Gualtiero a présenté aussi son neveu, qui est de même nom que lui. M. Aquaviva porte une belle croix de Malte entourée de pierres précieuses, surmontée d'une couronne, et très-bien montée.

M. le prince de Dombes a donné à Clagny un grand dîner aux États; ils avoient dîné la veille chez M. de Saint-Florentin.

M. Rouillé a donné aujourd'hui le premier dîner aux ministres étrangers.

Les États de Bourgogne ont donné un million de don gratuit au Roi; ils demandoient 150,000 livres de remises; le Roi n'a accordé que 100,000 livres. Ils ont donné une gratification de 12,000 livres à Mme Poissonnier, nourrice de Mgr le duc de Bourgogne.

Du 21. — Je n'ai appris qu'aujourd'hui que M. de Mélian, intendant de Soissons, a eu 12,000 livres de gratification. Il a tenu un grand état pendant le séjour du Parlement à Soissons. M. de Mélian avoit déjà 4,000 livres de pension; il espère que le Roi voudra bien lui accorder une augmentation de 2,000 livres. La pension des intendants étoit autrefois de 6,000 livres; M. le cardinal de Fleury les réduisit à 4,000 livres.

M. d'Armanville est mort de la petite vérole; il étoit neveu de Mme de Nantua, qui est fort riche; elle est tante de la présidente Chauvelin. Elle aimoit beaucoup M. d'Armanville; elle lui avoit donné la belle terre de Vaujours, qui est très-bien bâtie; elle est située auprès du Vert-Galant, route de Meaux. Cette terre de Vaujours étoit à M. Ruvigny, qui étoit protestant et passa dans les pays étrangers à la révocation de l'édit de Nantes, en 1685. Le Roi la confisqua et la donna à M. d'Aumont, père de l'ambassadeur. Il y eut une amnistie. M. de Ruvigny, étant revenu plaida contre M. d'Aumont; le procès dura longtemps; le crédit de M. d'Aumont en fut cause, et à la fin M. le duc d'Aumont en fut évincé, dont il fut dans la plus grande douleur, y ayant fait beaucoup de dépenses et l'aimant beaucoup.

Mme la marquise de Perthuis est morte ; elle étoit fille de Mme la marquise de Juigné, petite-fille de Mme la marquise de Neuchelles, laquelle étoit Menestrel, sœur du maréchal de Bezons. M. de Perthuis est major de cavalerie je ne sais plus dans quel régiment.

M. le comte de Cossé mourut hier à Paris. Il étoit menin de Mgr le Dauphin ; il avoit cinquante-trois ou cinquante-quatre ans ; il étoit frère de feu M. le duc de Brissac, père de Mme la duchesse d'Ayen et mari de Mme de Brissac, dame de Madame Adélaïde. M. de Cossé avoit encore deux frères : M. l'évêque de Condom et M. le duc de Brissac. M. de Cossé est mort d'hydropisie ; il avoit voulu aller aux eaux de Forges, quoiqu'on lui eût dit qu'elles ne convenoient point à son état ; il s'y est trouvé mal et est venu mourir à Paris ; il laisse des enfants de Mlle Hocquart, qui est une femme estimable et dont on dit beaucoup de bien.

M. le duc de Penthièvre a dit tout haut aujourd'hui qu'il va à Marseille, à Toulon et de là en Italie ; il mène avec lui M. de Saint-Pern, M. de Crénay, M. le chevalier de Castellane et deux écuyers et toute sa maison ; il partira peu de jours après les couches de Mme la Dauphine. Il est presque dans le même état de douleur et d'affliction.

Du 23. — Le Roi ne devoit revenir que ce soir de Choisy après souper, rester ici demain, aller dimanche à Bellevue chasser, et souper le lundi à Montrouge, chez M. de la Vallière, revenir coucher le même jour à Choisy pour y rester jusqu'au 28 ou 29, qu'il devoit venir s'établir à Versailles pour attendre le moment des couches.

Aujourd'hui Mme la Dauphine est accouchée un peu avant six heures du matin. Le travail ou au moins les premières douleurs ont commencé à quatre heures un quart.

C'est Jard qui a accouché Mme la Dauphine ; il a la goutte et marche avec peine. Il devoit aussi accoucher Mme de

Civrac (d'Antin) qui comptoit accoucher plusieurs jours avant Mme la Dauphine; elle fut saignée hier matin et se trouva fort mal après-dîner; elle eut des convulsions qui finirent par un vomissement; elle commença à sentir des douleurs dans la soirée et fut en travail en même temps que Mme la Dauphine, de sorte qu'elle envoya avertir une fameuse sage-femme qui s'appelle Mme Simonet, qui l'accoucha d'une fille fort peu de temps après Mme la Dauphine, de sorte que Jard eut le temps d'être présent à l'accouchement de Mme de Civrac; elle a déjà un fils et une ou deux filles.

A la première douleur que Mme la Dauphine a sentie, M. Binet, premier valet de chambre de M. le Dauphin, a écrit par son ordre un petit mot au Roi, et l'a fait partir sur-le-champ par un piqueur de la petite écurie; il étoit quatre heures et demie; le piqueur a fait une chute en chemin qui l'a empêché d'aller plus loin. Aussitôt que Mme la Dauphine a été accouchée, Mgr le Dauphin a fait partir M. de Montfaucon, l'un de ses écuyers, pour en aller rendre compte au Roi. M. de Montfaucon a trouvé le piqueur, a pris le billet et l'a été porter à Choisy, de sorte que le Roi a appris en même temps le travail et l'accouchement.

L'usage ordinaire est qu'immédiatement après l'accouchement, l'enfant est apporté par la gouvernante dans le cabinet avant la chambre, et qu'après avoir été examiné, accommodé et ondoyé, on le porte dans son appartement. Mme de Marsan a apporté l'enfant ce matin, et tout ce que je viens de dire a été exécuté (1), excepté de le porter dans son appartement; on a attendu l'arrivée du Roi. Le Roi, en arrivant, a été sur-le-champ voir l'enfant; il y est re-

---

(1) Le prince dont Mme la Dauphine est accouchée a été ondoyé dans le grand cabinet de Mme la Dauphine par M. l'abbé de Chabannes, aumônier de quartier du Roi, en service chez M. le Dauphin, en présence de M. le Roux, vicaire de Notre-Dame de Versailles. M. le cardinal de Soubise ni M. le prince Constantin n'étoient point à Versailles. (*Note du duc de Luynes.*)

venu encore après avoir vu Mme la Dauphine; ensuite M. le duc de Villeroy, capitaine en quartier, a accompagné l'enfant chez lui ; c'est la règle.

L'usage est aussi qu'aussitôt après l'accouchement, un chef de brigade pour un garçon et un exempt pour une fille vont à la Ville porter cette nouvelle. M. de la Luzerne, chef de brigade en quartier chez M. le Dauphin, car c'est encore la règle, a attendu l'arrivée du Roi, desorte qu'il n'est parti qu'à dix heures. La Ville, qui est assemblée, reçoit ordinairement la première nouvelle par le courrier du gouverneur; mais aujourd'hui elle ignoroit le nom du prince. A l'arrivée du Roi, S. M. a donné l'ordre elle-même à M. de la Luzerne en lui disant le nom de duc de Berry; c'est par cet ordre que tout le monde a appris la première nouvelle du nom.

M. de la Luzerne a eu le présent ordinaire de la Ville, et lorsqu'il est revenu ici, le Roi lui a dit lui-même qu'il lui donnoit le cordon rouge. Le Roi a donné aussi 10 louis de pension sur sa cassette au piqueur qui est tombé en allant à Choisy.

L'usage, dans ces événements, est d'envoyer un gentilhomme ordinaire au roi de Pologne, à Lunéville. C'est M. Binet qui a été chargé de cette commission. C'est la première fois qu'il exerce sa nouvelle charge. Le Roi, en arrivant, a aussi donné l'ordre pour le *Te Deum* à la chapelle; il a été exécuté à midi et demi à la messe du Roi, par la musique de la chambre.

Mme de Tingry (Maubourg) a été aux eaux de Cauterets pour sa santé; elle en est revenue beaucoup plus malade et en danger. Elle est fille de M. de Maubourg et de Mlle Trudaine. M. de Maubourg son père a été marié trois fois : premièrement avec Mlle de la Vieuville, morte sans enfants; secondement avec Mlle Bezons, fille du maréchal, de laquelle il a eu deux filles; l'une a épousé un M. de Maubourg, son parent; la seconde a épousé M. de Barbançon, veuf de Mlle de Bissy; Mme de Barbançon (Maubourg) est morte. Du troisième mariage de M. de Maubourg il n'a eu que Mme de Tingry.

Du 24. — Il y eut hier au soir à neuf heures un feu d'artifice dans le milieu de la place d'armes; il dura environ un demi-quart d'heure et fut parfaitement bien exécuté. La girandole fut magnifique. Ce qu'il y eut de singulier, c'est qu'il paroît que c'étoit le Roi qui y mettoit le feu. On avoit établi dans la cour Royale et celle des ministres une espèce de corde d'écorce d'arbres, soutenue par des poteaux, qui passoit par-dessus les grilles; sur chaque poteau il y avoit des fusées de communication; par ce moyen la fusée que le Roi alluma de son balcon alla allumer le feu.

M. le premier président vint ici faire sa cour avant-hier. Il paroît que ces démarches de venir faire sa cour ne sont pas bien reçues par un grand nombre du Parlement, qui disent que la compagnie n'est qu'une avec son chef, que le chef doit venir recevoir des ordres mais non pas faire sa cour; que si la disgrâce du Roi où ils sont, dure encore, ils doivent la partager; que si elle est finie, d'autres que le chef doivent avoir le même privilége que lui.

Du 25.

Extrait d'une lettre écrite de Paris, datée du 22 août 1754.

Je croyois avoir mandé pendant Compiègne à M. le duc de Luynes que le fils de M. de Saint-Contest avoit eu 2,000 écus de pension; cela fut fait le jour que M. de Courteil arriva à Compiègne.

M. de Roissy mourut à Paris, il y a deux jours; il étoit receveur général des finances; il étoit frère de M. de la Jonchère et avoit épousé une nièce de MM. Paris. Il laisse un fils qui a sa charge de receveur général des finances; ce fils a épousé la fille de M. de Villet, trésorier général de l'extraordinaire des guerres. M. de Roissy avoit eu aussi une fille aînée qui avoit épousé M. Boucot, receveur de la Ville; elle est morte; elle a laissé deux filles, dont l'aînée a épousé M. de Broust, et la cadette M. le marquis de la Blache.

M. Wal (1) est mort. Tout le monde sait qu'il s'est longtemps appelé M. Houel, et que ce n'est que depuis plusieurs recherches d'anciens titres de sa maison qu'il a trouvés en Écosse qu'il a pris le nom de Wal avec la permission du Roi, et en observant toutes les formalités requises. Il appeloit son cousin M. Wal, aujourd'hui ministre des affaires étrangères en Espagne. Il avoit toujours beaucoup aimé le jeu. Il avoit acheté une assez jolie terre, près de Montfort, de Mme la maréchale de Villars. Cette terre qu'on appelle les Menus, avoit été à Mme de Varangeville mère. Il est mort de la poitrine; il avoit environ soixante ans. Il avoit épousé Mlle de Vaudrey, dont il ne laisse point d'enfants; il lui donne par son testament 80,000 livres en argent, et 1,000 livres de pension viagère à un frère de sa mère, autant à un autre oncle maternel. Il fait son légataire universel M. Patrice Wal, capitaine dans un régiment irlandois. Il donne 2,000 écus de pension à Mme de Brillanne sa sœur; il fait des legs pieux et d'autres pour ses domestiques.

Hier on dit ici la messe pour la première fois dans la nouvelle paroisse de Saint-Louis, et aujourd'hui la solennité de la fête s'y est faite en grande cérémonie. L'église est belle et bien bâtie; il seroit à désirer que la chapelle de la Vierge ne fût pas si basse ni si petite. Il n'y a encore actuellement que le pur nécessaire pour y faire le service divin; le grand autel, qui est de marbre, n'est pas encore fait, ni l'œuvre; aucune des chapelles n'est accommodée. Elle fut bénite hier en conséquence des ordres de M. l'archevêque par M. le curé de Saint-Louis. La dédicace se fera toujours quand on voudra.

J'ai marqué ci-dessus que le courrier de M. de Gesvres

---

(1) Le duc de Luynes écrit ce nom tantôt Oual tantôt Houel; nous rétablissons ici sa véritable orthographe.

avoit porté de bonne heure la nouvelle de l'accouchement de Mme la Dauphine. M. de Gesvres, qui sait fort bien tout ce qui est de règle et qui désireroit pouvoir toujours le faire observer, ne négligea pas ce qui se devoit pratiquer en pareille occasion ; aussitôt que le Roi fut arrivé et qu'il eut dit le nom de l'enfant, M. de Gesvres, qui étoit arrivé une demi-heure ou environ avant le Roi, alla trouver Mme de Marsan et lui demanda de quoi Mme la Dauphine étoit accouchée, si c'étoit d'un prince ou d'une princesse. L'enfant étoit tout accommodé et emmailloté ; Mme de Marsan fut fort surprise de la question. M. de Gesvres lui expliqua pourquoi, c'est que la règle est que la gouvernante des enfants de France doit dire elle-même au gouverneur de Paris si c'est un prince ou une princesse dont la Reine ou la Dauphine est accouchée ; elle devroit même faire voir l'enfant tout nu.

J'ai oublié de marquer que M. Rouillé, aujourd'hui trésorier de l'ordre du Saint-Esprit, arriva dans le grand cabinet de Mme la Dauphine ; il apporta dans sa poche deux colliers de l'ordre pour que le Roi en choisît un pour passer au col de M. le duc de Berry ; c'est la règle à tous les enfants de France, et c'est lui-même qui lui passe le cordon. Il y a une autre règle que je ne savois pas ; c'est que lorsque la Reine perd quelqu'un de ses enfants, c'est le Roi qui doit lui en apprendre la nouvelle. On me contoit hier que la feue Reine Marie-Thérèse dit à quelqu'un qui lui annonçoit la mort d'un de ses enfants : « Cela ne peut pas être vrai, car le Roi ne me l'a pas dit. »

Hier le Roi reçut des révérences ; mais seulement des dames ; les gens de la cour se présentèrent devant lui, mais ne passèrent point l'un après l'autre comme les dames ; il y en eut cependant qui firent des révérences chez M. le duc de Bourgogne, entrant par une porte et sortant par l'autre. Pour les dames, elles allèrent chez le Roi, chez la Reine et chez toute la famille royale. Les dames de Mesdames avoient fait leur cour le matin, dans le cabinet, au retour de la messe, à la suite de Mesdames; elles étoient obligées de se trouver chez Mesdames pour attendre le moment des révérences; ainsi il n'y en eut que deux qui allèrent chez le Roi. Ce fut à une heure et demie après midi que se firent les révérences; c'étoit dans le cabinet du conseil. On avoit ôté la table. Les dames entroient de la chambre dans le cabinet et ressortoient dans la galerie. Le Roi étoit debout. Mgr le Dauphin ni Mesdames n'étoient point avec lui. Comme le Roi attendoit, ce fut Mme de Brancas, Mme de Lauraguais, la grande Mme de Brancas, qui passèrent les trois premières, suivies des dames de Mme la Dauphine; ensuite Mmes de Luynes, de Villars et de Chevreuse, qui avoient été obligées de rester chez la Reine pour l'audience dont je parlerai, arrivèrent suivies des dames de la Reine, et après elles toutes les dames qui se trouvèrent ici, les princesses de Rohan douairière, de Turenne et de Brionne, précédées et suivies de plusieurs autres. J'étois dans le cabinet du Roi, je comptois les dames qui passoient; il n'y en eut que soixante-sept.

Immédiatement avant ces révérences, le Roi avoit reçu dans sa chambre le scrutin de la ville de Paris. J'y étois présent; la cérémonie se passa comme à l'ordinaire. Le Roi étoit dans son fauteuil, le dos tourné à la cheminée, le chapeau sur la tête. C'est le grand maître des cérémonies qui amène la Ville; elle est présentée par le secrétaire d'État; c'étoit M. d'Argenson. C'est la règle que ce soit toujours un avocat général du Châtelet qui porte la parole, et ce fut en cette qualité M. de Saint-Fargeau, petit-fils de M. Pelletier des Fors et neveu de M. le lieutenant civil. Le prévôt des marchands et lui se mettent tous à genoux. Après le discours, que je ne pus pas entendre, mais qui me parut approuvé, M. d'Argenson lut le scrutin, contenant le détail des voix que chacun avoit eues. M. de Bernage est continué prévôt des marchands. M. d'Argenson lut ensuite le serment. Il n'y a qu'au Roi seul que parle l'avocat général du Châtelet; chez la Reine, Mgr le Dauphin, Mesdames, etc., c'est le prévôt des marchands qui parle.

Du 26. — J'ai déjà parlé dans ces Mémoires des anciens usages de la Cour du temps du feu Roi. Aujourd'hui, on ne voit à la Cour que des femmes présentées dans le cabinet et saluées; au moins est-il bien rare d'en voir d'autres. Les femmes de robe n'y viennent plus. Sous Louis XIV, Mme de Harlay fut présentée comme belle-fille du premier président, et ne fut point baisée. Mmes de Nesmond, d'Aligre, de Bernières, de Bagnols, Bouchu, de Caumartin avoient été présentées et venoient à la Cour.

J'ai marqué dans le temps que Mme de Saint-Sauveur avoit été nommée troisième sous-gouvernante des enfants de France; elle fut présentée dans le cabinet et saluée.

Avant-hier, à l'audience de la Ville chez Mgr le Dauphin, il y eut encore un renouvellement des difficultés de la part des gardes du corps pour la place derrière le fauteuil.

Il est certain que les officiers des gardes du corps n'ont aucun droit pour la garde du Roi dans l'intérieur de l'appartement, et ce n'est que par un accommodement dont j'ai parlé dans mes Mémoires de 1737 que les capitaines des gardes partagent ce fauteuil du Roi avec le premier gentilhomme de la chambre dans la chambre du Roi, au petit couvert et dans l'antichambre du Roi au grand couvert, lorsque S. M. ne mange point chez la Reine. Cette question de la place derrière ce fauteuil a été agitée plusieurs fois chez la Reine, et l'on peut voir dans mon journal que M. le cardinal de Fleury et M. de Maurepas ont toujours dit que les officiers des gardes du corps n'avoient nulle place derrière le fauteuil de la Reine dans le cabinet avant la chambre. Les officiers des gardes ont prétendu que ce ne devoit point être de l'appartement intérieur, parce que, disoient-ils, ils conduisent la Reine avec leur bâton dans cet appartement. On leur a répondu qu'ils conduisoient de même le Roi, la Reine, etc., avec leur bâton dans le salon de la Paix, qui est sans contredit de l'appartement de la Reine. Enfin il n'y a jamais eu de difficulté sur le droit de commandement de la surintendante, de la dame d'honneur ou dame d'atours, dans l'antichambre, grand cabinet, chambre à coucher et le salon de la Reine, et que l'officier des gardes n'a nul droit dans toute l'étendue de cet appartement. MM. les officiers des gardes ont encore voulu donner pour raison de ce qu'ils n'étoient pas derrière ce fauteuil aux audiences des ambassadeurs, l'obligation où ils sont d'aller recevoir l'ambassadeur dans la salle des gardes. Cette obligation tombe d'elle-même, 1° parce qu'entre deux droits honorifiques on garde toujours le plus honorable, et sûrement ce seroit celui de rester derrière le fauteuil si c'étoit un droit et un devoir. — C'est une observation que j'ai entendu faire à la Reine même et qui est fort juste. — En second lieu, aux audiences où ils n'ont pas à aller recevoir à l'entrée de la salle, comme aux envoyés, aux États, à la Ville, aux harangues publiques, ils ne sont point derrière le fauteuil ; cette place est occupée par le chevalier d'honneur seul. J'en ai rapporté plusieurs exemples dans mon journal. Malgré tout cela, M. de la Luzerne fut avant-hier derrière le fauteuil de Mgr le Dauphin à l'audience de la Ville, et MM. les officiers des gardes voudroient bien renouveler la question pour le fauteuil de la Reine. MM. les capitaines des gardes prennent cette affaire à cœur ; MM. les premiers gentilshommes de la chambre soutiennent leurs droits, et par conséquent celui du chevalier d'honneur; les premiers prétendent qu'il y a des exemples en leur faveur; les autres m'ont demandé ce que j'avois vu et écrit, je leur ai communiqué (1). Si c'est encore une question, elle n'est pas difficile à décider.

---

(1) Le renouvellement continuel des difficultés sur les questions d'étiquette

J'ai marqué les révérences des dames avant-hier. Mme de Boufflers, dame du palais, après avoir fait sa révérence au Roi avec les autres, alla faire sa révérence à la Reine; la Reine la remarqua et l'appela; elle lui dit de rester auprès d'elle, parce que dans cette occasion elle devoit être auprès d'elle et non pas lui faire sa révérence.

J'ai marqué aussi que M. de la Luzerne a été fait cordon rouge; il y en a eu en même temps deux autres, M. de Bombelles et M. de Moncan.

J'ai parlé de la paroisse de Saint-Louis. M. du Muy me fit quelques détails sur ce bâtiment, il y a quelques jours. J'ai déjà écrit que c'est lui qui en a été chargé par le Roi et que c'est M. Mansart, architecte, qui l'a fait exécuter en 1743 sous ses ordres. Le Roi donna quatre abbayes dont le revenu devoit être employé pour bâtir cette église; je dis qu'il les donna, c'est-à-dire qu'il ne nomma point à ces abbayes, et l'arrangement fut fait pour être longtemps sans y nommer. En conséquence de cet arrangement, M. du Muy fit ces différents marchés en 1745. Les entrepreneurs étoient déjà en avance de 1,200,000 livres. Sur les représentations qui furent faites au Roi qu'il y avoit inconvénient à laisser aussi longtemps de grands bénéfices sans titulaires, les quatre abbayes furent retirées des économats; M. du Muy représenta de son côté l'embarras où il se trouvoit; il en parla plusieurs fois au Roi, et lui dit qu'au lieu de 240,000 livres sur lesquelles il comptoit, il ne se trouvoit plus que 100,000 livres à

---

et de cérémonial qui semblaient les mieux résolues, les prétentions de toutes les charges qui cherchaient continuellement à augmenter d'importance en empiétant sur les droits et sur les rangs les mieux définis, les résistances soulevées par ces usurpations, peuvent nous paraître aujourd'hui des événements peu importants; c'était cependant une des grandes affaires de la Cour. Le duc de Luynes tenait un journal exact des cérémonies et des décisions, et dans certaines circonstances ce journal pouvait servir et était consulté. C'est sans doute à cause de ces communications que le duc de Luynes se décida à écrire dans son *Petit journal* ou *Extraordinaire* les faits les plus intimes et les réflexions qu'il était prudent de ne pas rendre publiques.

mettre au bâtiment, et par conséquent qu'il étoit dans l'impossibilité de satisfaire aux avances des entrepreneurs. Le Roi lui promit d'y avoir égard. M. du Muy n'a point perdu de vue cet objet, et il a obtenu par la suite qu'on joignît pour 90,000 livres de bénéfices aux 100,000 livres qu'il touchoit déjà. C'est avec ces fonds que l'entreprise du bâtiment a été continuée. Il s'en faut beaucoup que tout soit encore fini; le portail n'est pas encore achevé; le maître-autel n'est pas fait. Le Roi avoit donné le marbre nécessaire; mais M. du Muy auroit désiré que les frais pour la façon de ce marbre eussent été aux dépens du Roi; à la fin cependant, il s'est déterminé pour le grand autel. Il n'y a ni grille ni autel à aucune chapelle; en attendant, on y a mis quelques autels de l'ancienne église. On travaille actuellement à une sacristie, qui est prise d'une partie de cette ancienne église. L'œuvre n'est pas encore fait. En total, cette église est très-belle et bien bâtie. On trouve des défauts dans le portail, la grille du chœur pas assez belle, les agrafes des voûtes trop épaisses, et surtout la chapelle de la Vierge très-vilaine, comme je l'ai dit.

Il y a quelques jours que l'on apprit la mort de M. l'évêque de Vence (le P. Surian de l'Oratoire, grand prédicateur). Le Roi nomma avant-hier à cet évêché M. [l'abbé de Grasse], grand vicaire de Beauvais.

M. Boyer, fameux médecin de Paris, vint ici avant-hier prêter serment entre les mains de M. le premier médecin pour la charge de médecin des prisonniers d'État de la Bastille et de Vincennes; cette charge ne vaut que 2,500 livres; mais c'est une place de confiance. Il y a outre cela, dans chacun de ces lieux un chirurgien payé par le Roi.

M. Jomard, curé de Notre-Dame, qui perd la vue, n'étant pas en état de venir au château, le vicaire vint demander au Roi, le jour de l'accouchement de Mme la Dauphine, ses ordres pour le *Te Deum*. Le Roi lui dit :

« Quand vous voudrez. » Sur cette réponse, il s'est adressé à M. le comte de Noailles pour savoir le jour; M. le comte de Noailles lui a dit qu'il n'y avoit que pour Mgr le Dauphin, Mgr le duc de Bourgogne et tous les aînés des enfants de France que le *Te Deum* devoit être chanté à la paroisse sur l'ordre du secrétaire d'État; mais que pour les autres enfants de France, il falloit attendre le mandement de Mgr l'archevêque.

J'appris il y a quelques jours un petit détail par rapport à M. le duc d'Orléans; le Roi parloit des noms qu'on donnoit aux enfants de France; il observa avec raison que ce nom ne donne aucun droit sur les provinces, à moins que ces provinces ne soient comprises dans les apanages que l'on donnoit aux enfants de France; encore même les apanages, comme l'on sait, donnent l'actif et l'honorifique, mais rien de la souveraineté. Je ne sais si le Berry n'avoit pas été compris dans l'apanage de M. le duc de Berry. Ce fut à propos de cette conversation d'apanages que l'on parla de celui de M. le duc d'Orléans. Cet apanage a été augmenté en dernier lieu; M. le duc d'Orléans y a joint le comté de Soissons; il a obtenu permission de couper des bois de haute futaie de l'apanage, et cette permission ne lui a été donnée qu'à condition d'employer les sommes provenant de ces bois à l'acquisition du comté de Soissons, qui par là se trouve réuni à l'apanage.

Du 27. — On trouvera ci-après la copie de deux bulletins que M. le comte de Noailles m'a envoyés sur un changement de logement fait dans le château.

Distribution de logements que le Roi a fait dans son château de Versailles.

Le logement de M. le duc de Penthièvre et de feu Mme la duchesse de Penthièvre, à M. le prince et Mme la princesse de Condé.

Le logement de Mesdames, qui étoit destiné à M. le prince et Mme la princesse de Condé, à M. le duc de Penthièvre.

Le logement de Mme la marquise de Clermont, dame d'atours de Mesdames, à Mme la duchesse de Boufflers.

Le logement de Mme la duchesse de Boufflers, qui étoit à M. le duc de Luxembourg, à M. le duc de Mirepoix.

Arrangement fait par le Roi dans son château de Versailles.

Le logement de M. le comte de Cossé à M. et Mme la marquise de Talaru.

Le logement de M. et de Mme la marquise de Talaru à M. le marquis de Paulmy, avec une porte de communication avec M. le comte d'Argenson.

Le logement de M. le marquis de Paulmy, au second étage, qui est près de M. Rouillé, à M. Rouillé pour Mme la marquise de Beuvron et point à la place de ministre des affaires étrangères avec une porte de communication avec le logement de M. Rouillé.

Voici les nouvelles d'hier. M. de Montfaucon, écuyer de la petite écurie attaché à Mgr le Dauphin, qui a porté, comme je l'ai dit, à Choisy la nouvelle de la naissance de M. le duc de Berry, a eu 1,000 livres de pension du Roi sur la cassette.

On a appris hier la mort de M. de Châteaumélian; il avait vingt-cinq ans; il étoit fils de M. du Plessis-Châtillon et de Mlle de Torcy. Il avoit eu cet hiver quelques boutons qu'il avoit voulu faire sécher, et cette humeur s'étoit jetée sur ses entrailles. Il n'a point d'enfants. Mme de Châteaumélian perd en bien peu de temps son beau-père, son père et son mari.

M. de Saint-Florentin travailla avant-hier au soir avec le Roi sur la charge de prévôt grand maître de l'ordre du Saint-Esprit qu'avoit feu M. de Saint-Contest. On n'a su qu'hier la décision de S. M.; cette charge qui exige des preuves, comme l'on sait, a été donnée à M. Bignon, bibliothécaire du Roi.

Je ne sais si j'ai parlé de la mort du gouverneur des pages de la Reine, nommé M. d'Oinville, laissant une veuve avec deux filles et fort peu de bien. Cette charge est d'un très-petit revenu; je crois qu'elle ne vaut que

8 ou 900 livres; il est nourri toute l'année à la table des pages. Cette place a été donnée à M. Beaumanoir, gouverneur de M. de Tessé. M. de Beaumanoir n'est pas riche et n'a pas été en état de faire des arrangements utiles pour la famille de M. d'Oinville. La Reine s'y est extrêmement intéressée, et le Roi vient de donner 1,000 livres de pension à Mme d'Oinville. Mme d'Oinville, qui a été fort jolie, s'appelle Baudiolle; son père étoit gentilhomme de Gâtinois.

Je n'ai point marqué la mort de M. du Saussoir. Il est mort il y a environ un mois. Son nom étoit Courtin, de même famille que Mme de Varangeville, mère de Mme la maréchale de Villars. Il avoit été capitaine de cavalerie, régiment Dumaine, et écuyer de quartier du Roi; il avoit été depuis attaché à feu Madame Henriette. Il s'étoit retiré depuis deux ou trois ans parce qu'il perdoit la vue. Le Roi vient de donner 800 livres de pension à sa veuve. Son nom est Poquelin, fille d'un homme d'affaires.

M. des Issarts, ci-devant ambassadeur du Roi à Dresde et depuis à Turin, est mort depuis peu de jours; il avoit environ quarante-cinq ans. Il avoit demandé son rappel de Turin à cause de sa mauvaise santé et étoit revenu en Provence prendre des eaux; il avoit paru mieux et il étoit revenu à la Cour; mais ses incommodités se sont renouvelées. Il étoit conseiller d'État d'épée. Cette place a été donnée à M. de Bachi, notre ambassadeur en Portutugal, qui en avoit une expectative.

M. de Marsangy a eu 500 livres de pension. Il est écuyer du Roi attaché de Madame Victoire; il avoit déjà une pension de 500 livres. Cette augmentation-ci lui a été donnée à la mort de M. du Saussoir.

J'ai parlé ci-dessus de l'affaire de M. de Chaulnes avec M. d'Aligre; il étoit impossible que M. d'Aligre restât dans cette intendance; elle fut donc donnée hier à M. Maynon d'Invault.

J'ai marqué dans le temps que M. de Mailly d'Aucourt

avoit eu ordre d'aller dans ses terres; il a eu permission de revenir; il étoit hier ici.

Du jeudi 29, Versailles. — M. de Cantillana, ambassadeur des Deux-Siciles, qui a succédé à M. le prince d'Ardore, vient d'être nommé vice-roi de Sicile; cette place est vacante par la mort de M. de la Vieuville.

On sait d'hier que Mme Amelot (Vougny), veuve du secrétaire d'État des affaires étrangères, épousa hier M. Damezaga, major du régiment de Caraman-Dragons; il est originaire d'Espagne; il est très-aimable; il a été longtemps établi en Lorraine et étoit fort bien venu à la cour de Mme la duchesse de Lorraine. Il a le titre de chambellan du roi de Pologne, duc de Lorraine. C'est lui qui a fait le mariage de M. de Caraman, neveu de M. Portail avec Mlle de Chimay, et depuis ce temps il alloit souvent au Vaudreuil, terre de M. Portail. Mme Amelot y alloit souvent aussi, et c'est là que la connoissance s'est faite ou plutôt continuée. Mme Amelot n'avoit point voulu écouter la proposition de mariage de M. Damezaga; mais lorsqu'il lui écrivit qu'il étoit prêt à terminer un autre engagement, elle donna son consentement; elle lui fait quelque avantage. Ce que je sais, c'est 6,000 livres qu'elle lui donne en viager et 100,000 livres une fois payées qu'il touchera au cas qu'il lui survive. M. Damezaga a peu de bien. Mme Amelot est fort riche, mais elle a un garçon et deux filles. M. Damezaga a quarante-cinq ans et Mme Amelot en a à peu près autant; on disoit quarante-huit, mais on se trompoit. On verra ci-après ce qu'on me mande sur ce mariage (1).

---

(1) *Extrait d'une lettre de Paris du 29 août.*

Je vis hier M. Damezaga; il ne convient point qu'il soit marié, mais il ne paroît pas que cela soit douteux, et je m'imagine qu'il ne veut le déclarer qu'après que le roi de Pologne, son protecteur, en aura été informé. Comme j'eus le temps de causer avec lui, il me fit voir un grand désir de plaire à toute la famille, et finit par me dire qu'étant du même âge, à quinze jours près, il seroit bien fâché d'emporter quelque chose de cette famille, ni de faire tort

L'indignation est extrême dans Paris sur la nourrice de M. le duc de Berry. Ce qui donne occasion à cette indignation de tout Paris, c'est que la nourrice n'a point les qualités extérieures d'une bonne nourrice, qu'il n'y a que trois semaines qu'elle est accouchée et que les suites de sa couche ne sont pas encore finies, et que ce n'est pas l'usage de donner aux enfants un lait de trois semaines.

M. le premier président arriva avant-hier à dix heures du soir au palais ; il fut reçu avec une grande joie ; il y eut des fusées et des danses jusqu'à une heure du matin.

Il y a eu quelques changements dans les logements ici. C'est à M. et Mme de Jumilhac qu'a été donné celui de M. et de Mme de Cossé, et celui de M. et de Mme de Jumilhac à M. et Mme de Paulmy.

M. de Laval fut hier déclaré menin de Mgr le Dauphin. Il est fils de feu M. le maréchal de Montmorency-Laval ; sa femme, qui est Maupeou, est attachée à une de Mesdames.

M. de Malzac est mort depuis quelques jours ; il étoit fils de M. Pajot et conseiller au parlement ; ce n'étoit pas un des moins vifs sur les disputes présentes.

Mme la duchesse de Broglie et Mme la princesse de Chimay ont été déclarées dames de Mesdames cadettes au retour de Compiègne. Mesdames cadettes en ont par semaine une titrée et trois non titrées ; elles ont dit à leurs dames de s'arranger ensemble pour se remplacer, et que ce même arrangement se trouvât toutes les semaines.

Du vendredi 30, Versailles. — Mme la maréchale de Tonnerre est morte d'apoplexie dans une maison de campagne qu'elle avoit achetée auprès de Corbeil. Elle étoit fille du marquis de Novion, mort au service de l'électeur de Bavière et qui avoit eu le régiment de Bretagne-Infan-

---

aux enfants ; il m'ajouta que sa grande mère et sa tante étoient ou avoient été dame d'honneur de la reine d'Espagne et gouvernante de notre première Dauphine.

terie, et arrière-petite-fille du premier président de Novion, grand-père du dernier mort. Mme la maréchale de Tonnerre avoit eu 900,000 livres de biens. Elle avoit au moins soixante ans. Mme de Maintenon avoit fort désiré de lui faire épouser M. d'Aubigné, son neveu; ce mariage n'ayant pu se faire, soit par le refus de la famille, ou de Mlle de Novion même, il fut question du marquis de Caumont, aujourd'hui duc de la Force ; mais Mlle de Novion n'y voulut jamais consentir ; elle étoit dans le couvent des filles des dames de Miramion ; elle prit le parti d'attendre qu'elle eût vingt-cinq ans. M. de Clermont-Creuzy, aujourd'hui maréchal de Tonnerre, vint la voir dans ce couvent; il étoit de grande naissance, mais fort pauvre ; elle prit de l'estime et du goût pour lui, et déclara à ses parents qu'elle vouloit l'épouser, et le mariage se fit. Elle vécut dans ses terres pour lui donner le moyen de faire de la dépense à la guerre ; elle lui acheta la charge de commissaire-général de la cavalerie, et depuis celle de mestre de camp général ; elle s'est occupée toute sa vie de tout ce qui pouvoit contribuer à sa fortune. M. de Tonnerre a un fils qui a épousé, comme l'on sait, la fille aînée de M. de Breteuil. Il avoit été question pour Mlle de Breteuil de M. de Pons, à qui on avoit donné le sobriquet de *Pont-neuf*. M. de Pons n'en voulut point alors ; sa femme auroit eu 10,000 livres de pension du Roi, suivant l'usage, et 40,000 livres en pierreries; M. de Pons a épousé depuis la cadette, et comme M. de Breteuil étoit mort, il n'a rien eu.

Mme de Montanegro, sœur de M. du Châtelet-Lomont, est morte à Naples.

Le *Te Deum* fut chanté hier à Notre-Dame. Les places du Parlement restèrent vides ; c'est l'usage, et par la même raison, celle de M. le duc de Gesvres. La place du gouverneur de Paris à Notre-Dame est toujours dans le chœur, dans une stalle entre le premier et le second président; et même dans le temps des vacances, il se trouve toujours deux présidents au *Te Deum*, afin que le gouverneur puisse avoir la même séance.

Il y eut aussi hier des illuminations, suivant l'usage. Celle de la maison de M. le président Hénault, rue Saint-Honoré, fut très-belle; on la vint voir de tous côtés. Il est dans l'usage d'en donner toujours d'un dessein très-agréable et fort magnifique.

Il y eut le soir beaucoup de monde à l'hôtel de ville et surtout grand nombre d'étrangers. Le feu fut très-bien exécuté; il y eut même du nouveau. On remarqua des fusées qui tombèrent en larmes ou pendeloques.

Il est très-vrai que le mariage de Mme Amelot fut fait hier; ce fut à Saint-Sulpice, à quatre heures du matin. M. le curé l'a dit ce matin au Roi, qui le lui a demandé.

SEPTEMBRE.

Lettre de cachet adressée aux membres du Parlement. — Plaintes des chanoines de la Sainte-Chapelle. — Visite du lieutenant civil et de dix conseillers du Châtelet au premier président. — Fin de la chambre royale. Lettres patentes du Roi pour la dissoudre. — Mort de la reine douairière de Portugal. — Mme de Rannes condamnée. — Mort de M. de la Tour et de M. du Châtelet. — Rentrée du Parlement. — Déclaration du Roi. — Le Parlement approuve la conduite de Messieurs du Châtelet et blâme celle du lieutenant civil et du procureur du Roi. — Arrêté du Châtelet. — Arrêté du Parlement. — Discours de M. d'Ormesson. — Audience du Roi à la députation du Parlement. — Assemblée du Parlement. — Serments. — Petit-Bourg. — Audience du Roi aux cardinaux et aux archevêques. — Discours du premier président au Roi. Réflexions d'un ministre sur la manière dont ce discours fut prononcé. — Le roi de Pologne à Versailles. — Mousquetaires pris en délit de chasse. — Nouveaux refus de sacrements. — Nouvelles diverses de la Cour. — Troupes de contrebandiers. — Gouvernement de Ham et pension du Roi cédés en payement d'une dette de jeu. — Morts. — L'abbé Rance remplace M. Joinard. — Départ du roi de Pologne. — Entrée de l'ambassadeur de Venise à Paris.

Du dimanche 1er. — Il fut décidé avant-hier par le Roi, au rapport de M. de Saint-Florentin, que M. de Bret écriroit Monseigneur à M. le duc de Chaulnes. Il est certain qu'autrefois, et même il n'y a pas longtemps, indépendamment du titre de commandant pour le Roi dans la province, MM. les intendants rendoient à la seule dignité de duc de leur écrire Monseigneur. M. de la Briffe, intendant de Bourgogne, ne m'a jamais écrit que Monseigneur. On en trouve une infinité d'autres exemples. Quelques-uns ont changé cet usage, les autres les ont imités ; on les a laissé faire et personne n'écrit plus Monseigneur.

Du lundi 2, Versailles. — Ce matin, Messieurs du Parlement ont reçu chacun une lettre de cachet contenant les ordres du Roi. On trouvera ci-après la copie d'une de ces lettres.

Monsieur, je vous fais cette lettre pour vous ordonner de vous rendre le mercredi 4 du présent mois, à huit heures du matin, dans la chambre où vous êtes de service. Et celle-ci n'étant pour autre fin, je prie Dieu qu'il vous ait, Monsieur, en sa sainte garde ; à Versailles, ce 1er septembre 1754.

M. le premier président a toujours l'air fort content et paroît ne point douter du succès. Comme depuis son arrivée à Paris, et celle de tout le Parlement, il y a eu beaucoup de joie au palais et un bruit presque continuel, et que la circonstance de la naissance de Mgr le duc de Berry a été une nouvelle raison pour justifier et augmenter les réjouissances, elles ont été fort grandes et fort bruyantes dans l'enceinte du palais. Les chanoines de la Sainte-Chapelle ont trouvé le bruit long et importun ; ils allèrent hier en porter leurs plaintes à M. le premier président, et le prier de faire cesser cette importunité ; il leur répondit avec un air fort agréable qu'il comprenoit le désagrément pour eux de ce bruit continuel, mais qu'il n'avoit aucun droit de l'empêcher ; qu'on ne pouvoit même que louer le zèle et l'empressement du peuple à montrer leur joie sur la naissance du nouveau prince et la bonne santé de Mme la Dauphine.

J'ai oublié de marquer que tout ce qui s'est trouvé à Paris, gens considérables et autres, ont été chez M. le premier président, et qu'il a reçu tout le monde avec toutes les grâces imaginables. M. le lieutenant civil y alla il y a quelques jours, et on a remarqué qu'il avoit été reçu assez froidement.

Le 30 août 1754, M. le lieutenant civil et neuf ou dix conseillers du Châtelet virent M. le premier président chez lui vers midi. M. le lieutenant civil dit à M. le premier président qu'il venoit avec Messieurs lui offrir ses hommages et lui témoigner la joie qu'ils ressentoient de son retour, et finit son compliment en disant : «.Vous êtes le plus digne chef qui puisse être du plus auguste corps. »

M. le premier président répondit qu'autant il avoit été sensible aux sentiments de tristesse que le Châtelet avoit déposés dans son sein lors de l'exil du Parlement, autant il étoit flatté des sentiments de joie de cette compagnie à son retour.

Le lieutenant civil a ajouté que c'étoit le cœur qui lui avoit dicté, et à Messieurs, cette démarche ; qu'il ne venoit point à la tête d'une députation, la Compagnie ne pouvant s'assembler attendu les ordres du Roi, dont ils n'étoient pas encore relevés, et qu'il avoit écrit à ce sujet à M. d'Argenson. Le premier président lui dit que c'étoit non-seulement à lui mais à la Compagnie dont il étoit redevable des sentiments qu'il lui témoignoit, et que c'étoit de cette même Compagnie qu'il recevoit les compliments, ajoutant : « *Vous êtes trop heureux,* Monsieur, d'être à la tête de magistrats aussi chéris, aussi respectés, aussi dignes de l'être et aussi nécessaires au public par l'exactitude à leurs devoirs et par leur courage à les remplir ; et s'adressant aux conseillers, il leur dit : Je ne puis vous exprimer, Messieurs, combien je suis flatté de vos sentiments ; je vous prie de faire part des miens à tous vos confrères ; je désire que tous ceux qui vous ont été enlevés vous soient rendus et que vous voyiez bientôt tous les membres réunis au corps. »

A la porte de la troisième antichambre, le procureur du Roi au Châtelet s'étant avancé, le premier président l'a remercié et lui a dit : « Tant que vous serez exact à vos devoirs et attaché à votre Compagnie, vous trouverez des ressources dans le Parlement. »

Dans la cour de M. le premier président, M. le lieutenant civil montant dans son carrosse a dit : « Êtes-vous contents, Messieurs ? C'est à vous à qui j'ai obligation de la bonne réception, car il n'y a rien là pour moi. »

Les prisonniers qui avoient été transférés du Châtelet à la Bastille ont été ramenés au Châtelet ; c'est ce que le Parlement avoit demandé d'abord.

Le Roi revint ici hier de Bellevue tenir le conseil d'État à quatre heures après-midi, et repartit à sept heures pour Bellevue. Il y va tirer aujourd'hui dans la plaine de Montrouge et souper à Montrouge chez M. de la Vallière. Il couche à Choisy, d'où il ne reviendra qu'après-demain après le souper.

Hier, en conséquence du mandement de M. l'archevêque, il y eut le *Te Deum* aux deux paroisses. Les missionnaires du château en chantèrent aussi un pendant le salut.

Le service pour le feu Roi ici à la chapelle a été remis à aujourd'hui.

MM. les gens du Roi vinrent ici hier dîner chez M. le chancelier, et firent leur cour à S. M. avant le conseil. L'après-dînée, M. le chancelier alla à Paris, et ce matin à huit heures tout ce qui compose la chambre royale s'est assemblé chez lui et l'a suivi au Louvre, où il y avoit une grande affluence de peuple. Après avoir entendu la messe, M. le chancelier a fait un fort beau compliment et remercîment de la part du Roi à la chambre royale pour la séparation de ce tribunal. On trouvera ci-après copie des lettres patentes pour la séparation de la chambre royale, et du discours de M. Brou, avocat général, de cette chambre.

LETTRES PATENTES DU ROI

Portant suppression de la chambre royale, données à Versailles le 30 août 1754. Registrées à la chambre royale.

Louis, par la grâce de Dieu, etc., salut. Par nos lettres patentes en forme de déclaration du 11 novembre dernier, nous avons établi en notre château du Louvre un siége et chambre de justice appelé Chambre Royale, pour connoître de toutes matières civiles, criminelles et de police, qui sont de la compétence du Parlement, et nous avons composé cette chambre de plusieurs de nos conseillers en notre conseil d'État et maîtres des requêtes ordinaires de notre hôtel. Nous ne laisserons échapper aucune occasion de leur donner des marques de la satisfaction que nous avons de leur fidélité et de leur affection à notre service dont nous avons reçu de nouveaux témoignages dans l'administration de la justice qu'ils ont rendue à nos peuples sans que leurs fonctions dans nos conseils en aient été interrompues ; mais cet établissement devenant sans objet par la résolution que nous avons prise de rappeler notre cour de Parlement dans notre bonne ville de Paris pour y reprendre ses fonctions, A CES CAUSES et autres considérations à ce nous mouvant, de l'avis de notre conseil et de notre certaine science, pleine puissance et autorité royale, nous avons par ces présentes, signées de notre main, révoqué, éteint et supprimé, révoquons, éteignons et supprimons notre Chambre Royale établie par nos lettres patentes en forme de déclaration du 11 novembre dernier. Ordonnons que les minutes des greffes de notre dite Chambre Royale seront portées au greffe de notre conseil. Si donnons en mandement à nos amés et féaux les gens tenant notre Chambre Royale à Paris que ces présentes ils aient à faire registrer et le contenu en icelles exécuter et faire exécuter selon sa forme et teneur, car tel est notre plaisir. En témoin de quoi nous avons fait mettre notre scel à ces dites présentes.

Donné à Versailles, le trentième jour du mois d'août l'an de grâce 1754, et de notre règne le trente-neuvième.

LOUIS.

Au bas de ladite déclaration est écrit :

Registrées, lues et publiées l'audience tenant, ouï et ce requérant le procureur général du Roi, pour être exécutées selon leur forme et teneur, et copies collationnées envoyées aux bailliages et sénéchaussées du ressort, pour y être lues, publiées et registrées, enjoint aux substituts du procureur général du Roi d'y tenir la main, suivant l'arrêt de ce jour. A Paris, en la Chambre Royale, le 2 septembre 1754.

DE VITRY.

Extrait du discours de M. Brou, avocat général de la Chambre Royale, pour sa dissolution, le 2 septembre 1754.

Messieurs, il y a bientôt dix mois que vous avez été amenés dans ce lieu par le chef de la Justice, qui vous a notifié lui-même les volontés du Roi qui forment les titres de votre autorité. Vous les avez reçus avec la soumission qu'ils méritoient. Vous ne vous êtes chargés qu'avec douleur de remplir le vide immense que causoit l'absence d'un des corps les plus respectables de l'État qui avoit encouru la disgrâce du souverain. Vous avez regardé cette autorité non comme un présent, mais comme un dépôt. Aujourd'hui le Parlement a recouvré les bonnes grâces du Roi ; il ne vous reste qu'à mêler votre joie à la joie publique.

Hier M. Rouillé reçut une lettre de Paris de l'ambassadeur d'Espagne, dont il alla rendre compte au Roi sur-le-champ; c'étoit pour lui mander la nouvelle de la mort de la Reine douairière de Portugal, Marie-Anne d'Autriche (1); elle étoit née le 6 septembre 1683; elle ne laisse que trois enfants : la reine d'Espagne, née en 1711, le roi de Portugal, né en 1713, et don Pedro, né en 1717.

J'ai parlé ci-dessus du procès de Mme de Rannes contre ses enfants; ce procès fut jugé au Châtelet, il y a quelques jours. Mme de Rannes a été condamnée et interdite.

Mme la Dauphine permit avant-hier aux grandes entrées de lui faire leur cour, et hier elle vit les entrées de la chambre.

Il y a quelques jours que les deux discours de l'Académie ont été présentés au Roi. Celui de M. de Boissy est en vers; on dit qu'il a été fort applaudi. Quoi qu'il en soit, la réponse de M. Gresset en prose paroît bien plus digne des applaudissements qu'elle a eus.

Du jeudi 5, Versailles. — J'ai parlé ci-dessus assez en détail sur M. de la Tour. Il étoit maréchal de camp employé au camp de M. le prince de Soubise; il avoit une mauvaise santé; il est tombé malade à Valenciennes d'une fièvre maligne. Il étoit logé chez M. de Moras, intendant du Hainaut, et qui l'est aussi du camp de M. de Soubise; il y mourut il y a deux ou trois jours; il avoit beaucoup d'amis et méritoit d'en avoir. Je crois qu'il avoit cinquante-quatre ans.

On apprit aussi hier la mort de M. du Châtelet; il étoit dans sa soixante-sixième année; il est mort à Vincennes dont il étoit gouverneur. Ce vieux M. du Châtelet avoit épousé une Bellefonds, sœur de Mme de Vergetot. Cette Mme du Châtelet fut dame du palais de Mme la duchesse de Bourgogne; elle eut deux filles et deux garçons. Les deux filles n'ont point été mariées; il en reste encore une; des deux garçons, l'un étoit M. du Châtelet; il avoit épousé

---

(1) Seconde fille de l'empereur Léopold, née, suivant l'*Almanach royal*, le 7 septembre 1683, veuve le 31 juillet 1750 du roi Jean V.

la sœur de M. de Richelieu, qui est vivante et qui demeure à Vincennes; il en avoit eu deux filles dont une étoit feu Mme de Bellefonds, dame de Mme la Dauphine, et l'autre est religieuse à la Présentation. L'autre fils de M. du Châtelet est frère de celui qui vient de mourir; il est marié et n'a point d'enfants; sa femme est Mailly-Dubreuil. Elle étoit veuve de M. de Pajot de Villers, lequel étoit dans les postes et père de M. d'Ons-en-Bray, et grande-mère de Mme de Joyeuse, la nouvelle mariée par sa mère, Mme de Cailly.

L'affaire du Parlement est ce qui occupe actuellement tout le monde. J'ai marqué que les lettres de cachet furent envoyées dimanche; mais j'ai oublié une circonstance, c'est qu'elles furent portées entre quatre et six heures du matin par deux mousquetaires. L'ordre leur avoit été envoyé par M. d'Argenson.

La rentrée du Parlement devoit être le lundi 2; elle fut remise à hier.

M. d'Ormesson, avocat général, a fait un très-beau discours, dans lequel il a laissé entrevoir que cette déclaration avoit été faite par le Roi lui-même, et que c'étoit sa propre volonté (on assure même qu'il est écrit de sa main). Ce discours fut prononcé le 4 septembre 1754, en la grande chambre, les chambres assemblées, à huit heures du matin, en présentant les lettres patentes en forme de déclaration dans lesquelles il est dit: que le Roi écoutera avec bonté tout ce que son Parlement aura à lui représenter pour le bien de son service et à l'avantage de ses peuples.

L'assemblée a duré près de quatre heures et a dû être continuée aujourd'hui à neuf heures. Tout ce que l'on sait jusqu'à présent, ou que l'on croit savoir, c'est que le plus grand nombre des voix est opposé à l'enregistrement des lettres patentes ou déclarations. C'est M. Lamblin qui en a fait le rapport.

Il n'y eut que quarante voix pour l'enregistrement;

les cent ou cent dix autres furent d'avis contraire. Le 5, l'assemblée fut partagée en dix-neuf opinions; cependant la déclaration fût enregistrée avec des modifications. On trouvera ci-après copie de cette déclaration et de l'enregistrement. Toutes les cours du Palais et toutes les salles qui mènent aux chambres étoient si remplies de monde que l'on étoit près d'étouffer. Ils faisoient retentir le Palais des cris de *Vive le Roi et le Parlement*, à l'entrée de chacun de ces Messieurs. Ces acclamations redoublèrent encore à l'arrivée des prisonniers d'État, et à celle de M. le premier président. Lorsqu'il sortit de l'assemblée, des femmes lui présentèrent un bouquet, une couronne de laurier et un compliment par écrit. Il n'accepta que le bouquet; mais comme on lui tendoit cette couronne en l'air et qu'on le pressoit de l'accepter, il la fit cacher par ses domestiques.

Déclaration du Roi donnée à Versailles, le 2 septembre 1754.

Louis, par la grâce de Dieu, etc., salut. La résolution que les officiers de notre Parlement ont prise, le 5 mai de l'année dernière, de cesser de rendre à nos sujets la justice qu'ils leur doivent à notre décharge, les refus qu'ils ont faits de reprendre leurs fonctions, qui forment un devoir indispensable de leur état et auxquelles ils se sont consacrés par la religion du serment, nous ont forcé de leur marquer le mécontentement que nous avions de leur conduite. Le prétexte même qu'ils ont donné à la cessation de leur service ordinaire étoit de leur part une nouvelle faute d'autant moins excusable que ne pouvant douter de l'intention où nous étions et où nous sommes constamment d'écouter ce que notre Parlement pourroit avoir à nous représenter pour le bien de notre service et pour celui de nos sujets, et n'ignorant pas que nous étions instruits par ses arrêtés de l'objet de ses remontrances, ils ne pouvoient se dissimuler qu'ils s'étoient eux-mêmes attiré le refus que nous avons fait d'entendre celles qui avoient été rédigées. Mais après leur avoir fait pendant un temps ressentir les effets de notre mécontentement, nous avons écouté volontiers ce que nous a dicté notre clémence, et nous avons rappelé dans notre bonne ville de Paris les officiers de notre Parlement. Cependant, toujours occupé du soin d'apaiser les divisions qui se sont élevées depuis quelque temps et dont les suites nous ont paru mériter toute notre attention, nous avons pris les mesures que nous avons jugé les plus capables de procurer la tranquillité à l'avenir, et dans l'espérance que notre Parlement, s'empressant par une prompte obéissance et par un travail redoublé de réparer le préjudice qu'ont pu souffrir nos sujets, il nous donnera en toutes occasions des marques de sa soumission et de sa fidélité en se conformant à la sagesse des vues qui nous animent, nous avons résolu de le rassembler à Paris pour lui faire connoître nos intentions. A CES CAUSES et autres à ce nous mouvant, de l'avis de notre conseil et de notre certaine science, pleine puissance et autorité royale, nous avons par ces présentes, signées de notre main, ordonné et ordonnons à tous et chacun des officiers de notre Parlement de reprendre leurs fonctions accoutumées dans notre bonne ville de Paris, nonobstant toutes choses à ce contraires, et d'y rendre la justice à nos sujets sans retardement et sans interruption, suivant les lois et le devoir de leurs charges; et ayant reconnu que le silence imposé depuis tant d'années sur des matières qui ne peuvent être agitées sans nuire également au bien de la religion et à celui de l'État est le moyen le plus convenable pour assurer la paix et la tranquillité publique, enjoignons à notre Parlement de tenir la main à ce que, d'aucune part, il ne soit rien fait, tenté, entrepris ou innové qui puisse être contraire à ce silence et à la paix que nous voulons faire régner dans nos États, lui ordonnant de procéder contre les contrevenants, conformément aux lois et ordonnances. Et néanmoins, pour contribuer de plus en plus à tranquilliser les esprits, à entretenir l'union, à maintenir le silence et à faire oublier entièrement le passé, nous voulons et entendons que toutes les poursuites et procédures qui pourront avoir été faites et jugements définitifs qui pourroient avoir été rendus par contumace depuis le commencement et à l'occasion des derniers troubles jusqu'au jour des présentes demeurent sans aucune suite et sans aucun effet, sans préjudice néanmoins des jugements définitifs rendus contradictoirement et en dernier ressort, sauf aux parties contre lesquelles ils auroient été rendus à se pourvoir s'il y a lieu par les voies de droit. Si donnons en mandement à nos amés et féaux conseillers les gens tenant notre cour de Parlement que ces présentes ils aient à faire lire, publier et enregistrer et le contenu en icelles garder et observer selon leur forme et teneur sans y contrevenir, ni souffrir qu'il y soit contrevenu en quelque sorte et manière que ce puisse être, car tel est notre plaisir. En témoin de quoi nous avons fait mettre notre scel à ces dites présentes.

Donné à Versailles le deuxième jour de septembre l'an de grâce 1754, et de notre règne le quarantième.

LOUIS.

Au bas de ladite déclaration est écrit :

Registré, ouï ce requérant le procureur général du Roi pour être exécuté selon sa forme et teneur et conformément aux lois et ordonnances du royaume, arrêts et règlements de la Cour, en conséquence n'être fait aucune innovation dans l'administration extérieure et publique des sacrements, sans néanmoins par la Cour reconnoître en aucune façon les imputations contenues au préambule de ladite déclaration, et à cet effet il sera fait au Roi une députation solennelle et en la forme ordinaire pour représenter audit seigneur Roi que son Parlement, dans les circonstances où il s'est trouvé, n'a fait en donnant pendant un temps la préférence aux affaires publiques sur les particulières que ce qu'exigeoient de lui les devoirs indispensables de son état et la religion de son serment; et copies collationnées de la présente déclaration envoyées aux bailliages et sénéchaussées du ressort pour y être lues, publiées et registrées. Enjoint aux officiers desdits baillages et sénéchaussées de tenir la main, chacun en droit soi, à l'exécution du présent arrêt, et aux substituts du procureur général du Roi de certifier la Cour, dans le mois, de la lecture, publication et enregistrement de ladite déclaration, suivant et conformément à l'arrêt de ce jour. A Paris, en Parlement, le 5 septembre 1754. Signé : *Dufranc.*

Du samedi 7, Versailles. — J'ai parlé dans le temps de la conduite du Châtelet. Il paroît que cette conduite est infiniment approuvée par le Parlement; celle du lieutenant civil et du procureur du Roi ont fait une impression bien différente. On trouvera ci-dessus le détail de ce qui s'est passé chez M. le premier président à l'audience qu'il a donnée au Châtelet; une circonstance qui n'y est pas marquée assez en détail, c'est qu'avant cette audience M. le lieutenant civil et M. Moreau, procureur du Roi, avoient été chacun séparément voir M. le premier président et qu'il les avoit reçus très-froidement l'un et l'autre; ce qui est fort aisé à croire après le détail ci-dessus écrit.

Quoiqu'il y ait peu de temps que M. Moreau soit procureur du Roi, il en avoit la survivance et l'exercice du vivant de son père. C'est un homme de mérite, fort sage et qui pense bien. On trouvera ci-après la copie de l'arrêté du Châtelet pour la députation du Parlement

Arrêté du Châtelet, du 5 septembre 1754.

A été arrêté que les gens du Roi se retireront à l'instant au parquet du Parlement pour y faire part à Messieurs les gens du Roi du désir

qu'a la Compagnie d'être admise à l'honneur d'exprimer au Parlement
la joie qu'elle a de son retour et les prier de demander à Messieurs du
Parlement le jour que la Compagnie pourra s'y présenter ; après quoi
les gens du Roi se rendront en l'hôtel de M. le premier président pour
lui rendre compte de la démarche qu'ils viennent de faire et lui exposer
l'empressement qu'a la Compagnie d'avoir l'honneur de le compli-
menter par députés.

La déclaration du Roi fut enregistrée avant-hier, pu-
bliée et criée partout hier matin. Il paroît par l'enregistrement que Messieurs du Parlement ont donné aux
termes de cette déclaration une interprétation bien différente des intentions de S. M. Il seroit difficile, pour ne
pas dire impossible, de justifier les termes de cet enregistrement ; mais cependant le Parlement a cru que ce n'é-
toit pas encore assez ; on en verra la preuve par l'arrêté
qu'il avoit fait la veille ; cet arrêté est réputé secret et
tout le monde en a des copies.

Les gens du Roi vinrent ici hier au soir ; ils avoient
demandé l'heure, et M. le chancelier leur avoit mandé
qu'ils pouvoient venir à sept heures du soir. Le Roi leur
donna audience en rentrant de la chasse, et dit qu'il vouloit bien recevoir la députation du Parlement aujour-
d'hui à midi.

On trouvera ci-après en entier le discours de M. d'Ormesson, du 4 de ce mois ; il paroît qu'il a été fort approuvé. M. d'Ormesson a encore sa charge d'avocat général et en fait les fonctions ; il a cependant une charge
de président à mortier, mais il n'est pas encore reçu.

Discours de M. d'Ormesson.

Nous apportons à la Cour des lettres patentes en forme de déclaration, dans lesquelles le Roi s'explique de la manière la plus précise sur
l'intention où il est constamment d'écouter avec bonté ce que son Parlement pourroit avoir à lui représenter pour le bien de son service et
l'avantage de ses peuples.

L'objet que le Roi se propose étant de faire cesser les maux que ses
sujets ont pu souffrir depuis les dernières divisions, les lettres patentes
ordonnent d'abord à la Cour de reprendre sur-le-champ son service

ordinaire ; elles renouvellent la loi du silence imposé depuis tant d'années sur des matières qui ne peuvent être agitées sans nuire également au bien de la religion et à celui de l'État ; elles enjoignent à la Cour de procéder suivant les lois et les ordonnances contre ceux qui oseroient contrevenir au silence et troubler la paix que le Roi veut rétablir.

Enfin, pour effacer jusqu'à la mémoire de ces funestes divisions, le Roi veut que toutes les procédures ordonnées et les jugements de contumace rendus depuis qu'elles se sont élevées demeurent sans suite et sans effet, laissant néanmoins subsister dans toute leur force les jugements qui ont été rendus contradictoirement.

Nous requérons l'enregistrement de ces lettres patentes avec d'autant plus de zèle et d'affection qu'elles sont l'ouvrage des sages réflexions du Roi, le fruit de ses peines et de ses travaux.

Nous sentons d'avance toutes les considérations que cette seule circonstance doit présenter à vos esprits, et les mouvements qu'elle peut exciter dans vos cœurs.

Nous recevrons avec vous cette sagesse et cette justice suprême qui, connoissant toute l'étendue de la puissance royale, sait en régler l'usage selon les lois sacrées de l'utilité publique.

Nous sommes remplis de cette vive et respectueuse reconnoissance que mérite un prince animé uniquement par un véritable amour pour ses sujets ; mais c'est de vous, Messieurs, qu'il peut recevoir des témoignages plus éclatants et vraiment dignes de lui, des sentiments qui lui sont dus. Nous remplissons plus parfaitement et notre ministère et nos propres vœux pour la gloire du Roi en laissant agir votre zèle qu'en vous exposant ce que le nôtre nous inspire, et pour vous laisser uniquement occupés des grands objets qui doivent aujourd'hui fixer notre attention, nous nous refusons au désir même et à l'empressement de vous exprimer tous les autres sentiments dont nous vous devons l'hommage dans un jour aussi fortuné.

Du dimanche 8. — La députation du Parlement arriva hier avant midi. Je ne les vis point, mais on m'a assuré qu'ils n'étoient que quarante ; ils descendirent à la salle du conseil sans voir M. le chancelier ; ils ne le virent point non plus après l'audience. M. le chancelier, M. de Dreux, grand maître des cérémonies, et M. d'Argenson, comme secrétaire d'État ayant le département de Paris, allèrent les prendre à la salle du conseil après la messe du Roi et les conduisirent chez S. M. L'audience fut dans la chambre du Roi, le fauteuil tourné le dos à la cheminée, suivant l'usage ; l'audience dura environ un quart d'heure. On dit que le discours du premier président fut tourné avec beaucoup d'art et d'esprit, et qu'il a trouvé moyen de ne point déplaire en remplissant cependant les objets dont la Compagnie l'avoit chargé. M. le Dauphin assista à cette audience avec tout ce qui compose le conseil de dépêches; outre cela, il y avoit derrière le fauteuil, M. de Turenne, M. le duc de Villeroy et M. d'Aumont; encore derrière le Roi, M. le duc de Fleury, M. de Souvré et le premier valet de chambre. Les portes furent fermées. Voilà la réponse du Roi : « J'ai fait ce que j'ai cru convenable pour mettre l'ordre et rétablir la tranquillité ; la justice rendue à mes sujets est un des points que j'avois à cœur. Mais, principalement occupé de les faire jouir de tout ce que j'ai fait pour leur bien, j'écarte en ce moment tout autre objet; que mon Parlement sente et reconnoisse mes bontés, qu'il se conforme en tout aux intentions que je lui ai fait connoître, et dont le but est de maintenir les lois du royaume sans s'écarter du respect dû à la religion. Voilà mes volontés. »

La députation retourna à la salle du conseil, où ils attendirent longtemps une copie de la réponse de S. M. Cette copie leur fut enfin apportée par M. Marie, commis de M. d'Argenson, et ils repartirent aussitôt après: Il paroissoit pendant qu'ils étoient dans la salle que les esprits y étoient fort échauffés, et qu'ils étoient même fâchés d'avoir enregistré la déclaration. Il devoit y avoir assemblée des chambres en arrivant.

Voilà les nouvelles qu'on m'envoie actuellement de ce qui s'est passé hier au soir au Palais, les chambres assemblées, à l'arrivée de la députation.

Actuellement il est neuf heures et demie, et on sort du Palais. On y a proposé de faire un règlement pour charger Messieurs tenant la chambre des Vacations de veiller à ce qu'il ne soit fait aucune entreprise dans l'administration extérieure des sacrements, et pour charger Messieurs du Châtelet et juges inférieurs de tenir la main, ne les croyant pas suffisamment autorisés par la déclaration qu'on vient d'enregistrer. Cependant la chose bien examinée il a été décidé qu'elle étoit suffisante, et en conséquence il n'a été rien fait sur cela. On avoit dit qu'il devoit être question d'un refus de sacrements fait par le curé de Saint-Hilaire ; il faut qu'on n'ait pas pu en administrer la preuve, attendu qu'on n'en a point parlé. On a encore mis sur le tapis les exilés par lettre de cachet, c'est-à-dire les officiers de province. M. le premier président a dit que le Roi avoit donné ses ordres pour cela et qu'ils étoient libres ; en sorte que tout s'est passé sans rien faire de nouveau ; ainsi tout est dit présentement.

On a seulement demandé une assemblée des chambres au 29 novembre, pour que Messieurs de la chambre des Vacations rendent compte à la Compagnie de ce qui se sera passé pendant sa durée, ce qui a été accordé.

J'ai oublié de marquer une circonstance curieuse et importante, c'est que depuis le retour du Parlement le premier président reçut une députation de deux conseillers envoyés pour demander de la part des chambres une assemblée extraordinaire desdites chambres sans autre explication. Le premier président répondit qu'il n'étoit point d'usage d'assembler les chambres sans savoir sur quelle matière il étoit question de délibérer. Sur ce refus, Messieurs des chambres prirent le parti d'entrer dans la grande chambre et d'y prendre leurs places avant que Messieurs de la grande chambre y fussent entrés. L'affaire qui fut mise en délibération fut de faire instruire le Parlement par Messieurs du Châtelet de tout ce qui s'étoit passé à la chambre royale pendant l'absence du Parlement. Cet avis fut fort agité, et la négative ne passa qu'à la pluralité de quinze voix.

Du lundi 9, Dampierre. — M. Bignon prêta serment hier entre les mains du Roi de la charge de grand maître des cérémonies de l'Ordre. Il avoit l'épée au côté, un habit à boutons d'or et un manteau. Il portera cet habillement seulement aux cérémonies, et dans les autres temps il sera vêtu comme à l'ordinaire.

M. de Galiffet prêta aussi serment hier entre les mains

du Roi pour la lieutenance générale du Mâconnois, qu'il a achetée de M. le comte de Tavannes.

M. le premier président se rendit hier à Versailles avec le grand banc; ils firent leur cour au lever du Roi. Le Roi parla beaucoup à M. le premier président et à M. le président Molé sur choses indifférentes. Plusieurs de MM. les présidents à mortier dînèrent chez M. le chancelier. MM. les gens du Roi ne s'en retournèrent point avant-hier à Paris, avec la grande députation; ils restèrent à Versailles, et dînèrent chez le chancelier; hier ils dînèrent chez M. d'Argenson.

J'ai parlé dans le temps de la démolition du beau château de Petit-Bourg, bâti par feu M. le duc d'Antin; la belle avenue qui donne sur le grand chemin et tous les bois furent coupés il y a plusieurs années; il ne restoit plus que ce que l'on appelle l'orangerie, car l'ancien château, où le Roi avoit logé et dont il avoit été content, fut démoli quand on bâtit le nouveau; il restoit aussi la terre qui ne vaut que 3,900 livres de rente et qui doit diminuer encore au premier bail. La succession de M. d'Antin désiroit fort de la vendre et jusqu'à présent il ne s'étoit point fait d'offres qu'ils voulussent accepter. On me mande que Mme la présidente Chauvelin vient d'acheter cette terre 260,700 livres; c'est à l'enchère qu'elle s'est vendue, et on prétend que c'est M. le Prêtre, trésorier du Roi, qui, ayant envie d'acheter cette terre, l'a fait monter aussi haut.

A propos de cette charge de trésorier, je ne sais si j'ai marqué qu'à la création de chaque maréchal de France, ce maréchal donne une épée d'or à ce trésorier. Je ne sais sur quoi ce droit est fondé, mais il existe.

Du mercredi 11, *Versailles.* — J'appris avant-hier que M. le président Ogier, ministre de France à Copenhague, avoit été nommé ambassadeur à la même cour.

Je n'ai point marqué que, le 1er de ce mois, le Roi signa le contrat de mariage de M. Jeoffreville, ci-devant marquis de Danois, avec la fille de M. de Cernay, lieutenant général et commandeur de l'ordre de Saint-Louis.

J'ai parlé ci-dessus du voyage que devoit faire M. le duc de Penthièvre à Marseille et de là en Italie; il prit congé avant-hier pour ce voyage.

Il parut hier un arrêt du Parlement du 7 du présent, rendu les chambres assemblées, portant règlement pour accélérer pendant les vacations l'instruction des procès et instances pendantes en la cour, tant en la grande chambre qu'aux chambres des enquêtes. On prétend que cet arrêt n'est point régulier, qu'il auroit fallu une déclaration du Roi.

Du vendredi 13. — Tout ce que nous savons jusqu'à présent de l'audience de MM. les cardinaux et archevêques à Choisy, mardi dernier 10 de ce mois, c'est qu'ils remirent un mémoire à S. M., qui leur promit de leur donner une réponse.

On trouvera ci-après la copie du discours de M. le premier président du Roi à la tête de la députation. Un des ministres qui y étoient présents m'a dit que M. le premier président le prononça avec toutes les grâces et l'art imaginables, que dans l'endroit où il est dit *sans autres secours que vos propres lumières*, il jeta un regard sur tous les ministres, qui étoient présents, et que lorsqu'il prononça ces mots : *à votre postérité la plus reculée*, il regarda Mgr le Dauphin d'une manière à inspirer le respect et l'amour. Enfin l'on m'a assuré que le plus habile comédien ne pouvoit pas jouer son rôle avec plus de pathétique.

Discours prononcé par M. le premier président du Parlement de Paris, le 7 septembre 1754, à midi.

Sire, tomber dans la disgrâce du souverain est sans contredit le plus grand des malheurs pour des sujets fidèles. L'épreuve que votre Parlement vient d'en faire, l'avoit plongé dans un tel excès de douleur qu'elle ne peut mieux être peinte aux yeux de V. M. que par les témoignages éclatants que nous lui donnons de sa respectueuse reconnoissance.

La réunion, Sire, que vous avez eu la bonté de faire de ses membres dispersés depuis si longtemps l'*a* mis à portée de vous faire connoître sa soumission à vos ordres et son amour pour votre personne sacrée.

Fut-il jamais rien de plus digne du meilleur de tous les princes que de tendre une main paternelle à des magistrats qui se trouvoient dans l'impuissance totale de lui donner de nouvelles preuves du zèle dont ils se sentent animés pour son service, et de lui exposer les motifs qui les ont conduits pour ainsi dire malgré eux à des démarches qui ont eu le malheur de lui déplaire.

Quelle gloire, Sire, sera jamais comparable à la vôtre! Après avoir tant de fois vaincu vos ennemis en personne, vous vous occupez uniquement, dans le sein de la paix, du bonheur de vos peuples; vous aimez la vérité; vous cherchez à la connoître; elle parvient jusqu'à vous sans autre secours que celui de vos propres lumières; aussitôt qu'elle vous est connue, elle jouit de tous les droits.

C'est elle qui vous a fait sentir combien la dispersion de tous les membres du Parlement est d'un exemple dangereux, par l'atteinte qu'elle donne aux lois fondamentales du royaume et par l'immensité des maux qu'elle entraîne nécessairement après elle.

C'est cette même vérité qui vous a fait connoître l'effet que devoit produire sur votre Parlement la crainte de se voir à jamais banni de votre présence, par le refûs que vous avez fait de recevoir ses remontrances sur la seule inspection de la nature des objets qui devoient entrer dans ces importantes représentations.

C'est elle enfin qui vous a engagé à les rassurer avec une bonté qui transmettra aux siècles à venir le véritable amour que vous avez pour des sujets dont vous savez que les véritables intérêts sont toujours inséparables des vôtres.

Vous avez plus fait encore, c'est sur votre royaume entier que vous avez porté la sagesse de vos vues en prenant la ferme résolution d'y maintenir l'ordre et la tranquillité d'où dépend sa splendeur; c'est pour arrêter des divisions dont vous avez connu le danger que vous avez ordonné de garder le plus profond silence sur des matières qui ne pourroient être agitées sans nuire également au bien de la religion et à celui de l'État.

Eh! comment, Sire, votre Parlement n'auroit-il pas consacré par son enregistrement une loi aussi salutaire, malgré la cruelle douleur dont il s'est senti pénétré à la lecture du préambule de cette loi? Oui, Sire, nous osons vous le représenter: votre Parlement dans les circonstances malheureuses où il s'est trouvé, n'a fait, en donnant pour un temps la préférence aux affaires publiques sur les particulières, que ce qu'exigeoient de lui le devoir indispensable de son état et la religion de son serment.

Qu'il nous soit permis de vous le dire : votre Parlement, Sire, ne désirera jamais rien avec autant d'ardeur que de vous savoir pleinement convaincu de la force et de l'étendue de vos droits; il ne peut rien par lui-même; il n'exerce que la portion d'autorité que vous lui avez confiée; aussi l'unique but où tendront toujours ses efforts sera de se rendre agréable à V. M. et de remplir son devoir, devoir, Sire, qui l'oblige à veiller sans cesse à la conservation de ce précieux dépôt d'autorité que vous tenez du Tout-Puissant et qui doit être transmis dans toute son intégrité à votre postérité la plus reculée.

Quel bonheur pour nous de voir le suprême pouvoir dans les mains d'un prince qui connoît le génie des peuples qu'il gouverne avec une sagesse et une modération capables de lui gagner tous les cœurs, et qui sait que les véritables chaînes qui lient les François à leur souverain sont celles de l'amour.

Il est, Sire, si profondément gravé dans nos cœurs, que nous vous protestons, au nom de tous les magistrats qui composent votre Parlement, qu'ils seront toujours prêts à faire le sacrifice de ce qu'ils ont de plus cher et de plus précieux, dès qu'il s'agira de l'intérêt de votre gloire et de donner l'exemple à vos autres sujets de la fidélité et de l'obéissance qu'ils doivent à vos volontés souveraines.

Le roi de Pologne arriva hier au soir ici sur les huit heures. La Reine ne l'attendoit qu'aujourd'hui, et il avoit compté arriver encore plus tard, dans l'espérance de ne voir personne et de pouvoir se coucher en arrivant. La Reine fut avertie, comme on peut le croire, au moment de son arrivée; elle quitta son jeu et alla au-devant de lui au haut de l'escalier. Il est en très-bonne santé, et ne paroît point changé depuis l'année passée; il a eu une fluxion sur les yeux qui a un peu diminué l'étendue de sa vue; cependant il lit et écrit comme à son ordinaire, mais on lui a recommandé de ne point s'amuser à la peinture, pour laquelle il a beaucoup de talent. Il est venu, comme à l'ordinaire, dans un vis-à-vis avec M. le duc d'Ossolinski, suivi d'une voiture de quatre personnes, M. de la Galaisière, M. de Lucé son frère, M. le prince de Chimay, M. de Marguerie, neveu de M. de la

SEPTEMBRE 1754.

Galaisière, officier dans le régiment des gardes de Lorraine, commandé par M. le prince de Beauvau.

J'ai parlé ci-dessus du dernier arrêt du Parlement; voilà ce qu'on me mande de Paris sur l'irrégularité de cet arrêt.

Le règlement fait par le Parlement touchant la procédure est opposé à la déclaration du Roi concernant l'établissement de la chambre des vacations portant ce qu'on y doit faire valablement. Plusieurs procureurs entendus au fait de la procédure en conviennent, au point qu'ils sont décidés de ne rien faire, crainte de tomber dans l'irrégularité et que ce ne fussent des moyens pour faire casser les arrêts qui pourront être rendus sur des procédures faites pendant les vacances. Il eût été très-facile au Parlement d'obtenir une déclaration du Roi à l'effet d'être autorisé à faire le règlement.

Du samedi 14. — J'ai appris hier que la charge de maréchal général de la cavalerie vient d'être vendue par M. de Feuquières à M. de Lieuray, écuyer de Madame Adélaïde. Il y a trois ou quatre de ces charges; elles donnent le rang de colonel au bout d'un certain temps et sont d'un grand usage pour faire son chemin promptement.

Le gouvernement de Vincennes, vacant par la mort de M. du Châtelet, vient d'être donné à M. de Voyer, fils de M. d'Argenson; ce gouvernement vaut 24,000 livres de rentes au moins; il n'y a plus de capitainerie que dans l'enceinte du parc, comme je l'ai marqué ci-dessus.

Il arriva, il y a quelques jours, une aventure singulière dans la plaine de Saclé. M. Rouillé, dont la maison est au bas de cette plaine et qui a permission d'y chasser, y étoit aller tirer; il y trouva quatre hommes vêtus de sarreaux de toile, armés de chacun un fusil et suivis de quatre autres hommes aussi vêtus de même; comme ils chassoient et que cette plaine est de la capitainerie de

Saint-Germain, il les en avertit; ils lui répondirent fort mal, et il ne crut pas devoir leur en dire davantage. Il arriva deux gardes de la capitainerie, auxquels ils répondirent avec hauteur; ces gardes allèrent avertir leurs camarades, et ils revinrent au nombre de huit. Les quatre chasseurs, car les autres étoient leurs domestiques, se mirent en défense et tirèrent; les gardes qui avoient chargé leurs fusils à balles tirèrent aussi; ils les blessèrent tous quatre, dont un fort dangereusement; il y eut un de leurs valets de blessé. Les quatre chasseurs furent pris et emmenés ici chez le lieutenant des chasses. On a su que ce sont quatre mousquetaires, dont un a été page du Roi et un autre page de la Reine.

Du dimanche 15. — Je ne sais si j'ai parlé ci-dessus du prieur de Carnatte, diocèse de Vannes; du parlement de Rennes. C'étoit un janséniste très-connu; non-seulement il n'a pas reçu les sacrements, mais on a refusé de faire un service pour lui. Le parlement de Rennes a suivi cette affaire avec la vivacité que donne l'esprit de parti, et a prétendu user de toute son autorité contre M. l'évêque et les vicaires de la paroisse, sans songer que son autorité étoit peu compétente en pareille matière, sur la prétendue désobéissance à ses ordres. Un grand vicaire a été banni, et il a été ordonné que les meubles de M. l'évêque seroient mis en vente. Le chapitre a réclamé les meubles comme appartenant à l'évêché, mais l'arrêt subsistoit. Le Roi, depuis deux jours, vient de le casser par un arrêt de son conseil. En même temps M. le chancelier a mandé de la part du Roi à M. l'évêque de Vannes que l'intention de S. M. étoit que le service fût célébré.

Il vient d'arriver une autre aventure de même espèce à Mantes. Un curé appelant est tombé malade à la mort; ses vicaires ont refusé de l'administrer; le bailliage a enjoint de donner les sacrements; les vicaires se sont absentés. M. l'évêque y est venu lui-même et n'a pu persuader le curé. Les ordres du bailliage lui ont fait peu d'impression. Il est vraisemblable que cela n'en demeurera pas là. On peut s'attendre à voir beaucoup d'autres événements pareils; il faut même observer que la déclation du Roi ne peut être d'usage que pour le Parlement de Paris, à cause de son préambule, les autres parlements n'ayant pas quitté le service.

Mme de Luynes présenta hier M. d'Albertas, premier président de la cour des aides et chambre des comptes d'Aix. Ces deux tribunaux n'en font qu'un dans ce parlement.

On apprit hier la mort de M. d'Estampes; il avoit quarante-deux ans; il étoit cousin de M. de la Ferté-Imbault.

Il y eu aujourd'hui présentation; Mme de Goësbriant présente Mme d'Houchin (Kérouart). MM. d'Houchin, comme je l'ai dit, sont des gens de condition de Flandre.

Du lundi 16. — J'ai marqué ci-dessus la mort de la reine de Portugal; elle avoit soixante-dix ans onze mois et sept jours; elle étoit fille de l'empereur Léopold et de sa troisième femme Neubourg; elle fut mariée le 9 juillet 1708, par procuration, à Closter-Neubourg près de Vienne, et à Lisbonne le 28 octobre. Outre ses trois enfants vivants, que j'ai marqués, elle avoit encore eu trois garçons : un né en 1712, mort en 1714; un né en 1716, mort en 1736 ; et un né en 1723, mort en 1728.

Il y eut hier le remerciement de Mme d'Argenson et de Mme de Voyer; il y eut aussi Mme de Stainville qui prit congé; elle va à Rome avec son mari. Il y eut aussi une petite audience à M. de Valentinois. J'ai déjà marqué que MM. de Monaco, quand ils sont dans leur souveraineté, ont le droit d'écrire au Roi et à la Reine et de leur faire remettre la lettre par une espèce de petit ambassadeur; ce petit ambassadeur étoit M. de Valentinois qui étoit outre cela chargé d'une lettre pour M. d'Aumont, et d'une pour Mme de Luynes.

Mme la princesse de Tingry mourut hier. J'ai déjà marqué qu'elle étoit fille de M. de Maubourg; elle avoit environ vingt ans; elle a presque toujours été malade depuis son mariage; elle n'a point eu d'enfants.

J'ai parlé ci-dessus de la déclaration du Roi; elle va être envoyée aux autres parlements du royaume. On ôtera le préambule qui ne regarde que le parlement de Paris. Il s'est présenté sur cela une difficulté sur laquelle il y a eu différentes opinions. La déclaration ordonne le silence sur les matières présentes, et ce silence a été observé dans quelques parlements, Dijon, Grenoble, Pau, Douai; je ne sais si Besançon n'en est pas aussi. Regardant la déclaration comme une loi générale de l'État, on disoit qu'il falloit qu'elle fût enregistrée dans tous les parlements sans exception; on a répondu à ce raisonnement qu'une exception en pareil cas étoit ce qui pouvoit flatter davantage les parlements qui se sont conduits sagement; qu'on seroit toujours à temps d'y faire enregistrer la déclaration s'ils changeoient de conduite; que la loi n'en seroit pas moins loi dans l'État, mais que les parlements ci-dessus nommés n'en avoient pas besoin, puisqu'ils l'avoient exécutée sans l'avoir reçue. Ce raisonnement a déterminé à ne la point envoyer aux parlements ci-dessus nommés.

Du mardi 17. — Le Roi vient d'accorder à M. d'Aligre, ci-devant intendant d'Amiens, 2,000 écus de pension; on lui avoit offert l'intendance de la Rochelle, mais il n'en a pas voulu.

Mme de Tingry a été enterrée aujourd'hui aux PP. de l'Oratoire, rue Saint-Honoré, dans la chapelle de M. d'Harlay, qui est à présent à MM. de Tingry. L'enterrement a été fait sans cérémonie; M. de Tingry est allé à Beaumont.

Il fut proposé, il y a quelques jours, à quelques-uns de MM. de la chambre des Vacations de dénoncer et condamner au feu un ouvrage en deux volumes in-12, qui paroît depuis peu de jours, dissertation où on prouve que la Constitution n'est ni loi de l'Église ni loi de l'État.

La seule raison de se conformer à la déclaration qui ordonne le silence devroit suffire pour la condamnation du livre. Il y en a outre cela une particulière pour le Parlement; ce seroit de prouver, par cette démarche, que sa conduite est impartiale et qu'il proscrit également tout ce qui rompt le silence pour ou contre.

Je n'ai point parlé de la visite du roi de Pologne au Roi; elle se fit samedi, à l'ordinaire; et le Roi alla le lendemain sur les sept heures voir le roi de Pologne chez lui.

Du dimanche 22. — Il y eut hier deux présentations. Mme de Marbeuf fut présentée par Mme la comtesse de Lorges; elle est petite et point jolie; elle étoit veuve de Gouyon, lorsqu'elle a épousé M. de Marbeuf, frère du président de Marbeuf et de l'abbé. On sait que l'abbé a été lecteur de M. le Dauphin, et qu'il est aumônier ordinaire de la Reine.

L'autre présentation fut Mme d'Amezaga dont j'ai parlé ci-dessus; ce fut Mme de Chevreuse qui la présenta.

M. de Rochechouart prit congé hier; il part ces jours-ci pour Parme.

M. de Stainville, qui part pour Rome, a pris congé aujourd'hui.

Le fils de feu M. des Issarts fut présenté hier; le Roi lui a donné une place de colonel dans les grenadiers de France; il paroît avoir vingt-deux ou vingt-trois ans; il est un peu gros et n'est pas grand.

Mme la duchesse de Châtillon fit hier ses révérences; elle n'avoit point paru à la cour depuis qu'elle est veuve; elle est toujours dans une grande affliction.

M. l'abbé de Charleval fit hier son remerciement; le Roi vient de lui donner l'abbaye de Saint-Vincent-du-Luc qui vaut 9,000 livres de rente; elle étoit vacante par la mort de M. l'évêque de Vence (Surian). M. l'abbé de Charleval est frère de Mme la marquise de Rochechouart et grand vicaire de M. l'évêque de Laon (Rochechouart). Il étoit de l'assemblée de 1750 ; il avoit été compris dans la disgrâce générale, et par cette raison n'avoit pu avoir une place d'aumônier, de Madame Adélaïde, qui lui avoit été promise à la création de sa maison.

Le Roi revint avant-hier de Choisy et part aujourd'hui pour Crécy, d'où il ne reviendra que vendredi.

Du mardi 24. — Il y a environ huit jours que l'évêque de Babylone, consul de France à Bagdad, fut présenté au Roi ici par M. Machault.

M. de Cossé, dont j'ai marqué la mort, étoit gouverneur de Sales en Roussillon ; ce gouvernement a été donné à M. le duc de Brissac, son frère.

Il y a environ trois semaines qu'une troupe de contrebandiers, d'environ soixante, commandée par un capitaine réformé de Royal-Pologne, qui porte pour marque de sa dignité un cordon rouge de gauche à droite avec une devise brodée : *vaincre ou mourir*, entra dans la petite ville de Brioude en Auvergne. Cette troupe est composée de déserteurs, gens déterminés et bien montés ; ils vendent du tabac et des toiles de contrebande, très-loyalement, mais ils obligent d'acheter et de payer sur-le-champ ; ils taxent surtout les receveurs des tailles, des contrôles et les bureaux de tabac. Ils ont été aussi dans les lieux voisins de Brioude. On dit qu'ils sont en Auvergne seulement plus de 600 commandés par 150 officiers, et qu'il y en a des troupes aussi nombreuses en Rouergue, dans le Vivarais et dans le Velay.

La troupe d'Auvergne a fait acheter à Mme la maréchale de Maillebois, qui est à sa terre d'Alègre, pour 100 louis de ces marchandises. Les soldats et cavaliers de ces troupes ont 12 sols par jour, 50 écus d'engagements et 50 écus d'appointements au bout de l'année ; mais ils n'ont point de part aux profits, lesquels se partagent entre le commandant et les officiers. Les chevaux sont nourris aux dépens de la caisse commune.

On apprit hier la mort de M. de Bournonville ; il est

mort à Bruxelles; il avoit quatre-vingt-onze ans et étoit frère aîné du duc de Bournonville, que nous avons connu sous le nom de baron de Capre, et qui mourut l'année passée.

J'ai parlé dans le temps de la disgrâce de M. l'évêque de Rennes; on peut la regarder comme finie; il vient d'être nommé président des prochains États. Il avoit été question de tenir les États à Vannes, mais il a été décidé qu'ils se tiendroient à Rennes; M. le duc d'Aiguillon a représenté que les États se tenant à Rennes, il étoit impossible que l'évêque n'y présidât pas; M. le duc de Rohan a fait aussi les mêmes observations.

Du jeudi 26, Versailles. — Le gouvernement de Ham, vacant par la mort de M. Wal, a été donné à M. le marquis de Pontchartrain (1); il quitte son inspection, qui est donnée à M. de Poyenne.

Le Roi s'est amusé, à Crécy, à tirer et à la promenade.

Mme la comtesse de Gramont-Falon est morte aux eaux du Mont-d'Or. Elle étoit fort riche, elle avoit de belles terres en Picardie et en Boulonnois, qui lui venoient de son père M. le marquis du Fresnoy. La mère de ce M. du Fresnoy étoit Coligny, sœur de la mère de M. le marquis de Nesle. M. le marquis du Fresnoy avoit épousé Mlle des Chiens de la Neuville, fille de l'intendant de Besançon et sœur de Mme de Sainte-Maure; il en avoit eu Mme de Gramont-Falon, dont le mari est cadet de M. de Gramont-

---

(1) C'étoit feu M. le duc de Gramont, le dernier mort, qui avoit ce gouvernement. Il est pour le revenu, comme les autres, de 11,250 livres sur l'état du Roi. On y avoit joint 6,000 livres de pension. M. le duc de Gramont ayant fait une perte fort considérable au jeu contre M. Wal, lui donna ce gouvernement en payement, avec l'agrément du Roi et avec un supplément en argent.

M. le cardinal de Fleury, alors premier ministre, voulut retrancher les 6,000 livres de pension; mais M. Wal représenta que lorsqu'il avoit consenti à le prendre en payement, il avoit compté sur la pension. M. le duc de Gramont, que M. de Fleury aimoit, se joignit à M. Wal, et la pension fut laissée, mais aujourd'hui on la retranche. (*Note du duc de Luynes.*)]

Falon qui a épousé Mlle de Vaudrey, sœur de Mme Wal. Mme de Gramont-Falon ne laisse point d'enfants, et vraisemblablement tous ses biens passeront à son cousin M. le marquis du Fresnoy, qui a épousé une bâtarde de M. Rivier. Mme de Gramont-Falon avoit tout au plus trente ans; son mari a un régiment de cavalerie qu'avoit eu feu M. de Gramont son frère, qui l'avoit acheté de M. le prince de Turenne.

Du dimanche 29, Versailles. — On apprit hier la mort de Mme de Saint-Germain; elle avoit soixante-huit ou soixante-neuf ans; elle étoit fille de M. de Persan, maître des requêtes. C'est une vraie perte pour ses amis, et elle en avoit beaucoup; elle étoit très-aimable dans la conversation et dans la société; elle aimoit le jeu; elle aimoit aussi assez à manger autant que sa santé le lui a permis. Elle avoit l'usage du monde et savoit tout ce qui se passoit. Il y avoit quelques années qu'elle avoit quitté le rouge. Sa santé s'étoit fort dérangée; elle a voulu aller absolument au château de Saint-Germain, qui est dans le Limousin ou dans la Marche, malgré les représentations du peu de secours qu'elle trouveroit en cas de maladie; la petite vérole l'y a prise et elle est morte en trois jours.

Il y a huit jours que Mlle de Weldre est morte à Paris. Elle y avoit toujours demeuré depuis qu'elle n'étoit plus auprès de Mesdames. Elle étoit intime amie de Mme la maréchale de Villars et passoit sa vie chez elle (1).

---

(1) Feu Mme de Rupelmonde (Alègre), lorsqu'elle fut en Hollande, y fit connoissance avec Mlle de Weldre; lorsque Mlle de Weldre fut brouillée avec Mlle de Tourbes et qu'elle quitta sa place auprès de Mesdames, elle vint loger avec Mme de Rupelmonde. Elle avoit plus de cinquante ans lorsqu'elle est morte. Elle avoit été protestante et avoit fait abjuration. Feu M. le cardinal de Noailles avoit pris un grand intérêt en ce qui la regardoit; ensuite M. le cardinal de Rohan s'y étoit intéressé, mais elle s'étoit brouillée avec lui. Ce fut M. le duc de Richelieu qui lui fit avoir la place auprès de Mesdames, mais ils étoient presque brouillés quand elle se retira de la Cour.

J'aurai vraisemblablement marqué dans le temps le sujet de sa brouillerie

Il y eut hier ici à la chapelle un baptême sur les six heures du soir. Le roi de Pologne et Madame Adélaïde furent parrain et marraine du fils de Mme de Montbarrey, seconde fille de M. de Mailly, qui accoucha il y a huit jours. La cérémonie fut faite par l'abbé de Soulanges, frère de l'abbesse de Royal-Lieu, M. le curé de Notre-Dame présent, suivant la règle. Ces cérémonies se font toujours en bas dans la chapelle. L'enfant est présenté près de la marche du sanctuaire, sur laquelle est celui qui baptise et le clergé. Le roi de Pologne avoit auprès de lui l'abbé de Choiseul, son grand aumônier et primat de Lorraine; on ne l'appelle en Lorraine que M. le Primat, et il porte une croix comme les évêques; ici il n'a point de croix, il n'est que l'abbé de Choiseul. Il a été aumonier du Roi. La garniture pour cette cérémonie étoit six gardes du corps et six des Cent-Suisses. C'est M. Rance et non M. Jomard qui a assisté à ce baptême; M. Rance étoit curé de l'église de Saint-Louis de Versailles depuis plusieurs années; il s'y est fait infiniment estimer par sa grande piété, sa douceur, la solidité de ses instructions, son assiduité à toutes ses fonctions, et surtout à la confession; il s'est attiré la confiance de toute sa paroisse. M. Jomard étant devenu presque entièrement aveugle, a demandé un successeur; le supérieur de la mission a cru ne pouvoir faire un meilleur choix en nommant à cette place, de l'agrément du Roi et de M. l'archevêque, M. Rance, qui en prit possession il y a huit jours. Il a nommé pour curé de Saint-Louis M. Barré, qui étoit curé à Sedan.

Du lundi 30, Versailles. — Avant-hier, le Roi reçut avant que de partir la visite d'adieu du roi de Pologne

---

avec Mlle de Tourbes; il est certain que Mlle de Weldre lui avoit les plus grandes obligations; cependant elle lui laissa ignorer le choix que le Roi avoit fait d'elle pour la mettre auprès de Mesdames. Elle dit pour se justifier que ce n'étoit pas son secret, que c'étoit celui du Roi. C'est une question qu'il n'appartient pas de juger. (*Note du duc de Luynes.*)

et la lui rendit. Ce matin, le roi de Pologne est parti à neuf heures ; il va dîner chez M. le duc de Gesvres à Saint-Ouen, et coucher à Lusancy chez M. de Berchiny; demain il ira à Sarré, maison de campagne de M. l'évêque de Châlons; c'est sa route ordinaire. Pendant le séjour que ce prince a fait ici, on a remarqué beaucoup d'empressement à lui faire sa cour, et il a reçu tout le monde avec la bonté et l'affabilité qui font son caractère. Il paroît toujours aimer les arts et les sciences ; toutes les nouvelles découvertes qui peuvent contribuer à l'utilité publique lui plaisent infiniment.

Hier se fit à Paris l'entrée publique de l'ambassadeur de Venise (Mocenigo). Il étoit conduit par M. le maréchal de Balincourt. Il est assez singulier que cette cérémonie, qui est essentielle aux ambassadeurs qui ne sont pas de famille, n'ait pas encore été faite jusqu'à présent; peu s'en faut qu'il ne soit sur le temps de son départ (1).

La Reine a permis que les dames prissent aujourd'hui la robe de chambre, c'est l'usage ; mais ce qui est à remarquer, c'est que demain matin elles se mettront en grand habit pour l'audience publique du même ambassadeur de Venise, et cependant la permission de se mettre en robe de chambre est fondée sur ce qu'il est supposé que les paquets étant faits, les grands habits sont partis. Demain au soir les dames reprendront les robes de chambre.

OCTOBRE.

Fête donnée par Mme de Brissac. — Nouvelles de la Cour. — Nouvelles difficultés au sujet de refus de sacrements. — Le roi de Pologne à Saint-Ouen. — La chambre du Roi à Fontainebleau. — Le Dauphin et la Dauphine à Paris. — Affaire des refus de sacrements. — Établissement de la

---

(1) Il a encore un an et demi à rester ici, parce que, comme je l'ai marqué, les ambassadeurs de cette république qui ne demeuroient ici que trois ans y demeurent présentement un an de plus. (*Note du duc de Luynes.*)

place Saint-Sulpice ; fêtes et cérémonie. — La duchesse de Luynes à Sens. — *Alceste*. — Affaire de l'évêque de Nantes. — La terre de Marigny érigée en marquisat. — Pensions mises sur le *Mercure*. — Affaire des chanoines d'Orléans. — Spectacles à Fontainebleau. — Succès d'une tragédie de Voltaire. — Morts. — Affaire des chanoines d'Orléans. — Opéra de *Thésée*. — Suite des spectacles de Fontainebleau. — Succès de l'opéra de *Thésée*. — Convoi de la fille de Mme de Pompadour. — Suite des spectacles de Fontainebleau. — Pari pour une course à cheval.

Du samedi 5 octobre, Dampierre. — Je n'ai point encore parlé de la fête de Mouceaux, donnée par Mme de Brissac les 22, 23 et 24 du mois dernier. On sait que MM. de Noailles, par une grâce particulière du Roi, et que l'on peut dire même unique puisqu'il n'y a qu'eux et MM. de Bauffremont dans ce cas (je ne parle point des régiments étrangers), conservent dans leur famille un régiment de cavalerie de leur nom. M. le duc d'Ayen, quoique lieutenant-général, avoit ce régiment ; il a obtenu la permission du Roi pour le céder à M. le comte d'Ayen, son fils aîné, qui a environ quinze ans et qui est actuellement chevau-léger faisant ses exercices à cette école. Mme de Brissac, grande mère de M. le comte d'Ayen, sachant que ce régiment devoit passer à Corbeil ou peut-être ayant demandé cet arrangement, a fait les plus grands préparatifs pour la réception de son petit-fils. Tous les cavaliers ont été nourris et ont eu encore un petit écu en partant et une cocarde ; tous les officiers logés et bien traités à plusieurs tables. Toute la famille de MM. de Noailles et plusieurs amis ont été à Mouceaux à cette occasion. On a mangé chaud et fait bonne chère, ce qui est singulier en pareil repas. Les lits étoient bons, tout s'est passé avec beaucoup d'ordre et sans accidents, et Mme de Brissac ne paroissoit pas plus occupée que si la fête avoit été donnée par une autre.

Mardi 1er de ce mois, M. l'ambassadeur de Venise eut son audience publique à Versailles, avec toutes les cérémonies ordinaires ; il harangua en italien, suivant la règle. Il fut traité à la table du Roi.

Le même jour, M. de la Cerda, ministre de Portugal, vint enfin donner part de la mort de la Reine douairière; il n'eut audience que du Roi et ne devoit pas en avoir d'autres. La Reine fut avertie par M. Durfort que l'ambassadeur ne devoit pas venir chez elle; cependant comme elle étoit pressée quand on lui parla, elle entendit le contraire et fut un quart d'heure à attendre.

Il y a dans ce moment-ci différentes affaires pour refus de sacrements, à Langres, à Orléans, à Vannes et à Nantes. M. l'évêque de Nantes (La Muzangère) a été condamné à une amende de 2,000 écus, qu'il a payée. On croyoit l'affaire de M. de Vannes finie parce qu'il avoit consenti à faire faire un service pour le Sr Cabrane, sachant que ce professeur avoit envoyé rappeler le vicaire; mais M. de Vannes désiroit que l'arrêt du Parlement contre lui fût cassé; cet arrêt subsistant toujours, le service n'a point été fait jusqu'à présent. Dans l'affaire d'Orléans, il s'agit d'un chanoine publiquement appelant et ayant déclamé scandaleusement contre la Constitution. On croyoit que le Parlement donneroit à cette affaire une tournure qui paroissoit assez vraisemblable, en jugeant que cette déclamation scandaleuse étoit avoir rompu le silence imposé par la déclaration, mais les esprits sont trop échauffés pour avoir agi avec autant de prudence : ils n'ont pas seulement voulu condamner au feu un livre imprimé en deux volumes in-12, qui est daté de 1752, mais qui ne paroît qu'actuellement et qui annonce par son titre qu'il n'est fait que pour prouver que la Constitution n'est ni loi de l'Église ni loi de l'État.

Du dimanche 6. — J'ai parlé des nouvelles difficultés au sujet des refus de sacrements, voilà ce qui s'est passé en dernier lieu à Langres et à Orléans.

Arrêt de la cour des Vacations du 1er octobre.

M. le procureur général a été reçu appelant comme d'abus des trois ordonnances de l'évêque de Langres au sujet du refus de sacrements fait au Sr Bouchu. Il a été ordonné que les gens du Roi se retireront vers S. M. pour savoir si l'intention du Roi est que l'affaire de ce refus de sacrements demeure sans poursuites en vertu de la dernière déclaration.

La première ordonnance de M. l'évêque de Langres porte permission à tous prêtres approuvés de confesser le malade, sauf à M. de Langres à statuer sur l'administration des sacrements après qu'il aura été certain de la confession.

Par la seconde, M. de Langres, en commettant un capucin pour confesser le malade, ne l'a autorisé à le faire qu'après que le malade auroit reçu la Constitution purement et simplement.

Par la troisième ordonnance, M. l'évêque de Langres a ordonné que le malade, avant d'être confessé, seroit tenu de rétracter en présence de témoins les sentiments erronés et hérétiques dans lesquels il avoit vécu, et ses blasphémations. Cette dernière ordonnance est fondée sur ce que M. l'évêque de Langres prétend que le malade a dit à plusieurs personnes que les évêques qui ont reçu la Constitution ont apostasié, et que lui malade la pouvoit recevoir sans apostasier.

A l'égard du refus des sacrements fait à un chanoine d'Orléans par son chapitre, et sur lequel il y a eu un arrêt samedi qui a ordonné d'informer, la chambre des Vacations a ordonné par l'arrêt d'hier que les nouvelles pièces arrivées d'Orléans, justificatives de la continuation de refus de sacrement, seront renvoyées à Orléans et jointes au procès.

Mme Carbon est morte en couches. Elle étoit sœur de M. de Trudaine, exempt des gardes du corps; M. Carbon est un homme fort riche des Iles.

M. Gagny, intendant des Menus, a perdu le second de ses fils, capitaine d'infanterie.

J'ai parlé ci-dessus du procès de Mme de Rannes (1) con-

---

(1) Voyez au 10 août.

tre ses enfants; le scellé avoit été mis chez Mme de Rannes; on me mande qu'elle a eu permission de le lever.

Les affaires se multiplient sur les refus de sacrements; j'apprends qu'il y en a une nouvelle à Boulogne.

J'ai parlé du dîner du roi de Pologne à Saint-Ouen, j'en ai eu depuis le détail, on le trouvera ci-après.

Le roi de Pologne arriva à Saint-Ouen le lundi 30, à dix heures et demie, avec M. le duc Ossolinski, dans sa voiture. M. le duc de Gesvres alla au-devant de lui avec beaucoup de monde à sa suite. M. le duc de Gesvres avoit fait préparer un appartement pour lui, et lui proposa d'y entrer; il lui demanda s'il vouloit dîner ou se promener, le roi dit qu'il vouloit se promener. M. le duc de Gesvres fit avancer beaucoup de calèches où tout le monde monta. Il avoit un petit fauteuil poussé par des hommes; il y en avoit un de même pour lui où il montoit de temps en temps. Le Roi alla partout. En rentrant, S. M. se trouva servie; elle se mit à table dans un fauteuil. M. le duc de Gesvres lui présenta la serviette et voulut le servir; le Roi ne voulut pas et le fit mettre à table. Ceux qui eurent l'honneur de manger avec S. M. étoient Mme la princesse de Talmond, Mme et Mlle de Mauconseil, Mme de Baye, M. le prince de Beauvau, M. le prince de Chimay, M. le marquis de l'Hôpital, M. le Primat, M. de la Galaisière, M. le comte de Marbeuf, M. de Bernage prévôt des marchands, M. le comte de Chabot, M. de Croy, M. le chevalier de Choiseul, M. de Baye, M. le duc de Fleury. Un gentilhomme de M. le duc de Gesvres servit toujours le Roi Il est inutile de dire que le M. duc de Gesvres a accompagné la réception du roi de Pologne de toute la magnificence et de toute la politesse imaginable; personne n'a plus de talent que lui. Il avoit immensément de livrées, de suisses, de gardes. La table n'étoit servie que par des valets de chambre. On y fit grande et bonne chère, et M. de Gesvres ne paroissoit pas plus occupé que s'il avoit été dans une maison étrangère. Mme la duchesse de Villeroy (Montmorency) étoit à Saint-Ouen. Le roi de Pologne le sut; après avoir pris, au sortir de table, du café que M. de Gesvres lui présenta, il alla dans l'appartement de Mme de Villeroy, lui fit des reproches de ce qu'elle n'avoit pas paru et partit ensuite. Il étoit une heure et demie; il avoit été cinq quarts d'heure à table. A trois heures, on servit à dîner à Saint-Ouen pour ceux qui n'avoient pas mangé avec le roi de Pologne, et M. de Gesvres se remit à table pour dîner à son aise.

J'ai déjà parlé de ce qu'on a fait à la chambre du Roi à Fontainebleau. On me mande que plus on examine cette chambre, plus on la trouve magnifique. Le meuble qu'on y a mis est bleu et or, et très-beau. Le Roi a paru fort content de tout cet ouvrage, excepté des camaïeux qu'on a mis au-dessus des portes ; il les a trouvés trop maigres. On mettra, au lieu de ces camaïeux, un portrait du Roi et un de Louis XIV ; mais il y a trois dessus de portes ; on a proposé au Roi de mettre sa devise pour remplir cette troisième place. Le Roi a approuvé cette idée, mais il a dit qu'il n'a point de devise. On va charger les académies d'y travailler. M. d'Argenson a eu ordre d'écrire.

Le gros pavillon neuf dans la cour des Fontaines doit être habité ce voyage-ci, M. le prince de Condé en occupera une partie.

J'ai marqué que Mgr le Dauphin et Mme la Dauphine devoient aller à Paris pour remercier Dieu de l'heureux accouchement de Mme la Dauphine et de la naissance de Mgr le duc de Berry. On trouvera ci-après un détail sur ce voyage.

Extrait d'une lettre de M. le duc de Gesvres, écrite de Paris le 5 octobre.

J'arrive de Paris ; j'ai été à Notre-Dame et à Sainte-Geneviève. Mgr le Dauphin est arrivé à quatre heures et demie à Notre-Dame dans le carrosse de Mme la Dauphine, Mme de Brancas (Clermont), Mme de Lauraguais sur le devant, Mme la comtesse de Noailles à la portière de Mgr le Dauphin, Mme de Pons à l'autre portière. Outre le service de Mme la Dauphine, il y avoit Mme la princesse de Beauvau, Mmes de Noailles, de Coislin, de Choiseul (Lorges), de Choiseul (Lallemant de Betz). Dans le carrosse de Mgr le Dauphin, M. de Fleury, M. de Bauffremont dans le fond. Dans le second, M. de Lowendal. Il y avoit un monde prodigieux dans les rues. Un *Te Deum* à Notre-Dame, un salut à Sainte-Geneviève. J'avois dans mon carrosse à six chevaux M. Berrier, M. de Bernage. J'étois à chaque entrée de l'église avec eux. En courtisans, MM. de Biron, de Fosseuse, de Tallard, de Zurlauben, de Vaudreuil, voilà tout. MM. les ducs avoient des carreaux. Je n'avois que deux pages à cheval, un officier de la ville, deux cavaliers du guet. J'ai quitté Mgr le Dauphin à Sainte-Geneviève quand il en a été parti. Je n'ai pas mené de mes gardes. J'oubliai hier de vous mander que je ne jetai pas d'argent le jour de Saint-Sulpice ; n'allant que comme premier gentilhomme je ne voulus pas en jeter.

Mme de Champcenetz la jeune est morte. Mme de Roussillon est morte aussi d'apoplexie, dans laquelle elle étoit tombée depuis plusieurs jours ; elle étoit fille de Mme de Blanchefort et de feu M. le duc. Cette Mme de Blanchefort étoit Sillery. Mme de Champcenetz est fille de M. Texier, ancien notaire, argentier de la grande écurie à présent.

Du lundi 7, à Saint-Ouen. — M. de la Bruère, secrétaire d'ambassade de M. le duc de Nivernois, est mort de la petite vérole à Rome ; c'étoit un garçon d'esprit et de mérite.

Mlle Le Roy l'aînée, qui est femme de chambre de Madame Louise, sœur de M. Le Roy, lieutenant des chasses à Versailles, épouse M. de la Chapelle, premier commis des affaires étrangères ; il lui donne tout son bien. C'est une grande fortune pour elle.

Extrait d'une lettre de Paris du 1er octobre.

M. Pierron (1), ce matin, sur des nouvelles sommations ou réponses qu'on lui a données, dans l'affaire d'Orléans, a jugé à propos de les faire déposer pour en envoyer des expéditions sur les lieux et rendre une nouvelle plainte à cette occasion. Il semble principalement que les députés du chapitre reprochent au malade, leur confrère, qu'il leur avoit dit que la constitution *Unigenitus* étoit la chose la plus absurde qui ait été faite dans l'Église ; lequel malade a dénié.

M. Pierron a signé pour M. le procureur général des conclusions dans l'affaire de Langres, sur lesquelles son chef a travaillé. Elles tendent à recevoir le ministère public appelant comme d'abus des trois ordonnances de l'évêque qui avoient pour but principal de désigner un confesseur avec des déclarations ; et de savoir après, du Roi, par rapport à la procédure criminelle, si les délits qui ont donné lieu à la plainte, étant antérieurs à la publication de la déclaration faite le 11, l'intention de S. M. a été d'éteindre cette nature de poursuites dont l'instruction n'a été ordonnée que postérieurement à l'arrêt.

L'on n'est sorti de la chambre qu'à trois heures passées.

---

(1) Substitut du procureur général, nommé en 1717, et doyen des 16 substituts servant au parlement de Paris.

RELATION

De la décoration de la place Saint-Sulpice à l'occasion de la première pierre de cette place, posée au nom du Roi par M. le duc de Gesvres, le 2 octobre 1754.

Dès qu'il a plu au Roi d'agréer le projet d'une place devant l'église de Saint-Sulpice, que la situation de cet édifice et l'embellissement de Paris faisoient désirer, et que pour comble de faveur S. M. a daigné accepter d'en être le fondateur, en y faisant mettre en son nom la première pierre, la joie qui a éclaté dans tous les cœurs des paroissiens a mis le curé de Saint-Sulpice dans l'heureuse nécessité d'y mêler les témoignages de sa respectueuse et vive reconnoissance.

Dans cette vue, le jour de la cérémonie ayant été fixé au mercredi 2 octobre, il a tout fait disposer, tant au dedans que dans les dehors de l'église pour l'appareil d'une fête à laquelle la religion et la reconnoissance devoient également concourir.

M. le duc de Gesvres a été reçu à l'entrée de l'église par le clergé de la paroisse, avec tous les honneurs dus à son caractère, et conduit sous le dais à la place qui lui étoit préparée, où il a assisté à un salut chanté en musique et suivi du *Te Deum*. Le clergé s'est rendu processionnellement au lieu de la première pierre, en chantant l'hymne *Veni Creator*, dont le chant étoit entremêlé de symphonies et de fanfares.

L'angle de la place où s'est faite la pose de la première pierre forme une esplanade de près de 20 toises en carré ; on y avoit disposé en face, dans la jonction de quatre rues, une décoration de 64 pieds de façade sur 49 de hauteur, du dessin du Sr Servandoni. Sous un arc de triomphe porté sur quatre colonnes couplées d'ordre corinthien et accompagné de deux grands corps d'architecture en retrait, s'élevoit sur un piédestal la statue du Roi, modèle terminé par le Sr Pigalle de celle qu'il a exécutée en marbre pour être placée au château de Bellevue.

Une couronne de 7 pieds de diamètre, soutenue à une hauteur convenable par des guirlandes de fleurs, ornée de fleurs de lis en transparent et entrelacée de branches de chêne, dont les Anciens formoient la couronne civique, caractérisoit le Roi par les qualités les plus chères à son cœur, du Roi bienfaisant et bien-aimé, et de père de la patrie et de ses peuples. Au-dessus de l'arc de triomphe, et dans le milieu d'un entablement continu régnant sur toute la façade, une inscription faisoit à S. M. l'hommage de la fête en deux vers latins.

Dum monumenta Deo Lodoix Decus addit et urbi
Religioni idem crescit et urbis amor.

Aux angles supérieurs de l'archivolte, deux médaillons présentoient un emblème ou devise. Le sujet du premier est l'heureuse naissance de Mgr le duc de Berry qui, porté sur un arc-en-ciel, vient combler les vœux et réparer les pertes de la nation ; il est désigné par le cordon bleu en écharpe et par une fleur de lis qu'il tient de la main droite; autour est ce vers de Virgile,

Et nova progenies cælo dimittitur alto.

Dans le second médaillon on voit dans le milieu le sceptre royal terminé d'une fleur de lis, et autour plusieurs tiges de lis qui l'entrelacent et semblent le soutenir; au-dessus l'œil de la Providence. Le mot de la devise rappelle la promesse de Dieu à Salomon en vue du temple bâti par ce prince : *Ædificavit mihi domum et firmabo solium ejus in æternum,* paroles qui expriment le vœu de la religion de cette église envers le Roi, nouveau Salomon pour la durée de son règne et l'accroissement de son auguste maison.

Sur le devant et à quelque distance du grand corps de décoration, deux colonnes isolées d'ordre dorique étoient disposées pour éclairer par un reflet de lumière l'arc de triomphe ; elles étoient surmontées, à la hauteur de 42 pieds, des figures de la Victoire et de la Renommée, qui président aux monuments destinés à immortaliser les héros et les grands monarques. Lorsque la nuit a permis d'exécuter le feu d'artifice, on a illuminé les différentes parties de l'arc de triomphe qui en étoient susceptibles, telles que les médaillons et inscription peints en transparent, ainsi que les deux côtés de la médaille frappée au sujet d'un événement aussi mémorable. Dans le même temps, la partie supérieure du portail et des tours de l'église ont paru illuminées sous différentes formes d'architecture, et on y a tiré le bouquet d'artifice, dans l'objet que le Roi pût l'apercevoir de Choisy.

RELATION

De la réception de M. le duc de Gesvres à Saint-Sulpice, et de tout ce qui s'est passé à l'occasion de la première pierre posée au nom du Roi, le 2 octobre 1754.

M. le duc de Gesvres partit de chez lui hier, 2 octobre 1754, à trois heures précises, ayant promis à M. le curé de Saint-Sulpice d'arriver à quatre heures à Saint-Sulpice, ce qu'il exécuta. Il partit avec tout son cortége. En arrivant, il trouva M. le curé en chape, qui descendit quelques marches du degré ; il trouva à la porte de l'église la croix, les chandeliers et le clergé avec M. l'abbé Couturier. On mit un carreau, M. le duc de Gesvres se mit à genoux dessus à la porte de l'église; M. le curé lui présenta un crucifix avec des reliques à baiser, ensuite lui donna l'eau bénite, lui donna trois coups d'encens, lui fit un compliment, auquel M. le duc de Gesvres répondit. On lui présenta le dais et on le conduisit processionnellement au prie-Dieu qu'on lui avoit placé au pied de l'autel avec un tapis de pied, un carreau sous ses coudes et un pour se mettre à genoux. M. le curé et le clergé défilèrent devant lui en lui faisant la révérence et allèrent commencer le salut. Il y avoit un fauteuil derrière le prie-Dieu, et un tabouret derrière pour le capitaine des gardes de M. le duc de Gesvres, deux gardes le fusil sur l'épaule des deux côtés du prie-Dieu, et les officiers des gardes en haie autour du prie-Dieu. Les gardes et les suisses de M. le duc de Gesvres gardoient l'église; le reste étoit à droite et à gauche; et la livrée, derrière ses gentilshommes et ses pages, avoient des places gardées. Après le salut on chanta le *Te Deum*. M. le curé apporta le corporal à M. le duc de Gesvres, après quoi on marcha processionnellement jusqu'à la pierre, tout le cortége de M. le duc de Gesvres défilant devant lui; il étoit entre M. le curé et M. l'abbé Couturier, son capitaine des gardes derrière lui. Quand on fut arrivé à l'endroit où l'on posoit la pierre, on donna à M. le duc de Gesvres tous les outils d'argent nécessaires, et on lui fit faire tout ce qu'il y avoit à faire. On tira un petit feu sur la pierre. M. le duc de Gesvres revint à la maison de M. le curé avec le cérémonial précédent. D'abord qu'il y fut arrivé, il renvoya son cortége, ne gardant que quelques officiers de ses gardes, fit renvoyer ses carrosses et en fit revenir à six chevaux pour s'en retourner après le souper à Saint-Ouen où il vint coucher. Il n'avoit gardé que ses cavaliers du guet pour traverser Paris. Le souper de M. le curé fut excellent et admirable; on se mit à table à six heures; il y eut des relevés de toutes espèces, grande quantité de poisson. Les conviés étoient M. le cardinal de la Rochefoucauld, M. le duc de Saint-Simon, M. le curé, M. le duc de Nivernois, le duc de Biron, l'abbé Couturier, le duc de Fleury, le comte de Tresmes, la Rivière, la Serre, d'Almon, le prévôt des marchands, l'abbé Bachou, le vicaire de Saint-Sulpice, M. de Menille, premier marguillier. M. d'Argenson et M. de Paulmy vinrent au fruit. De là on passa sur des balcons que M. le curé avoit fait faire où l'on vit tirer le feu d'artifice. M. le prince de Condé y vint en Bayeux; il y avoit beaucoup de monde dans le même cas. On avoit préparé une chambre et une garde-robe pour M. le duc de Gesvres pour se déshabiller. M. le curé avoit donné toutes les chambres de la communauté à beaucoup de dames de Paris. Le feu fut superbe, l'illumination admirable; l'église avoit été fort éclairée et les appartements du curé, qui présenta la lance à M. le duc de Gesvres pour donner le signal du feu; M. le duc de Gesvres ne voulut point le donner, et rendit la lance à M. le prince de Condé qui donna le signal. M. le duc de Gesvres étoit avec un habit d'étoffe d'or avec des diamants, un manteau de réseau d'or, le collier de l'Ordre par-dessus, un bouquet de plumes avec une toque. M. le duc de Gesvres quitta tout cet habillement chez le curé, et resta en habit ordinaire.

L'assassin de M. Andrieux (1) a été jugé au Châtelet; il est condamné à être roué vif. Il s'est laissé faire son procès sans avoir excipé du privilége de noblesse. Il sera vraisemblablement transféré aujourd'hui ou demain matin à la Conciergerie; sans doute qu'il demandera à la chambre des Vacations son renvoi aux chambres assemblées afin de prolonger sa vie jusqu'à la fin de novembre.

J'ai parlé d'un refus de sacrements à Orléans; on trouvera ci-après le détail de ce qui s'est passé le 5 sur cette affaire. Comme le chapitre d'Orléans persiste à refuser les sacrements au chanoine malade, la chambre des Vacations a condamné hier les Srs Vallée, d'Hillery et d'Imbercourt, tous trois chanoines, qui ont été députés pour voir le malade, en 3,000 livres d'amende solidaire, payable par saisie de leur temporel et saisie-exécution de leurs biens; et enjoint auxdits chanoines de faire cesser le scandale résultant de la continuation du refus dans l'heure de la signification de l'arrêt, sous plus grande peine. Ordonne au procureur du roi d'Orléans de certifier la Cour de l'exécution de l'arrêt.

Les trois sommations données sur ce refus de sacrements ne sont pas encore arrivées d'Orléans. Il y a à craindre qu'il n'y ait beaucoup de vivacité sur le vu de l'information, et que l'on ne décrète.

Du jeudi 10, *Dampierre.*

Extrait d'une lettre datée du 8, de Fontainebleau.

Nous eûmes enfin hier *Alceste*, qui a été aussi bien exécuté qu'il le pouvoit être dans un aussi petit espace; le siége de Scyros a été fort vif et très-bien exécuté; le palais de Pluton a été admirable et très-galant. Cependant on a trouvé le spectacle triste : des morts, des

---

(1) Avocat au Parlement de Paris, assassiné aux environs de Château-Thierry par un de ses voisins, nommé Ruxton, gentilhomme irlandais. (*Journal de Barbier*, t. VI, p. 72.)

blessés; un enterrement en forme, et ne parlant que de la mort, a donné et renouvelé des idées tristes, et surtout à Madame Adélaïde. La Reine en a eu aussi de la peine, et avec cela il doit encore être joué demain.

Le comte de Lœwenhaupt a l'habit de l'équipage du cerf de hier.

C'est M. de Pont-de-Veyle qui a fait la comédie du *Complaisant* qu'on doit jouer aujourd'hui.

Du lundi 14. — Mme la duchesse de Luynes alla le 9 à Sens. Avant que d'arriver dans cette ville elle trouva la maréchaussée et 2 compagnies du régiment des cuirassiers qui y sont en garnison, qui y vinrent au-devant d'elle; elle reçut le lendemain le chapitre qui vint en corps ayant M. l'abbé de Vilbreuil à leur tête, qui lui fit un compliment; elle me mande qu'elle est fort contente des changements que mon frère a fait faire à l'archevêché. Elle connoissoit ce logement du temps de feu M. de Chavigny; il étoit fort triste, il est sans comparaison mieux présentement. Elle a été voir Mme de Villette à Notre-Dame dont elle est abbesse; c'est une fille très-aimable et de beaucoup de mérite; elle a auprès d'elle sa nièce, fille de M. de Montmorin, qui est très-bien faite. Mon frère a donné deux grands dîners le mercredi et le jeudi, et fort bons. Mme de Luynes a aussi été voir la maison de campagne de Nolon, où mon frère n'a encore fait aucun changement, et feu M. Languet n'en avoit point fait non plus.

Voici l'extrait d'une lettre de Mme de Luynes, du 11, sur l'affaire de M. de Nantes :

> L'affaire de M. l'évêque de Nantes est terrible. Après lui avoir fait payer 6,000 livres d'amende, on l'a condamné à une seconde de même prix; et n'ayant plus d'argent, il a vendu tous ses meubles pour faire cette seconde somme de 6,000 livres; il y en avoit pour plus de 30,000 livres; et comme il tient ferme, on l'a fait assigner pour être ouï, et on croit présentement qu'il est décrété. Il a envoyé un grand vicaire ici avec ordre de se plaindre de l'injure faite à la religion et à ses ministres, sans parler de ses affaires d'intérêt; en attendant, il fait toujours les fonctions de curé dans la cure qui est abandonnée, et il compte se retirer dans son séminaire sans domestiques.

On prit le deuil le dimanche 6 du présent mois pour la reine de Portugal.

Le Roi vient d'ériger en marquisat la terre de Marigny en Brie, près de Coulommiers, en faveur de M. de Vandières, qui a hérité de cette terre de Marigny de son père.

Il y eut une petite dispute le 11, à la comédie, où tout s'est passé avec beaucoup de politesse. Mme la maréchale de Duras avoit pris la place derrière la Reine que Mme de Chevreuse doit avoir; la Reine a trouvé que Mme de Chevreuse avoit raison de se plaindre. Il y a lieu de croire que cela n'arrivera plus.

On joua le 11 *le Curieux impertinent*, qui est de Destouches, et pour petite pièce *l'Étourderie*, qui est de Fagan.

On me mande qu'on a envoyé au parlement de Rennes la dernière déclaration qui a été enregistrée au parlement de Paris. On me marque aussi que Mme de Surgères est accouchée d'un garçon; elle n'en avoit point.

Du mercredi 16, *Dampierre*. — On me mande de Fontainebleau que M. Jablonowski, palatin de Rava, est mort; il étoit chevalier de l'Ordre et frère de Mmes de Talmond et Ossolinska.

M. Rossignol, secrétaire des commandements de la Reine, a vendu cette charge 140,000 livres à M. de Montulé. Ce M. de Montulé a la terre de Saint-Port près de Fontainebleau; il étoit riche par lui et par sa femme, fille de M. Audry, fermier général; il étoit conseiller au Parlement; il a quitté, et porte l'épée.

Les princes et princesses de Condé ont pris le grand deuil de sœur pour Mme de Roussillon.

Mme de Mesmes (Brou) a enfin la permission de monter dans les carrosses de la Reine et de manger avec elle; cette grâce a souffert difficulté parce qu'on regardoit MM. de Mesmes comme gens de robe, à cause du premier président de Mesmes; mais celui-ci a prouvé que dans la branche dont il est il n'y a jamais eu personne dans la robe.

Du jeudi 17.

Extrait d'une lettre de Fontainebleau, du 14.

M`lle` de Sens a envoyé à M. le duc de Luxembourg pour demander une loge à la comédie; il a répondu qu'il alloit prendre les ordres du Roi sur cela. Le Roi a fait dire à M`lle` de Sens qu'il étoit juste qu'elle allât à la comédie, et qu'elle allât dans la loge qui est après celle de la Reine; qu'elle se mît la première; que les dames de Mesdames iroient avec elle, parce qu'il n'étoit pas juste que sa suite passât devant celle de ses filles. La princesse n'a pas été à la comédie (1).

La Reine a été ce matin aux Loges; elle avoit dans son carrosse M`mes` de Soubise, de Fitz-James et M`me` de Choiseul (Champagne); dans le second carrosse M`me` de la Force, M`me` d'Aubeterre et M`me` de Chazeron pour la première fois. Vous savez que M. et M`me` de Saint-Séverin avoient cela fort à cœur depuis longtemps.

La Reine a reçu le serment de M. de Montulé pour la charge de M. Rossignol.

Extrait d'une lettre du 14 *octobre* 1754.

L'opéra des *Fragments*, qu'on joua samedi à Fontainebleau, a bien réussi, excepté le prologue.

M. Boissy a eu *le Mercure galant* qu'avoit M. de la Bruère. Voici les pensions mises sur *le Mercure* :

M. Piron, qui a 1,200 livres de pension, est celui qui fut refusé à l'académie pour son ode. MM. Cahusac 2,000 li-

---

(1) Vous savez ce qui s'est passé à l'égard de M`lle` de Sens, et que le Roi avoit décidé que quand la princesse voudroit venir dans la loge auprès de la Reine, elle auroit sans difficulté la première place, mais qu'après ce seroient les dames de Mesdames, et que les dames de la compagnie de la princesse et sa suite ne se placeroient qu'après. M`lle` de Sens ayant invité M`me` de Soubise et M`me` de Saint-Séverin, n'osa pas leur faire subir cette condition, et elle prit le parti de n'y point aller; M`me` de Soubise alla se placer dans la loge de M. le prince de Condé.

vres, l'abbé Raynal 2,000 livres, Lagarde 2,000 livres, Liromour 2,000 livres, Marmontel 1,200 livres, la Bruère 1,200 livres, l'abbé de la Tour 1,200 livres.

M. le marquis de Marigny, ci-devant M. de Vandières, a monté dans les carrosses du Roi et a soupé avec Sa Majesté.

M. de Rosambo a été recevoir les ordres du Roi sur l'affaire de Langres; on la croit accommodée.

M. le chancelier a travaillé avec le Roi.

La chambre des Vacations vient de rendre un arrêt portant décret d'ajournement personnel contre les Srs Vallée d'Hillery et d'Imbercourt, chanoines d'Orléans. Ce sont ceux qui avoient été originairement députés par le chapitre pour savoir si le Sr Cogniou, leur confrère, malade, qui demandoit les sacrements, étoit dans des sentiments conformes à ceux du chapitre. Ce qui leur a occasionné le décret d'ajournement personnel, c'est qu'au lieu de se contenter de demander au malade s'il étoit dans les sentiments du chapitre, ils lui ont demandé de se rétracter de son appel et de recevoir la Constitution. Il y a eu six voix pour décréter de prise de corps les trois chanoines ci-dessus nommés, ainsi que trois autres chanoines qui avoient dit que le malade étoit hors l'Église et en état de damnation. Il y a eu des voix pour commettre le Sr Odigier, l'un des chanoines, à l'effet de donner les sacrements au malade. Ce chanoine s'étoit offert dès le 26 septembre au chapitre pour donner les sacrements à son confrère.

Extrait d'une lettre du 13.

Dimanche 6, fut la première messe du Roi en musique. Mardi 8, on joua la première comédie *le Curieux impertinent*, pièce en cinq actes de M. Destouches, suivie de *l'Étourderie*, pièce en un acte de M. Fagan. Mercredi 9, les Italiens donnèrent *le Joueur*, qui n'est point de Regnard; cette pièce est en trois actes. Jeudi 10, les comédiens françois donnèrent *le Duc de Foix* (1), de M. de Voltaire, pièce qu'il a faite depuis environ un an; elle a eu tous les applaudissements possibles; les cœurs et les yeux de toute la salle, par leurs larmes, en ont donné les plus sensibles preuves. Samedi 12, a été donné *les Fragments* de M. Rameau qui ont été bien exécutés. On a demandé ce même spectacle pour mardi 15. Vendredi prochain 18, on doit donner *Thésée*, opéra de M. Lulli.

Du lundi 21, *Dampierre*. — M. Dureville est mort à Paris; il étoit sous-fermier et étoit fort riche; il a laissé beaucoup de biens à Mme de Villequier, sa fille. M. de Villequier est fils de feu M. Marsolier.

M. de Préval, jadis colonel du Colonel-Dragons, oncle de Mme de Forcalquier, est mort; il étoit maréchal de camp; il avoit épousé Mme du Château. Mme de Forcalquier, par cette mort, hérite de 18 ou 20,000 livres de rente.

On trouvera ci-après la suite de ce qui s'est passé au Parlement sur le refus des sacrements fait à Orléans.

Arrêt du 10 octobre.

La chambre ordonne que différentes pièces envoyées d'Orléans et mentionnées en la requête de Piérron pour le procureur général du Roi seront déposées au greffe de la Cour; reçoit Pierron pour le procureur général du Roi appelant comme d'abus des deux délibérations du chapitre d'Orléans des 26 septembre et 6 octobre 1754 (2); ordonne

---

(1) C'est la tragédie d'*Adélaïde du Guesclin*, refaite par Voltaire sous le nom du *Duc de Foix*, ou *Amélie*.

(2) Les deux délibérations capitulaires des 26 septembre et 6 octobre 1754 ont décidé que le chanoine malade ne seroit administré qu'après que ledit chanoine malade se seroit désisté de son appel au futur concile et auroit accepté purement et simplement la constitution *Unigenitus*.

Par la deuxième de ces délibérations, en déchargeant les trois chanoines qui avoient été originairement députés pour administrer le malade, s'il souscrivoit aux conditions à lui imposées, le chapitre a déclaré faire son propre fait de l'affaire personnelle que la députation avoit attirée aux trois chanoines députés.

Quand je dis le chapitre, j'entends les quinze chanoines dénommés et condamnés ci-dessus, qui ont formé la délibération du 6 octobre. (*Note du manuscrit.*)

que l'arrêt du 4 octobre présent mois (1), sera exécuté, si fait n'a été ; en conséquence, enjoint aux chanoines dénommés dans la délibération du 6 dudit mois d'octobre de se conformer à la déclaration du Roi du 2 septembre et à l'arrêt du 28 du même mois, et conformément à iceux de faire cesser le scandale par eux causé par leur refus réitéré, et dans l'heure de la signification du présent arrêt sous telle peine qu'il appartiendra ; condamne le chantre, l'archidiacre de Beauce, le sous-chantre, Muret, Parvard, Caillard, F. Saint-Memin, Sainson, l'archidiacre de Sologne, l'écolâtre Peurrat, N. Saint-Memin, F. de Loyne, Cordier et de Goisbond, qui ont assisté à la délibération du 6 octobre 1754, en 12,000 livres d'amende solidairement et sans déport ; auquel payement ils seront contraints par saisie de leur temporel, même par exécution et vente de leurs meubles, à quoi sera procédé sans délai ; enjoint au substitut du procureur général du Roi de tenir la main à l'exécution du présent arrêt et d'en certifier la cour incessamment.

Arrêt du 19 octobre.

La chambre, faisant droit sur les conclusions du procureur général du Roi, ordonne que les dix-sept pièces en question seront déposées au greffe de la Cour pour servir à l'instruction du procès ; ordonne en outre qu'à la requête du procureur général du Roi, poursuites et diligences de son substitut au bailliage d'Orléans, le doyen du chapitre de l'église de Sainte-Croix d'Orléans, ou autre qui se trouvera en droit d'assembler ou de présider ledit chapitre, sera sommé de l'assembler à la forme ordinaire ; et ce dans l'heure de la signification du présent arrêt : à l'effet par ledit chapitre assemblé de procurer l'exécution des arrêts de la Cour, et notamment de ceux des 28 septembre dernier et 10 octobre présent mois ; et faute par ledit doyen, ou son représentant, d'y satisfaire, lui sera intimé qu'il sera procédé extraordinairement contre lui suivant la rigueur des ordonnances ; enjoint au substitut du procureur général du Roi de tenir la main à l'exécution du présent arrêt et d'en certifier la Cour incessamment.

Extrait d'une lettre de Paris, du 25 octobre.

La chambre des Vacations vient de rendre arrêt par lequel le procureur général est reçu appelant comme d'abus de la délibération capitulaire du chapitre d'Orléans du 21 octobre.

A ordonné que deux délibérations du chapitre des 3 et 7 octobre

---

(1) Qui a condamné Vallée, d'Hillery et d'Imbercourt, chanoines, en 3,000 livres d'amende. (*Note du manuscrit.*)

seront apportées en entier au greffe de la Cour; à quoi faire le secrétaire du chapitre contraint, sinon permis à l'huissier porteur de l'arrêt de compulser les registres; à l'effet de quoi ledit secrétaire tenu de lui remettre lesdits registres. Donné acte au procureur général de la plainte qu'il rend des voies pratiquées pour exclure de l'assemblée du 21 octobre, Dudin et Odigier chanoines, Permis à lui de faire informer desdits faits; Dans laquelle information, Cogniou sera entendu et récollé.

Ordonné qu'à la requête du procureur général du Roi, poursuites et diligences de son substitut du bailliage d'Orléans, le doyen ou autre ayant droit sera tenu de convoquer dans deux fois vingt-quatre heures après la signification du présent arrêt, à laquelle assemblée Dudin et Odigier seront invités de se trouver et le substitut du procureur général, à l'effet de quoi ils seront avertis de l'heure de ladite assemblée pour procurer l'exécution des arrêts de la Cour, notamment de celui du 10 octobre dernier et pour la contravention audit arrêt, Ordonné que le temporel du chapitre sera saisi dès à présent, Enjoint au substitut du procureur général, et aux officiers du bailliage d'Orléans, de tenir la main à l'exécution du présent arrêt pendant la vacance de la Cour.

L'opéra de *Thésée* a été joué le 18, à Fontainebleau, dans la plus grande perfection; il a paru à tout le monde le plus beau et le plus magnifique spectacle qu'il soit possible de voir. On doit le donner aujourd'hui, et on supprime le prologue; il dure outre cela près de trois heures. Les habits des acteurs dansants et chantants sont très-riches, de bon goût et très-galants. Il y a deux fort belles décorations : une qui représente une campagne rustique avec deux superficies d'eau à deux différentes hauteurs, qui ont l'action des vagues, et une chute d'eau qui passe sous un pont rustique fait de planches. L'autre décoration est le palais des noces de Thésée; on voit sur le devant du théâtre un grand péristyle carré, par delà un salon rond qui ouvre trois ouvertures d'architecture qui vont à perte de vue dans les jardins; l'ordre des colonnes m'a paru composé; elles sont dorées et peintes de plusieurs couleurs comme transparentes. En tout, cela faisoit le plus bel effet du monde, et la perspective étoit si bien ménagée, que le théâtre paroissoit deux fois plus grand qu'il n'est.

Extrait d'une lettre de Fontainebleau du 19 octobre.

Je viens de rencontrer M. l'évêque de Nantes, qui m'a dit qu'il vouloit prendre congé et que ses affaires étoient remises à la rentrée du Parlement, ce qui lui donne le temps d'aller aux États. Je crois que le Parlement n'a point encore enregistré.

Du jeudi 24, Dampierre.

Extrait d'une lettre datée de Fontainebleau, du 22. — Suite des spectacles.

Lundi 14, les comédiens françois jouèrent *le Muet*, comédie en cinq actes de l'abbé de Brueys, suivie de *Crispin médecin*, en trois actes, de Hauteroche. Mardi 15, on exécuta *les Fragments* de M. Rameau pour la seconde fois. Mercredi 16, on joua la tragédie d'*Hérode et Marianne*, de M. de Voltaire, suivie du *Legs*, comédie en un acte de M. de Marivaux. Jeudi 17, on fit une répétition générale de l'opéra de *Thésée* au théâtre du château, laquelle dura depuis sept heures du soir jusqu'à minuit. Les décorations furent répétées. Vendredi 18, on donna la première représentation de *Thésée*, dont la musique est de feu M. de Lulli et les paroles de feu M. Quinault; la belle exécution, le brillant et le bon goût des habits, qui sont riches à proportion de la dignité des rôles, les belles décorations, les ballets nouveaux et bien imaginés par M. Delaval, tout a semblé concourir à la perfection du spectacle, qui a paru plaire à la Cour. Cet opéra devoit être pour le samedi 19; mais à cause que c'étoit la fête de Saint-Savinien, on le joua le vendredi.

ÉTAT DE L'ORCHESTRE.

M. Francœur, surintendant en survivance de M. de Blamont. Pour le semestre de juillet :

Premiers dessus,	7.
Deuxièmes dessus,	7.
Violoncelles,	6.
Bassons,	4.
Trompette,	1.
Timbalier,	1.
Clavecin,	1.
Copistes pour la musique,	2.
Porteurs d'instruments,	2.

Les 2 cors de chasse de M. le duc de Villeroy.

Lundi 21, on a donné la seconde représentation de *Thésée*, qui a été aussi très-bien exécutée ; il n'est pas possible d'imaginer combien il y a eu de monde à ces spectacles, surtout à ceux de *Thésée*. Indépendamment des spectacles, il y a des répétitions presque tous les jours. La Cour est très-brillante et fort nombreuse.

Du vendredi 25, *Dampierre*. — On trouvera ci-après la copie du convoi et enterrement du corps de Mlle Alexandrine, fille de Mme de Pompadour, transportée du couvent de l'Assomption en l'église des Capucines.

Le samedi 19 octobre 1754, Mlle Alexandrine-Jeanne le Normand a été, en conséquence de la permission de M. le cardinal de Soubise, exhumée du chœur des religieuses de l'Assomption, qui relève immédiatement du grand aumônier de France, par M. le curé de la Magdeleine de la Ville-l'Évêque, son grand vicaire et supérieur de cette maison, assisté de tout le clergé de la paroisse ; a été ensuite en vertu de la permission de M. l'archevêque de Paris porté à Saint-Roch par M. le vicaire de ladite paroisse, en l'absence de M. le curé de cette paroisse, aussi accompagné de tout son clergé, et ensuite transportée en l'église des Capucines dans une chapelle que M. le duc de la Trémoille, comme descendant de M. le duc de Créquy (1), a cédée à Mme la marquise de Pompadour et à toute sa famille.

---

(1) M. le duc de Créquy avoit fondé une chapelle partagée en deux parties,

Du dimanche 27, *Dampierre.*

Extrait d'une lettre de Fontainebleau, du 25.

Les Italiens donnèrent mercredi une comédie intitulée *le Mari Garçon ;* elle est de M. de Boissy ; elle fut trouvée très-mauvaise. On donna ensuite un ballet d'un acte intitulé *Anacréon,* dont les paroles sont de M. Cahusac et la musique de Rameau ; les avis sont partagés sur cet ouvrage.

On donna hier *les Troyennes,* tragédie de M. Châteaubrun, qui est attaché à la maison d'Orléans ; cette pièce est faite depuis très-longtemps ; elle fut donnée à Paris pour la première fois il y a environ un an ; elle eut assez de succès ; il y a effectivement beaucoup d'intérêt et de situations ; elle est fort compliquée et chargée d'événements tout en noir, et suivant l'histoire de Troyes ; de temps en temps d'assez beaux vers. Le sujet est tiré de l'Iliade ; aussi dit-on qu'il y a de quoi faire quatre tragédies dans cette pièce ; on ajoute même que c'est la Gazette de l'Iliade. On donna ensuite *le François à Londres.* Les deux pièces furent très-bien jouées. On redonna *Anacréon* samedi avec une comédie. Mardi prochain, la première représentation de l'opéra gascon intitulé *Alcimadure ;* il est en trois actes ; les paroles et la musique sont de Mondonville.

Voici une autre chose qui occupe bien des curieux ici, c'est le pari de milord Puscot (1) ; c'est un jeune homme âgé d'environ dix-huit ans ; il est fort riche ; il a le goût

---

sous les invocations de saint Ovide et de Notre-Dame de Tongres ; c'est cette dernière portion qui a été cédée à Mme de Pompadour.

On a descendu dans cette cave ; elle ne paroît point particulière, elle règne dessous toute l'église, et il y a apparence que l'on place les cercueils sous les chapelles qui sont affectées aux familles. On y a remarqué une cinquantaine de cercueils assez confusément rangés ; on a mis ce dernier à son rang. (*Note du manuscrit.*)

(1) La *Gazette* le nomme lord Powerscourt.

des chevaux et de la chasse; il va aux chasses du Roi et est partout à la queue des chiens. Il a ici une trentaine de chevaux de toute espèce, dans lesquels il y en a d'une grande distinction pour la race et la vitesse. Il vient d'ouvrir un pari de 1,000 louis; il propose de faire le chemin de Paris à Fontainebleau en deux heures, avec trois chevaux, partant de la barrière des Gobelins et arrivant ici à la Fourche des deux pavés qui se réunissent au coin du paly de la chambre; il peut placer ces trois chevaux aux distances qu'il jugera à propos. Il y aura ici une pendule et une autre à la barrière des Gobelins d'une égale justesse et du même ouvrier. Il y a déjà 600 louis de trouvés. On craint que les 1,000 louis ne soient pas remplis d'ici à jeudi; il fera la course pour l'argent qui se trouvera.

Du 28. — Extrait d'une lettre datée de Fontainebleau, du 26.

Fontainebleau est plus brillant qu'il n'a jamais été; on ne peut pas s'y retourner; les spectacles sont superbes. Il y a quarante personnes à dîner dans toutes les maisons où l'on mange. M. de Moras est adjoint à MM. de Montarcau et Silhouette pour la compagnie des Indes, et M. de Baudry a remis à M. de Moras le détail des eaux et forêts.

Du mercredi 30, Dampierre.

Extrait d'une lettre de Fontainebleau, du 28.

La course de milord Puscot se fait demain; il part d'ici pour arriver à Paris.

Le spectacle de samedi dernier étoit la seconde représentation d'*Anacréon*; comme cet acte n'a pas absolument réussi pour le musicien et le poëte, voici le propos qui court : ce n'est plus Rameau, mais c'est toujours Cahusac.

L'on donna pour comédie *Cénie*, pièce en prose de Mme de Graffigny.

NOVEMBRE.

Course de milord Puscot. — L'archevêque de Sens nommé cardinal. — La promotion des Couronnes. — États de Bretagne. — Retour de la Cour à Versailles. — Archevêché de Besançon donné à l'abbé de Choiseul. — Contrats de mariage. — Diverses grâces du Roi. — Les petits clercs de la chapelle surnommés *Grille-Boudins*. — Piqueurs morts vieux. — Spectacles de Fontainebleau; dépenses et économies. — Affaire des chanoines d'Orléans. — Élection de d'Alembert à l'Académie française. — Refus de sacrements.

Du 1er, Dampierre.

Extrait d'une lettre de Fontainebleau, du 30 octobre.

M. Amelot, maître des requêtes, et M. le Nain ont été nommés présidents du grand conseil. M. de Rosambo vint hier rendre compte au Roi de la chambre des Vacations.

Le 29, on joua l'opéra gascon pour la première fois; c'est une pastorale en trois actes; les paroles et la musique sont de M. Mondonville, maître de musique de la chapelle.

Milord Puscot a gagné de vingt-deux minutes aux pendules et de douze à sa montre qu'il avoit cousue au bras gauche; apparemment que le mouvement de sa course l'avoit fait avancer. J'ai été l'attendre au haut de la montagne de Chailly pour le voir arriver et descendre. M. le duc d'Orléans et beaucoup de personnes de la Cour y étoient, et un monde prodigieux dans le chemin; il est parti de la dernière maison de Fontainebleau, au bout de la rue de France, à sept heures dix minutes; il n'est parti qu'au petit galop, il a augmenté son train insensiblement, a monté la montagne au galop, pris au-dessus un grand train de chasse, est arrivé à la montagne où nous étions sans diminuer son train, qui n'étoit pas cependant toute la vitesse de son cheval; mais ce qui a étonné tout le monde, et moi le premier, c'est d'entamer la descente de ce même train, tenant le milieu du pavé jusqu'aux deux tiers de la descente qu'il a pris sur la terre. Son second cheval étoit à la Maison-Rouge, une demi-lieue au-dessus de Ponthierry, le troisième à la cour de France, qui étoit son meilleur. Il avoit une petite veste jaune de soie, un bonnet de velours noir; ses chevaux avoient un grand et petit bridons, une très-petite selle à l'angloise, comme de raison, et courant comme les Anglois le corps penché en avant et tout son poids portant sur les étriers. Le premier cheval est arrivé rendu au relais. Il étoit revenu ici à trois heures dans son cabriolet pour dîner chez milord Albemarle; mais milord Albemarle avoit vu un courrier qui partit dans le moment où milord Puscot arriva, et qui vint ici en trois heures avec quatre relais; il en sut la nouvelle à midi, M. le duc d'Orléans en le voyant passer et descendre dit : « J'ai perdu, mais je n'en suis pas fâché. » Il parioit 100 louis contre lui.

Extrait d'une lettre de Paris, du 30.

Vous savez tout ce qui regarde le Milord. Mme d'Orléans le vit partir de Fontainebleau et elle lui disoit la veille : « Milord, vous êtes bien fou. » A quoi le Milord répondit : « Je ne l'étois pas quand je suis arrivé dans ce pays-ci. » C'étoit un beau spectacle que la barrière des Gobelins. Roquemont y étoit à la tête de tout le guet; il y avoit 20,000 âmes éparses de tous les côtés, mais le chemin libre et sablé.

Du 2. — On me mande de Fontainebleau, du 31, que M. l'abbé d'Harambure vient de remercier le Roi de l'abbaye de Saint-Just, diocèse de Beauvais, et que M. de Bridge est tombé à la chasse; mais qu'il ne s'est pas fait de mal.

Il y eut mercredi dernier comédie, *Cinna* de M. de Corneille, et *le Fat puni* pour petite pièce; elle est de M. de Pont-de-Veyle; c'est une jolie pièce et bien écrite. Il n'y eut point de spectacle la veille de la Toussaint. Le Roi revint de la chasse pour les premières vêpres.

M. l'évêque de Chartres officia la veille et le jour de la Toussaint. Le P. Neuville prêcha et Mme la marquise de Brancas quêta.

Du 4, Dampierre. — Le Roi a donné 50,000 livres d'augmentations d'appointements à M. Rouillé sur les représentations de M. de Séchelles. M. Rouillé tient un fort grand état et fait bonne chère ; je lui ai entendu dire dans le temps qu'il avoit la marine, que ses affaires n'étoient pas bonnes; il a trouvé une diminution dans la place des affaires étrangères qu'il n'a acceptée que pour obéir au Roi. Il a confié sa situation et ses peines à M. de Séchelles, qui en a rendu compte à S. M., et c'est M. de Séchelles qui a proposé au Roi les 50,000 livres d'augmentation.

M. de Sartirane, ambassadeur du roi de Sardaigne, présenta le 27 octobre M. de Viri, ci-devant envoyé extraordinaire du roi de Sardaigne auprès des États Généraux ; il retourne à Turin.

Le mariage de M. le marquis de Danois avec Mlle de Cernay a été célébré, le 26 octobre, au château de Roisme, près Valenciennes. Le contrat avoit été signé par LL. MM. quelques jours auparavant.

Du mardi 12, Fontainebleau. — Je reçus avant-hier la nouvelle, à Dampierre, que le roi d'Angleterre, qui est à Rome, a bien voulu donner à mon frère sa nomination au cardinalat; je vins ici sur-le-champ avec mon fils pour faire nos remercîments ; ils ont été reçus avec toutes sortes de marques de bonté. Le roi d'Angleterre avoit donné il y a longtemps sa nomination à M. l'évêque de Soissons (Fitz-James) ; mais depuis que ce prélat a eu le malheur de déplaire au Roi, il est certain que S. M. ne consentiroit jamais que cette nomination ait lieu. Les égards que le roi d'Angleterre a pour le Roi l'ont toujours déterminé à ne rien faire qu'avec l'agrément de S. M. ; cependant les raisons qu'il a de s'intéresser à M. de Soissons sont si fortes et si naturelles; qu'il a voulu savoir dans cette occasion-ci si l'exclusion subsistoit, et ce n'est que sur la confirmation positive de cette exclusion qu'il s'est déterminé en faveur de mon frère. C'est à Mme la Dauphine que nous devons cette grâce; dès qu'elle a su qu'il pouvoit y avoir lieu de l'espérer, elle a agi avec la plus grande vivacité pour obtenir l'agrément du Roi, le consentement de la Reine et enfin pour déterminer le roi d'Angleterre. Aussitôt que Mme la Dauphine eut dit à mon frère que la nomination étoit faite et que le roi d'Angleterre consentoit qu'elle fût publique, elle lui ordonna d'aller chez le Roi pour que ce fût S. M. qui lui annonçât elle-même cette grâce; en effet, le Roi eut la bonté d'en parler à mon frère comme en étant fort content et voulant bien y prendre part; mais cela fut dit tout bas. Mon frère en alla rendre compte sur-le-champ à Mme la Dauphine, qui alla aussitôt parler au Roi; ce fut immédiatement après que le Roi eut la bonté de recevoir publiquement le remercîment de mon frère, en lui disant que ce n'étoit point lui, mais Mme la Dauphine qu'il devoit remercier. Le Roi avoit tenu le même propos à mon frère lorsqu'il lui avoit parlé tout bas quelques moments auparavant, et ensuite l'avoit rappelé pour lui dire aussi tout bas avec toutes sortes de bonté : « Ce n'est pas que je n'en sois fort aise. »

Cette nomination ne peut avoir lieu que lorsque le Pape fera ce que l'on appelle la promotion des couronnes, qui ne se fait jamais qu'après qu'il en a fait une, comme je l'ai marqué dans le temps; il ne faut plus que le nombre de chapeaux vacants pour celle des couronnes. On prétend qu'autrefois il suffisoit qu'il y en eût trois de vacants, parce que lorsque l'Empereur, la France et l'Espagne avoient nommé, ils étoient en droit d'obtenir du Pape une nomination. Ce droit n'a pas été suivi exactement, et l'on compte aujourd'hui qu'il faut neuf chapeaux vacants, on dit même douze, parce que le Pape en ajoute toujours pour lui à la promotion des cardinaux. Il n'y en a actuellement que sept vacants, y compris celui que l'Infant d'Espagne vient de remettre au Pape.

Du 17, Dampierre. — Je n'ai encore rien marqué de détaillé sur les États de Bretagne; on trouvera ci-après l'extrait d'une lettre, du 5 de ce mois, assez instructive sur ce qui s'est passé auxdits États.

Pour revenir, Monsieur, à vous dire quelques choses des États de Bretagne, vous les avez vus fort mutins et brouillons; sans avoir changé d'esprit ni d'humeur, tout s'est passé au premier mot; les exilés revenus sont les plus empressés à applaudir à tout ce qu'on demande. Il y eut une députation pour le vingtième qui n'obtint rien, et il n'en a plus été question, et les principaux objets ont passé de même sans difficultés. La grâce que le Roi leur a faite de leur permettre d'employer 300,000 livres de leurs fonds pour empêcher une surcharge d'imposition les a comblés de joie; il n'est plus question que de fêtes. Dimanche prochain, on fait à grands frais la dédicace de la statue du Roi érigée dans la place d'armes; tous les États en corps iront faire la révérence, et puis il y aura des illuminations et de grands soupers, et le bal à l'hôtel de ville. M. le duc d'Aiguillon leur fait bonne chère, et on boit et mange à double et triple rangs aux soupers de Mme la Duchesse, à peu près comme vous avez pu le voir faire, et puis on danse après le souper. Il y a beaucoup moins de pauvre noblesse qu'aux autres tenues. Il reste à présent peu de monde; au commencement il y avoit 740 hommes, à cause des élections d'un syndic et d'autres officiers. M. de la Bourdonnois fut élu syndic; il a de l'esprit et du mérite.

M. de Polignac, qui est auprès de M. le comte de Clermont, quoique étranger dans la province, s'est présenté aujourd'hui pour la députation en cour avec l'agrément de M. le duc de Penthièvre, ce qui a fort déplu à MM. les États qui voudroient bien l'exclure, mais il ne le sera pas, ainsi que l'écuyer de Mme la princesse de Condé qui aura la petite députation; cela vaut 15,000 livres à l'un et 6,000 livres à l'autre. Les Bretons sont fort choqués que des étrangers viennent leur enlever ces places-là, et ils n'ont pas tout à fait tort.

Du jeudi 21, Versailles. — Le Roi, la Reine et la famille royale partirent lundi de Fontainebleau; tous vinrent dîner à Choisy, excepté le Roi qui chassa en chemin. Hier la Reine, Mgr le Dauphin, Mme la Dauphine et Mesdames vinrent tous sept dans le carrosse de la Reine dîner ici.

Les musiques à la chapelle ne recommenceront que samedi, et les comédies la semaine prochaine. Le Roi vint hier de Choisy déjeuner à Trianon, passa une heure de temps ici et alla coucher à Bellevue.

Du vendredi 22, *Versailles.* — Le Roi a trouvé ici en arrivant un petit changement dans le château. La grande salle des gardes, que l'on appelle magasin, et la salle des gardes du Roi étoient parquetées comme le reste de l'appartement; on a remarqué que dans le maniement des armes qui se fait dans ces deux salles, le grand nombre de fusils qui portent à terre dans un même temps assez rudement enfonçoit le parquet; c'est ce qui a déterminé à ôter le parquet et à y mettre des planches. Il n'y a plus que la salle des gardes de la Reine qui soit parquetée.

Du samedi 24, *Versailles.* — Vers la fin du voyage de Fontainebleau, le Roi a nommé à l'archevêché de Besançon M. l'abbé de Choiseul, primat de Lorraine. Son nom, ses mœurs toujours irréprochables, sa douceur, sa piété, le rendoient digne d'occuper un siège considérable; on avoit cru par toutes ces raisons qu'il auroit l'évêché de Toul, lorsqu'il a été donné à M. l'abbé Drouas, mais M. l'abbé de Choiseul a une santé délicate, et Toul est d'une très-grande étendue et par conséquent d'un grand travail. Besançon demande un travail moins considérable, et d'ailleurs c'est le diocèse le plus pacifique qu'il y ait sur ce que l'on appelle les matières du temps; on n'y connoît aucune dispute, et il n'est question que de soumission (1). Cependant le Roi est dans l'usage de nommer des évêques pour remplir les archevêchés vacants. Il y en avoit trois; M. l'ancien évêque de Mirepoix croyoit digne d'être

---

(1) M. l'abbé de Choiseul, qui est primat de Lorraine et grand-aumônier du roi de Pologne, conserve ces deux places. On croyoit que la primatie pourroit souffrir quelques difficultés, mais elle n'est point incompatible, et M. l'abbé de Choiseul n'a accepté qu'à condition qu'il la garderoit.

J'ai déjà parlé de la primatie; elle vaut 40,000 livres de rente. L'archevêché de Besançon est à peu près de même revenu. (*Note du duc de Luynes.*)

présenté au Roi pour cette place M. l'évêque de Laon (Rochechouart-Faudoas), M. l'évêque d'Orléans (Montmorency-Laval) et M. l'évêque d'Uzès (Bauyn), nom à la vérité bien différent des deux autres, mais dont la piété exemplaire étoit une raison de juste préférence; M. de Mirepoix leur a écrit à tous trois successivement; tous trois ont refusé. Le premier a dit que sa santé étoit si mauvaise, qu'il étoit tous les ans obligé d'aller à Plombières, et qu'à peine pouvant suffire au travail de son diocèse, il n'étoit pas à propos qu'il s'exposât à un travail plus considérable dont il ne pourroit peut-être pas remplir les obligations. Le second a donné des raisons qui ne sont pas moins édifiantes; il a mandé à M. de Mirepoix qu'il croiroit manquer à l'ordre de Dieu s'il alloit chercher son repos dans un diocèse tranquille et pacifique dans le temps que la Providence permettoit qu'il eût des contradictions et des combats à soutenir dans la place où elle l'avoit appelé (1). Le troisième évêque qui a refusé n'a point donné un moindre exemple de vertu. M. de Mirepoix l'avoit proposé au Roi pour l'évêché d'Auxerre dans le temps qu'il étoit vacant; M. d'Uzès le refusa. Dans cette occasion-ci il a mandé qu'étant en état de travailler, il n'étoit pas juste qu'après avoir refusé des occupations plus pénibles et plus considérables il acceptât un changement où il retrouveroit le repos et sa tranquillité.

Il y a eu aujourd'hui deux signatures de contrats de mariage, M. de Prie et M. de Boysseulh.

---

(1) J'ai parlé de ce qui s'est passé dans le chapitre d'Orléans, au sujet d'un refus de sacrements que le plus grand nombre des chanoines a cru constamment devoir faire à un de leurs confrères appelant et rappelant, qui enfin est mort dans les mêmes sentiments. Les décrets d'ajournements personnels, les amendes prononcées et payées, la vente des meubles publiquement faite, n'ont pu déterminer le chapitre à une démarche contre sa conscience. Il y avoit eu cependant six chanoines qui avoient paru effrayés, et le plus ancien de ces six, cédant enfin aux sommations réitérées, avoit promis de porter les sacrements, mais pendant ce temps le malade mourut. (*Note du duc de Luynes.*)

M. de Prie est un jeune homme de vingt ans ; il est fils d'un frère de feu M. de Prie. Feu M. de Prie avoit été marié deux fois ; premièrement avec Mlle de Pléneuf, dont il avoit eu un fils mort jeune, et une fille qui avoit épousé M. le duc d'Hostun et qui mourut sans enfant ayant eu un garçon. M. de Prie avoit épousé en secondes noces Mlle de Castéja qui a eu des soins infinis de sa vieillesse et de ses infirmités ; elle lui donne encore des marques de reconnoissance et d'amitié en prenant tous les soins imaginables du jeune homme héritier de son nom ; elle dit que ce jeune homme aura du bien un jour assez considérablement ; il a actuellement 18,000 livres de rentes. Dans les circonstances où il se trouve, Mme de Prie a jugé qu'il lui falloit ce que l'on appelle un mariage d'argent ; il épouse la seconde fille de M. de Villette, trésorier de l'extraordinaire des guerres ; elle a quatorze ans ; elle est fort petite et fort délicate. On lui donne 100,000 écus actuellement, et outre cela, le mari et la femme, et tout leurs domestiques, seront nourris tant qu'ils voudront.

M. de Villette a un fils et une fille aînée qui a épousé M. de Roissy.

M. de Boysseulh épouse Mlle de Lasmastres. M. de Boysseulh est capitaine de cavalerie au régiment de Lusignan ; il a été page du Roi. C'est un nom fort connu dans la petite écurie. Son père est lieutenant-colonel du régiment de Marcieux. Mlle de Lasmastres est fille unique de M. de Lasmastres, qui, après avoir été page de M. le comte de Toulouse, est devenu gentilhomme de la vénerie et la commande actuellement sous les ordres de M. le duc de Penthièvre. Sa mère est Bauny.

M. de Vintimille, que l'on appelle actuellement M. du Luc, a fait aujourd'hui son remercîment. Le Roi lui a donné l'expectative de la seconde place d'inspecteur qui se trouvera vacante. C'est M. de Barbançon qui a l'expectative de la première place.

Le Roi a donné à M. de Montmirail, sur la démission

de M. de Courtenvaux, son père, la place de capitaine des Cent-Suisses ; c'est une espèce de survivance et qui n'en porte pas le nom. M. de Courtenvaux continuera à disposer des places vacantes dans cette compagnie ; il pourra faire le service de cette charge quand il se trouvera ici, et il a un brevet de sûreté pour que sa charge lui revienne en cas qu'il vînt à perdre son fils. A l'égard des appointements, il se les réserve, mais ce n'est pas une grâce, parce que le Roi n'entre jamais dans ces arrangements de famille.

Mon frère et M. le duc d'Estissac ont fait aujourd'hui leurs remercîments au Roi. Le Roi leur a donné à l'un et à l'autre les entrées de la chambre. Mon frère avoit eu ces entrées à Fontainebleau comme évêque diocésain. M. Languet, son prédécesseur, qui les avoit eues à Fontainebleau par la même raison, en avoit obtenu la continuation hors de son diocèse. M. l'évêque de Metz (Saint-Simon), qui les avoit eues à Metz en 1744, a obtenu aussi cette continuation. Mme la Dauphine a demandé la même grâce pour mon frère, et elle lui a été accordée. M. le duc d'Estissac m'a dit qu'il y avoit eu un an ou dix-huit mois qu'il avoit demandé ces mêmes entrées, que le Roi ne le refusa point alors, qu'il lui dit seulement qu'il falloit attendre. M. d'Estissac m'a ajouté que depuis ce temps il n'en avoit ni parlé ni fait parler au Roi, et le Roi les lui a données en même temps qu'à mon frère.

Il mourut hier ici un homme fort âgé ; il avoit quatre-vingt-six ans. C'étoit un ancien piqueur du Roi que l'on appeloit la Quête. Ils étoient deux frères dans la vénerie. On avoit nommé l'un Jean des Vignes, parce que l'on prétend qu'il buvoit souvent ; on avoit donné à celui-ci le surnom de l'abbé la Quête, parce qu'il avoit été petit clerc ici à la chapelle ; on sait que l'on a donné à ces petits clercs de la chapelle le surnom de *Grille-Boudins*. Le Roi disoit aujourd'hui que c'étoit l'abbé la Quête qui avoit donné lieu à ce sobriquet parce que l'on le surprit un jour faisant griller du boudin dans un encensoir pendant la messe de minuit. Il est assez singulier que dans un métier aussi fatigant que la chasse et une habitude aussi pernicieuse qui entraîne souvent de boire beaucoup, il y ait des gens qui vivent aussi longtemps. Il y a encore dans la vénerie un Nanteuil et un Dubuisson, tous deux valets de limiers, qui ont environ quatre-vingts ans. Il y a actuellement un piqueur dans la vénerie, qui s'appelle Sevestre, qui chasse tous les jours et qui a soixante-six ans. Enfin il y avoit un vieux piqueur de M. le comte d'Évreux, qui avoit été à feu M. de Bouillon, le grand-père; il sonnoit fort bien et s'enivroit tous les jours; il mourut il y a quelques années âgé de cent six ans.

J'ai déjà parlé des spectacles de Fontainebleau. Il y a eu cinq opéras qui ont été joués chacun deux fois, *les Fragments* qu'on appelle *Anacréon*, *Thésée*, l'opéra gascon, autrement dit *Alcimadure*, *Alceste*, et *Thétis et Pélée*. L'usage étoit de fournir aux actrices des bas de soie et des pompons de toutes espèces; et en 1753 le mémoire de la marchande de modes chargée de ces fournitures montoit à 90,000 livres; cette année on a donné à chaque actrice, à chaque représentation, je crois que c'est 6 livres, et elles ont été chargées de toutes ces fournitures. Je crois cependant que les bas de soie n'y sont pas compris; on leur a donné à chacune 600 livres, et aux hommes 400 livres (1). Aucun n'est nourri, mais on donne aux filles un pain et je crois du vin. Toutes ces dépenses ont monté à 200,000 francs moins que l'année passée (2), et elles ont été payées

---

(1) Il y a eu des acteurs principaux à qui on a donné davantage. (*Note du duc de Luynes.*)

(2) Le total, pour cette année, n'a été qu'à 350,000 livres. Les mémoires montoient plus haut, mais comme ils ont été payés comptant, il a été plus aisé de les réduire. Outre cela, toutes les décorations, habillements, etc., ont été serrés avec soin dans la galerie des cerfs, de sorte que l'on peut compter qu'il y aura une grande diminution de dépenses l'année prochaine; M. le contrôleur général espère que cela pourra aller à 100,000 livres de moins. (*Note du duc de Luynes.*)

sur-le-champ ; M. le contrôleur général dit à l'intendant des menus que la dernière représentation étant le samedi 16, il n'avoit qu'à lui apporter le mémoire le dimanche 17, et que tout seroit payé le lundi 18.

Le Roi revint avant-hier de Bellevue. Il y est retourné ce soir et ne revient que mercredi.

Du mardi 26, *Versailles.* — L'affaire d'Orléans n'est pas encore finie, quoique le chanoine appelant soit mort. La *Gazette de France* ne parle jamais de tous ces détails, mais les gazettes étrangères en sont remplies; dans le supplément de celle d'Amsterdam du vendredi 22, à l'article d'Orléans du 12, on rapporte une lettre de l'ancien procureur qui m'a paru assez remarquable pour mériter d'être copiée ici.

A l'occasion du fait schismatique dont cette ville a été témoin, voici la copie d'une lettre très-remarquable qu'un des plus grands magistrats du Parlement écrivit, le 18 du mois dernier, en réponse à celle que M. Bailly de Montarand, chanoine de Sainte-Croix et l'un des quinze capitulaires refusant, lui avoit adressée pour le consulter.

« Je suis très-affligé, Monsieur, de tout ce qui s'est passé; j'ai remis votre lettre à mon fils pour voir s'il y a quelque voie pour vous soulager, ce qui se peut faire plutôt par votre réponse à la signification que par une lettre missive. Pourquoi veut-on changer les notions que nous avons eues de tous temps sur les principes généraux et sur ce qui regarde en particulier la Constitution ? pourquoi penser, depuis quelques années, d'une manière opposée à ce que pensoient les évêques, à ce que pensoit le cardinal de Fleury, à ce que décidoit le Roi, à ce que le cardinal écrivoit aux évêques, à ce qu'il m'a écrit, à ce que le Roi en autorise ? La bulle est une loi de l'Église et de l'État. On lui doit une soumission intérieure, mais elle n'est point règle de foi, et ce défaut de soumission ne peut jamais être un motif suffisant ni d'interrogation ni de refus de sacrements, parce que le concile de Constance a décidé qu'on ne pouvoit refuser les sacrements publiquement qu'aux excommuniés dénoncés, parce que cette décision a été préconisée par tous nos auteurs, parce que la notoriété de fait n'est point autorisée en France. C'est une vérité qui n'a point reçu de contradiction, qui est consignée dans plusieurs rituels, Rouen, Rodez, Avranches, Nantes, Blois, Bourges, Soissons, etc. Quelques évêques, tels que ceux de Laon et d'Angers, ayant voulu s'écarter de ce principe, le Roi leur fit écrire,

NOVEMBRE 1754.   393

le cardinal leur a écrit, il m'a écrit, j'ai ses lettres, ils se sont réformés ; j'ai des lettres de l'évêque d'Angers ; dans les premières, il ne pouvoit en conscience faire administrer ; sur les lettres du cardinal de Fleury, il a fait administrer. J'ai le mandement publié de l'évêque de Laon (Lafare), qui borne le refus des sacrements aux excommuniés dénoncés, avant la lettre que le secrétaire d'État lui écrivit de la part du Roi.

On avoit agité à Arras si on devoit faire un service pour un chanoine exilé et appelant. La pluralité des suffrages l'avoit emporté pour faire le service. Sept chanoines dont l'avis n'avoit pas prévalu, écrivirent à quelques évêques ; huit leur répondirent qu'on n'auroit pas dû faire des prières pour un homme mort appelant ; les lettres furent imprimées, le Parlement les condamna par arrêt, à la réquisition de l'avocat général, qui fit sentir que c'étoit élever un schisme dans l'Église ; j'envoyai le réquisitoire imprimé au cardinal de Fleury, qui me répondit en faisant l'éloge du réquisitoire de l'arrêt, dont le Clergé ne pouvoit pas se plaindre. Il m'ajouta une plaisanterie : qu'apparemment l'évêque d'Orléans n'avoit pas été consulté, car il auroit fait le neuvième.

Changera-t-on nos principes, nos sentiments, nos maximes sur la religion, parce que le cardinal de Fleury est mort ? Et qui est-ce qui veut les changer ? Des gens qui brusquent tout, qui n'étoient pas nés en 1714 quand la bulle arriva en France, dont un grand nombre n'étoit pas né en 1720 ou qui n'avoient pas encore l'usage de la raison lors de la Constitution ; et cela contre ce que j'ai vu, entendu, ce que j'ai pratiqué et vu pratiquer par la presque unanimité des évêques, moi qui ai suivi la Constitution depuis 1714, qui ai été de toutes les conférences, de 1714, 1720 et 1730 jusqu'aujourd'hui. J'ai l'honneur d'être, etc.

Du vendredi 29, Versailles. — Il y eut hier une élection à l'Académie pour remplir la place vacante par la mort de M. l'évêque de Vence (le P. Surian). Les dames ordinairement sollicitent beaucoup dans ces cas d'élection ; il y avoit plusieurs aspirants : M. l'évêque de Troyes (Poncet de la Rivière), M. l'abbé Trublet, M. l'abbé de Boisemont, M. d'Alembert, et peut-être quelques autres que je ne sais pas. Mme de Chaulnes sollicitoit avec la plus grande vivacité pour l'abbé de Boisemont ; elle avoit écrit à tous les académiciens ou avoit été les voir ; Mme la duchesse d'Aiguillon (Crussol) et Mme du Deffand (Vichy-Chamron), s'intéressoient beaucoup pour M. d'Alembert; la pluralité des suffrages s'est réunie pour celui-ci. C'est un homme de beaucoup d'esprit, qui a fait toute sa vie sa passion de l'étude; il a une mémoire prodigieuse.

La rentrée du Parlement renouvelle les poursuites au sujet du refus des sacrements. On trouvera ci-après un petit détail de ce qui s'est passé en dernier lieu; ce que je dois y ajouter, c'est que la personne malade dont il s'agit, qui est je crois une fille, suivant ce qu'on m'a dit, a été convulsionnaire dans le temps de M. Pâris; elle a deux frères bien jansénistes et un oncle curé près de Conflans et bon catholique. Le vicaire de Saint-Étienne du Mont avoit été rendre compte de ce qui se passoit à M. l'archevêque, qui lui avoit défendu de porter les sacrements, puisqu'on ne rapportoit point le billet de confession. M. l'archevêque envoya querir le curé oncle de la fille; le curé alla chez sa nièce et ne put jamais obtenir de rester seul avec elle; il y retourna une seconde fois, et on ne voulut pas le laisser entrer.

Copie de deux lettres écrites de Paris.

Lettre du 29.

Le Parlement s'assembla dès mercredi, après les mercuriales, ce qui n'est pas ordinaire; c'étoit pour entendre les gens du Roi qui dénoncèrent un refus de sacrements sur la paroisse de Saint-Étienne du Mont. La Cour ordonna de faire cesser le scandale et de se conformer à la déclaration du Roi, et s'ajourna à cinq heures pour recevoir la réponse des gens du Roi. Les deux vicaires qui disparurent furent décrétés le soir, et le troisième vicaire (1) chargé de même de faire cesser le scandale, pareille information faite à tous les prêtres successivement. Ce qui est à remarquer, c'est que les gens du Roi avoient conclu à

---

(1) Les deux premiers prêtres qui ont été décrétés étoient le premier vicaire qui s'appelle Brunet, et l'autre, le premier porte-Dieu qui s'appelle Morizet; celui qui est appelé ici le troisième vicaire n'est que le second, qui s'appelle Ancel. Les Srs Morizet et Brunet sont les mêmes qui ont déjà été décrétés de prise de corps pour même cause et dans la même paroisse avant la déclaration. (*Note du duc de Luynes.*)

faire cesser le scandale, attendu que le malade avoit déclaré qu'il s'étoit confessé à un confesseur approuvé, au lieu que le Parlement, par son arrêt, ordonne seulement que l'on fasse cesser le scandale, d'où l'on peut inférer que les derniers sacrements doivent être administrés sans que le malade soit tenu de rien déclarer, ce qui abrégeroit bien le rituel.

Hier après dîner, le Parlement, qui s'étoit rassemblé, envoya un secrétaire de la Cour vers M. l'archevêque pour lui demander s'il étoit informé du scandale arrivé sur la paroisse Saint-Étienne du Mont, et si c'étoit par son ordre.

Lettre du 28, à neuf heures et demie du soir.

M. l'archevêque de Paris a répondu à l'invitation du Parlement qu'il s'en tenoit aujourd'hui à la réponse par lui faite sur pareilles questions en 1752 ; que les prêtres qui ont refusé les sacrements à la D^lle Lallemand ont agi par ses ordres et suivi les lumières de leur conscience.

Les chambres délibéreront demain à dix heures sur cette réponse ; il y sera question de savoir si on se contentera d'envoyer cette réponse au Roi, ou si on saisira le temporel de M. l'archevêque.

On a ordonné, dans l'assemblée qui vient de finir à neuf heures du soir, une information au sujet du Sr Ancel, deuxième vicaire de Saint-Étienne.

Suite de la lettre du 29.

On attend ce qui se passera ce matin au même sujet et au sujet de l'évêque d'Orléans ; mais on s'est trompé si l'on a cru que le Parlement le ménageroit ; le zèle s'accroît, et le Parlement est jaloux de faire exécuter dans toute sa force et son étendue une déclaration dont l'exécution lui est confiée. Les autres paroisses ne sont pas tranquilles ; un seul refus de sacrements dans chacune peut en faire disparoître tous les prêtres, et alors que deviendra le culte ? Mais le Parlement croit ce moment de rigueurs nécessaires pour abolir à jamais les billets de confession et toute autre demande qu'il croit tendre au schisme.

J'ai toujours oublié de marquer que M. de Malaspina, qui vint l'année dernière de la part de l'infant don Philippe faire des compliments sur la naissance de Mgr le duc d'Aquitaine, est venu de même cette année faire les mêmes compliments sur la naissance de Mgr le duc de Berry ; il repartit pour Parme à la fin du voyage de Fontainebleau.

Extrait d'une lettre de Paris, reçue le 30.

Pendant l'assemblée des chambres du 28 au soir, tenue pour recevoir la réponse de M. l'archevêque, les frères de la demoiselle Lallemand y ont fait remettre l'écrit dont voici la copie et dont l'original leur a été donné par le vicaire Ancel, deuxième vicaire de Saint-Étienne :

« N'ayant aucune connoissance que la demoiselle Lallemand ait été confessée par un prêtre approuvé, je ne peux l'administrer tant qu'elle persistera dans le refus qu'elle fait de me faire connoître son confesseur, qui, suivant les lois du diocèse et les expressions de mes pouvoirs, auroit dû se présenter devant moi et demander mon agrément ; et en cela je suis les lumières de ma conscience et les ordres réitérés de M. l'archevêque. Je me suis présenté plusieurs fois pour voir et parler à la malade en particulier, et n'ai pu avoir cette liberté. Fait dans la chambre de la demoiselle Lallemand, en présence de MM. Lallemand frères, ce 28 novembre 1754, à dix heures du matin. Signé ANCEL. »

La Cour, en délibérant sur la réponse de l'archevêque de Paris, avant d'y statuer, a arrêté que M. le premier président se retirera par devers le Roi pour l'informer du refus des sacrements qui a été fait sur la paroisse Saint-Étienne du Mont et des différentes circonstances qui l'ont accompagné, et pour remettre audit seigneur Roi les copies des sommations et informations et autres pièces à ce sujet, les arrêts et arrêtés, ensemble la réponse dudit archevêque de Paris du jour d'hier, même celle du 13 novembre 1752, par lui rappelée dans sa réponse du jour d'hier, à l'effet de faire connoître tout ce qui résulte de la conduite dudit archevêque contre l'autorité dudit seigneur Roi, le bien et la tranquillité publique et même la religion.

DÉCEMBRE.

Morts. — Ordre du Roi à M. de Creuilly. — Projet de mariage de M. de Marigny. — Audiences du Roi au premier président et à M. l'archevêque de Paris. — Le Roi s'occupe lui-même des affaires relatives aux querelles du Clergé et du Parlement. — Baptême. — Cent douze tambours exécutent devant le Roi la nouvelle marche de l'infanterie française. — Audience de la Reine à l'ambassadeur de Suède en Espagne. — Nouvel ordre d'exil à l'archevêque de Paris. — Réponse du Roi au premier président. — Arrêté du Parlement. — Le comte de Gisors. — Mlle Lallemand administrée par ordre du Parlement. — La diète de Pologne. — Morts. — États de Bretagne. — Abbaye donnée. — Mort de Mme du Muy. — Mariage. — Présentation. — Affaire d'Orléans. — Exil de l'évêque d'Orléans. — Mort de M. du Chayla — Tableau de Vien peint à la cire. — Réception de d'Alembert à l'Académie. — Mort de la princesse de Brunswick. — Lettres de l'évêque d'Orléans et de l'évêque de Boulogne. — Mort de milord Albemarle. — Anecdote sur le maréchal de Villars. — Mlle Gaucher. — Mort de M. de Chabannes. — Les contrebandiers en Auvergne et en Bourgogne. — Orage en Lorraine.

Du dimanche 1er décembre, Versailles. — M. de Nisas, lieutenant-général des armées du Roi, mourut le 15 du mois dernier dans ses terres; il étoit âgé de quatre-vingt-douze ans. Pendant la Régence, il prétendit que tous les biens de M. du Luc étoient à lui, cela fit un grand procès qu'il perdit (1).

M. de Riberac mourut aussi à peu près dans le même temps, dans une terre à lui, à huit lieues de Paris; il étoit fort vieux; il étoit frère de feu M. de Riom, qui avoit été capitaine des gardes de feu Mme la duchesse de Berry. Ce sont des gens de grande condition d'Auvergne; ils sont cousins de MM. d'Aydie, qui sont quatre frères. M. Riberac a eu deux sœurs, dont une mariée. Il a laissé beaucoup d'argent et beaucoup de biens qui vont, dit-on, à un neveu à lui.

C'est M. de Creuilly à qui le Roi fit ordonner, pendant le voyage de Fontainebleau, de faire ôter le manteau ducal du carrosse de sa femme. M. Berryer eut ordre d'y aller, et de lui dire que s'il n'obéissoit pas on le feroit effacer le rencontrant dans les rues. Il fut averti deux jours avant par M. d'Estissac que M. Berryer iroit, et on ne trouva point de carrosse à manteau ducal; il n'en a pas paru depuis.

Mme de Bernage, mère de M. le prévôt des marchands, est morte; elle avoit quatre-vingt-neuf ans; elle étoit sœur de père de M. Rouillé. Elle a laissé son bien par égales parties à ses deux enfants; l'un est M. de Bernage,

---

(1) M. de Nisas étoit le plus ancien militaire, ayant commencé à servir en 1676. Il étoit lieutenant général de 1734. Mme de Nisas (Murriel) est morte quelques jours auparavant, âgée de soixante-dix ans. (*Note du duc de Luynes.*)

qui avoit épousé Mlle Moreau, cousine germaine de M. de Séchelles, dont il a eu un fils qui est intendant de Moulins, qui a épousé une fille riche d'Amiens nommée Mlle Le Marié, et deux filles dont l'une est Mme Rossignol, veuve de l'intendant de Lyon, et l'autre Mme la présidente de Bon. M. de Bon a été premier président de la chambre des comptes et cour des aides de Montpellier ; il a vendu, et il est intendant de Roussillon et premier président du conseil souverain de Perpignan. Le second fils de Mme de Bernage est M. de Chaumont, lieutenant-général des armées du Roi, qui a été capitaine de cavalerie, qui a épousé Mlle de Vaucresson, fille du caissier du grand Bernard.

On avoit beaucoup parlé du mariage de M. le marquis de Marigny avec la fille de Mme la princesse de Chimay (Beauvau-Craon) ; on croyoit que tout étoit fini et Mlle de Chimay étoit sortie du couvent ; j'appris hier que ce mariage étoit rompu.

M. l'archevêque de Paris vint hier matin ici ; il eut une audience du Roi l'après-dînée. M. le premier président étoit venu avant-hier et avoit vu le Roi en particulier. On ne dit pas un mot de ce qui s'est passé dans ces deux audiences.

M. l'evêque d'Orléans (Laval) étoit aussi ici avant-hier ; il alla chez M. le chancelier et chez tous les ministres. Je lui ai entendu dire qu'il n'avoit eu ni réponses ni éclaircissements d'aucun ministre. On pourroit croire que les ministres n'auroient rien voulu dire des intentions du Roi, mais il paroît plus vraisemblable qu'ils les ignorent entièrement ; le Roi s'est réservé le détail de toutes sortes d'affaires, et il paroît certain qu'elles ne sont point traitées au conseil ni communiquées aux ministres.

Ce matin, on a administré les cérémonies du baptême au fils dont Mme de Sartirane, ambassadrice de Sardaigne, accoucha à Paris il y a trois mois ; c'est le Roi et la Reine qui ont été parrain et marraine. M. le cardinal de

Soubise a fait la cérémonie après la messe du Roi, le curé de la paroisse Notre-Dame assistant suivant l'usage ; il n'y a rien eu à remarquer.

Au retour de la messe, le Roi est revenu dans son cabinet, des glaces et a passé dans son cabinet octogone, qui donne sur la cour ; il a vu de dessus le balcon 112 tambours qu'on a fait venir de tous les régiments françois et étrangers au service de France ; on les exerce depuis longtemps pour leur apprendre ce que l'on appellera la nouvelle marche françoise. Il y a toujours eu une marche françoise uniforme, mais battue différemment par les différents corps, seulement pour le mouvement. Les régiments étrangers au service de France n'avoient pas la même marche. La nouvelle sera pour toutes l'infanterie françoise et étrangère ; il n'y a d'excepté que les Suisses, dont la marche est uniforme dans tous les pays où ils servent, et qui ne pourroit se changer que du consentement de la nation. On change même la marche de l'artillerie. Il n'y aura plus qu'une seule marche ; c'est celle du régiment du Roi que l'on a choisie ; elle est pareille à celle des mousquetaires, avec la différence que les mousquetaires la battent plus vite. On a cru apparemment que cette marche étoit plus cadencée et plus propre à faire marcher les troupes d'un pas mesuré et égal, et on a sans doute pesé tous les inconvénients qui pouvoient résulter de ce changement. Il y en a deux qui paroissent bien considérables, et apparemment ont été bien examinés, l'un de pouvoir faire battre des marches différentes, stratagème utile en plusieurs occasions, où l'ennemi n'a ni le temps ni les moyens d'approfondir la vérité, et celui que le soldat étranger au service de France ne pourra plus reconnoître le corps dont il est dans des retraites précipitées et dans toutes les circonstances où il ne pourra apercevoir ses drapeaux.

Du lundi 2, Versailles. — M. le premier président vint ici hier matin ; il attendit environ trois quarts d'heure dans la chambre du Roi ; ce ne fut qu'après les tambours dont j'ai parlé, et lorsque M. le duc de Bourgogne et Madame furent sortis du cabinet, que le Roi le fit entrer dans sa petite chambre.

Depuis la mort de M. le baron de Fleming à Madrid, il n'y a point eu à cette cour de ministre de Suède ; il y a déjà quelque temps que M. Gillebrand a été nommé pour remplir cette place ; il passe par la France. Il a été présenté au Roi à Fontainebleau par le baron de Scheffer. Il part dans huit jours avec sa femme, qui est fille de M. Spar qui commandoit la flotte sur laquelle la Reine de Pologne Jablonowska et ses deux filles, et dont l'une est la reine, s'embarquèrent lorsqu'elles revinrent de Suède. M. Gillebrand a eu seize enfants, dont il lui en reste six ; il a amené ici sa fille qui paroît avoir quinze ou seize ans, et deux garçons, dont l'un a treize ans et l'autre douze. Il les emmène tous trois à Madrid ; il a désiré que sa femme et sa fille eussent l'honneur de faire leur cour à la reine. Le mari, la femme et la fille sont venus dîner chez moi, et immédiatement avant le dîner la Reine, qui étoit sortie de table, a bien voulu les recevoir dans ses cabinets. Mme de Luynes les y a menés, et le baron de Scheffer y étoit.

Mme de Polastron vient de mourir âgée de quatre-vingt-dix ans ; c'étoit la mère de M. de Polastron, lieutenant-général, sous-gouverneur de Mgr le Dauphin, mort en Bohême dans la dernière guerre.

Du mercredi 4, Versailles. — Voici les nouvelles que l'on me mande de Paris :

Réponse du Roi à M. le premier président.

« J'approuve l'arrêté de mon Parlement du 29 du mois passé ; je vous charge de lui en marquer ma satisfaction ; je m'instruirai plus particulièrement de l'objet qui y a donné lieu par l'examen des pièces que vous m'avez remises et y pourvoirai incessamment. Revenez mardi à cinq heures pour recevoir mes derniers ordres. »

Sur l'édit présenté pour la création de 2,500,000 livres de rente viagère, ensemble sur la déclaration du Roi portant création de l'office de trésorier de l'École Militaire, les chambres ont nommé des commissaires pour examiner ces deux pièces. Les commissaires ne travailleront que mercredi.

On ne sait les réponses du Roi à M. le premier président que par les nouvelles de Paris et parce que le premier président en rend compte au Parlement; à Versailles, on ne sait rien ni de ce qui se passe dans les audiences du Roi à Mᵍʳ l'archevêque ni dans celles données à M. le premier président; on compte seulement le temps de ces audiences. Celle de M. l'archevêque de samedi 30 a duré quarante-deux minutes; le premier président a eu deux audiences indépendamment de celle qu'il eut hier; l'une a duré dix-neuf minutes et l'autre une heure et trois minutes. M. l'archevêque paroît conserver toujours la même tranquillité d'esprit.

Le Roi est à Trianon de dimanche; il revint avant-hier après souper coucher; il vit hier les étrangers, et retourna coucher à Trianon, d'où il reviendra vendredi.

J'apprends dans le moment que M. l'archevêque de Paris a eu ordre d'aller à Conflans dans sa maison de campagne, et d'y rester jusqu'à nouvel ordre; cet ordre lui fut envoyé hier au soir à onze heures, et il partit sur-le-champ; c'est tout ce que l'on en sait jusqu'à présent.

Cet ordre fut une lettre de cachet, expédiée par M. d'Argenson comme ayant le département de Paris, contenant simplement ordre de se rendre à Conflans pour y rester jusqu'à nouvel ordre; la lettre signée par le Roi, qui ajouta de sa main : « Il partira ce soir ou demain matin. » Cette lettre fut accompagnée d'une de M. d'Argenson conçue dans les termes de politesse ordinaires en pareil cas. Elle fut portée par le courrier de M. d'Argenson, qui la remit à M. l'archevêque. M. l'archevêque répondit qu'il recevoit avec respect les ordres du Roi et que M. d'Argenson pouvoit assurer S. M. qu'il seroit dès le soir même à onze heures à Conflans.

Tout ce qu'on a dit d'ailleurs de mousquetaires pour porter la lettre et pour conduire M. l'archevêque, et de défense de voir qui que ce soit du Clergé est faux. Il est vrai qu'un des agents du Clergé ayant été à Conflans et deux évêques s'y étant trouvés en même temps, lesquels étoient venus pour rendre un devoir d'honnêteté à M. l'archevêque, on a conclu qu'il y avoit eu une assemblée; M. de Saint-Florentin en a parlé à l'agent comme d'une démarche qui déplaisoit au Roi, et lui a dit que le Roi défendoit toute assemblée; l'agent lui a expliqué le fait, et il n'en a plus été question. (*Addition du duc de Luynes.*)

On m'envoie dans le moment la réponse du Roi de hier au premier président, et l'arrêté du Parlement en conséquence.

Réponse du Roi.

« J'ai marqué mon mécontentement à l'archevêque de Paris en le punissant de manière à faire connoître la ferme résolution où je suis de maintenir la paix dans mon royaume et l'exécution de ma dernière déclaration du 2 septembre dernier; ainsi je compte que mon Parlement n'ira pas plus loin contre lui. Au surplus le respect de mon Parlement pour mes volontés me répond qu'en procédant contre ceux qui ont contrevenu à ma déclaration ou qui oseroient y contrevenir dans la suite, il en usera avec la plus grande circonspection relativement aux choses spirituelles.

Je vous charge de lui faire connoître mes intentions, et j'attends de son zèle pour le véritable bien de mon État qu'il s'y conformera. »

Arrêté du Parlement, du 4.

La Cour a arrêté qu'il seroit fait registre de la réponse du Roi et que les médecins et chirurgiens de la Cour se transporteront chez la malade à l'effet de la visiter de nouveau. Les gens du Roi seront pareillement chargés de s'informer si la paroisse de Saint-Étienne du Mont est suffisamment garnie de prêtres pour l'administration des sacrements et fonctions de ladite paroisse, et de s'informer en outre si la malade a été administrée selon les désirs qu'elle en a marqués et d'en rendre compte demain jeudi dix heures aux Chambres.

Extrait d'une lettre de M. d'Havrincourt à M. le maréchal de Belle-Isle, du 5 novembre 1754.

Mes relations dans la plupart des cours où M. le comte de Gisors s'est arrêté m'ont appris la façon dont il a réussi; et j'oserois vous dire que je sais que c'est au moins autant à ses qualités personnelles qu'aux égards dus à son illustre père qu'il a été redevable de l'accueil distingué qu'il y a reçu ; il est presque sans exemple à son âge de réunir aussi généralement qu'il l'a fait en sa faveur, l'estime, l'approbation et les éloges du public.

Du jeudi 5, Versailles. — On trouvera ci-après les nouvelles que je reçois de Paris.

La Cour, toutes les chambres assemblées, ordonne que le rapport de Boyer et Foubert, médecin et chirurgien de la Cour, du 4 décembre 1754, sera déposé au greffe d'icelle pour servir ce que de raison.

Enjoint aux prêtres actuellement chargés de l'administration des sacrements dans la paroisse de Saint-Étienne du Mont, et en cas d'absence ou de défaut à Cerveau (1), plus aux prêtres habitués de ladite paroisse, d'exécuter dans l'heure de la signification du présent arrêt celui de la Cour du 27 novembre dernier ; en conséquence, faire cesser le scandale résultant des refus de sacrements faits à la nommée Lallemand, en remplissant par eux les obligations que leur imposent les canons reçus et autorisés dans le royaume ; les chambres assemblées à cinq heures où les gens du Roi y rendront compte de l'exécution du présent arrêt.

La malade a été trouvée en danger de mort.

Du vendredi 6, Versailles. — On me mande de Paris d'aujourd'hui, que Mlle l'Allemand a reçu ses sacrements ; c'est le sieur Cerveau, prêtre à la tête de la paroisse de Saint-Étienne du Mont, qui l'a administrée.

Depuis six semaines ou deux mois, toutes les gazettes ont parlé fort en détail de ce qui s'est passé à la diète de Pologne. Cette diète a été rompue sans pour ainsi dire avoir été commencée ; suivant la règle et l'usage, elle ne peut commencer qu'après l'élection d'un maréchal de la diète, et jamais il n'a été possible d'amener les esprits jusqu'au point de faire cette élection ; il est vraisemblable que c'est un parti formé contre les désirs du roi de Pologne qui a prévalu dans cette occasion ; mais on a pris pour prétexte les biens de l'ordination d'Ostrog.

Il y a quelques jours que M. Parisot, ancien maître des requêtes, est mort. J'ai déjà parlé de lui à l'occasion d'un

---

(1) Prêtre de Saint-Étienne, ancien janséniste appelant et interdit.

procès qu'il avoit et dont il m'avoit fait le détail. Il étoit vieux, mais je ne sais pas son âge.

M. de Rancy, ancien capitaine aux gardes, fut enterré hier à Saint-Roch ; il est frère de M. d'Evry (1), maître des requêtes. Ils sont fils de M. de Brunet de Rancy, homme fort riche. Il étoit frère de Mme la comtesse de Croissy et de Mme de la Briffe. Il a fait son neveu, fils de M. d'Evry, légataire universel; il fait beaucoup de legs particuliers. C'est M. Berger de Ressye, conseiller au Parlement (2), qui est exécuteur testamentaire.

Du samedi 7, Versailles. — Le Roi a donné, il y a environ trois ou quatre mois, deux dames titrés à Mesdames cadettes, Mmes les duchesse de Broglie et princesse de Chimay. Comme l'arrangement étoit qu'il y en eût trois et que Mme d'Olonne n'est pas la troisième comme on l'avoit cru, il restoit une place à remplir; elle vient d'être donnée à Mme la marquise de Brancas.

M. l'évêque de Rennes arriva hier ici et fit sa révérence au Roi; il a fait aujourd'hui sa révérence à la Reine, présenté par Mme de Luynes. J'ai déjà marqué que tout s'est passé tranquillement cette année en Bretagne, cependant il n'y a point eu d'abonnement pour le vingtième, comme il avoit été demandé avec instance dans les derniers États. Ce n'est pas que M. le contrôleur général croie les abonnements désavantageux pour les intérêts du Roi, mais il falloit que le Roi fût obéi, après quoi la conduite des États pourra mériter que le Roi ait égard à leurs représentations. S. M. a commencé par leur accorder plusieurs grâces : 1° le retour des exilés ; 2° deux bénéfices dans l'ordre du Clergé, deux compagnies dans l'ordre de la noblesse, et deux lettres de noblesse dans l'ordre du tiers état. M. le contrôleur général a représenté au Roi que le retour des exilés seroit sûre-

---

(1) Brunet d'Evry, maître des requêtes honoraire.
(2) Conseiller à la première des requêtes.

ment la première grâce que les États demanderoient, et que le refus de cette grâce pourroit peut-être entretenir une fermentation dans les esprits qui n'étoient déjà que trop violente; que d'ailleurs 15 ou 16 personnes de plus ou de moins sur six ou sept cents ne pouvoient pas en pareil cas faire un effet bien considérable; et par l'événement ces exilés, comme je l'ai marqué, ont applaudi à tout ce qui s'est fait, et la dédicace de la statue du Roi du fameux Le Moyne a été faite avec la plus grande solennité et les plus grandes marques de joie et de respect. On en trouve le détail dans toutes les gazettes. On continue de donner à M. le duc d'Aiguillon toutes les louanges que méritent son esprit, sa politesse et son application aux affaires. Mme la duchesse d'Aiguillon a aussi très-bien réussi dans ce pays; il paroît que l'on est fort content de l'un et de l'autre.

Du dimanche 8, Versailles. — Je ne sais si j'ai parlé de M. de Dangeul, maître des comptes (1), homme jeune et de beaucoup d'esprit, grand et d'une figure agréable, qui a fait un excellent livre sur le Commerce. Le désir de s'instruire encore davantage et de se mettre à portée de pouvoir être utile à l'État l'a déterminé à voyager dans les cours étrangères. Il est actuellement à Stockholm; il est fort des amis de M. le président Hénault; il lui mande que la nation suédoise lui a fait l'honneur de lui offrir une place dans l'académie des sciences de Stokholm, et que cette faveur lui a été annoncée par trois sénateurs, au sortir d'un dîner chez M. d'Havrincourt. On pourroit conclure de cette nouvelle que les talents distingués sont plus estimés dans les pays étrangers qu'en France; il faut croire que c'est parce qu'ils y sont plus rares.

Du mardi 10, Versailles. — Hier il y eut sermon, et il n'y en avoit point eu avant-hier dimanche; c'est l'usage

---

(1) Plumard de Dangeul, conseiller, maître à la cour des comptes.

ici que le sermon du dimanche soit remis au jour de la fête de la Vierge. Immédiatement après, le Roi entendit en bas les vêpres chantées par la grande chapelle et tout de suite le salut. Lorsque le Roi entend les vêpres en bas, ordinairement le clergé de la cour est en habit long et les évêques en rochet et camail; hier ils assistèrent tous aux vêpres en habit court. M. l'évêque de Rennes, qui arrive, comme je l'ai dit, n'avoit point d'habit long ; ce fut peut-être la raison qui décida M. le cardinal de Soubise à garder l'habit court. Il n'y eut point d'évêque qui officiât. A vêpres, ce n'est point l'usage ; il n'y a d'évêque officiant, en pareil cas, que lorsqu'il a officié à la grande messe, à moins que ce ne soit des premières vêpres et qu'il doive officier le lendemain. Il n'y a point de quêteuse ce jour en cette fête.

Du jeudi 12, *Versailles.* — Le Roi est à la Meutte d'avant-hier et revient ce soir ici.

Du vendredi 13, *Versailles.* — M. l'abbé de Castries, agent du Clergé, a remercié le Roi ce matin ; S. M. vient de lui donner l'abbaye de Coigny, diocèse de Laon ; les moines sont de l'ordre de Citeaux. Elle est mise dans l'Almanach sur le pied de 600 florins ou 15,500 livres de revenu. Le revenu réel est de plus de 20,000 livres, mais elle n'en vaudra que 13 ou 14,000 à M. l'abbé de Castries; parce que l'on y a mis 9,000 livres de pension. C'étoit feu M. le cardinal de Rohan qui avoit cette abbaye ; à sa mort elle fut mise aux économats; celle de Corbie y fut mise aussi en même temps; celle-ci, qui est mise sur l'Almanach pour 65,000 livres de revenu, fut retirée des économats pour être donnée à M. l'ancien évêque de Mirepoix ; celle de Coigny n'a été retirée des économats que depuis trois mois, et on y a mis celle de Saint-Vandrille.

M. d'Hérouville a aussi remercié le Roi aujourd'hui ; il vient d'avoir le commandement de Guyenne. M. le maréchal de Duras a eu ce même commandement pendant longtemps ; il ne le quitta que pour celui de Franche-

Comté (1); depuis M. de Duras personne n'avoit eu celui de Guyenne.

Mardi, mercredi et jeudi, il n'y a rien eu de considérable au Parlement sur les affaires du temps ; il y a été question de l'affaire d'Orléans (2).

Mme du Muy vient de mourir ; c'étoit une femme très-aimable ; elle avoit beaucoup d'esprit, contoit fort bien ; elle savoit beaucoup et avoit une mémoire fort heureuse. Elle étoit très-incommodée depuis longtemps. On dit qu'elle avoit été très-jolie ; je ne l'ai vue que dans un état de dépérissement et de maigreur tel qu'on avoit peine à croire qu'elle pût vivre. Son nom étoit Mizon. Elle avoit eu un frère commandeur de l'ordre de Malte. Elle avoit soixante-douze ans.

Du dimanche 15, *Versailles.* — Le Roi a accordé ce matin son agrément pour le mariage de M. le comte de Lauraguais, fils aîné de M. le duc de Lauraguais et de Mlle d'O, avec Mlle Isenghien, fille aînée de M. le comte de Middelbourg et de Mlle de la Rochefoucauld. M. de Middelbourg est frère de M. le maréchal d'Isenghien. Mlle de la Rochefoucauld est fille unique de feu M. le marquis de la Rochefoucauld et de Mlle Prondre.

Mme la duchesse de Fitz-James présenta hier Mme de Fitz-James sa nièce ; c'est une grande femme, jeune, bien faite et d'une figure agréable ; elle est Espagnole ; son nom est Castel-Bianco. M. de Castel-Bianco, son père, avoit épousé les deux sœurs filles de M. de Melfort, dont l'aînée avoit une figure fort agréable. Mme de Fitz-James est fille de l'aînée. Son mari est fils de feu M. de Liria, fils aîné de feu M. le maréchal de Berwick. M. le comte de Fitz-

---

(1) Qui a été donné depuis à M. le duc de Randan qui l'a encore. (*Note du duc de Luynes.*)

(2) M. l'Amblin, conseiller de grande chambre, est rapporteur de cette affaire ; il est regardé comme un homme sage et qui cherchera plutôt à adoucir les esprits qu'à les aigrir. Son rapport n'est pas encore fini. (*Note du duc de Luynes.*)

James son mari et elle sont venus pour passer l'hiver en France.

Du lundi 16, *Versailles.* — On me mande de Paris que les chambres assemblées [le 14] ont ordonné que M. le premier président portera au Roi copie collationnée de la lettre de l'évêque d'Orléans (1).

Du jeudi 19, *Versailles.* — Le [mardi] 17 décembre, M. le premier président a dit aux chambres que le Roi vouloit bien l'entendre demain à cinq heures à Choisy.

Ensuite on a continué le rapport de l'affaire d'Orléans, et sur le récit des charges résultantes du procès-verbal du 30 octobre dernier et autres pièces tant contre le chapitre en corps que contre Colbert, doyen, et Huart, sous-chantre, personnellement, eux chargés d'avoir refusé à Audigier, Dudon et Le Moine, leurs confrères, l'assistance au chœur, lesdits doyen et sous-chantre ont été décrétés d'ajournement personnel; ordonné en outre que dans deux fois vingt-quatre heures le chapitre sera tenu de nommer un syndic pour être ouï et interrogé par-devant le conseiller rapporteur sur les charges et informations du procès. L'assemblée continuée à jeudi matin 19.

On n'a point encore délibéré sur la reprise des fonctions de Valet, chantre.

[Le mercredi 18] le Roi a répondu à M. le premier président : « J'ai réfléchi sur la copie que vous venez de me remettre de la lettre écrite par l'évêque d'Orléans au chapitre de sa cathédrale ; je prends le parti de le punir; mais préférant les voies de douceur aux rigoureuses pour parvenir à rétablir la tranquillité dans mon royaume, je compte que mon Parlement s'y conformera, et je vous charge de lui dire que je lui en saurai gré. »

---

(1) Dans cette lettre, l'évêque d'Orléans plaignait les chanoines d'Orléans de la *persécution* qu'ils subissaient. « Ce mot, dit Barbier, révolte les esprits ». — On trouvera cette lettre un peu plus loin, à l'article du 22 décembre.

M. l'évêque d'Orléans a été exilé à Meung-sur-Loire, à quatre lieues de sa ville épiscopale.

M. du Chayla, reçu chevalier des ordres du Roi le 2 février 1746, lieutenant général du 1ᵉʳ mars 1738, est mort le 16, d'un abcès dans la poitrine ; il étoit âgé d'environ soixante-dix ans. Il ne laisse point d'enfants. Sa veuve est Mˡˡᵉ de Lignerac.

Du vendredi 20, *Versailles.* — Le jeudi 19, on a décrété de prise de corps le Sieur Anselme, vicaire de Saint-Étienne du Mont.

On a déclaré nulle une information faite à Orléans, datée par erreur du 12 au lieu du 13 octobre ; ordonné qu'elle sera recommencée. L'assemblée continuée au 30 de ce mois.

Mon frère a fait voir aujourd'hui à la Reine un tableau représentant la déesse Pallas (1) peint par Vien (2). C'est une nouvelle invention que M. le comte de Caylus a trouvée. Ce tableau est peint sur bois avec de la cire fondue qui s'emploie aussi aisément que les couleurs à l'huile ; on peint de même avec un pinceau. On prétend que c'étoit la manière des anciens de peindre à fresque. Le sec, l'humide, le chaud, ne font aucune altération à cette peinture ; elle a plus de relief que la peinture ordinaire et n'a point l'inconvénient de ne faire son effet que dans le plein jour ; elle se voit également à tous les jours. Ce tableau a déjà été exposé au Louvre et admiré. M. de Caylus, qui lit et étudie beaucoup pour la perfection des arts, a trouvé cette manière de peindre dans Pline (3) ; il s'est

---

(1) Copiée d'après un buste antique en bronze très-estimé, qui est dans le cabinet de M. de Caylus. (*Note du duc de Luynes.*)

(2) Il a fait les deux dessus de porte du cabinet des Chinois de la Reine. (*Note du duc de Luynes.*)

(3) M. le comte de Caylus ayant lu dans Pline que les anciens peignoient avec de la cire s'est attaché à retrouver cette manière de peindre. Après deux ans de travail et d'essais, il a enfin trouvé le secret et en a poussé la pratique à sa perfection. (*Note du duc de Luynes.*)

occupé à en faire faire l'essai ; il a payé le tableau au peintre et ensuite lui en a fait présent ; le peintre l'a vendu 800 livres à M. de la Live, frère du fermier général de ce nom. C'est un tableau carré ; le bois est de la grandeur d'une toile de 30 sols.

Du samedi 21, Versailles. — M. d'Alembert fut reçu avant-hier à l'académie par M. Gresset. Les deux discours n'ont point encore paru (1) ; il paroît qu'on est assez content de celui de M. d'Alembert, mais que l'on trouve dans celui de M. Gresset beaucoup trop d'affectation et un style ampoulé pour dire des choses assez communes ; on y a remarqué aussi un endroit sur la résidence des évêques dans leurs diocèses qui a été applaudi jusqu'à battre des mains, et qui peut avec raison être regardé comme une critique contre les évêques.

Du dimanche 22. — Le Roi prit hier le deuil en habit noir et en bas blancs ; la Reine le prit en noir, et prend aujourd'hui le blanc. Ce deuil n'est que pour hier, aujourd'hui et demain ; c'est à l'occasion de la princesse de Brunswick, morte âgée de vingt-six ans ; elle étoit parente du Roi au septième degré, c'est le plus loin que le Roi porte le deuil. Je n'ai point trouvé jusqu'à présent de généalogie exacte de la maison de Brunswick qui pût m'éclaircir sur la parenté du Roi avec la princesse qui vient de mourir.

---

(1) Les deux discours ont paru ces jours-ci. Le jugement qu'on en a porté est fort juste ; je fais copier ci-après l'endroit du discours de M. Gresset qui a été remarqué avec raison. On sait que l'usage est que celui qui est reçu fasse l'éloge de son prédécesseur ; celui qui reçoit en parle aussi, et c'est à cette occasion que M. Gresset a mis dans son discours ce qui suit : « M. l'évêque de Vence ne sortit jamais de son diocèse que quand il fut appelé par son devoir à l'assemblée du Clergé. Bien différent de ces pontifes agréables et profanes crayonnés autrefois par Despréaux, et qui, regardant leur devoir comme un ennui, l'oisiveté comme un droit, leur résidence naturelle comme un exil, venoient promener leur inutilité parmi les écueils, le luxe et la noblesse de la capitale, ou venoient ramper à la Cour et y traîner de l'ambition sans talents, de l'intrigue sans affaires, et de l'importance sans crédit. » (*Note du duc de Luynes.*)

J'ai assez parlé ci-dessus de l'affaire d'Orléans pour avoir pu donner curiosité de lire la lettre de M. l'évêque d'Orléans à son chapitre; on en trouvera la copie ci-après, ainsi que de celle écrite par M. l'évêque de Boulogne (de Pressy) à M. le procureur général; ces deux lettres méritent d'être lues.

Lettre de M. l'évêque d'Orléans au chapitre de Sainte-Croix.

A Meaux, ce 6 octobre 1754.

Je prends, Messieurs, toute la part possible à la persécution que vous souffrez pour le soutien de la foi et de la discipline de l'Église; vous pouvez compter que je ne vous abandonnerai pas, et que je mettrai tout en œuvre pour vous faire sortir avec honneur d'une affaire où vous avez suivi ponctuellement toutes les règles de la charité et de vos consciences. Je vais écrire à tous les ministres, et je ferai sentir à chacun des ministres, combien il importe au bien de la religion et à l'autorité du Roi, d'arrêter les poursuites de son Parlement.

Le dernier arrêt de cette Cour, qui m'avoit paru plus modéré que je ne l'attendois, me faisoit espérer que les choses n'iroient pas si loin, ni si vite; je vous avoue même que je croyois devoir augurer que ce tribunal avoit diminué sa vivacité. Au reste, Messieurs, je vous exhorte à mettre votre confiance dans le Seigneur qui n'abandonne jamais son Église, et qui saura bien rendre le centuple à ceux qui se seront sacrifiés pour sa défense et celle de ses décisions. Ne croyez pas cependant, Messieurs, que je présume que le Roi vous abandonne; je connois sa religion et son attachement à la foi, et je suis persuadé qu'il vous fera ressentir les effets de sa protection royale.

Et pour ne rien omettre de ce qui pourra contribuer à votre défense, j'envoie à MM. les agents du Clergé des copies de tout ce qui s'est passé, afin qu'ils prennent en main votre cause au nom de tout le Clergé de France.

Comme vos sentiments, Messieurs, votre prudence et votre fermeté sont connues, je ne suis pas embarrassé de la réponse que vous ferez à la signification de l'arrêt de la chambre des Vacations; je crois seulement qu'elle ne sauroit être trop courte, et que tous les détails sont inutiles; mais surtout je crois que vous devez toujours continuer à envoyer MM. vos députés visiter le malade, quelque refus qu'on leur fasse de les y introduire; et je vous prie, Messieurs, de les assurer que si on porte vis-à-vis d'eux les choses à l'excès dont ils sont menacés, je leur offre avec grand plaisir l'évêché pour demeure, et ils y trouveront un logement et une table, et ce sera toujours du meilleur de mon cœur que je leur donnerai un asile chez moi.

J'ai l'honneur d'être avec le plus parfait attachement, Messieurs, votre, etc.

Signé L.-J., év. d'Orléans.

Lettre de M. l'évêque de Boulogne à M. le procureur général du Parlement de Paris.

Monsieur, la candeur dont je ne fais pas moins profession que M. l'évêque d'Amiens, m'engage à vous mander, comme l'a fait ce saint prélat, que toutes les fois que le Parlement voudra être instruit de ce que je fais ou écris, il pourra, en s'adressant à moi, s'épargner la peine d'une information en règle; la sincérité chrétienne et la fermeté apostolique, dont je souhaite avec la grâce de Dieu de donner des marques constantes jusqu'au dernier soupir de ma vie, ne me permettant jamais les moindres dissimulations, dussé-je m'attirer les plus grandes peines.

Je vous déclare donc, Monsieur, que j'ai envoyé à Dom Benoît, prieur de l'abbaye de Blany, la copie fidèle d'un procès-verbal qu'il a remis entre les mains de M. Dalingneu, lors de l'information ordonnée par la chambre des Vacations. Je le lui ai envoyé, parce que je désirois, comme je le désire encore, que, si pour avoir suivi les règles du saint ministère et l'usage observé depuis nombre d'années dans ce diocèse à l'égard des curés morts appelants, il y a quelques persécutions à essuyer, elles retombent tout entières sur moi et nullement sur ceux qui ont exécuté ce que je leur ai prescrit. La croix que j'ai l'honneur de porter ne me permet pas d'oublier que je dois être prêt à tout souffrir pour la religion, et je m'estimerois heureux de sacrifier mes biens, ma liberté, ma vie même pour la défense d'une cause qui n'est pas seulement celle de tout l'épiscopat, mais encore celle de toute l'Église, celle du plus auguste des sacrements, celle de Jésus-Christ même.

Cette cause est d'ailleurs du nombre de celles dont la connoissance appartient aux juges d'Église, selon l'article XIV de l'édit de 1695, lequel ordonne aux cours de Parlements, de leur laisser et même de leur renvoyer la connoissance. Il est vrai qu'en cela j'ai la douleur de combattre la nouvelle maxime du Parlement pour lequel j'ai un profond respect; mais cela même, en écartant toutefois de cette comparaison ce qu'elle peut avoir de trop fort et odieux, me rappelle et me fait adopter cette belle réponse du chancelier Morus : qu'il se défieroit de lui-même s'il étoit seul contre le Parlement; mais que s'il avoit contre lui-même le grand conseil de la nation, il avoit pour lui toute l'Eglise. M. Bossuet, qui rapporte ce trait dans son excellent livre des Variations, observe que de vouloir faire dépendre l'autorité ecclésiastique de la séculière, c'est la plus scandaleuse de toutes les flatteries, c'est un attentat qui révolte tout cœur chrétien ; c'est, ajoute-t-il en termes formels, mettre en pièces le christianisme et préparer la voie à l'Antechrist. On doit laisser aux évêques, dit-il ailleurs, l'autorité tout entière dans les causes de Dieu et dans l'intérêt de l'Église, puisqu'en cela l'ordre de Dieu, la grâce attachée à leur caractère, l'écriture, la tradition, les anciens canons, les lois, parlent pour eux. Ainsi s'exprimoit M. Bossuet, ce savant prélat qui a été une des plus brillantes lumières de l'Église de France, et dont les sentiments sur cette matière doivent être d'autant moins suspects, que personne n'ignore qu'il a été un des plus zélés défenseurs de nos libertés, de nos maximes et de l'indépendance de nos rois sur le temporel. On pourra m'opposer le silence prescrit par la dernière déclaration du Roi ; mais vous savez, Monsieur, que, suivant celle de 1730, ce silence qui concerne l'obéissance due à la constitution *Unigenitus* comme à un jugement de l'Église universelle en matière de doctrine, ne s'étend pas aux premiers pasteurs que le Saint-Esprit a choisis pour gouverner l'Église et qui sont chargés de prêcher sur les toits les vérités de l'Évangile. Si on entreprenoit de leur fermer la bouche, ne seroient-ils pas obligés de répondre, comme les apôtres en pareil cas : « Il faut plutôt obéir à Dieu qu'aux hommes. » Héritiers de leur caractère et de leurs fonctions, mes collègues et moi, nous devons comme eux exhorter dans la sainte doctrine et reprendre devant tout le monde ceux qui la contredisent. S'il nous en coûte des reproches et des persécutions, nous en ferons comme eux, avec le secours de Dieu, notre gloire et nos délices.

Signé PRESSY, ÉV. DE BOULOGNE.

Ce 1er décembre 1754 (1).

M. le duc d'Orléans a présenté aujourd'hui deux nouveaux chambellans qu'il vient de nommer ; l'un est M. de Schomberg, fils de M. de Schomberg, qui étoit ambassadeur du roi de Pologne comme électeur de Saxe à la diète pour l'élection de Charles VII. M. de Schomberg est luthérien. L'autre chambellan est M. de Saujon, colonel dans les grenadiers de France, fils de Mlle de Reignac, qui

---

(1) Cette lettre fut supprimée par arrêt du Parlement, le lundi 30.

avoit épousé en premières noces M. de Saujon, et qui a épousé en secondes M. de Montmorency, premier gentilhomme de la chambre de M. le prince de Conty. M. de Saujon est père de Mme de Rouvrel et petit-fils de M. Saujon, qui étoit attaché à feu M. Gaston. C'est M. le duc d'Orléans qui présente ces chambellans à la Reine; mais auparavant il en demande la permission à la Reine; quand il a obtenu cette permission, il prie la dame d'honneur de donner ordre à l'huissier de les laisser entrer dans la chambre; lorsqu'ils sont entrés, c'est M. le duc d'Orléans qui les nomme.

M. de Saint-Paul, qui hérite des biens de M. du Chayla, a aussi été présenté aujourd'hui.

Du lundi 23, Versailles. — Milord Albemarle, ambassadeur d'Angleterre, mourut hier d'apoplexie à Paris; il étoit âgé de cinquante-trois ou cinquante-quatre ans. Il se trouva mal dans son carrosse en revenant chez lui avant-hier; il eut cependant la force de tirer le cordon. C'étoit vis-à-vis Faget, chirurgien, que l'on avertit sur-le-champ; il fut saigné aussitôt et l'a été en tout sept fois, mais la connoissance n'est pas revenue. On avoit espéré que la paralysie, ayant suivi cette apoplexie, comme c'est l'ordinaire, prolongeroit ses jours, mais cet accident ni les remèdes n'ont produit aucun effet. Il y a trois semaines ou un mois qu'il fit une chute fort rude en carrosse, en revenant de Brunoy avec Milord Powerscot. On prétend que cette chute a pu donner occasion à l'apoplexie; mais milord Albemarle aimoit son plaisir. Il ne faisoit qu'un repas; on prétend qu'il mangeoit sobrement, cependant il étoit fort longtemps à table. Il faisoit beaucoup d'exercice et montoit à cheval presque tous les jours. Il avoit l'air fort, mais il avoit le cou assez court. J'ai entendu dire au Roi qu'il le regrette beaucoup, et que M. Rouillé est aussi fort fâché de sa mort. Il avoit l'esprit doux et conciliant, et on étoit fort content de lui sur tout ce qui regarde les négociations. M. de Saint-Sernin, lieutenant général, me disoit hier qu'il avoit fait prisonnier à la bataille de Denain, le père de milord Albemarle. Le maréchal de Villars contoit toujours avec plaisir que lorsqu'on lui amena milord Albemarle dans les lignes de Denain, après lui avoir fait quelques honnêtetés d'un moment, il se retourna pour dire : « A Marchiennes ! »

Milord Albemarle étoit originaire de Hollande ; il s'appeloit Keppel ; il étoit âgé d'environ cinquante-trois ans. Il avoit le second des trois régiments des gardes ; il étoit gouverneur de la Virginie, premier gentilhomme de la chambre, chevalier de l'ordre de la Jarretière, et commandoit en Écosse. Il avoit pensé épouser Mme de Saint-Florentin ; il a épousé depuis la sœur du duc de Richmond, qui a des pensions considérables et est très-bien à la cour du roi d'Angleterre. Il laisse cinq garçons et deux filles qui ne sont pas mariés. L'aîné des garçons, qui s'appelle Berry, a un régiment ; le cadet, qui se nomme Keppel, qui est le nom de leur maison, commande une escadre ; il y en a un, destiné à l'Église, qui est doyen d'un chapitre ; les deux autres ont des compagnies.

Milord Albemarle avoit 200,000 livres de rentes des bienfaits du Roi et 160,000 livres pour son ambassade. Il avoit peu de bien et avoit beaucoup mangé ; il ne touchoit que l'argent de l'ambassade, laissant le reste pour arranger ses affaires en Angleterre. Il ne dépensoit pas beaucoup, mangeant peu chez lui ; il avoit peu de chevaux et beaucoup de domestiques, bien tenus et bien payés. Il entretenoit depuis longtemps Mlle Gaucher, autrement dite Lolote, qui, à ce que l'on croit, avoit été dans les spectacles ; c'est une fille considérée en Angleterre et dont on a toujours dit du bien ; elle reste avec un mobilier d'environ 20,000 écus.

Milord Albemarle lui donnoit peu ; il ne lui laisse aucune rente parce qu'il ne croyoit pas sa mort si prochaine. Mlle Gaucher alloit dans de bonnes maisons à Paris et à

Passy (1). On a ouvert milord Albemarle ; on a trouvé que la cause de sa mort, est du sang mêlé avec la cervelle.

Le père de milord Albemarle et Bentinck, depuis milord Portland, étoient pages du prince d'Orange depuis roi d'Angleterre; ils passèrent avec lui en Angleterre et y furent tous deux honorés des bienfaits de leur maître ; Portland fut un des favoris. Le roi d'Angleterre ayant la petite vérole, on dit qu'il faudroit mettre un jeune homme dans son lit; Portland, qui avoit une jolie figure, s'y mit et gagna la petite vérole qui le défigura beaucoup; il fut bien récompensé ; il fut ambassadeur en France; au retour de son ambassade, il trouva milord Albemarle en grande faveur, ce qui l'obligea à se retirer en Hollande.

M. du Muy et ses deux enfants ont fait aujourd'hui leurs révérences sans manteau.

On a exécuté aujourd'hui à la messe du Roi un nouveau motet fait par le Sieur Philidor; il paroît qu'il n'a pas réussi; il est extrêmement dans le goût italien.

M. de Châbannes est mort aujourd'hui à Paris ; il étoit gouverneur de Verdun et du Verdunois; il étoit cordon rouge et avoit la plaque. Il avoit été major et lieutenant-colonel des gardes françoises. M. de Chabannes avoit soixante-six ou soixante-sept ans; il étoit fils de M. de Pionsac qui a eu le régiment de Navarre. Sa mère étoit Lutzelbourg (1) et sœur de Mme des Alleurs. M. de Chabannes avoit épousé en premières noces Mlle de Beauvais, veuve de M. d'Ormesson et sœur de Mme de Chauvelin, femme du ci-devant garde des sceaux; elle l'avoit épousé par amour, malgré toute sa famille ; ce mariage ne réussit pas; M. de Chabannes se sépara et plaida contre les

---

(1) Sur Mlle Gaucher, devenue plus tard Mme d'Hérouville, *voy.* les *Mémoires de Marmontel*, I, 236 (édit. 1827, 2 vol. in-8°).

(2) M. de Lutzelbourg avoit été capitaine de cavalerie dans le régiment de Gesvres; il alla à Dresde où il fit une grande fortune ; il avoit une très-belle figure. Il a été gouverneur du roi de Pologne d'aujourd'hui. (*Note du duc de Luynes.*)

enfants du premier lit de sa femme, qui étoient M. d'Ormesson et Mme de Rosmadec. Il a épousé en secondes noces la fille de M. du Plessis-Châtillon et de Mlle de Torcy ; elle a eu 100,000 écus et 100,000 livres d'assurées ; elle a encore hérité considérablement par la mort de son frère, M. de Château-Mélian ; mais cet héritage n'est pas fort considérable dans le moment présent ; il y a beaucoup de charges à payer, entre autres deux douaires : celui de Mme du Plessis-Châtillon et celui de Mme de Château-Mélian ; ainsi le revenu de Mme de Chabannes n'a augmenté que de 10 ou 12,000 livres de rentes.

Je ne sais si j'ai parlé ci-dessus des contrebandiers ; ils ont fait beaucoup de désordre en Auvergne, où ils ont porté une grande quantité de marchandises de contrebande qu'ils faisoient payer argent comptant ; ils ne voloient pas les passants, mais ils prenoient tout l'argent des recettes des fermes générales, entrant en force dans les villages, dans les bourgs, et même dans les villes, tous bien armés, ayant plusieurs coups à tirer et exigeant sur-le-champ non-seulement l'argent que les receveurs convenoient avoir, mais les obligeant à en aller emprunter lorsqu'ils disoient leurs caisses vides. Ils ne tuoient point, et avoient même une espèce d'ordre ; ils taxoient les recettes et donnoient des quittances de l'argent qui leur étoit remis. A l'égard des particuliers, ils fournissoient de bonne foi de la marchandise de contrebande pour l'argent qu'on leur donnoit. On a fait marcher des dragons, et la compagnie franche du capitaine Fischer, partisan renommé qui a été attaché à M. d'Armentières et s'est acquis grande réputation par sa capacité et ses talents ; il est aujourd'hui brigadier ou maréchal de camp. Les contrebandiers allèrent il y a peu de temps à Beaune, où ils demandèrent 25,000 livres, et se réduisirent à 20,000 qu'il fallut payer sur-le-champ. Leur capitaine nommé........, officier réformé de nos troupes, avoit annoncé que si on ne le payoit pas dans deux minutes à sa montre, la ville seroit investie, et cela se trouva exactement vrai. On verra par le détail ci-après ce qui est arrivé depuis.

L'archevêque de Rouen m'a conté que les contrebandiers avoient été à Autun, qu'ils avoient rencontré le supérieur du séminaire de cette ville avec plusieurs autres séminaristes qui alloient apparemment se promener, qu'ils les avoient arrêtés en leur disant qu'ils ne leur feroient point de mal pourvu qu'ils leur donnassent tout l'argent qui étoit dans leur maison. Cela a été exécuté, et il s'y est trouvé 9,100 livres, au moyen de quoi on les a laissé aller. A quelque distance de là, ces contrebandiers ont été attaqués par les troupes du capitaine Fischer, et il y a eu, tant tués que blessés, pris ou brûlés dans une maison où on mit le feu sachant qu'ils y étoient, environ trente ou quarante ; mais ils ont tué quatre ou cinq soldats et blessé deux officiers ; l'affaire n'étoit pas finie quand on en a eu des nouvelles.

Du jeudi 26, Dampierre.

Extrait d'une lettre de Versailles, du 24.

Nous avons été à quatre heures à la chapelle pour entendre les premières vêpres. Le Roi, la Reine et toute la famille royale, excepté Mgr le Dauphin, sont descendus, croyant que ce seroit un évêque qui officieroit, comme vous savez que c'est l'usage. On nous a dit que ce devoit être M. l'évêque de Bazas, frère de M. de Saint-Sauveur ; on ne sait s'il s'est trouvé incommodé ou s'il a été averti trop tard.

Du 25.

C'est M. de Senlis qui a officié ce matin et cet après-midi ; je crois qu'on avoit oublié de lui mander qu'il falloit venir pour les premières vêpres. Il a une très-belle figure et ne chante point mal. C'est Mme de Montbarrey qui a quêté, parce que Mme de Broglie n'étoit point ici.

On trouvera ci-après l'extrait d'une lettre de Lunéville contenant le détail d'un événement singulier pour la saison où nous sommes.

Le 14 de ce mois, à sept heures du matin, une nuée de feu, suivie d'un effroyable coup de tonnerre, couvrit tout le village de Saint-

Aubin et y jeta une si grande épouvante que les chevaux et autres animaux brisèrent leurs liens, et s'enfuirent. La foudre pénétra dans l'Église, où il n'y avoit dans ce moment que deux filles qui furent éblouies et tombèrent sans connoissance. Du même coup, le haut du confessionnal, la porte de la tour et les vitraux furent emportés, les murs ébranlés et ouverts. Le tonnerre perça la voûte de la tour, brisa la charpente de la grosse cloche qui tomba sur la seconde, laquelle elle cassa et l'horloge aussi ; la toiture de la tour de l'église a été enlevée, et deux angles des murs abattus. Les matériaux ont été dispersés avec un tel effort, que des pierres du poids de plus de 80 livres ont été portées sur la nef de l'église à plus de 11 toises de distance de la tour; des pierres semblables ont volé sur les maisons voisines, entre autres de la poste, et en ont enfoncé les toitures. Personne heureusement n'a été tué, et le feu n'a pris dans aucun endroit. Mon frère étoit alors auprès d'un puits, dans la cour de sa maison fort éloignée de l'église ; il se vit subitement couvert de feu et de fumée, et demeura un moment sans voir ni connoître. Il lui en est resté un bourdonnement dans les oreilles ; c'est lui qui m'a écrit cette relation que j'ai lue au roi de Pologne. S. M. y a pris beaucoup de part, nous honorant de ses bontés.

Extrait d'une lettre de Versailles, du 26.

Tous les évêques de Languedoc assemblés aux États ont écrit une lettre au Roi sur la déclaration et sur l'exil de l'archevêque de Paris. M. de Carcassonne seul n'a point voulu signer la lettre ; il en a écrit une en particulier à M. de Saint-Florentin pour être montrée au Roi.

Extrait d'une lettre de Versailles, du 27.

Mme de Pompadour est fort enrhumée ; elle est dans son lit ; cependant elle compte toujours aller demain à Bellevue. Le Roi vient de partir pour la chasse du cerf, et il y aura grand couvert, c'est ce qui est singulier. Il alla tirer hier et tua 80 pièces. M. de Moncrif donna hier une petite corbeille de senteur à la Reine avec un petit miroir dedans et les vers que je vous envoie.

LE MIROIR DE LA VÉRITÉ.

Étrennes

A LA REINE.

Immortelle Sophie, hâtez-vous de connoître
Quel est de ce miroir le pouvoir enchanteur.
On s'y voit, non tel qu'on croit être,
Mais tel qu'on est par l'esprit, par le cœur.

Quel succès j'éprouvai l'exposant dans le monde
Hélas ! il me rendit importun, odieux,
Et ce n'est plus qu'en vous que mon espoir se fonde ;
Consultez-le, goûtez le sort le plus heureux.
Oui, vous allez jouir d'un bonheur sans exemple,
Dès que vous vous verrez avec les mêmes yeux
Dont tout l'univers vous contemple.

EXTRAORDINAIRE.

1754.

JANVIER.

La Reine visite Mme de Tallard; le Roi n'y va pas. — Anecdote sur le cardinal de Fleury. — Le parlement d'Aix.

Du 11 janvier. — Pendant la maladie de Mme de Tallard, dont j'ai parlé dans mon journal, la Reine lui a fait l'honneur de l'aller voir. On a remarqué que le Roi n'y a point été, mais ce n'a pas été sans raison. Mme la princesse de Montauban (Mézières) désiroit passionnément de succéder à Mme de Tallard; elle passoit sa vie chez elle; et outre cela Mme de Ligne, sa sœur, étoit l'intime amie de Mme de Tallard, à qui elle avoit donné les glus grandes marques d'attachement en s'enfermant avec elle pendant sa petite vérole. Mme de Montauban avoit déjà fait des démarches pour obtenir cette place; elles ne lui avoient pas réussi, et il étoit très-vraisemblable que Mme de Tallard demanderoit cette grâce au Roi, en mourant, s'il venoit chez elle. Le Roi, bien résolu de ne la pas accorder, a voulu s'éviter l'embarras d'un pareil refus.

On parle beaucoup de donner des dames à Mesdames cadettes, et entre autres Mme de Mazarin. Mme la maréchale de Duras a d'autant plus à cœur d'obtenir cette grâce qu'elle en avoit sollicité une, pendant Compiègne ou Fontainebleau, qui étoit la survivance de M. d'Aumont pour M. de Mazarin. Le Roi n'a jamais voulu écouter cette proposition.

On trouvera déjà dans ce livre des anecdotes anciennes. J'en appris une hier qui regarde feu M. le cardinal de Fleury. Tout le monde sait qu'il ne pouvoit souffrir le feu cardinal de Polignac, mais tout le monde n'en connoît pas la véritable cause. Pendant le ministère de M. le Duc, le cardinal de Polignac étoit à Rome chargé des affaires de France, et M. de Fleury n'étoit qu'évêque de Fréjus. Il désiroit infiniment le chapeau et avoit espérance de l'obtenir ; mais M. le Duc, qui ne pensoit pas de même, chargea M. de Morville d'écrire au cardinal de Polignac de suspendre ses poursuites pour M. de Fréjus. M. de Morville et M. de Polignac ne pouvoient s'empêcher d'obéir et de tenir secrets les ordres qu'ils avoient reçus ; ils ne les communiquèrent pas de même à M. de Fleury après l'exil de M. le Duc. Le cardinal de Fleury s'en est toujours souvenu ; on disoit même que c'étoit la cause de la disgrâce de M. de Morville ; mais un homme instruit m'a assuré que le parti étoit déjà pris de renvoyer M. de Morville ; et, en effet, je crois que ce n'est que dans les papiers de celui-ci qu'on a trouvé les ordres dont je viens de parler.

A Aix, le 28 *janvier.* — Avant-hier, les nouvelles remontrances du Parlement d'Aix au Roi, dressées par M. de Montclus qui avoit pareillement composé la lettre du même parlement au Roi du 26 janvier dernier, furent lues aux chambres assemblées. Il y avoit quarante ou quarante-huit magistrats, tant présidents que conseillers. Lecture faite, la pluralité de trente ou trente-cinq voix contre treize opina à les envoyer telles qu'elles étoient, sans y faire aucun changement. La plupart des treize qui auroient été suivis par cinq ou six absents insistèrent fortement à ce que le Parlement ne fît point de pareilles remontrances.

On méprisa leurs instances ; alors ils demandèrent acte de ce qu'ils déclaroient ne pouvoir que désapprouver des remontrances dans lesquelles la religion, l'Église, l'épiscopat et l'autorité du Roi étoient attaqués, insultés et méprisés. On les traita de schismatiques et on leur refusa de leur donner acte de leur déclaration.

L'un d'eux mit sur le bureau sa déclaration écrite et signée de sa main. On la retira du bureau sur lequel on ne voulut pas la laisser, et M. le président prononça que les remontrances telles qu'elles venoient d'être lues, étant adoptées, seroient envoyées. M. le premier président parla beaucoup, dit-on, pour faire adopter les remontrances, et il fut applaudi par tous ceux qui sont ennemis déclarés de l'Église, de l'épiscopat et de l'autorité royale; autorité qu'ils font néanmoins semblant de respecter, dans le temps même qu'en effet ils l'insultent et l'outragent.

On dit tout haut que M. le premier président, qui gardoit quelques mesures pendant que vivoit M. l'abbé de la Tour son frère, pour lequel il sollicitoit tous les évêchés vacants, n'en garde plus aucune à présent, et qu'il se livre sans réserve au désir dominant qui le presse de plaire à quelques-uns d'entre les ministres, et nommément M. le garde des sceaux, à qui il croit, dit-on, faire par là sa cour et de la part de qui bien des gens pensent, ajoute-t-on, qu'il reçoit des instructions secrètes; le tout, ajoute-t-on encore, afin que le Roi, à qui on exagérera le soulèvement des esprits parmi les magistrats, soit intimidé et en conséquence détourné du dessein qu'il a, avec juste raison, d'employer des moyens efficaces pour faire rendre à la religion, à l'Église et à l'autorité royale l'hommage, la soumission et l'obéissance qui leur sont dus.

Les remontrances au surplus contiennent, en termes employés avec art, des maximes qui doivent faire horreur à tous bons catholiques et exciter l'indignation de tout fidèle sujet du Roi.

Suit la teneur de la déclaration dont onze magistrats ont demandé acte.

Nous demandons acte comme nous n'adoptons point le contenu aux remontrances et à la lettre dont elles font mention, parce qu'elles contiennent des maximes contraires à la religion, aux édits et déclarations de 1695, 1714, 1720 et 1730, enregistrées en ce Parlement, et comme contraires à la soumission due à l'Église et au Roi. Ce 26 janvier 1754.

FÉVRIER.

Travail du prince de Conty avec le Roi. — Situation générale des affaires. — Mme de Pompadour obtient la grâce de M. de Châtillon.

Du 1er février, Versailles. — Le 1er de ce mois, veille de la Chandeleur, M. le prince de Conty étoit ici ; il travailla environ une heure et demie avec le Roi. On est toujours à comprendre ce que peut être ce travail ; car M. le prince de Conty a un portefeuille comme un ministre, et on ne voit pas cependant qu'il soit chargé de rien. On croit pouvoir soupçonner que ce travail ne plaît pas infiniment au Roi, et quelqu'un d'instruit m'a dit que M. le prince de Conty avoit eu assez de peine à obtenir une audience du Roi pour son travail du premier jour de ce mois.

Au reste, tout est ici dans la même position, par rapport aux affaires générales du royaume.

Tous les parlements, à la réserve de trois, ont donné des preuves de ce qu'ils appellent zèle pour l'État, c'est-à-dire de vivacité mal entendue sur des affaires qui ne sont nullement de leur compétence et qui ne regardent que les évêques ; plusieurs même ont donné des preuves beaucoup trop marquées de désobéissance au Roi. Le Châtelet ne travaille plus qu'à des affaires sommaires, et même plutôt M. le lieutenant civil seul que le Châtelet. Ce tribunal n'est occupé qu'à dresser des représentations. La chambre royale ne fait rien ; les prisonniers qu'elle condamne ne sont pas punis. Tous les procureurs, avocats et autres gens du palais, meurent de faim, au moins un grand nombre. Les particuliers ne veulent point porter leurs affaires à la chambre royale. Les jours se suivent et malheureusement se ressemblent sur cette matière.

Du 11, Versailles. — J'ai marqué dans mon journal, à l'article du 11 février 1754, ce qui s'est passé au sujet de M. de Châtillon.

Cette grâce obtenue par Mme de Pompadour ne l'a pas été sans peine. Mme de Pompadour en a parlé trois fois différentes au Roi, sans pouvoir avoir un seul mot de réponse; enfin une quatrième fois elle demanda au Roi la permission d'écrire au nom de S. M. l'oubli du passé et la promesse des bontés pour la famille entière. Le Roi y consentit.

Il y a déjà quelque temps que le parlement d'Aix paroît suivre l'exemple du parlement de Paris au sujet des affaires de religion, refus de sacrements, etc.

Ce Parlement vient d'écrire au Roi une lettre très-forte; ils font aussi des remontrances. C'est au sujet de ces remontrances qu'est arrivée l'affaire qu'on trouvera à la page 422 ci-devant.

MARS.

Conseil de dépêches. — Partis dans le ministère. Puissance du garde des sceaux soutenu par Mme de Pompadour. M. d'Argenson soutenu par Mme d'Estrades. — Affaires du Châtelet. — Abus dans la maison du Roi et dans celle de la Reine ; on ne veut pas les réformer. — Abus dans l'administration des forêts. — Le maréchal de Noailles.

Du 2. — Il y eut hier un conseil de dépêches de trois heures de temps, uniquement sur les affaires du clergé. On a accordé aux agents tout ce qu'ils demandoient, et on a cassé tous les arrêts de différents parlements. Cet avis ne passa pas tout d'une voix. M. le maréchal de Noailles et M. Rouillé n'étoient pas d'avis que les arrêts fussent cassés.

Du 18. — On trouvera dans mon journal de 1754, aux

26 février, 7 et 8 mars, plusieurs détails sur M. de Mailly-d'Aucourt et M. Bertin. M. de Mailly est beau-père de M. de Voyer d'Argenson, et M. Bertin, comme intendant, est dépendant de M. le garde des sceaux. On sait que ces deux ministres sont au plus mal ensemble. M. le garde des sceaux veut être le maître ; il l'est en effet jusqu'au moment présent. M. le maréchal de Noailles, M. de Saint-Florentin, M. de Saint-Contest et M. Rouillé lui sont entièrement dévoués ; M. de Puisieux et M. de Saint-Séverin, qui ne font qu'un, sont neutres ; le chancelier, le plus vertueux de tous les hommes, n'a ni crédit, ni considération dans les affaires ; M. le duc de Béthune ne se mêle de rien. M. d'Argenson est le seul obstacle au pouvoir souverain du garde des sceaux. Mme de Pompadour étant entièrement dans les intérêts de celui-ci ne peut souffrir M. d'Argenson ; mais il est soutenu par son mérite et par Mme d'Estrades. Dans cette situation, on conçoit que les occasions de lui donner des désagréments sont saisis avec plaisir. Voilà, à ce que l'on prétend, ce qui a fait profiter de l'imprudence et de la vivacité de M. de Mailly pour l'exiler, et en même temps récompenser promptement M. Bertin. Ce qui est singulier, et que je crois savoir sûrement, c'est que lorsque MM. de Mailly et Bertin furent rappelés, le Roi dit : « Il ne faut pas être en peine de M. Bertin, le garde des sceaux le remplacera bientôt. »

J'ai assez parlé des affaires du Châtelet qui ne sont pas finies et ne finiront pas sitôt. Elles ont occupé vivement le Roi et son conseil. On me contoit il y a quelques jours que le Roi étant à table à souper dans ses cabinets, le 8, le chancelier arriva et lui fit dire qu'il avoit un mot pressé à lui communiquer. Le Roi se leva de table, descendit dans son appartement, y trouva M. le chancelier, M. d'Argenson et M. de Paulmy ; il fut un quart d'heure avec eux, et retourna se mettre à table ; il falloit que l'affaire fût pressée.

Du 26, Versailles. — Je ne sais si je n'ai pas déjà parlé

dans ce petit journal des abus qu'il y a dans la maison du Roi, abus qui coûtent cher à S. M. et qui ne sont utiles qu'à ceux qui ont les charges. Il y en a aussi dans la maison de la Reine; mais la difficulté est de les réformer. Cette difficulté ne seroit pourtant pas impossible à surmonter si on vouloit bien; c'est cette volonté qui manque souvent, ou presque toujours; en voici un exemple. L'objet est un peu important, mais on en peut tirer des conséquences. Il est d'usage de faire un renouvellement chez la Reine tous les trois ans; j'en ai parlé dans mes journaux, couvre-pieds, draps, manteaux de lits, etc.; c'est la dame d'honneur qui est chargée de tout ce détail. A ce même terme de trois ans, on renouvelle aussi une grande quantité de cassettes pour le service de la Reine. Ces cassettes sont garnies fort proprement en dedans, et on y met des galons d'or. Mme de Luynes, en arrêtant les comptes de la dépense de la Reine, fut fort surprise de celle pour ces cassettes et surtout pour ces galons d'or; cette magnificence lui parut d'une inutilité entière et le dit au contrôleur de la maison; mais elle ne voulut point donner d'ordres sans avoir reçu ceux de la Reine; elle lui en parla il y a trois jours; j'étois présent. La Reine lui dit que c'étoit un profit pour ceux à qui ces cassettes revenoient, que cela feroit de la peine à ces pauvres gens, que c'étoit un ancien usage, qu'il falloit le laisser subsister. On peut juger si, avec de telles réponses, on peut parvenir à réformer des dépenses bien inutiles.

Ces abus dans l'intérieur des maisons du Roi et de la Reine sont encore bien plus grands dans l'administration des revenus du Roi, au moins en ce qui regarde le revenu des bois. Les forêts du Roi sont gouvernées par des grands maîtres des eaux et forêts, inspecteurs, etc.; il y a des gardes, plus ou moins suivant l'étendue; malgré cela ces forêts sont pillées par tous les habitants voisins; on y coupe les arbres en plein jour; les bois s'y vendent à des prix au-dessous de leur valeur, et les marchands s'y enrichissent, en ne souffrant point de marchands étrangers qui puissent faire augmenter les bois, et en faisant des présents pour obtenir la préférence. Il arriva sur cela, il y a quelque temps, une aventure assez plaisante qu'on me contoit aujourd'hui. M. d'Igny, maître d'hôtel du Roi, alloit à une campagne en Normandie ; il passa dans une forêt du Roi, et trouvant beaucoup de monde assemblé, il demanda ce que c'étoit; on lui dit qu'il s'agissoit d'une vente de bois. La curiosité l'engagea à mettre pied à terre ; les marchands ne doutèrent point que ce ne fût un étranger qui venoit faire enchérir les bois ; ils vinrent à lui et lui proposèrent de lui donner 150 louis s'il vouloit ne point mettre d'enchères et passer son chemin. M. d'Igny accepta la proposition, prit les 150 louis et s'en alla.

Du 27. — J'ai sûrement parlé dans mon journal en différentes occasions de M. le maréchal de Noailles. Son âge, les grandes places qu'il a occupées, les entrées familières qu'il a chez le Roi et la grande habitude qu'il a de faire sa cour l'ont mis à portée de parler très-familièrement au Roi ; il a la mémoire fort heureuse et aime à conter ; le Roi ne l'écoute pas toujours, au moins la conversation entière, mais il sait se prêter aux circonstances. Il y a quelque temps qu'étant présent au moment que l'on faisoit la barbe au Roi, il raconta une histoire du chevalier de Lorraine qui se faisant faire la barbe fut fort étonné de ce que le barbier s'écria tout d'un coup : « Ah ! belle tête ! » Le chevalier de Lorraine, surpris, regarda le barbier avec attention ; il se trouva que la tête avoit tourné au barbier et que son projet étoit de couper le col au chevalier de Lorraine. On a remarqué ce fait par la singularité du moment où il a été raconté.

Tout le monde sait que les cardinaux de Richelieu et de Mazarin ont eu des gardes à eux ; mais ce que l'on peut fort bien ignorer, c'est que la proposition d'avoir des gardes fut faite au cardinal Dubois ; on prétend que ce fut par M. de Biron, aujourd'hui maréchal de France; mais cela n'a point eu d'exécution.

AVRIL.

Décisions contraires. — Caractère de Louis XV; son indécision entre MM. d'Argenson et de Machault. — Augmentation de crédit de Mme de Pompadour. — Mme d'Estrades. — Travail du prince de Conty avec le Roi. — Anecdote sur le crédit de Mme de Pompadour.

Du 15. — J'ai déjà marqué dans ce journal quelques occasions où il y a eu des décisions embarrassantes par leurs contrariétés, et d'autres où on avoit donné des décisions sans pouvoir les obtenir. J'appris hier un fait de contrariété de décision qui mérite d'être écrit.

En 1749, un an après la conclusion de la paix, M. d'Argenson voulut rendre compte au Roi des dépenses de la guerre; il lui porta des états détaillés de chaque partie de ces dépenses; le total montoit à 52 millions. Le Roi approuva cet état, et y mit de sa main *vu bon*. M. de Machault, contrôleur général, travaillant quelque temps après avec S. M., lui présenta des états de toutes les espèces de dépenses; celle de la guerre en faisoit partie. Il n'étoit pas entré dans d'aussi grands détails que M. d'Argenson, mais il avoit marqué les principaux articles, et le total de ces articles ne montoit qu'à 48 millions. Le Roi mit *vu bon*. Voilà donc l'état de la guerre compris dans la dépense générale seulement pour 48 millions, et M. Boulongne n'expédie des ordonnances que jusqu'à concurrence de 48 millions. M. d'Argenson en parle au Roi et demande que l'affaire soit portée au conseil. Il y rend compte des parties singulières qui composent son état de 52 millions; il demande au Roi s'il veut y faire quelque retranchement, et sur quelle partie. Il propose les retranchements; aucun n'est approuvé. Le Roi ne donne aucun ordre et il passe au conseil qu'il n'y a rien à retrancher sur les 52 millions. Cependant il n'y en a que 48 de payés annuellement, et les dépenses étant de 52, il y a actuellement 17 millions dus aux entrepreneurs ou autres sur ces 4 millions de différences.

Plus on connoît le Roi, plus on est affligé qu'il ne veuille pas, en pareil cas, écouter les raisons de part et d'autre, et déclarer ses volontés. Il rassemble des qualités aimables et rares dans un souverain ; il est facile à servir ; il estime la vertu et la probité ; il connoît ceux qui lui sont véritablement attachés et est touché de leurs sentiments et de leur zèle pour son service ; il leur marque même de la confiance. Il y a quelques jours que M. le maréchal de Belle-Isle étant allé le soir chez Mme de Pompadour, où le Roi regardoit jouer, voulut s'en aller après avoir fait sa cour quelque temps. Le Roi l'appela, lui parla longtemps de la place de lieutenant de Roi de Metz. Celui qui avoit succédé à M. Rochecolombe (M. Besnard) étoit mort depuis peu. Il entra dans le détail des sujets qui pouvoient convenir ; il en raisonna de mémoire et sur un livre qu'il avoit dans sa poche comme connoissant les services, les bonnes et mauvaises qualités de chacun. Enfin il dit à M. de Belle-Isle qu'il s'en rapportoit à lui, qu'il lui présentât qui il voudroit et qu'il le nommeroit. Cette bonté du Roi est un inconvénient par rapport à ses ministres. Deux des principaux, M. le garde des sceaux et M. d'Argenson, sont dans des sentiments et des principes absolument différents ; le Roi le sait, le voit, les écoute l'un et l'autre et ne décide pas entre eux quand il est nécessaire de prendre un parti. Mme de Pompadour, qui de maîtresse est devenue amie du Roi et par ce nouveau titre a peut-être plus de crédit que par le premier, est entièrement dans les intérêts de M. le garde des sceaux ; Mme d'Estrades, parente et amie de Mme de Pompadour, soutient M. d'Argenson, pour qui elle a beaucoup d'amitié. Mme d'Estrades vit beaucoup avec Mme de Pompadour ; elle soupe chez elle ; elle va aux voyages du Roi ;

elle a de l'esprit; mais Mme de Pompadour a le crédit. Le garde des sceaux s'occupe beaucoup des affaires particulières de Mme de Pompadour et de tout ce qui peut lui faire plaisir; d'ailleurs il a dans ses intérêts presque tout le ministère et tout ce qui environne le Roi. Je ne sais si je n'ai pas déjà marqué ce détail. Le parti de M. le garde des sceaux, qui sans doute est le plus grand, tire avantage et avec raison de l'accès facile qu'on trouve auprès de ce ministre, qui reçoit froidement mais poliment, qui écoute avec patience, et ne paroît jamais pressé, qui expédie promptement, et reproche à M. d'Argenson de ce qu'on a peine à le voir, sans vouloir faire attention que le grand nombre d'affaires dont il est chargé et sa santé souvent mauvaise le mettent hors d'état de donner autant de temps que M. de Machault. Enfin Mme de Pompadour voit très-peu M. d'Argenson. Il y a quelques jours qu'elle avoit deux affaires à traiter avec lui. Elle en parla à M. le maréchal de Belle-Isle, qui lui dit avec sa vérité ordinaire qu'il y en avoit une qui ne pouvoit pas réussir; elle ajouta foi à ce conseil et le pria de parler de l'autre à M. d'Argenson; il s'en chargea et elle fut faite sur-le-champ.

Du 26. — J'ai souvent parlé du travail de M. le prince de Conty avec le Roi, travail que personne ne sait ni ne comprend. La petite vérole de Mme la duchesse d'Orléans, sa sœur, avoit interrompu ce travail. Il recommença le jeudi-saint, 11, et dura deux heures.

Du 27. — J'ai marqué dans mon journal que le jeudi-saint, Mme de Renty, dame d'honneur de Mme la princesse de Condé, peu instruite des usages de la Cour, avoit cru devoir suivre toujours régulièrement sa princesse, qui servoit à la cène de la Reine; qu'on l'avoit remarqué et trouvé mauvais, parce qu'il n'y a que les filles de France qui doivent être suivies en pareil cas. Immédiatement après la cène, le Roi et la Reine allèrent aux ténèbres. J'ai déjà parlé d'une tribune nouvellement faite pour

Mme de Pompadour au-dessus du passage qui donne du balcon à la sacristie de la chapelle. Mme de Pompadour fait grand usage de cette tribune les jours de grandes fêtes. Autant qu'on peut voir de la chapelle, elle paroît y être seule et un livre à la main. M. le prince et Mme la princesse de Condé, qui ont beaucoup de piété l'un et l'autre, se rendirent à la chapelle aux ténèbres. On remarqua que M. le prince de Condé monta dans la tribune dont je viens de parler, et parla à Mme de Pompadour avec vivacité, et qu'étant ensuite revenu auprès de Mme la princesse de Condé, elle marqua grand empressement de lui parler, apparemment pour savoir le succès de la commission. Ce détail prouve ce qu'un prince du sang juge du crédit de Mme de Pompadour.

JUIN.

Pension accordée à Mme de Talmond. — Audience au premier président. — Opinion du Roi sur la confession. — Lettre du Roi au premier président.

Du 4, Versailles. — J'ai marqué, au 2 de ce mois, dans mon journal que le Roi a accordé une pension de 10,000 livres à Mme de Talmond, à la prière de la Reine ; Mme de Talmond s'étoit adressée à Mme de Pompadour pour cette pension. C'est ce que la Reine ignore ; il est vraisemblable que cette voie lui auroit déplu. Mme de Pompadour en avoit sans doute parlé au Roi, mais elle a jugé fort sagement que la demande de Mme de Talmond, qui a l'honneur d'être cousine de la Reine, devoit passer par la Reine. C'est ce qui a déterminé Mme de Talmond à s'adresser à la Reine.

Du 7, Versailles. — J'ai marqué dans mon journal, à la date du 6, l'arrivée de M. le premier président à Versailles, le 4. Il y a quelques circonstances à ajouter que je n'ai pas cru devoir mettre dans le journal. On savoit à

Soissons que le Roi devoit envoyer un ordre au premier président ; on attendoit cet ordre dès le samedi veille de la Pentecôte et on fut même étonné de ne le voir pas arriver ce jour-là ; tout cela avoit été mandé à Paris. Dans la lettre du Roi, il étoit marqué que le premier président ne passât point par Paris, qu'il pourroit venir dans l'habit qu'il voudroit, et qu'il ne vît personne. Le Roi travailla avec M. le chancelier, comme je l'ai dit, une heure avant l'arrivée du premier président ; dans ce travail il dit au chancelier que le premier président viendroit, mais qu'il ne le verroit pas (lui chancelier).

J'ai dit que le Roi soupa ce jour-là au grand couvert ; on sait qu'après le souper, le Roi reste quelque temps chez la Reine ; c'est ce qu'on appelle la conversation. La cérémonie faite à Saint-Cyr, le mardi, de la bénédiction des abbesses donna occasion de parler de couvents de religieuses et des confesseurs, suivant les usages différents de chaque ordre. La Reine parla des Carmélites. Le Roi répondit qu'il ne devoit rien y avoir de si libre que la confession ; il paroissoit très-occupé de ce sentiment, comme en ayant beaucoup parlé dans la conversation qu'il venoit d'avoir. Cette remarque est essentielle. Le temps apprendra si elle est juste.

Du 14, Versailles. — On sait il y a longtemps que le premier président ayant assemblé Messieurs de la grande chambre, à Soissons, leur dit : « J'ai fait le voyage que vous savez. La bonté avec laquelle le Roi m'a écouté me fait espérer que la compagnie éprouvera bientôt les effets de sa clémence. J'ai été une heure et demie seul avec le Roi. » Dans ce moment-ci on ne sait encore rien de plus positif. Il paroît cependant dans Paris depuis quatre ou cinq jours la copie d'une lettre du Roi au premier président, et on commence à regarder cette lettre comme très-vraisemblable ; on la trouvera ci-après. Elle semble prouver qu'il y a eu une déclaration qui a été envoyée à la grande chambre ; qu'ils ont délibéré sur cette déclaration et que le premier président a reçu ordre de venir rendre compte de la délibération ; ou bien dans l'audience du premier président, le mardi de la Pentecôte, lecture a été faite par le Roi de la déclaration. Le premier président l'a emportée. Il a été délibéré sur cette déclaration ; le premier président a envoyé au Roi la délibération et la lettre ci-après copiée et la réponse du Roi à la lettre du premier président.

LETTRE DU ROI AU PREMIER PRÉSIDENT.

Je jugerai de la vérité des sentiments de mon Parlement par la suite de sa conduite.

Je persiste dans le refus que j'ai fait de recevoir les remontrances, et mon Parlement doit sentir que c'est lui qui m'a forcé à ce refus par la nature des objets qu'il avoit arrêté de traiter.

Mon intention n'est point de lui interdire l'usage des remontrances ; j'écouterai toujours favorablement celles qu'il me fera, lorsqu'elles auront pour objet le bien de la religion et la tranquillité de l'État et qu'elles ne contiendront rien de contraire au respect et à l'obéissance qui me sont dus. Je sens la nécessité de remédier aux maux présents de l'Église et de l'État ; je suis déterminé à employer pour y parvenir tous les moyens possibles, et je saurai punir avec la plus grande sévérité tous ceux qui oseront y mettre obstacle.

Dans cette vue j'ordonne à mon Parlement de travailler incessamment, conjointement avec les avocats, procureurs généraux, à un mémoire dans lequel ils me proposeroient ce qu'ils estimeroient être le plus utile pour le rétablissement de la paix dans l'Église et dans l'État. J'ai donné de pareils ordres à mes autres Parlements.

Jusqu'à la présentation qui me sera faite de ce mémoire, je veux et ordonne qu'il soit sursis à toutes poursuites et procédures commencées pour refus de sacrements, me réservant de faire savoir à mon Parlement quelles seront pour lors mes intentions, et je vais faire donner mes ordres aux évêques pour qu'ils contiennent ceux de leurs ecclésiastiques qui se conduisent par un zèle indiscret dont les effets seroient capables d'augmenter le trouble auquel j'ai intention de remédier.

Je veux bien accorder à la commodité de mes peuples le rétablissement de mon Parlement en ma ville de Paris, et je vais faire expédier les lettres pour ce nécessaires.

Les 29 et 30 juin, le Roi travailla avec M. le prince de

Conty, M. le cardinal de la Rochefoucauld et M. l'archevêque de Paris, séparément, vingt minutes ou environ avec chacun.

JUILLET.

Mlle Murphy. — Les soupers avec Mme de Pompadour recommencent. — Tapage nocturne à Compiègne. — Le prince de Conty. — Changements et partis dans le ministère. — Mme d'Estrades. — M. de Machault. — M. de Séchelles.

Du 10. — On a eu nouvelle que Mlle Morphise (1) est accouchée d'une fille à Paris. On prétend que la place qui est vacante pendant ce temps est remplie par une autre à Compiègne.

Le Roi recommença hier à souper dans ses cabinets avec Mme de Pompadour. Il avoit soupé plusieurs fois chez elle. M. le prince de Conty étoit de ce souper d'hier, mais il n'a pas soupé chez Mme de Pompadour. Il n'a nulle liaison avec elle. Ils se voient et voilà tout.

On joua à la Comédie-Françoise à Paris, il y a quelques jours, une petite pièce en trois actes intitulée *le Souper*; on dit qu'elle est de M. de Tressan, de l'académie de Nancy. Elle est tombée à cette première représentation.

Du 14. — MM. le marquis de Villeroy et de Monaco ont fait du bruit dans la ville de Compiègne, et ce qu'on appelle du tapage ; le Roi l'a su. Le lendemain, ils allèrent à la chasse du Roi ; tous les chasseurs excepté ces Messieurs soupèrent avec S. M. Tout le monde a été fort aise que le Roi leur ait marqué n'être pas content d'eux.

Du 23. — On trouvera dans mon journal l'état présent

---

(1) Il s'agit de Mlle Morphy ou Murphy. *Voy.* Soulavie, *Anecdotes de la cour de France*, p. 218. — *Mémoires de Casanova*, éd. in-8°, 1833, t. III, chap. II. — *Anecdotes sur Mme la comtesse du Barry*, p. 58. — Barbier (édit. Charpentier, t. V, p. 351), parle dès le mois de mars 1753 de cette jeune fille, et ne trouve qu'à féliciter le Roi sur les distractions que Mme de Pompadour lui procurait.

des affaires concernant le Parlement. M. le prince de Conty dit qu'il ne s'en mêle point; personne n'ajoute foi à ce discours, et ce que l'on me contoit avant-hier est une preuve que l'on a raison. Un homme que je connois fort, et qui n'est point du tout ami intime de M. le prince de Conty se trouvant auprès de lui à Compiègne, M. le prince de Conty lui dit qu'il avoit grand désir d'aller à Paris, mais qu'il n'avoit pu trouver le moment. La réponse fut que cela n'étoit pas difficile à croire, d'autant plus qu'il faisoit de grandes et bonnes affaires à la Cour. M. le prince de Conty demanda ce que l'on disoit à Paris et à la Cour, et parla des nouvelles qu'il recevoit de son côté; il ajouta qu'il ne se mêloit de rien, que c'étoit le Roi qui faisoit tout, qu'à la vérité il avoit bien pu entrer dans cette affaire il y a un an, et qu'il avoit rendu compte au Roi de ses réflexions; qu'il souhaitoit que le travail qu'il avoit fait alors pût avoir donné lieu aux arrangements que l'on prend aujourd'hui.

Il est certain que l'on garde le plus profond silence à Compiègne et que l'on n'y apprend les nouvelles que de Paris et de Soissons.

On trouvera dans mon journal les détails des changements arrivés dans le ministère. On peut bien juger que ces changements ont donné lieu à grand nombre de raisonnements. Nous avons dans notre ministère deux partis opposés, celui de M. d'Argenson et celui de M. de Machault. Celui de M. de Machault comprend presque tous les ministres, M. de Saint-Florentin intime ami; M. Rouillé n'est pas dans la même intimité, mais il y est bien; feu M. de Saint-Contest y étoit aussi très-bien, et M. de Saint-Contest ne se conduisoit que par les conseils de M. le maréchal de Noailles qui a toujours du crédit. Outre cela Mme de Pompadour, qui est plus puissante que jamais, est dans la plus grande liaison d'amitié et de confiance avec M. de Machault. M. de Puisieux et M. de Saint-Séverin ne sont pas précisément attachés à aucun parti; mais s'ils en avoient un ce seroit celui de M. de Machault. Le chancelier n'est d'aucun parti, mais il a beaucoup d'égards et de considération pour M. de Machault. M. d'Argenson a beaucoup d'amis, mais non pas dans le ministère et fort peu dans les courtisans qui approchent du Roi. Il marque une grande amitié et confiance à M. le maréchal de Belle-Isle qui est bien avec tout le monde, au moins à l'extérieur, parce qu'il n'est pas dans le ministère et que le Roi a de la bonté pour lui. M. d'Argenson est lié intimement avec M. de Séchelles; il l'est beaucoup aussi avec Mme la comtesse d'Estrades, qui est de tous les voyages et soupers du Roi et qui n'en est pas pour cela plus aimée de Mme de Pompadour, sa cousine. Lorsqu'on a vu M. de Machault quitter la place de contrôleur général et prendre un département difficile à bien entendre et à bien faire dans les circonstances présentes, puisqu'il y a beaucoup de vaisseaux à construire et beaucoup de dépenses à faire pour les colonies et d'anciennes dettes à payer, on a jugé que le Roi n'étant pas content de lui, lui avoit pour ainsi dire ouvert une porte pour quitter sans désagrément la place de contrôleur général. Cette place de contrôleur général donnée à M. de Séchelles faisoit juger que le parti de M. d'Argenson l'emportoit sur celui de M. de Machault. Toutes ces conjectures ne sont pas exactement vraies. M. de Machault a changé de place pour conserver son crédit; il s'est trouvé embarrassé par l'affaire du Clergé. Si c'est lui seul qui a formé le système d'ôter le don gratuit, il s'est beaucoup trompé dans son projet, et si on lui a donné ce conseil, il a fort mal fait de le suivre. Les États du Languedoc d'un côté, et le Clergé de l'autre, se sont très-bien conduits, et depuis l'exil qui a suivi l'assemblée de 1750, les évêques n'ont donné au Roi aucun sujet d'être mécontent de leur conduite.

Depuis cette assemblée, les arrangements pris de 150,000 livres par an pendant cinq ans pour accélérer le payement des dettes du clergé n'a été suivi en aucune manière ; ainsi il n'y a aucun avantage pour le Roi puisque le Clergé a persisté dans son sentiment, et qu'on n'a jamais pu trouver d'accommodement. Il falloit cependant songer à l'assemblée de 1755, et c'est d'ici à deux ou trois mois qu'il faut expédier les ordres nécessaires pour cette assemblée. Toutes ces circonstances ont fait sentir à M. de Machault qu'il ne pouvoit avoir que des désagréments. D'ailleurs la place de contrôleur général ni celle des affaires étrangères ne sont jamais si sûres d'être conservées que celle de la marine : celle-ci parle une langue étrangère que tout le monde n'entend pas. Enfin, M. de Machault a deux garçons, dont l'aîné a dix-sept ans ; il ne pouvoit pas espérer de lui faire passer la place de contrôleur général, au lieu que cela n'est pas impossible pour la marine ; M. de Maurepas l'a eue à quinze ans. C'est aussi la raison du fils aîné que M. de Machault prend dans le public. Malgré tout ce raisonnement, on ne peut pas croire que le changement n'ait pas été approuvé par M. d'Argenson, surtout sur ce qui regarde M. de Séchelles (1). Ce qui est certain, c'est que la surveille du jour que le changement fut déclaré, quelqu'un que je connois eut la curiosité d'aller se promener dans la forêt au nouvel ermitage que le Roi y a fait faire ; on s'informa auparavant si Mme de Pompadour n'y étoit pas ; son carrosse l'attendoit mais elle n'étoit pas partie. A peine fut-on arrivé à l'ermitage, que M. de Machault y arriva de son côté et parut embarrassé de la compagnie qu'il y trouvoit ; il la

---

(1) J'ai su depuis très-positivement que l'intention du Roi étoit de donner les affaires étrangères à M. de Séchelles. Cela a été fait pendant huit jours ; c'étoit M. de Soubise, intime ami de M. de Séchelles, qui avoit suivi cette affaire. Le Roi estimoit M. de Séchelles depuis longtemps, et vouloit le mettre en place. Les réflexions de M. de Machault et le crédit de Mme de Pompadour furent cause du changement. Mme de Pompadour le manda aussitôt à M. de Soubise. M. de Séchelles, qui savoit les intentions du Roi, étoit à Compiègne dans le moment de la nouvelle de la mort de M. de Saint-Contest ; il partit aussitôt pour Séchelles. (*Addition du duc de Luynes*, datée de 1755.)

joignit cependant ; il y eut quelques moments de conversation. Mme de Pompadour arriva; il monta dans son carrosse et alla se promener tête à tête dans la forêt avec elle. Il dit qu'il est très-content du changement, mais pour revenir à son projet sur le Clergé, je sais sûrement qu'il n'a jamais été approuvé par les gens les plus sensés, même de la finance. M. Boullongne le disait il y a quelques jours, et M. Trudaine qui l'avoit dit dès le commencement, et qu'on n'avoit pas voulu croire, a assuré qu'il avoit toujours persisté dans le même sentiment.

AOUT.

M. de Verneuil. — Entreprises, prétentions. Le Roi ne fait pas exécuter ses décisions. — Raisonnements sur le Parlement.

Du 26, Versailles. — Le Roi travailla hier avec M. de Saint-Florentin. Dans ce travail la charge de grand-maître des cérémonies de l'ordre a été donnée ; on croit que c'est à M. Bignon, mais on ne le sait pas encore. M. de Verneuil, introducteur des ambassadeurs, la désiroit beaucoup et avoit pris la liberté de présenter un mémoire au Roi pour lui représenter qu'il est en état de faire les preuves nécessaires, et qu'il avoit d'ailleurs lieu de se flatter de mériter les bontés du Roi. Il est secrétaire de cabinet ayant la plume. Il a rapporté plusieurs exemples de ses prédécesseurs, secrétaires du cabinet, qui ont eu la même charge ; il a fait sentir qu'il avoit grand besoin de cette marque de bonté et de distinction. En effet, M. de Verneuil sert le Roi dans les deux charges d'introducteur des ambassadeurs et de secrétaire du cabinet, avec intelligence, capacité, vivacité et agrément ; et l'on sait que la présentation de sa femme dont j'ai parlé dans le temps a été une circonstance affligeante pour lui. Il paroît que le Roi a bien reçu le mémoire, mais on n'a pas voulu donner à M. de Verneuil une charge que M. Rouillé n'a pu avoir parce qu'il faut faire des preuves. M. de Saint-Florentin dit hier à M. de Verneuil, de la part du Roi, au sortir du travail, que ce qu'il désiroit ne pouvoit être fait, mais que le Roi souhaitoit qu'il n'en fût point affligé, qu'il le dédommageroit d'ailleurs.

Du 26, à Versailles. — On trouvera dans mon journal, au 26 août, un grand détail entre MM. les officiers des gardes du corps et MM. les premiers gentilshommes de la chambre pour la place derrière le fauteuil. Vraisemblablement cette question, qui ne devroit pas en être une au moins pour le fauteuil de la Reine dans le grand cabinet, sera décidée en faveur du chevalier d'honneur, mais pour éviter les contestations ce n'est pas assez de décider, il faut faire exécuter les décisions. M. le maréchal de Richelieu, premier gentilhomme de la chambre, me contoit avant-hier ce qui lui étoit arrivé par rapport à M. de Livry. L'usage de recevoir l'ordre du Roi dans le cabinet après le souper a été usurpé par M. le maréchal d'Harcourt, père du dernier mort; MM. les capitaines des gardes le recevoient à la porte de la chambre en entrant dans le cabinet, comme les commandants et officiers supérieurs des compagnies rouges. Je dis mal de dire l'ordre, c'est le mot; l'ordre se reçoit le matin avant la messe. M. le maréchal d'Harcourt, qui étoit boiteux, suivoit le Roi jusqu'à son bureau, et le Roi s'accoutuma à ne lui plus donner l'ordre qu'auprès de son bureau. Le capitaine des Cent-Suisses, qui prétend toujours être comme cinquième capitaine des gardes du corps, prétendit aussi recevoir l'ordre du cabinet; il l'a obtenu, et ce fut, je crois, pendant le ministère de M. le Duc. Le premier maître d'hôtel recevoit toujours l'ordre à la porte de la chambre après le souper du Roi. M. de Livry d'aujourd'hui voulut entrer dans le cabinet; l'huissier lui refusa la porte avec raison, d'autant plus que les entrées de la chambre qu'il a ne donnent point d'entrée dans le cabinet. Après le souper il insista; l'huissier s'en plaignit à M. le maréchal de Richelieu; M. de Richelieu s'en plaignit au Roi, et pour terminer cette affaire, il présenta un petit papier au Roi où la prétention de M. de Livry étoit écrite à mi-marge. Il pria le Roi de vouloir bien mettre de sa main, à côté, sa décision. Le Roi écrivit à côté de l'article : « Livry doit prendre l'ordre à la porte du cabinet. » M. de Richelieu montra cet ordre à M. de Livry et renouvela à l'huissier la défense de laisser entrer après le souper. Au premier petit couvert, M. de Livry marcha devant le Roi et se présenta à la porte du cabinet, lorsque le Roi étoit prêt d'y entrer; l'huissier l'arrêta; il poussa l'huissier et entra. Le Roi le vit et sourit, et lorsqu'il fut auprès de son bureau il se retourna et donna l'ordre à M. de Livry.

Ce ne sont pas les seules entreprises de MM. de Livry. Le père de celui-ci suivit le Roi aux voyages de Rambouillet; les hommes avoient l'honneur de manger avec S. M., non pas tous, mais ceux qui étoient mis sur la liste chaque jour. Les jours que le Roi soupoit au Perez en revenant de la chasse, on faisoit une liste; c'étoit le premier gentilhomme de la chambre qui la faisoit et l'huissier avertissoit ceux qui y devoient manger. M. de Livry s'étoit mis dans l'esprit qu'il devoit toujours manger avec le Roi, que c'étoit le droit de sa charge, qu'il avoit sa place marquée vis-à-vis le Roi et qu'il étoit fort inutile qu'on le mît sur la liste. M. de Gesvres, voyant qu'il ne pouvoit le persuader, en parla à M. le cardinal de Fleury, qui condamna la prétention de M. de Livry. M. de Gesvres le dit encore à M. de Livry, qui répondit qu'il s'y mettroit toujours, quoiqu'il ne fût point sur la liste; que ce seroit tant pis pour celui dont le nom seroit sur la liste et qui ne trouveroit plus de place. Il faut remarquer que le premier gentilhomme de la chambre montroit tous les jours cette liste au Roi avant le souper. M. de Livry agit en conséquence de son projet. M. de Gesvres, voyant que le Roi ne lui disoit mot, prit le parti de le mettre tous les jours sur la liste. Je sais ce fait de M. le duc de Gesvres lui-même.

Du 29. — On raisonne beaucoup sur le prochain retour du Parlement. On est persuadé qu'ils continueront le service, s'ils le reprennent; mais c'est le dernier article dont on doute beaucoup, parce qu'ils sont toujours dans les mêmes principes et qu'ils insisteront vraisemblablement sur leurs remontrances. Les gens sensés sont un peu étonnés qu'on n'ait pas pris le parti de rassembler le Parlement à Soissons plutôt qu'à Paris. La chambre royale subsiste toujours et n'a reçu aucun ordre de se séparer; c'est encore un autre sujet d'étonnement et de raisonnement.

SEPTEMBRE.

Luxe de l'ameublement de la nouvelle maison de Mme de Pompadour à Paris. — Nourrice du duc de Berry. — Audience au Clergé. — Quels sont les auteurs de la déclaration du 2 septembre. Caractère de l'enregistrement de cette déclaration. — Résolutions du Clergé. — M. de Machault et ses projets. — Manque de fermeté du Roi. — Le duc de Gesvres à Blérancourt.

Du 2. — On me parloit il y a quelques jours de la nouvelle maison de Mme de Pompadour. J'ai déjà marqué que cette maison est l'hôtel d'Évreux. Elle a fait changer le petit appartement de M. le comte d'Évreux, et elle l'a fait augmenter d'une antichambre, d'une salle à manger, d'un cabinet de toilette et de plusieurs garde-robes. Cet appartement et le grand appartement seront meublés tout au plus magnifique. Il y a actuellement dans le grand salon une tapisserie faite aux Gobelins encadrée dans de la menuiserie. Dans le milieu de ces pièces de tapisseries il y a deux L. L. surmontées d'une couronne. On prétend que chaque rideau de fenêtre de ce salon coûte 5 ou 6,000 livres.

J'ai marqué dans mon journal qu'il y avoit eu beaucoup de réjouissances dans Paris pour l'arrivée du Parlement. Il y en a eu aussi pour la naissance de Mgr le duc de Berry, mais elles n'ont pas été bien considérables, et l'on n'a pas marqué une joie aussi vive qu'on l'auroit désiré. Les réjouissances pour le Parlement ne se sont guère étendues au delà de l'enceinte du palais.

Du 5, Versailles. — J'ai déjà parlé de la nourrice de Mgr le duc de Berry. Ce qui est fort singulier, c'est que tout reste dans le même état. Il est d'usage d'avoir non-seulement une bonne nourrice pour l'enfant, mais d'en avoir quatre, cinq ou six autres en cas de besoin; c'est ce qu'on appelle être aux retenues. Elles sont bien logées, bien nourries, et on a grand soin d'elles. Il est prouvé que celle qui nourrit a beaucoup de peine à donner à téter à l'enfant; Mme de Marsan se donne tous les mouvements possibles pour obtenir qu'elle soit changée; elle en a rendu compte au Roi plusieurs fois; la Reine est fort fâchée que ce changement ne soit pas fait; Mgr le Dauphin le trouve aussi très-mauvais, et cependant on ne fait rien. Il est arrivé même quelque chose de singulier. Mme de Marsan désiroit d'avoir des éclaircissements sur l'âge, les mœurs et la conduite de la nourrice qui nourrit et de celles qui sont aux retenues; elle comptoit d'écrire ou de faire écrire aux curés des paroisses dont elles sont; un homme de la faculté a sans ordre écrit de sa part à plusieurs évêques, et Mme de Marsan en a déjà reçu des lettres dont elle a été fort étonnée.

J'ai parlé dans mon journal de l'audience à Choisy donnée à MM. les cardinaux de la Rochefoucauld et de Soubise, et MM. les archevêques de Paris et de Narbonne. Le Roi les reçut avec beaucoup de marques de bonté, et leur dit qu'il étoit très-content de la conduite du clergé; qu'il venoit de donner une déclaration en rappelant son Parlement, qu'il n'y étoit question ni des évêques ni des billets de confession et qu'il espéroit que le clergé n'auroit aucun sujet de s'en plaindre.

Du 7. — On trouvera dans mon journal la déclaration

du 2 et l'enregistrement du 5 de ce mois. Il est important de lire l'une et l'autre avec attention. Cette déclaration écrite, à ce que l'on dit, de la main du Roi, au moins donnée comme l'ouvrage de sa propre personne, n'a certainement pas été faite par le Roi. On ne peut pas douter que M. le prince de Conty n'y ait eu beaucoup de part; mais quoiqu'il ait beaucoup d'esprit, il est certain qu'il n'est pas au fait de matières aussi importantes et aussi difficiles à traiter. Il n'est pas douteux que c'est l'ancien procureur général qui a fait cet ouvrage. Ce magistrat, fort parlementaire et janséniste, a beaucoup de connoissances et de subtilités dans l'esprit, c'est ce qu'il est aisé de remarquer dans les termes de la déclaration. Le sieur Pothouin, avocat fameux, grand janséniste, a été aussi consulté par M. le prince de Conty.

Examinons l'enregistrement. Il n'est pas dit un mot de refus de sacrements dans la déclaration, et le Parlement dit qu'il ne sera fait aucune innovation dans l'administration extérieure et publique. Le Roi juge que le Parlement est en faute dans sa conduite et dans ses prétextes, et le Parlement ne reconnoît point cette imputation, terme odieux et peu convenable dans la bouche des sujets. Le Roi juge que le Parlement a manqué aux devoirs consacrés par la religion du serment, et le Parlement dit nettement qu'il n'a fait que ce qu'exigeoit son devoir et son serment. Il seroit difficile de donner un démenti plus formel à son souverain. L'arrêté secret ajoute que la nature des objets de leurs remontrances ne doit pas empêcher que le Roi ne les reçoive, que cela est important à lui représenter ; donc toutes matières de religion qu'ils jugeront être de leur compétence sera un objet de remontrances que le Roi doit recevoir.

Revenons aux termes de la déclaration.

Le Roi ordonne le silence sur des matières qui peuvent troubler la religion et l'État. Rien ne paroît plus sage ; mais dans l'esprit du Parlement, tout deviendra matière qui pourra troubler la religion et l'État; demandes de billets de confession, refus de sacrements, mandements des évêques quoique sagement écrits. Enfin le Parlement devient juge des matières ecclésiastiques; il les jugera de sa compétence quand il voudra, et il pourra même dire qu'il lui est enjoint de faire les poursuites; d'autant plus qu'en annulant les jugements par contumace, il est dit : sans préjudice néanmoins des jugements définitifs rendus contradictoirement et en dernier ressort; donc le Roi reconnoît le Parlement juge compétent en pareilles matières. On ne peut pas être en peine qu'ils ne donnent toute l'étendue possible à cette disposition de la déclaration. Voilà un sujet de tristes réflexions.

Du 9, Dampierre. — Après les réflexions que l'on trouvera ci-dessus, on peut juger que le Clergé trouve des justes sujets de plaintes dans la déclaration et dans l'enregistrement. Je joins ici une lettre écrite sur ce sujet qui mettra au fait de l'état présent.

Copie de cette lettre, datée du 8.

Le premier président et tous les députés trembloient quand ils sont montés chez le Roi; tout le monde le remarqua. Le premier président trembloit encore davantage en parlant au Roi. Sa harangue a été très-respectueuse, très-emmiellée, tournée avec toute l'adresse et avec tout l'esprit du monde. La réponse du Roi les a bien rassurés. Ils s'attendoient à un tout autre traitement.

Le Roi alla hier chez Mme la Dauphine fort en particulier; il étoit fort gai et très à son aise.

M. le cardinal de la Rochefoucauld, M. l'archevêque de Narbonne et M. l'évêque de Chartres se rendirent à Versailles, pour y conférer sur tout ceci. Tous les avis violents ont été rejetés, 1° comme prématurés, étant de la sagesse de remontrer d'abord et d'attendre l'effet des remontrances; 2° comme tendants à la destruction dans un moment où les Parlements ont toute autorité, et où les têtes sont aussi échauffées et l'amour de l'indépendance aussi généralement établi; 3° demander au Roi la permission de s'assembler pour conférer afin de prévenir les éclats que pourroient faire quelques évêques.

Convenu de remontrances fortes, mais justes et très-respectueuses qui seront portées au Roi par les mêmes prélats qui ont été appelés à Choisy.

Voilà quel a été l'avis.

Du 25. — On trouvera dans mon journal, au 25 de ce mois, que M. l'évêque de Rennes préside aux États de Bretagne. Cette situation différente annonce un changement dans le système général. Il est très-vraisemblable que M. de Séchelles n'a point adopté celui de M. de Machault. M. de Machault même a senti l'impossibilité de soutenir le premier système; il a profité avec esprit, comme je l'ai dit, de l'occasion de ne pas exécuter par lui-même ce changement, mais il l'approuve. J'ai vu quelqu'un qui a raisonné avec lui sur ces différentes situations. Il dit pour sa justification qu'avant d'exécuter l'arrangement qu'il croyoit le plus utile aux intérêts du Roi, non-seulement il en a rendu compte à S. M., mais même à son conseil. Il a représenté que ce projet ne pouvoit se soutenir que par une fermeté constante et invariable, parce qu'il éprouveroit beaucoup de contradictions et de représentations; qu'on l'avoit assuré de toute la fermeté nécessaire, mais qu'il avoit éprouvé que l'on n'étoit pas fort exact à cette promesse; que le projet alors devenant impossible, le mieux étoit d'y renoncer. Ce raisonnement prouve la conduite prudente du garde des sceaux, mais ne conclut rien en faveur de l'utilité du premier projet.

Il est certain qu'en général c'est un grand malheur que le manque de fermeté; il paroît par plusieurs détails qui sont venus à ma connoissance, et dont j'ai écrit quelques-uns, qu'il y a eu sur la même affaire des décisions contraires dont chacune également constatée par un *bon*. On sait que M. de Richelieu et M. de Maurepas étoient fort mal ensemble; M. de Richelieu, étant en année, prit l'ordre du Roi sur une affaire qui regardoit le détail de MM. les premiers gentilshommes de la chambre; le Roi mit son *bon*; M. de Richelieu crut l'affaire finie et porta ce *bon* à M. de Maurepas. M. de Maurepas lui dit que cela ne pouvoit pas s'exécuter; M. de Richelieu en parut surpris; cependant, par l'événement M. de Maurepas eut raison; il fit ses représentations et le premier *bon* fut inutile. Il y a cependant eu des occasions où les décisions ont subsisté; mais il est vrai que ce n'étoit pas contre l'avis du ministre, c'étoit contre des brigues particulières. Pendant l'année de M. de Gesvres, du temps de Mme de Châteauroux, il se forma une cabale pour la réception de Mlle Clairon; Mme de Châteauroux et Mme de Lauraguais sollicitoient fortement, et elles avoient grand crédit alors. M. de Gesvres ne s'opposoit à cette réception que parce que la manière dont on s'y étoit pris faisoit un tort réel aux droits des premiers gentilshommes de la chambre; il parla avec beaucoup de respect au Roi, mais en même temps avec une grande fermeté, allant même jusqu'au point de dire à S. M. qu'il aimoit mieux lui apporter la démission de sa charge. Il en a été brouillé longtemps avec Mme de Lauraguais; mais le Roi ne lui sut aucun mauvais gré de ce qu'il avoit fait et Mlle Clairon ne fut pas reçue dans ce temps-là. Il y eut une autre aventure du temps de Mme de Pompadour pour des loges sur le théâtre que La Noue le comédien avoit fait construire; M. de Gesvres tint ferme, parla le même langage; il se brouilla avec Mme de Pompadour, et il eut raison par l'événement.

Je n'ai point marqué dans mon journal que pendant le dernier voyage de Compiègne M. de Gesvres en partit assez promptement pour aller passer quelques jours dans une de ses terres que l'on nomme Blérancourt (1). Cet événement par lui-même ne mérite pas d'être remarqué; mais il y avoit fort longtemps que M. de Gesvres n'y avoit point été; il ne comptoit point y aller. La résolution fut

---

(1) C'est une terre assez considérable, car elle vaut 22,000 livres de rentes. (*Note du duc de Luynes.*)

prise tout d'un coup, et les arrangements de meubles et de tout ce qui est nécessaire pour donner à manger, faits en quatre jours. J'ai su depuis et très-positivement que M. le prince de Conty, occupé de l'affaire du Parlement et trouvant toujours quelques difficultés insurmontables de la part de quelques-uns de ceux qui étoient à Soissons, le voyage de M. de Gesvres avoit été arrangé pour qu'il pût parler à ceux dont on avoit besoin ; et afin que l'on ne se doutât nullement de l'objet de ce voyage, on le donna pour une partie de plaisir et de convenance pour voir une de ses terres. M. de Gesvres y mena de ses amis de Compiègne et il lui en vint de Paris ; il y mena même des étrangers ; il y tint un grand état. Comme il connoît tout le Parlement, beaucoup de ces Messieurs vinrent de Soissons ; il parla suivant la commission qu'il avoit, et il réussit à ce que l'on désiroit de lui. Je puis assurer que tous ces faits sont vrais.

OCTOBRE.

Audience de l'évêque de Nantes. — Arrêt du conseil contre le Parlement de Rennes. — Détails sur la conduite de l'évêque de Nantes.

Du 14, Dampierre.

Extrait d'une lettre écrite de Fontainebleau, datée du 10 octobre.

M. l'évêque de Nantes (la Muzangère) est arrivé ici avant-hier pour se jeter aux pieds du Roi à l'occasion des entreprises odieuses et scandaleuses du Parlement de Rennes contre lui ; il a eu une audience du Roi d'un gros demi-quart d'heure dans une des embrasures des fenêtres du cabinet du conseil, tout le monde restant en arrière. Il a très-bien parlé et d'une manière si touchante que les larmes en sont venues aux yeux du Roi. S. M. l'a écouté avec une grande attention et même avec intérêt ; il l'a laissé parler tant qu'il a voulu, l'a reçu avec bonté et lui a promis sa protection.

Il y eut hier conseil de dépêches ; tout se réduit à faire enregistrer dans le Parlement de Rennes la dernière déclaration pour rendre sans suite et sans effet tout ce qui s'est passé. L'entreprise manifeste sur la juridiction ecclésiastique, le scandale et le préjudice des amendes décernées, de la vente de tous les meubles de M. l'évêque faite à son de trompe, des exécutions de la maréchaussée courant après les prêtres décrétés avec des chaînes et des menottes, et disant tout haut : Voilà pour réduire et punir les schismatiques, tout cela jusqu'ici demeure sans remède et même sans blâme. L'évêque de Nantes s'est comporté comme un apôtre, desservant lui-même la paroisse, portant les sacrements à deux lieues à pied ou à cheval, ne murmurant jamais contre ses persécuteurs. Les dernières 6,000 livres d'amende ont été sur-le-champ distribuées aux pauvres de trois paroisses, 2,000 livres à chacune. Tous les pauvres sont venus les larmes aux yeux rapporter cet argent à leur évêque, qui, comme vous le pensez bien, n'a pas voulu le recevoir. Une paroisse est privée de tous ses prêtres en fuite pour éviter la fureur du Parlement et fait des processions et des neuvaines pour demander à Dieu la conversion du Parlement; le Parlement fait informer en conséquence et fait jeter des monitoires pour punir exemplairement et à toute outrance ceux qui pourront avoir excité la paroisse à faire ces démarches. M. l'évêque de Nantes est persuadé que le décret est lancé contre lui. Tout cela est bien affligeant (1).

DÉCEMBRE.

Affaires du Clergé et du Parlement. — Exil de l'archevêque de Paris. — Anecdote sur la réponse de Louis XV au premier président. — M. du Chayla. — Déchaînement contre M. d'Hérouville.

Du 20. — On trouvera dans mon journal beaucoup de détails sur les affaires présentes du Clergé et du Parlement. Les gens bien intentionnés ont été étonnés de l'exil de M. l'archevêque de Paris à Conflans; mais ce qui a surpris beaucoup davantage, même plusieurs de Messieurs du Parlement, c'est la réponse du Roi à M. le premier président, qui commence par ces mots: « J'ai marqué mon mécontentement à l'archevêque en le punissant de manière, etc. » Des gens bien instruits croyent savoir qu'on apporta au Roi deux réponses écrites, dans l'une des-

---

(1) A la suite de cette lettre se trouvent les documents relatifs au duc de Saint-Simon que nous avons imprimés dans le tome Ier, pages 452 à 458.

quelles il n'y avoit point ces mots, *en le punissant*; que ces deux papiers restèrent sur la table du Roi, et que S. M. ayant dit au premier président qu'il pouvoit emporter sa réponse, il prit le papier où il y avoit « en le punissant. » On ajoute que le Roi, s'étant aperçu de la méprise, envoya au procureur général pour retirer cette réponse, mais elle étoit déjà enregistrée.

Il paroît, par ce qui vient d'être fait pour M. l'évêque d'Orléans, que l'on a voulu suivre le même système que pour M. l'archevêque de Paris; cependant il y a quelque chose de plus dans l'affaire de M. d'Orléans; c'est la lettre qu'il a écrite à son chapitre; il auroit sûrement mieux fait de parler que d'écrire; elle n'est pas cependant telle que ce que l'on en a dit dans Paris. Si je puis en avoir une copie, on la trouvera dans mon journal.

J'ai marqué dans mon journal la mort de M. du Chayla; j'avois demandé quelques éclaircissements sur ce qui le regarde; voici ce qu'une personne bien instruite m'a envoyé aujourd'hui.

M. du Chayla étoit peu de chose; on lui disputoit dans sa jeunesse d'être gentilhomme; on disoit ses pères muletiers. Il étoit petit-fils de la présidente d'Ons-en-Bray; on l'appeloit dans le monde *petit-fils*. Il jouoit et on ne croyoit pas le voir devenir ce qu'on a vu. Il avoit peu de bien et très-peu; il fit l'amoureux de Mlle de Conty, depuis première femme de M. le Duc. La présidente d'Ons-en-Bray donnoit à jouer au lansquenet; la princesse de Conty y alloit. Elle alloit à l'hôtel de Conty, logeoit où loge Mme la princesse de Rohan, rue de Bourbon. Sa maison étoit belle et ornée pour le temps; elle étoit riche; on y passoit les nuits; la meilleure compagnie, les jeunes femmes, les gens galants. On envoyoit chercher du pain, du cervelas. Elle avoit une fille d'honneur nommée Mlle Jolivot. Sur le minuit, elle lui disoit : « On a besoin, Mademoiselle; il faudroit faire donner de ma bonne eau panée. » Voilà ce qu'on avoit, et je me souviens que Mme de Bauffremont, dans ce temps Mlle de Courtenay, toujours affamée, mangeoit le pain de l'eau panée. M. le Duc ayant trouvé mauvais que M. du Chayla allât à l'hôtel de Condé, il fut longtemps sans y aller. Il alloit toujours à l'hôtel de Conty. M. le prince de Conty lui donna un régiment; il l'aimoit fort. Il étoit devenu chevalier de l'Ordre. On l'a fait, après l'affaire de Melle, directeur général de la cavalerie. Il avoit une pension et le gouvernement de Villefranche qui vaut 7 à 8,000 livres de rente. Il avoit épousé Mlle de Lignerac, qui n'avoit pas de bien. Elle reste sans rien. Il a toujours dépensé, joué, mangé. Plusieurs officiers généraux le regardoient comme officier fort médiocre, et cette affaire de Melle, au lieu de faire sa fortune, devoit le perdre. M. du Chayla avoit soixante-dix ans.

J'ai marqué dans mon journal le commandement de Guyenne donné à M. d'Hérouville; voici ce qu'on me mande :

Je n'ai jamais vu un pareil déchaînement contre M. d'Hérouville, qui vient d'avoir le commandement de Guyenne ; cela ne ressemble à rien ; tout le monde se défend d'y avoir contribué.

TABLE ALPHABÉTIQUE

DES NOMS ET DES MATIÈRES

MENTIONNÉS DANS CE VOLUME.

A.

Acciaioli (M.), nonce en Portugal, 251, 276.
Acquiny (M. d'), député du parlement de Rouen, 45.
Adélaïde (Madame). *Voy.* France (Marie-Adélaïde de).
Agénois (Mme d'), 107.
Aigle (Famille de l'), 172.
Aiguillon (Duc d'), 235, 357, 386, 405.
Aiguillon (Duchesse d'), dame du palais de la reine, 225, 295, 393, 405.
Aix (Archevêque d'). *Voy.* Brancas.
Alary (Abbé), directeur de l'Académie française, 219.
Albemarle (Milord), ambassadeur d'Angleterre, 414-416.
Albertas (M. le président d'), 353.
Alceste, opéra, 370.
Alcimadure, opéra, 380.
Alègre (Maréchale d'), 213.
Alexandrine (Mlle), fille de Mme de Pompadour, 282, 379.
Aligre de Boislandry (M. d'), intendant d'Artois, 303-305, 307, 329, 354.
Amblimont (M. d'), chef d'escadre, 137, 282, 289.
Amblimont (Mme d'), 312.
Ambres (M. d'), colonel, 150.
Amelot (M.), maître des requêtes, 68, président du grand Conseil, 382.
Amelot (Mme), 330, 333.
Amezaga (M. d'), 330.
Amezaga (Mme d'), 355.
Anacréon, opéra, 380, 381.
Ancenis (Mme d'), 283.
Andigné (Abbé d'), aumônier de la reine, 303.
André (M.), le philosophe, 127.
Andrieux, avocat au Parlement, 370.
Anhalt-Bernbourg (Prince d'), 233.
Anlezy (M. d'), gouverneur du prince de Condé, 252.
Anlezy (Mme d'), 227.
Annibal, centenaire, 169.

ANTIGNY (Abbé d'), 81.
ANTIN (Françoise-Gillone de Montmorency-Luxembourg, duchesse d'), dame d'atours de la dauphine, 260, 295.
APREMONT (Abbé d'), 33.
AQUAVIVA (M.), ancien vice-légat d'Avignon, 314.
AQUITAINE (Xavier-Marie-Joseph de France, duc d'), fils du dauphin, 48, 52, 76, 86, 106, 113, 166, 167, 184.
ARBOUVILLE (M. d'), gouverneur de Schelestadt, 91.
Archevêque (M. l'). *Voy.* BEAUMONT.
ARDORE (Mlle d'), 101.
AREMBERG (Duc d'), 189.
ARGENSON (Marc-Pierre de Voyer de Paulmy, comte d'), ministre secrétaire d'État de la guerre, 8, 13, 23, 42, 49, 51, 52, 93, 120, 135, 148, 154, 176, 188, 196, 252, 254, 255, 290, 297, 298, 301, 322, 344, 345, 347, 401, 426, 429, 430, 436.
ARGENSON (Mme d'), 353.
ARGENTEUIL (M. d'), lieutenant général de Champagne, 150.
ARGOUGES (M. d'), maître des requêtes, 68, 108.
ARMAGNAC (Mme d'), 309.
ARMANVILLE (M. d'), 315.
ARMENTIÈRES (M. d'), 225.
ARPAJON (Mme d'), 69.
AUBAIS (M. d'), 289.
AUBETERRE ((Mme d'), 107.
AUBIGNÉ (M. d'), lieutenant-colonel, 13, 117.
AUBIGNY. *Voy.* AUBIGNÉ.
AUERSBERG (Prince d'), 44.
AUGUSTE III, roi de Pologne, électeur de Saxe, 24.
AUMONT (Louis-Marie-Victor-Augustin, duc d'), premier gentilhomme de la chambre du roi, 149, 278, 345.
AUTICHAMP (François de Beaumont d'), évêque de Tulle, 163, 202.
AUXY (M. d'), 89.
AUXY (Mme d'), sous-gouvernante des enfants de France, 17, 89.
AVARAY (M. d'), 264, 282, 289.
AVRIL, conseiller au Châtelet, 190.
AYEN (Louis de Noailles, duc d'), 140, 186, 361.

B.

Babylone (Évêque de), 356.
BACANCOURT (Mme de), 172.
BACHELIER (M.), premier valet de chambre du roi, 248, 297.
BACHI (M. de), ambassadeur en Portugal, 329.
BACHI (Mlle de), l'aînée, 253, 282, 289.
BACHI (Mlle de), la cadette, 264, 282, 289.
BAILLON (M.), maître des requêtes, 68.
BAILLON (M.), premier valet de chambre de la reine, 9, 10.

BALESTEIN (Marquise de), 168.
BALINCOURT (Maréchal de), 360.
BALLIN, orfévre, 210.
BANDOLLES (Mme de), 312.
BARRÉ (M.), curé de Saint-Louis de Versailles, 359.
BASSOMPIERRE (Mme de), 127, 250.
BASSOMPIERRE (Mme de), abbesse de Poussay, 153.
BAUDRY (Mme de), 311.
BAUFFREMONT (M. de), 310.
Bayeux (Évêque de). *Voy.* LUYNES (Paul d'Albert de) et ROCHECHOUART-MONTIGNY.
BEAUMANOIR (M. de), gouverneur des pages de la reine, 329.
BEAUMONT (Christophe de), archevêque de Paris, 38, 48, 115, 118, 123, 126, 179, 183, 308, 394, 395, 396, 398, 401, 435, 443, 449.
BEAUMONT (M. de), intendant de Lille, 305, 313.
BEAUPRÉ (M. de), 68.
BEAUVAU (Prince de), 196.
BEAUVILLIERS (Duchesse de), dame d'honneur de Madame, 47, 164.
BEAUVILLIERS (M. de), 77, 82.
BEAUVILLIERS (Mme de), née Desnos de la Feuillée, 118.
BÉGON (Scipion-Jérôme), évêque de Toul, 130.
BÉLESTAT (Mme de), née Châteaurenaud, 129.
BÉLIDOR (M.), ingénieur, 7, 8.
BELLEFONDS (Mme de), née du Châtelet, dame de la dauphine, 142, 224, 227.
BELLEGARDE (M. de), ambassadeur de Pologne, 89, 243.
BELLEGARDE (M. de), conseiller du parlement de Rouen, 55, 56.
BELLE-ISLE (Louis-Charles-Auguste Fouquet, marquis de), maréchal de France, 158, 160, 252, 255, 269, 288, 298, 299, 430.
BELUA (Chevalier de), colonel, 255.
BENOÎT XIV, pape, 57, 60, 87, 100; sa lettre à la dauphine, 111, 121, 308.
BERCHINY (M. de), 87, 360.
BÉRENGER (Mme de), née d'Orçay, 56.
BÉRIGNY (M. de), exempt des gardes du corps, 91.
BERNACE (Mme de), 397.
BERNAGE DE SAINT-MAURICE (M. de), prévôt des marchands, 3, 38, 106, 322.
BERNARD (M.), surintendant de la maison de la reine, 17, 20, 22, 96.
BERRIER (M.), lieutenant de police, 3, 179.
BERRUYER (Le P.), 113, 114, 118, 123, 126.
BERRY (Louis-Auguste de France, duc de), fils du dauphin, 318, 321, 331, 365, 443.
BERTIN (M.), intendant de Roussillon, 170, 185, de Lyon, 202, 426.
BERTIN (Charles-Jean de), évêque de Vannes, 118, 138, 242.
BÉRULLE (M. de), maître des requêtes, 68.
BÉTHISY (Chevalier de), 367.
BÉTHUNE (M. de), mestre de camp général de la cavalerie, 7.
BÉTHUNE (Paul-François, duc de), lieutenant général des armées du roi, capitaine des gardes du corps, 163, 426.
BEUVRON (Mme de), née Boulogne, 7, 133, 328.

Bignon (M.), bibliothécaire du roi, 328, 346, 439.
Bignon (M.), maître des requêtes, 68.
Binet (M.), premier valet de chambre du dauphin, 85, 317.
Biron (Duc de), 15.
Biron (Mme de), 283.
Bissy (Bailli de), grand bailli de Champagne, 266.
Bissy (Comte de), gouverneur d'Auxonne, 66.
Bissy (Marquis de), lieutenant général, 66.
Blamont (François Colin de), surintendant de la musique du roi, 62, 63.
Blanchard (Abbé), maître de musique de la chapelle du roi, 63.
Blancmesnil (M. de Lamoignon de), chancelier de France, 19, 24, 25, 45, 46, 47, 48, 49, 59, 104, 107, 111, 194, 210, 211, 267, 271, 283, 299, 336, 344, 347, 374, 426.
Blaru (M. de), exempt des gardes du corps, 164.
Blinière (M. de la), maître des requêtes, 68.
Bloc (le P.), doctrinaire, 177.
Blondel de Gagny, intendant des Menus, 196, 363.
Blot (Mme), 230.
Boccage (M. du), bailli de l'ordre de Malte, 29.
Boffrand, architecte, 210.
Boisemont (Abbé de), grand vicaire de Rouen, 393.
Boisgiroux, premier valet de chambre du dauphin en survivance, 252.
Boissy (M. de), de l'Académie française, 313, 338, 373.
Bombelles (M. de), 325.
Bon (M. de), premier président de Roussillon, 106, 170.
Bonac (M. de), 111.
Bonnal, teinturier à Dieppe, 77.
Bornstedt (M.), 233.
Boucault (M.), président à Montpellier, 170.
Bouchardon, sculpteur, 314.
Boucheman (M.), concierge du château de Versailles, 287.
Boudrey (Toussaint), 177, 187, 194.
Boufflers (Duchesse de), dame du palais de la reine, 120, 225, 325, 328.
Boufflers (Marquise de), 121, 230.
Boufflers-Remiancourt (Marquis de), menin du dauphin, 77.
Bougainville (M. de), secrétaire perpétuel de l'Académie des inscriptions, 116, 206, 289.
Bouillon (Charles-Godefroy de la Tour d'Auvergne, duc de), grand chambellan, 45, 185.
Boulanger (M. le), député du parlement de Rouen, 45.
Boulainvilliers (M. de), 202.
Boulogne (Évêque de). Voy. Henriau.
Boulogne (M.), maître des requêtes, 68, 439.
Bourbon (Louise-Anne de), nommée *Mademoiselle*, et Mlle de *Charolois* fille de Louis III, duc de Bourbon, prince de Condé, 22, 66.
Bourdonnaye (M. de la), conseiller d'État, 35, 108.
Bourdons (M. des), colonel de Quercy, 92.
Bourges (Archevêque de). Voy. Rochefoucauld.

BOURGOGNE (Louis de France, duc de), petit-fils de Louis XIV, 163.
BOURGOGNE (Marie-Adélaïde de Savoie, duchesse de), puis dauphine, morte en 1712, 163.
BOURGOGNE (Louis-Joseph-Xavier de France, duc de), petit-fils de Louis XV, 52, 53, 113, 184, 185, 286, 308.
BOURNONVILLE (Duc de), 132, 356.
BOURSAC (Mme de), 307.
BOUTIN (M.), maître des requêtes, 68.
BOUZOLS (Mme de), dame du palais de la reine, 125, 225.
BOYER (Jean-François), ancien évêque de Mirepoix, 26, 101, 147, 163, 215, 233, 255, 296, 388.
BOYER, médecin, 326.
BOYNES (M. de), procureur général, 99, intendant d'Amiens, 307.
BOYSSEULH (M. de), 388, 389.
BOZE (M. de), de l'Académie française, 116.
BRACQ (Mlle de), 120, 230.
BRANCAS (Duchesse douairière de), née Clermont, dame de Madame, puis de la dauphine, 48, 202, 322.
BRANCAS (Duchesse de), dame d'honneur de la dauphine, 27, 28, 48, 251, 322.
BRANCAS (Jean-Baptiste-Antoine de), archevêque d'Aix, 70.
BRANCAS (Marquise de), 48, 384, 404.
BREIGNOU (Hervé-Nicolas Trépault du), évêque de Saint-Brieuc, 251.
BRENET, peintre, 209.
BRET (M. le), intendant de Bretagne, 333.
BRETEUIL (Abbé de), 303.
BRETEUIL (Baronne de), 127.
BRÉZÉ (M. de), grand-maître des cérémonies, 146, 161.
BRIDGE (M. de), écuyer du roi, 244, 249.
BRIENNE (Mme de), 10, 15, 25, 295.
BRIFFE (M. de la), intendant de Bourgogne, 334.
BRIONNE (Charles-Louis de Lorraine, comte de), grand-écuyer de France, 20, 23, 134.
BRIONNE (Mme de), 39, 322.
BRISSAC (Duc de), 356.
BRISSAC (Mme de), 112, 113, 314, 361.
BROGLIE (Duchesse de), 331 ; dame de Mesdames, 404.
BROU (M. de), conseiller d'État, 57, 64, 68, 111.
BROU (M. de) le fils, avocat général de la chambre royale, 312, 336, 337.
BROWN (Mlle de), 8, 9.
BRUÈRE (M. de la), chargé des affaires de France à Rome, 60, 366.
BRUNSWICK (Princesse de), 410.
BURY, surintendant de la musique du roi en survivance, 62, 63, 64.
BUSSY, avocat, 6.
BUTLER (M. de), écuyer du roi, 249.
BUTLER (Mme de), sous-gouvernante des enfants de France, 167, 184.

C.

CAFARELLI, chanteur, 10.
CAFFIERI, ciseleur, 142.
CAHUSAC (MM.), 373.
CAILLY-DELPECH (Mlle de), 170.
CALONGES (Mlle de), 279.
CAMUSET (M.), fermier général, 57.
CANILLAC (Abbé de), 100.
CANISY (M. de), 82, 83.
CANTILLANA (Comte de), ambassadeur de Naples, 106, 107, 248, 330.
CANY (Mme de), 155.
CARBON (Mme de), 363.
CARVAJAL (M. de), ministre des affaires étrangères en Espagne, 229, 241, 286.
CASSIN, chirurgien, 5, 6.
CASSINI (M.), exempt des gardes du corps, 140.
CASTELLANNE (Chevalier de), 316.
CASTELLANNE (Mme de), 206.
CASTRIES (Abbé de), agent du Clergé, 406.
CASTRIES (M. de), commissaire général de la cavalerie, 51, 52.
CATHOLICA (Prince della), 248.
CAULAINCOURT (Abbé de), aumônier du roi, 33, 81.
CAULAINCOURT (M. de), exempt des gardes du corps, 260.
CAUMARTIN (M. de), intendant de Metz, 212.
CAUSANS (Chevalier de), 294, 295.
CAYLUS (Charles-Gabriel de Pestel de Lévis de Tubières de), évêque d'Auxerre, 115, 123, 296.
CAYLUS (Comte de), 409.
Cénie, comédie, 381.
CERDA (M. de la), ministre de Portugal, 362.
CÉRESTE (M. de), 230, 238, 241.
CERNAY (Mlle de), 348, 384.
CERVEAU, prêtre de Saint-Étienne du Mont, 403.
CEUILLAT (Le P.), prédicateur, 102.
CHABANNES (Abbé de), aumônier du roi, 215, 317.
CHABANNES (M. de), 416.
CHABOT (Mme de), 171.
CHABOT (Vicomte de), 91, 120.
CHAISE (Le P. de la), confesseur de Louis XIV, 145.
CHALAIS (Prince de), 33.
CHALONS (Hardouin de), évêque de Lescar, 118.
CHALUS (Mme de), 69.
CHALUT (M.), trésorier de la maison de la dauphine, fermier général, 57.
CHAMPCENETZ (Mme de), la jeune, 366.
CHAMPIGNELLES (Chevalier de), exempt des gardes du corps, 87.

CHAMPIGNY (Chevalier de), chef d'escadre, 259.
CHAMRON (Abbé de), trésorier de la Sainte-Chapelle, 36.
Chancelier (Le). *Voy.* BLANCMESNIL.
CHAPELLE (M. de la), premier commis des affaires étrangères, 366.
CHARLEVAL (Abbé de), 355.
CHARLEVAL (Mme de), 165.
CHARLOTTE (Princesse), sœur de l'empereur François Ier, 39.
CHAROLOIS (Charles de Bourbon-Condé, comte de), 146, 225, 264, 287.
CHAROLOIS (Mlle de). *Voy.* BOURBON (Louise-Anne de).
CHAROST (Duc de), chef du conseil des finances sous la régence, 201.
CHAROST (Duc de), 163.
Chartres (Évêque de). *Voy.* FLEURY.
CHARTRES (Louis-Philippe-Joseph d'Orléans, duc de), 259.
CHATEAU-MÉLIAND (M. de), 313, 328.
CHATEL (Abbé du), 81, 102.
CHATELET (M. du), écuyer de main du roi, 238.
CHATELET (M. du), gouverneur de Vincennes, 338.
CHATELET (M. du), menin du dauphin, 67, 92.
CHATELET (Mme du), née Rochechouart, dame de la dauphine, 127.
CHATILLON (Alexis-Madeleine-Rosalie de Châtillon, duc de), 62, 119, 147, 157, 160, 425.
CHATILLON (M. de), colonel, 18.
CHATILLON (Mme de), 157, 182, 355.
CHATILLON (Duc de), 181.
CHAULNES (Duc de), 108, 254, 303, 304, 305, 307, 329, 333.
CHAULNES (Duchesse de), 102, 153, 393.
CHAUVELIN (Chevalier), ambassadeur à Turin, 107.
CHAUVELIN (M.), ancien garde des sceaux, 133, 139.
CHAUVELIN (M. le président), 244, 247.
CHAUVELIN (Mme la présidente), 347.
CHAYLA (M. du), lieutenant général, 409, 450, 451.
CHAZERON (Mme de), 373.
CHENONCEAUX (M. de), 230.
CHEVERT (M. de), lieutenant général, 51, 52, 94, 255.
CHÉTARDIE (M. de la), 313.
CHEVREUSE (Marie-Charles-Louis d'Albert, duc de), fils du duc de Luynes, 6, 13, 14, 21, 50, 51, 52, 93, 95; colonel général des dragons, 135, 137, 148, 153, 154, 237.
CHEVREUSE (Henriette-Nicole d'Egmont-Pignatelli, duchesse de), femme du précédent, dame d'honneur de la reine en survivance, 6, 13, 50, 152, 153, 154, 237, 260, 322, 355, 372.
CHIFFREVILLE (M. de), lieutenant général, 172.
CHIMAY (Prince de), 230, 239, 350.
CHIMAY (Princesse de), 249, 331; dame de Mesdames, 401.
CHIMAY (Mlle de), 398.
CHOISEUL (Comte de), 120.
CHOISEUL (M. de), menin du dauphin, 50.
CHOISEUL (Mme de), née Champagne, 158.

Choiseul (M. de), surnommé *le Merle,* 139.
Choiseul (M. de), fils du précédent, 139, 145.
Choiseul (Mme de), née Lorges, 158.
Choiseul-Beaupré (Antoine-Cleradius de), primat de Lorraine, 359; archevêque de Besançon, 387.
Choppin (M.), 68.
Cinna, tragédie, 383.
Civrac (Mme de), dame de Madame, 217.
Clairambault, généalogiste de l'ordre du Saint-Esprit, 150.
Clairon (Mlle), comédienne, 447.
Clare (Milord), lieutenant général, 101.
Clermont (Louis de Bourbon-Condé, comte de), 66, 117, 212, 264.
Clermont (Marquise de), dame d'atours de Mesdames, 127, 328.
Clermont-d'Amboise (Mme de), 102, 207.
Coigny (M. de), mestre de camp, 136, 137, 154, 225.
Coigny (Maréchal de), 51, 52, 135, 137, 149, 154.
Coigny (Mme de), 154.
Colombier (M. du), 58.
Colson (Charles), serrurier, 43.
Comminges (Évêque de). *Voy.* Lastic.
Complaisant (Le), comédie, 371.
Condé (Louis-Joseph de Bourbon, prince de), 19, 166, 184, 225, 265, 266, 279, 287, 310, 327, 365, 432.
Condé (Charlotte-Godefride-Élisabeth de Rohan-Soubise, princesse de), 14, 16, 21, 225, 229, 239, 265, 266, 287, 310, 432.
Condorcet (Jacques-Marie de Caritat de), évêque d'Auxerre, 296, 312.
Constantin (Le prince), premier aumônier du roi, 3, 129, 131, 263, 268, 317.
Contrôleur général (Le). *Voy.* Machault et Séchelles.
Conty (Louise-Élisabeth de Bourbon-Condé, princesse douairière de), 19, 239, 250, 256.
Conty (Louis-François de Bourbon, prince de), fils de la précédente, 2, 16, 19, 20, 95, 271, 299, 300, 301, 424, 431, 435, 436, 444, 448.
Corée (M. de la), maître des requêtes, 68.
Corsini (Princes), 248.
Cossé (Comte de), menin du dauphin, 316, 328, 356.
Cossé (Mme de), 331.
Coudray (M. du), 121.
Courbouson (M. de), conseiller au parlement de Besançon, 274.
Courcillon (Mme de), 199.
Courneuve (M. de la), argentier de Mesdames, 88.
Courneuve (M. de la), gouverneur des Invalides, 102.
Courteil (M. de), 313, 319.
Courtois (M.), conseiller du parlement de Dijon, 280.
Courtomer (M. de), gouverneur de Thionville, 48.
Couterot (Le P.), prédicateur, 264.
Craon (Prince de), 195, 207.
Crébillon, de l'Académie française, 219.

CREIL (M. de), gouverneur de Thionville, 48.
CREIL (M. de), intendant de Metz, 210.
CRENAY (Chevalier de), chef d'escadre, 312, 316.
CRESSANVILLE (M. de), député du parlement de Rouen, 45.
CREUILLY (M. de), 213, 397.
Crispin médecin, comédie, 378.
CROISMARE (M. de), lieutenant-colonel du régiment du roi, 19.
CROISSY (M. de), 225.
CROVILLE (M. le président de), 55, 56.
CRUSSOL (Duc de), 138, 166, 184.
CRUSSOL (François de), évêque de Blois, puis archevêque de Toulouse, 33, 314.
CRUSSOL (M. de), chargé des affaires de France à Parme, 235, 255.
CRUSSOL (Mme de), 69.
Curieux impertinent (Le), comédie, 372, 374.
CYPIERRE (M.), maître des requêtes, 68.

D.

DABON (M.), capitaine de vaisseau, 137.
DALEMBERT, de l'Académie des sciences, 283, 393, 416.
DAMEZAGA. *Voy.* AMEZAGA.
DANGEAU (Mme de), 199.
DANGEUL (M. de), maître des comptes, 405.
DANOIS (Marquis de). *Voy.* JEOFFREVILLE.
DARAN, chirurgien, 147.
DAUDET, agent de Klinglin père, 58.
Dauphin (M. le). *Voy.* LOUIS DE FRANCE.
Dauphine (La). *Voy.* MARIE-JOSÈPHE DE SAXE.
DAUTHIAU, horloger, 142.
DAVIEL, oculiste, 117.
DEFFAND (Mme du), 393.
DELAUNAY, ecclésiastique de Verneuil, 35.
DELAVIGNE (M.), premier médecin de la reine, 68, 260.
DELPECH (M.), maître des requêtes, 160. *Voy.* CAILLY.
DELSAKER (M.), envoyé de Cologne en Hollande, 314.
DEMARNE, entrepreneur, 85.
DESCHOISY (Le bailli), grand prieur d'Aquitaine, 220.
DESGRANGES (M.), maître des cérémonies, 166, 184.
DESHAYES, peintre, 209.
DESMARES (Mlle), comédienne, 65, 66.
DESNOS (M.), enseigne de vaisseau, 247.
DESNOS DE LA FEUILLÉE (Mlle), 77, 82.
DESTOUCHES, de l'Académie française, 313.
DEUX-PONTS (Duc des), 148.
DILLON (Arthur Richard de), grand vicaire de Rouen, 26, évêque d'Évreux, 33, 87.

DILLON (Mme), prieure des Carmélites de Saint-Denis, 26.
DIVERS (Abbé), vicaire de Notre-Dame de Versailles, 155.
DOMBES (Louis-Auguste de Bourbon, prince de), grand-veneur de France, 19, 42, 146, 225, 314, 315.
DREUX (Chevalier de), 183, 314.
DREUX (M. de), 268, 344.
DROMESNIL (Charles-François d'Hallencourt de), évêque de Verdun, 206, 234.
DROUAS (Claude de), évêque de Toul, 163.
DROUIN, comédien, 106.
Duc de Foix (Le), comédie, 375.
DUCLOS (M.), de l'Académie française, 116.
DUFORT (M.), introducteur des ambassadeurs, 23, 314, 362.
DUFOSSÉ, conseiller du parlement de Rouen, 204, 267.
DUFOUR (Mme), première femme de chambre de la dauphine, 216.
DUGLAS (M.), colonel, 18.
DUMAS (M.), directeur des postes, 299.
DUNOIS (Charles-Marie-Léopold d'Albert de Luynes, comte de), 13, 149.
DURAS (Jean-Baptiste de Durfort, duc de), maréchal de France, 278.
DURAS (Angélique-Victoire de Bournonville, maréchale de), femme du précédent, dame d'honneur de Madame, 15, 90, 139, 278, 301, 310, 372, 421.
DURAS (Mme de), abbesse de Saintes, 276.
DUREVILLE (M.), sous-fermier, 375.
DURFORT (M. de), 15, 246.
DURFORT (Mme de), dame de Mesdames, 234, 246, 252.
DURINI (Abbé), 248, 299.

E.

ÉCLUSE (Abbé de l'), curé de Saint-Nicolas-des-Champs, 192.
École militaire, 43.
ECQUEVILLY (M. d'), 160.
ÉDOUARD (Le prince). *Voy.* STUART.
EGMONT (Comte d'), 4, 13.
EGMONT (Comtesse d'), née Villars, 4, 7, 203.
EGMONT (M. d'), 13, 21, 152.
EGMONT (Mme d'), née Duras, dame du palais de la reine, 7, 13, 203.
Empereur (L'). *Voy.* FRANÇOIS Ier.
ENSANADA (M. de l'), premier ministre du roi d'Espagne, 229, 241, 306.
ÉPINOY (M. et Mme d'), 7.
ESCARS (Mme d'), 180, 225.
ESPINCHAL (M. d'), chef de brigade des gardes du corps, 39, 40.
ESQUELBEC (Mme d'), 107, 303.
ESTISSAC (Louis-François-Armand de la Rochefoucauld de Roye, duc d'), 390.
ESTOURMEL (M. d'), chef de brigade, 167.
ESTRADES (Mme d'), dame d'atours de Mesdames, 85, 118, 289, 426, 430.

ÉTAMPES (M. d'), 353.
ETIOLES (M. le Normand d'), 282 ; directeur des postes, 299.
Étourderie (L'), comédie, 372, 374.
EU (Louis-Charles de Bourbon, comte d'), 146, 225, 247.
Évreux (Évêque d'). *Voy.* ROCHECHOUART-MONTIGNY.
Évreux (Hôtel d'), 442.

F.

FAGET, chirurgien, 414.
FARCY (M. de), 121.
Fat puni (Le), comédie, 383.
FAURE (M.), médecin, 127.
Fausse Antipathie (La), comédie, 101.
FAYARDIE (M. de la), secrétaire d'ambassade en Suède, 240.
FAYETTE (M. de la), colonel, 227.
FERDINAND VI, roi d'Espagne, 16, 132, 285.
FÉRON (M. le), 11.
FERRANDINA (M. de), 132.
FERRONAYS (Marquis de la), colonel, 137, 138, 149.
FERRONAYS (Mme de la), 207.
FERSEN (M. de), colonel suédois, 252.
FEUQUIÈRES (M. de), maréchal général de la cavalerie, 351.
FEYDEAU DE BROU (M.), maître des requêtes, 68.
FISCHER (Le capitaine), partisan, 417.
FITZ-JAMES (François de), évêque de Soissons, 384.
FITZ-JAMES (Mme de), née Castel-Bianco, 407.
FITZ-JAMES (Victoire-Louise-Sophie de Goyon de Matignon, duchesse de), dame du palais de la reine, 125, 225, 295, 407.
FLAMARENS (Chevalier de), 225.
FLAMARENS (M. de), grand-louvetier, 225.
FLAVACOURT (Hortense-Félicité de Mailly-Nesle, marquise de), dame du palais de la reine, 225, 260, 295.
FLEURY (André-Hercule de), cardinal, 315, 357, 422.
FLEURY (André-Hercule de Rosset, duc de), premier gentilhomme de la chambre du roi, 345.
FLEURY (Anne-Madeleine-Françoise d'Auxy de Monceaux, duchesse de), femme du précédent, dame du palais de la reine, 17, 225.
FLEURY (Pierre-Augustin-Bernardin de Rosset de), évêque de Chartres, premier aumônier de la reine, 80, 102, 384, 445.
FLEURY (M. de), 313.
FOLVILLE (M. de), procureur général, 46.
FONCEMAGNE (M. de), sous-gouverneur du duc de Chartres, 49, 50.
FONTAGNEUX. *Voy.* FONTANIEU.
FONTAINE (La), écuyer des gardes du corps, 15.
FONTAINE (M. de), exempt des gardes du corps, 91.
Fontainebleau (Chambre du roi à), 365.

FONTANGES (M. de), 91, 216, 217.'
FONTANIEU (M. de), 68.
FONTENELLE (M. de), 116, 238.
FONTENILLE (Antoine-René de la Roche de), évêque de Meaux, premier aumônier de Madame, 122, 272.
FONTETTE (M. de), chef d'escadre, 137.
FORCALQUIER (Mme de), 48.
FOUGÈRES (M. de), lieutenant général, 18, 24, 25, 35, 36, 46, 47, 65, 98, 266, 300.
FOURCY (Abbé de), 339.
Fragments (Les), opéra, 373, 375, 378.
FRAGONARD, peintre, 209.
FRANCE (Louise-Élisabeth de), première fille du roi, nommée *Madame Infante*, duchesse de Parme, 10, 11, 16, 18, 20, 21, 26, 41, 45, 53, 69, 87, 106, 137, 170, 313.
FRANCE (Anne-Henriette de), nommée *Madame Henriette*, puis *Madame*, deuxième fille du roi, 159, 164.
FRANCE (Marie-Adélaïde de), nommée *Madame Adélaïde*, troisième fille du roi, 10, 11, 16, 18, 20, 21, 26, 41, 53, 102, 106, 113, 118, 122, 159, 166, 168, 174, 225, 229, 256, 263, 272, 286, 297, 308, 313, 322, 359, 371, 386.
FRANCE (Marie-Louise-Adélaïde-Victoire de), nommée *Madame Victoire*, quatrième fille du roi, 10, 11, 16, 18, 20, 21, 26, 40, 41, 53, 106, 112, 113, 115, 117, 159, 166, 168, 174, 225, 256, 263, 272, 286, 297, 298, 299, 308, 313, 322, 386.
FRANCE (Sophie-Philippine-Élisabeth-Justine de), nommée *Madame Sophie*, cinquième fille du roi, 10, 11, 16, 18, 20, 21, 26, 41, 53, 106, 119, 159, 166, 168, 174, 225, 256, 263, 272, 286, 297, 308, 313, 322, 331, 386.
FRANCE (Louise-Marie de), nommée *Madame Louise*, sixième fille du roi, 10, 11, 16, 18, 20, 21, 26, 41, 53, 106, 119, 159, 166, 168, 174, 225, 256, 263, 272, 286, 297, 301, 308, 310, 313, 322, 331, 386.
FRANCE (Marie-Zéphirine de), nommée *la petite Madame* et *Madame*, fille du dauphin, 21, 53, 113, 184, 286, 308.
FRANCOEUR, surintendant de la musique du roi en survivance, 62, 63.
FRANÇOIS Ier, empereur d'Allemagne, 39.
François à Londres (Le), comédie, 380.
Francs-Maçons (Détail sur les), 110.
FRANQUEVILLE (M. Boulletot de), conseiller du parlement de Rouen, 64, 65, 70, 91, 97, 98, 103.
FRÉDÉRIC II, roi de Prusse, 245, 277, 283, 287, 296, 303, 308.
Fréjus (Évêque de). *Voy.* FLEURY (Cardinal de).
FRONSAC (M. de), 14, 119.
FROULAY (Bailli de), ambassadeur de Malte, 309.
FUMELLE (Mme de), 127.

G.

GABRIEL, premier architecte du roi, 43, 44, 66.
GACÉ (Mme de), 125.
GADOT (M), 14.
GAGNY (M. de). *Voy.* BLONDEL.
GALACY. *Voy.* GROSSIN.
GALAIZIÈRE (M. de la), chancelier de Lorraine, 350.
GALIFFET (M. de), lieutenant général du Mâconnais, 347.
GALLERAN, 19.
GALLI (Cardinal), 121, 122.
Garde des sceaux (M. le). *Voy.* MACHAULT.
GAUCHER (Mlle), 416.
GAUTHIER, ingénieur, 156.
GERMONT (Abbé de), député du département de Rouen, 45.
GESVRES (François-Joachim-Bernard Potier, duc de) premier gentilhomme de la chambre du roi, gouverneur de Paris, 48, 312, 321, 332, 360, 364, 367, 441, 447, 448.
GILBERT (M.), président à mortier du parlement de Paris, 252.
GILBERT DE VOISINS (M.), 59, 287.
GILLEBRAND (M.). ministre de Suède à Madrid, 400.
GIRON (Marquis de), 306.
GIROULT de Villers (M.), député du parlement de Rouen, 45.
GISORS (M. de), 65, 269, 277, 287, 402.
GIZEUX (M. de), maître des cérémonies, 45.
GOESBRIANT (Mme de), 353.
GOSSE (M.), député des États d'Artois, 255.
GOUFFIER (M. de), 166.
GOURGUES (M. de), maître des requêtes, 68.
GOUY (Mme de), dame de Mesdames, 99.
GOYON (M. de), colonel en second du régiment Colonel-dragons, 155.
GOYON (M. de), exempt des gardes du corps, 91.
GRAMONT (Comte de), menin du dauphin, 50, 53, 128.
GRAMONT (Comtesse de), dame du palais de la reine, 17, 50, 128, 225.
GRAMONT (Mme de), 107.
GRAMONT-FALON (Comtesse de), 357.
GRANCEY (Mme de), 260.
GRANDJEAN DE LA CROIX, conseiller au Châtelet, 186, 190, 191, 193, 194.
GRASSE (Jacques de), évêque de Vence, 326.
GRASSE (Mme de), 247.
GRAVILLE (M. de), 170.
GRESSET, de l'Académie française, 338, 410.
GRIMALDI (Mme de), abbesse de Royal-Lieu, 144.
GROSSIN DE GALACY (M.), 78.
GUALTIERO, nonce du pape, 283, 286, 299, 315.
GUÉMÉNÉ (Mme de), 137.

GUENET DE SAINT-JUST (M.) député du parlement de Rouen, 45.
Guerche (Château de la), 251.
GUERCHY (M. de), 15, 16, 20, 217, 225.
GUERCHY (Mme de), 16, 217.
GUERDIER DE SAINT-AUBIN (M.) député du parlement de Rouen, 145.
GUÉRET DES VOISINS (M.), 121.
GUIARD, sculpteur, 209.
GUICHE Mme de la), 265.
GUIGNES (Comte de), 107.
GUILLET. *Voy.* QUILLET.
GUITAUT (Mlle de), 290, 297.

H.

HARAMBURE (Abbé d'), 383.
HARCOURT (Maréchal d'), 151.
HAUTEFEUILLE (Mmes d'), 252.
HAUTEFORT (M. d'), 217.
HAVRÉ (Duc d'), 21, 118.
HAVRÉ (Duchesse d'), 3.
HAVRINCOURT (Charles-François-Alexandre de Cardevac d'), évêque de Perpignan, 185.
HAVRINCOURT (M. d'), ambassadeur à Stockholm, 110, 402.
HÉNAULT (Le président), 15, surintendant de la maison de la reine, 17, 20, 22, 23, 49, 88, 95, 96, 105, 219, 284, 333.
HENRIAU (Jean-Marie), évêque de Boulogne, 97.
HENRICHEMONT (M. d'), 50, 182.
HENRICHEMONT (Mme d'), 50.
HENRIETTE (Madame). *Voy.* FRANCE (Anne-Henriette de).
HERÉ, architecte du roi Stanislas, 42, 43.
Hérode et Marianne, tragédie, 378.
HÉROUVILLE (M. d'), 406, 451.
HESSE-RHEINFELD (Princesse de), 1.
HILLERY (D'), chanoine d'Orléans, 370, 374.
HOGUÈRES, 66.
HOPITAL (Mlle de), 208, 241, 249.
HOPITAL SAINTE-MESME (M. et Mme de l'), 256.
HOUCHIN (Marquis d'), 264, 296.
HOUCHIN (Mme d'), née Kérouart, 353.
HOUDETOT (Mme d'), 207.
HUESCAR (Duc d'), 132, 229, 241, 286, 306.

I.

IGNY (M. d'), maître d'hôtel du roi, 428.
IMBERCOURT (D'), chanoine d'Orléans, 370, 374.

Impératrice (L'). *Voy.* MARIE-THÉRÈSE.
Indiscret (*L'*), comédie, 106.
Infant (L'). *Voy.* PHILIPPE (Don).
Infante (Madame). *Voy.* FRANCE (Louise-Élisabeth de).
ISSARTS (M. des), ambassadeur à Turin, 329.
ISSARTS (M. des), le fils, 355.

J.

JABLONOWSKI (M.), palatin de Rava, 372.
JACQUES III, roi d'Angleterre, dit *le Prétendant*, 87, 384.
JARD, accoucheur de la reine et de la dauphine, 316.
JEOFFREVILLE (M. de), 347, 384.
JOMARD (M.), curé de la paroisse de Notre-Dame de Versailles, 80, 326, 359.
Joueur (*Le*), comédie, 374.
JOYEUSE (M. de), le fils, 160, 170, 191, 239.
JUIGNÉ (M. de), 67.
JUMILHAC (M. et Mme de), 331.

K.

KAUNITZ (Comte de), ambassadeur de l'empereur, 138.
KEITH (Milord), sa lettre au maréchal de Belle-Isle, 269.
KÉROUART (Mlle de), 264, 296.
KILMER (Milord), 8.
KLINGLIN (M.), prêteur royal de Strasbourg, 57, 58.
KNIPHAUSEN (M. de), envoyé de Prusse, 301, 303.

L.

LA CHAUSSÉE, auteur dramatique, 101, 206, 219.
LALLEMAND (Mlle), 403.
LAMBERT (Marquis de), lieutenant général, 230, 231, 237, 248.
LAMBERT (Mme de), 233, 251.
LAMOUR, serrurier, 43.
LAMOUROUX (M. de), trésorier des États de Languedoc, 107, 182.
LANEAU (Dom René), général des Bénédictins, 101.
LANGERON (Comtesse de), 92.
LANGERON (M.) de), 149.
LANGERON Mme de), 158.
LANGERON (Maréchal de), colonel, 158, 207.
Langres (Évêque de). *Voy.* MONTMORIN DE SAINT-HÉREM.
LANGUEDOUE (M. de), colonel, 18.
LANGUET DE GERGY (Jean-Joseph), archevêque de Sens, 26.
LANMARIE (Bailli de), grand bailli de Champagne, 266.

LARUE, sculpteur, 209.
LASTIC (Antoine de), évêque de Comminges, 178, 313.
LAUGIER (Le P.), jésuite, 148, 221, 228, 247.
LAURAGUAIS (Comte de), 407.
LAURAGUAIS (Duc de), 120, 296.
LAURAGUAIS (Diane-Adélaïde de Mailly-Nesle, duchesse de), dame d'atours de la dauphine, 120, 322.
LAURAGUAIS (M. de), colonel, 18.
LAUTREC (M. de). Voy. AMBRES.
LAVAL (Comtesse de), 250.
LAVAL (Louis-Joseph de Montmorency-), évêque d'Orléans, 107, 398.
LAVAL (M. de), menin du dauphin, 331.
LAVAL (Marquise de), 121, 230.
LAVAUX (M. de), 290, 297.
LEBEL, premier valet de chambre du roi, 99, 287.
LÈDE (M. de), 21.
Legs (Le), comédie, 378.
LE MOYNE, sculpteur, 405.
LE NOIR (M.), lieutenant particulier du Châtelet, 100, 108, 193, 221, 236.
LE PERCHE, maître d'armes, 40.
LE ROY (Mlle), femme de chambre de Madame Louise, 366.
LESLAVA (M. de), ministre de la guerre en Espagne, 306.
LEVOIR, inventeur d'un clavecin, 73, 75.
LIEURAY (M. de), maréchal général de la cavalerie, 351.
LIVRY (Louis Sanguin, marquis de), premier maître d'hôtel du roi, 440, 441.
LOEWENHAUPT (Comte de), 371.
LORDAT (M.), député des États du Languedoc, 314.
LORGES (M. de), 145, 165.
LORGES (Mme de), 355.
LORGES (Mlle de), 139, 145.
Loss (M. de), ambassadeur de Pologne, 23, 24, 64, 89.
Loss (Mme de), 23, 89.
LOSTANGES (M. de), colonel, 208, 241, 249, premier écuyer de Madame Adélaïde, 250.
LOSTANGES (Mme de), née l'Hôpital, 250, 263, 268.
LOUIS XIV, 144, 145, 283, 323, 336.
LOUIS XV, 1, 2, 10-20, 23, 26, 27, 28, 33, 34, 38-56, 59-64, 67-69, 75-82, 87-92, 96, 99-108, 111-121, 125, 129, 131, 132, 135, 136, 146-148, 157-160, 163, 166, 168, 170, 174, 182-184, 193, 196, 199, 200, 208-211, 215, 218, 221, 230, 233, 237, 240, 241, 244, 250-256, 259, 263, 264, 267, 268, 271, 272, 275-279, 283, 286-290, 294, 296-318, 321-329, 333-359, 362, 365, 367, 372-374, 382-392, 397-404, 406-410, 418-445, 448-450.
LOUIS DE FRANCE, dauphin, fils de Louis XV, 2, 3, 9, 10, 14, 15, 17, 18, 20, 49, 53, 69, 88, 92, 119, 122, 130, 146, 148, 159, 166, 168, 252, 263, 264, 272, 278, 286, 294, 299, 301, 303, 317, 322, 325, 345, 348, 365, 386.
LOUISE (Madame). Voy. FRANCE (Louise-Marie de).
LOUSTONNEAU (M.), chirurgien de Mesdames, 59.

LOWENDAL (Abbé de), 300.
LOWENDAL (Maréchal de), 198, 248.
LUBERSAC (M. de), sous-lieutenant des chevau-légers de la garde, 83.
LUC (M. du), 389.
LUCÉ (M. de), chargé des affaires de France en Lorraine, 350.
LUJAC (M. de), colonel, 253, 282, 289.
LUSIGNAN (M. de), 279.
LUTZELBOURG (M. de), 9.
LUXEMBOURG (M. de), capitaine des gardes, 50, 373.
LUXEMBOURG (Mme de), 50.
LUYNES (Charles-Philippe d'Albert, duc de), 11, 40, 93, 152, 218.
LUYNES (Marie Brulart, duchesse de), dame d'honneur de la reine femme du précédent, 3, 9, 10, 13, 25, 34, 44, 45, 47, 72, 80, 99, 100, 125, 127, 140, 148, 152, 153, 201, 218, 224, 260, 261, 262, 283, 284, 295, 306, 322, 353, 371, 400, 404, 427.
LUYNES (Charlotte-Mélanie d'Albert de), prieure des bénédictines de Montargis, 290.
LUYNES (Paul d'Albert de), évêque de Bayeux, premier aumônier de la dauphine, 12, 14, archevêque de Sens, 26, 27, 28, 59, 60, 87, 88, 92, 99, 101, 102, 110, 111, 118, 122, 126, 164, 242 252, 371, 384, 385, 390, 409.
LUZERNE (M. de la), chef de brigade, 260, 318, 325.

M.

MABOUL (M.), 68.
MACHAULT (Jean-Baptiste de), seigneur d'Arnouville, contrôleur général des finances, garde des sceaux, 10, 48, 49, 56, 146, 299; ministre de la marine, 305, 306, 356, 426, 430, 430, 436, 436.
MACHAULT (Mme de), 314.
MACNEMARA (M. de), lieutenant général de la marine, 92.
Madame (La petite). *Voy.* FRANCE (Marie-Zéphirine de).
Madame Infante. *Voy.* FRANCE (Louise-Élisabeth de).
Mademoiselle. *Voy.* BOURBON (Louise-Anne de).
MADOT (François), évêque de Châlons-sur-Saône, 91, 116.
MAILLÉ (M. de), 309.
MAILLEBOIS (Maréchal de), 217.
MAILLEBOIS (Maréchale de), dame d'honneur de Mesdames, 217, 356.
MAILLEBOIS (M. de), 217.
MAILLY (Louise-Julie de Mailly-Nesle, comtesse de), 50.
MAILLY (M. de), 89, 235.
MAILLY (Mlle de), 92.
MAILLY D'AUCOURT (M. de), 170, 185, 202, 329, 426.
MAINE (Anne-Louise-Bénédicte de Bourbon-Condé, duchesse du), 127.
MAINVILLE (Comte de), maréchal de camp, 249.
MAISNON DES VAUX (M.), 68.
MALASPINA (Marquis de), 75, 76, 99, 395.
MALOUIN (M.), médecin ordinaire de la reine, 68.

Malte (Détail sur l'ordre de), 28-31.
MALZAC (M. de), conseiller au Parlement, 331.
MANNEVILLE (Mlle de), 164.
MANSART DE SAGONNE (M.), architecte, 325.
MARBEUF (Abbé de), aumônier ordinaire de la reine, 80, 102, 208.
MARBEUF (M. de), colonel, 14.
MARBEUF (Mme de), 355.
MARCHAIS (M.), premier valet de chambre du roi, 249.
MARCHE (Louis-François-Joseph de Bourbon-Conty, comte de la), 14, 20.
MARCIEU (Mme de), 249.
MARGUERIE (M. de), 350.
Mari garçon (Le), comédie, 380.
MARIE-ANNE D'AUTRICHE, reine douairière de Portugal, 338, 353, 372.
MARIE-JOSÈPHE DE SAXE, dauphine de France, 10, 12, 18, 23, 26, 27, 41, 45, 48, 49, 53, 60, 87, 88, 92, 110, 111, 119, 122, 129, 166, 168, 174, 216, 239, 252, 263, 268, 278, 286, 289, 301, 305, 308, 316, 317, 338, 365, 385, 386, 390, 445.
MARIE LECZINSKA, 9-26, 32, 33, 41, 43-53, 66-69, 72, 75, 76, 80, 81, 89-92, 97, 100, 101, 106-108, 112, 113, 119, 127-133, 148, 153, 159, 166, 168, 174, 209, 218, 221, 225, 253, 256, 259, 260-263, 268, 278, 283-286, 290, 295-310, 314, 321-325, 329, 350, 360, 362, 371-373, 386, 398, 404, 410, 418-421, 431-433.
MARIE-LOUISE-D'ORLÉANS, reine d'Espagne, morte en 1689, 220, 362.
MARIE-THÉRÈSE, impératrice d'Allemagne, 39, 42.
MARIGNY (Marquis de), 374, 398. *Voy.* VANDIÈRES.
MARMONTEL (M. de), 374.
MARSAN (Mme de), née Rohan-Soubise, 17, 107; gouvernante des enfants de France, 133, 135, 140, 141, 166, 167, 184, 278, 317, 321, 443.
MARSANCY (M. de), écuyer du roi, 329.
MARSHAL (Milord), 276, 283, 303.
MARTINIÈRE (M. de la), premier chirurgien du roi, 106, 282.
MARVILLE (M. de), 68, 303.
MARVILLE (Mme de), 189, 199.
MASSÉ, dessinateur et graveur, 67.
MASSERAN (Princesse de), née Guémené, 17.
MAUBOURG (M. de), 196, 228.
MAUGIRON (Mme de), née Sassenage, 127, 313.
MAULEVRIER (M. de), 164, 168, 199.
MAULEVRIER-LANGERON. *Voy.* LANGERON.
MAUPEOU (Chevalier de), 300.
MAUPEOU (M. de), premier président au parlement de Paris, 271, 300, 301, 319, 331, 334, 335, 340, 342, 347, 348, 398, 399, 400, 401, 402, 408, 432, 433, 434, 445.
MAUREPAS (Jean-Frédéric Phélypeaux, comte de), 72, 73, 446.
MAUREVERT (M. de), colonel, 150.
MAYNON D'INVAULT (M.), intendant d'Artois, 329.
MAZADE DE SAINT-PRIESSON (M.), trésorier des États de Languedoc, 173, 182.
MAZARIN (Mme de), née Duras, 146, 225, 421.

Meaux (Évêque de). *Voy.* Fontenille.
Medina-Sidonia (M. de), 132.
Melfort (M. de), 8.
Mélian (M. de), intendant de Soissons, 315.
Mercure galant (Le), comédie, 97.
Mesdames. *Voy.* France (Marie-Adélaïde, Marie-Louise-Adélaïde-Victoire, Sophie et Louise-Marie de).
Mesmes (Mme de), 372.
Mesnard (M.), premier commis de M. de Saint-Florentin, 262.
Mesnil (M. du), 102.
Meuse (Henri-Louis de Choiseul, marquis de), lieutenant général, 225.
Meyra (Mme), 72.
Millon (M.), 121.
Mirepoix (Évêque de). *Voy.* Boyer (Jean-François).
Mirepoix (Duc de), lieutenant général, ambassadeur à Londres, 302, 328.
Mirepoix (Mme de), 8, dame du palais de la reine, 33, 34, 50, 127.
Miromesnil (M. de), maître des requêtes, 68.
Mocenigo (M. de), ambassadeur de Venise, 360, 361.
Modène (Charlotte-Aglaé d'Orléans, duchesse de), 256, 295, 296.
Moine (Abbé le), 102.
Monaco (M. de), 435.
Molé (M. le président), 347.
Molitart (Mme de), abbesse de Saint-Cyr, 270.
Moncan (M. de), 325.
Moncrif (M. de), de l'Académie française, lecteur de la reine, 419.
Mondonville, maître de musique de la chapelle du roi, 15, 382.
Monet, peintre, 209.
Montaigu (Chevalier de), menin du dauphin, 58, 59, 61, 62.
Montanegro (Mme de), 332.
Montargis (Papeterie de), 290-293.
Montauban (Éléonore-Eugénie de Béthisy, princesse de), dame du palais de la reine, 3, 295, 421.
Montauban (Évêque de). *Voy.* Verthamon.
Montauban (Prince de), 134.
Montazet (Antoine de Malvin de), évêque d'Autun, 242.
Montbarrey (M. de), 89, 92.
Montbarrey (Mme de), 102, 359, 418.
Montbéliard (Prince de), 41.
Montboissier (M. de), lieutenant général, 196, 198, 250.
Montclus (M. de), 422.
Monteil (M. de), colonel du régiment de Nivernois, 14.
Montespan (Mme de), 144.
Montesquiou (M. de), commandant des mousquetaires gris, 290, 297.
Montfaucon (M. de), écuyer du dauphin, 317, 328.
Montfort (Charles-Casimir-Joseph-d'Albert de Luynes, comte de), 152, 154.
Montgeron (M. Carré de), 256.
Montigny (M. de), chef de brigade, 112.
Montillet (Jean-François de Châtillard de), archevêque d'Auch, 290.

MONTILLET (M. de), neveu du précédent, 290, 297.
MONTLOUET (François-Joseph de Brunes de), évêque de Saint-Omer, 296.
MONTLOUET (M. de), chef d'escadre, 137.
MONTMARTEL (M. Paris de), 7, 208.
MONTMIRAIL (M. de), 389.
MONTMORENCY (Baron de), menin du dauphin, chevalier d'honneur de Madame, 157, 247.
MONTMORENCY (Mlle de), 107.
MONTMORIN DE SAINT-HÉREM (Gilbert de), évêque de Langres, 146, 363.
MONTUCHET (M. Roger de), conseiller au Châtelet, 107, 121.
MONTULÉ (M. de), secrétaire des commandements de la reine, 372, 373.
MORANGIÈS (Mme de), 46, 299.
MORAS (M. de), 303, 307, 338, 381.
MOREAU (M.), procureur du roi au Châtelet, 107, 108, 342.
MORLIÈRE (M. de la), 117.
MORPHISE (Mlle), 435.
MORSINS (M. de), brigadier, 18.
MORTAIGNE ou MORTANI (M. de), 196.
MORTEMART (Comte de), 108.
MORTEMART (Duc de), 108.
MORVILLE (Mme de), 69.
MOSSON (Mlle de la), 102.
MOTHE-HOUDANCOURT (M. de la), maréchal de France, chevalier d'honneur de la reine, 166, 218, 259.
Mousseaux (Maison de), 314, 361.
Muet (Le), comédie, 378.
MURAT (Abbé de), aumônier de la dauphine, 252.
MUY (Marquis du), 250, 271, 309, 311, 325, 326, 416.
MUY (Mme du), 407.
MUZANGÈRE (Pierre-Charles Mauclerc de la), évêque de Nantes, 362, 378, 448.

N.

NAIN (M. le), président du Grand Conseil, 382.
NANCRÉ (Abbé de), 269.
Nantes (Évêque de). *Voy.* MUZANGÈRE.
Narbonne (Archevêque de). *Voy.* ROCHE-AYMON.
NARBONNE (M. de), colonel de Soissonnais, 92.
NARBONNE (Mme de), dame du palais de Madame Infante, 69, 92.
NASSAU (Princes de), 153.
NASSAU-USINGEN (Prince de), 252.
NAVARRE (Nicolas), évêque de Cydon, 85.
NESTIER (M. de), 217, 242.
NEUVILLE (Le P.), prédicateur, 384.
NICOLAÏ (Aimar-Christian-François-Michel de), évêque de Verdun, 233.
NISAS (M. de), lieutenant général, 397.

NIVERNOIS (M. de), ambassadeur à Rome, 59, 60, 65, 112.
NIVERNOIS (Mme de), 65.
NOAILLES (Adrien-Maurice, duc de), maréchal de France, capitaine des gardes du corps du roi, 13, 203, 425, 426, 428, 436.
NOAILLES (Philippe, comte de), gouverneur de Versailles, 10, 50, 69, 120, 127, 249, 327.
NOAILLES (Comtesse de), 69, 106.
NORMAND (M. le). *Voy.* ÉTIOLES.
NOVION (M. le président de), 105, 311.

O.

OGIER (M. le président), surintendant de la maison de la dauphine, 96, 105, 347.
OINVILLE (M. d'), gouverneur des pages de la reine, 328.
OLIVIER (M.), 183.
OLONNE (Duchesse d'), 228.
OLONNE (Mlle d'), 134.
ONS-EN-BRAY (M. d'), 172.
ORÇAY (Mme), 216.
Orléans (Évêque d'). *Voy.* PARIS.
ORLÉANS (Philippe, duc d'), régent du royaume, mort en 1723, 163.
ORLÉANS (Françoise-Marie de Bourbon, duchesse d'), femme du précédent, 21.
ORLÉANS (Louis, duc d'), fils du régent, premier prince du sang, 21, 72, 293.
ORLÉANS (Louis-Philippe, duc d'), fils du précédent, 16, 54, 61, 72, 146, 225, 327, 382, 413.
ORLÉANS (Louise-Henriette de Bourbon-Conty, duchesse d'), femme du précédent, 14, 164.
ORMESSON (M. d'), avocat général, 248, 339, 343.
OSSOLINSKI (Duc), grand maître de la maison du roi Stanislas, 66, 350, 364.
OUDRY, peintre, 130.

P.

PAJOT DE MARCHEVAL (M.), maître des requêtes, 68.
Palais Bourbon (Acquisition du), 250.
PALLU (M.), 68.
Panthemont (Abbaye de), 3, 4.
PANAT (Abbé), aumônier de Madame Adélaïde, 163.
Pape (Le). *Voy.* BENOÎT XIV.
Paris (Archevêque de). *Voy.* BEAUMONT.
PARIS (Nicolas-Joseph), évêque d'Orléans, 408, 409, 411, 412, 450.
PARISOT (M.), maître des requêtes, 216, 259, 403.
Parme (Duchesse de). *Voy.* FRANCE (Louise-Élisabeth de).
PASSEMENT, ingénieur du roi, 90, 141, 142.
PASSERAT (M.), 312.

PASSIONEI (M.), vice-légat d'Avignon, 314.
PAULMY (M. de), ministre d'État, 89, 149, 251, 254, 328, 331, 426.
PAULMY (Mme de), née la Marche, 331.
PELLETIER (M.), 121.
PENTHIÈVRE (Louis-Jean-Marie de Bourbon, duc de), 19, 67, 138, 146, 225, 243, 244, 264, 299, 302, 308, 310, 316, 327.
PENTHIÈVRE (Marie-Thérèse-Félicité d'Este, duchesse de), 21, 146, 164, 225, 238, 242-245, 247, 308.
PÉRIER (M. de), écuyer de main du roi, 194.
PÉRIGORD (M. de), colonel, 15.
PÉRIGORD (Mme de), 33.
PÉROUSE (Pierre-Annet de), évêque de Gap, 296.
PÉRRINET DE PEZEAU (Mlle), 150.
PERTHUIS (Marquise de), 316.
PÉRUSE (Mme de), 180.
Petit-Bourg (Château de), 347.
PEYRE (M. de), gouverneur de Bourbonnais, 226.
PHILIDOR, musicien, 416.
PHILIPPE (Don), infant d'Espagne, duc de Parme, 16, 76, 285.
PIERRON (M.), substitut du procureur général, 366, 375.
PIGALLE, sculpteur, 367.
PIGNATELLI (M. de), 6. *Voy.* EGMONT.
PIRON, 373.
PITHOUIN (M.), 121.
Platée, opéra-ballet, 174.
PLESSIS-CHATILLON (M. du), 169, 173.
PLESSIS-CHATILLON (Mme du), 199.
POISSON (M.), père de Mme de Pompadour, 287, 289.
POISSONNIER, médecin, 165, 184.
POISSONNIER (Mme), nourrice du duc de Bourgogne, 315.
POLASTRON (Mme de), 400.
POLIGNAC (M. de), 386.
Pologne (Roi de). *Voy.* STANISLAS LECZINSKI.
POMPADOUR (Marquise de), 157, 282, 283, 289, 297, 298, 312, 379, 419, 425, 426, 430-432, 435, 436, 438, 439, 442, 447.
POMPONNE (Abbé de), chancelier de l'ordre du Saint-Esprit, 146, 265.
PONCET DE LA RIVIÈRE (Mathias), évêque de Troyes, 393.
PONCHER (M.), 68.
PONS (Comtesse de), 187.
PONTCARRÉ (M. de), premier président du parlement de Rouen, 45.
PONTCARRÉ DE VIARMES (M. de), conseiller d'État, 86.
PONTCHARTRAIN (Marquis de), 357.
PONT-SAINT-PIERRE (M. de), 249, 277.
PONT DE VEYLE (M. de), 371, 383.
POPELINIÈRE (M. de la), fermier général, 303.
PORTERIE (M. de la), major du Mestre de camp dragons, 93, 94, 98.
POULLETIER (M.), 68.
POYANNE (M. de), 357.

PRACOMTAL (M. de), guidon des gendarmes de la garde, 259, 264.
PRADES (Abbé de), lecteur du roi de Prusse, 287, 307.
PRÉCIGNY (Mme de), 156.
Premier président (Le). *Voy.* MAUPEOU.
PRESSY (François-Joseph-Gaston de Partz de), évêque de Boulogne, 86, 411, 413.
PRÉVAL (M. de), maréchal de camp, 375.
Prévôt des marchands (Le). *Voy.* BERNAGE DE SAINT-MAURICE.
PRIE (M. de), 388, 389.
Prusse (Roi de). *Voy.* FRÉDÉRIC II.
PUISIEUX (M. de), 78, 133, 426, 436.
PUISIEUX (Mme de), 234.
PUJOLS (M. de), chef de brigade, 53.
PUSCOT (Milord), 380, 381, 382.
PUTANGES (Mme de), 105.

Q.

QUÉLEN (Charles-Marie de), évêque de Bethléem, 285.
QUÉLEN (M. de), exempt des gardes du corps, 91.
QUÊTE (La), piqueur du roi, 390.
QUILLET (M.), 107, 121, 224.
QUITRY (Mlle de), 282, 289, 290.

R.

RAMEAU, compositeur de musique, 375.
RANCE (M.), curé de Saint-Louis à Versailles, 359.
RANCY (M. de), capitaine aux gardes, 404.
RANNES (Mme de), 310, 338, 363.
RAUNAY, banquier en cour de Rome, 88.
RAYNAL (Abbé), 374.
REBEL, surintendant de la musique du roi, 62, 63, 64.
Reine (La). *Voy.* MARIE LECZINSKA.
Rennes (Évêque de). *Voy.* VAURÉAL.
RENTY (Mme de), dame de la princesse de Condé, 14, 21, 229, 431.
REWENTLAW (M. de), envoyé de Danemark, 301.
REYNIÈRE (M. de la), directeur des postes, 159.
REYNIÈRE (Mme de la), 171.
RIANS (Mme de), dame de Mesdames, 221.
RIBERAC (M. de), 397.
RICHE (M. le), 303.
RICHELIEU (Louis-François-Armand de Vignerot du Plessis, duc de), maréchal de France, 2, 3, 9, 13, 14, 27, 52, 97, 99, 182, 183, 251, 440, 446.
RICHERAND (Marquis de), lieutenant général de Nivernois, 300.
RIGA (Le docteur), médecin, 189.

Rivière (M. de), commandant des mousquetaires noirs, 198, 227, 250, 253.
Rivière (Mme de la), dame de Mesdames, 89, 120.
Rivière (Mme de la), née Reignac, 230.
Robecque (Mme de), 34.
Rochambeau (Mme de), 297.
Rochambeau (Mlle de), 290, 297.
Roche-Aymon (Charles-Antoine de la), archevêque de Toulouse, puis de Narbonne, 27, 33, 42, 92, 99, 115, 123, 133, 443, 445.
Rochechouart (M. de), 50, 255, 355.
Rochechouart (Vicomte de), 107.
Rochechouart (Mme de), dame de la dauphine, 50, 133.
Rochechouart-Montigny (Pierre-Jules-César de), évêque d'Évreux puis de Bayeux, 26, 27, 35, 38, 45, 46, 122.
Rochefort (Prince de), 134.
Rochefort-d'Ailly (Louis-Henri de), évêque de Châlon-sur-Saône, 242.
Rochefoucauld (Frédéric-Jérôme de Roye de la), cardinal, archevêque de Bourges, 1, 181, 283, 311, 435, 443, 445.
Rochefoucauld (M. de la), 158.
Rocheplate (M. Marolles de), brigadier, 224.
Rohan (Duc de), 50, 182, 357.
Rohan (Duchesse de), 50.
Rohan (Duchesse douairière de), 133.
Rohan (Princesse de), née Courcillon, 135, 199, 322.
Rohan-Guéméné (Prince de), 134, 137.
Roi (Le). *Voy.* Louis XV.
Roissy (M. de), receveur général des finances, 319.
Roncey (Mme de), 206.
Roquelaure (Jean-Armand de), évêque de Senlis, 202, 254.
Roncherolles (Mme de), 127.
Rosambo (M. le président de), 374, 382.
Rossignol (M.), intendant de Lyon, 200, 202.
Rossignol (M.) secrétaire des commandements de la reine, 372.
Rouen (Affaire du parlement de), 34, 45, 47.
Rouen (Archevêque de). *Voy.* Saulx-Tavannes.
Rouillé (M.), secrétaire d'État de la marine, 106, 117, 143, 271, 272; ministre des affaires étrangères, 305, 306, 315, 321, 328, 337, 351, 384, 425, 428, 436.
Rouillé d'Orfeuille (M.), maître des requêtes, 68.
Roure (M. du), colonel, 18.
Rouville (M. de), député du parlement de Rouen, 45.
Roux (M. le), vicaire de Notre-Dame de Versailles, 317.
Roy (Pierre-Charles), poëte, auteur dramatique, 145.
Royer, maître de musique des enfants de France, 62, 63, 64.
Ruffec (Duc de), 256, 259.
Ruffey (Mme de), 181.
Rupelmonde (Marie-Chrétienne-Christine de Gramont, comtesse de), dame du palais de la reine, puis religieuse carmélite, 4.

S.

Sailly (Abbé de), aumônier de la dauphine, 163.
Saint-Aignan (Duc de), 77, 82, 219, 299, 302.
Saint-Albin (Charles de), archevêque de Cambrai, 118.
Saint-Contest (M. de), ministre des affaires étrangères, 44, 60, 106, 200, 217, 265, 268, 299, 302, 306, 426, 436.
Saint-Contest (M. de), le fils, 319.
Saint-Fargeau (M. de), avocat général du Châtelet, 322.
Saint-Fargeau (Mlle de), 239.
Saint-Florentin (Comte de), ministre secrétaire d'État, 42, 45, 48, 49, 54, 96, 97, 105, 118, 146, 168, 174, 176, 261, 276, 294, 314, 315, 328, 333, 426, 436, 439.
Saint-Germain (Chevalier (de), grand prieur d'Aquitaine, 220.
Saint-Germain (M. de), lieutenant général, 196.
Saint-Germain (Mme de), 358.
Saint-Gilles (Marquis de), ambassadeur d'Espagne, 209.
Saint-Hérém (M. de), menin du dauphin, 89.
Saint-Hyacinthe (Mlle de), 268.
Saint-Jal (M. de), lieutenant général, 112.
Saint-Just (M. de), doyen du parlement de Rouen, 104, 201.
Saint-Paul (M. de), 414.
Saint-Pern (M. de), 316.
Saint-Sauveur (Mme de), sous-gouvernante des enfants de France, 323.
Saint-Séverin (M. de), 426, 436.
Saint-Séverin (Mme de), 207.
Saint-Simon (Louis de Rouvroy, duc de), 258.
Saint-Simon (Marquis de), 92.
Saint-Sulpice (Place), à Paris, 367.
Saint-Vital (M. de), chevalier d'honneur de Madame Infante, 76.
Sainte-Aldegonde (Abbé de), aumônier du roi, 33.
Sainte-Chapelle (Détail sur la), 36.
Sainte-Marie (Bailli de), 266.
Sales (M. des), officier des gendarmes de la garde, 290, 297.
Salle (M. de la), 297.
Sallières (M. de), 83.
Salm (Abbé de), 1.
Salm (prince de), 1.
Sandricourt (Mme de), 159.
Saone (M. de la), médecin, 68.
Sartirane (Marquis de), ambassadeur de Sardaigne, 384.
Sartirane (Mme de), 398.
Sassenage (M. de), menin du dauphin, chevalier d'honneur de la dauphine, 50, 134.
Sassenage (Mme de), 50.
Saujon (M. de), 413.

Saulx (M. de), menin du dauphin, 25, 32, 50.
Saulx (Mme de), dame du palais de la reine, 25, 31, 32, 33, 50.
Saulx-Tavannes (Charles-Nicolas de), archevêque de Rouen, grand aumônier de la reine, 17, 25, 32, 80, 81, 181, 218, 418.
Saussoir (M. du), écuyer du roi, 329.
Sauvage (M.), 121.
Sauvigny (M. de), intendant de Paris, 3, 280.
Savoie (Duchesse de), 56.
Saxe (Électeur de). *Voy.* Auguste III.
Scheffer (Baron de), envoyé de Suède, 110, 314, 400.
Schoenfeldt (Comtesse de), 44, 47, 48, 89.
Schomberg (M. de), 413.
Séchelles (M. de), 303, contrôleur général des finances, 305, 306, 307, 314, 384, 404, 438, 446.
Secousse (M.), pensionnaire de l'Académie des inscriptions, 208.
Ségur (M$_{me}$ de), 66.
Sénac (M.), premier médecin du roi, 14, 39, 127, 282.
Sens (Archevêque de). *Voy.* Luynes.
Sens (Détails sur l'archevêché de), 34.
Sens (Élisabeth-Alexandrine de Bourbon-Condé, Mademoiselle de), 175, 373.
Séran (M. de), 134, 225.
Serre (M. de la), gouverneur des Invalides, 102, 108.
Servandoni, architecte, 367.
Silva (M.), médecin, 257.
Simonet (Mme), sage-femme, 317.
Sophie (Madame). *Voy.* France (Sophie-Philippine-Élisabeth-Justine de).
Sorba (M.), chargé des affaires de Gênes, 277.
Soubise (Armand de Rohan-Ventadour, cardinal de), grand aumônier, 49, 166, 184, 212, 228, 317, 398, 443.
Soubise (Charles de Rohan, prince de), capitaine des gendarmes de la garde, 2, 16, 54, 90, 116, 134, 137, 255, 265.
Soubise (Anne-Thérèse de Savoie-Carignan, princesse de), 133.
Soulanges (Abbé de), 359.
Soulanges (Mme de), abbesse de Royal-Lieu, 270, 272, 297, 301.
Souper (Le) comédie, 435.
Sourches (Mme de), 107.
Sourches (Mme de), née Maillebois, 217.
Souvré (M. de), 345.
Spiat (Abbé), prédicateur, 225.
Stainville (Marquis de), ambassadeur à Rome, 112, 294, 355.
Stainville (Mme de), 353.
Stanislas Leczinski, roi de Pologne, duc de Lorraine, 43, 66, 77, 78, 79, 80, 83, 84, 85, 87, 130, 211, 223, 330, 350, 355, 359, 360, 364, 419.
Staremberg (Comte de), ambassadeur de la cour de Vienne, 138, 299.
Steinflicht (M. de), 79.
Stuart (Charles-Édouard), dit le *prince Édouard*, fils de Jacques III, 78.
Surgères (Mme de), 372.
Surian (Jean-Baptiste), évêque de Vence, 326, 393.

SUTIL (Abbé), prédicateur, 225.
SUZY (M. de), major des gardes du corps, 120.

T.

TALARU (M. de), 134.
TALARU (Mme de), dame surnuméraire de la dauphine, 28, 328.
TALLARD (Duc de), 275.
TALLARD (Marie-Élisabeth-Angélique-Gabrielle de Rohan, duchesse de), gouvernante des enfants de France, 21, 49, 52, 126, 127, 129, 131, 132, 134, 137, 139, 148, 421.
TALLEYRAND (M. de), colonel, 18.
TALLEYRAND (Mme de), dame du palais de la reine, 225.
TALMOND (Mme de), 260, 264, 432.
TASTE (Louis-Bernard de la), évêque de Bethléem, 118, 236, 251.
TAVANNES (Comte de), 347.
TAVANNES (Vicomte de), 106.
TENCIN (Pierre Guérin de), cardinal, archevêque de Lyon, 87, 181.
TERMONT (Charles-Gilbert de May de), évêque de Blois, 33, 225.
TESSÉ (M. de), premier écuyer de la reine, 260.
TESSÉ (Mme de), 10.
TESSÉ (Marquis de), 32.
Thésée, opéra, 375, 377, 378, 379.
TILLIÈRES (M. de), 182.
TINGRY (Anne-Charles-François-Chrétien de Montmorency-Luxembourg, prince de), 354.
TINGRY (Mme de), 318, 353, 354.
TONNERRE (Maréchale de), 331.
TORSAC (M. de), exempt des gardes du corps, 187.
TOULONGEON (Mme de), 202.
Toulouse (Archevêque de). *Voy.* ROCHE-AYMON.
TOULOUSE (Marie-Victoire-Sophie de Noailles, comtesse de), 159, 244, 302, 308.
TOUR (M. de la), maréchal de camp, 108, 296, 338.
TOUR DU PIN-MONTAUBAN (Abbé de la), 253.
TOURNEHEM (M. de), 57.
TRÉMOILLE (M. de la), 227.
TRESSAN (M. de), de l'Académie de Nancy, 435.
TRIVULCE (Mme de), dame d'honneur de Madame Infante, 313.
Troyennes (Les), tragédie, 380.
Troyes (Aventure à), 279.
TRUBLET (Abbé), 393.
TRUDAINE (François-Firmin), évêque de Senlis, 133.
TRUDAINE (M.), intendant des finances et conseiller d'État, 311, 313, 439.
TRUDAINE (M.), le fils, conseiller à la chambre des requêtes, 313.
TURENNE (Prince de), 20, 345.
TURENNE (Princesse de), 17, 133, 135, 322.
TURGOT (M.), maître des requêtes, 68.

U.

URFÉ (Mlle d'), 238.
URSEL (Duc d'), 42.
UZÈS (Mme d'), 99.

V.

VALBELLE (Joseph-Alphonse de), évêque de Saint-Omer, 279.
VALBELLE (Mme de), 284.
VALENCE (Mme de), abbesse de Fontevrault, 270, 272, 277.
VALENTI, cardinal, 60.
VALENTINOIS (M. de), 353.
VALENTINOIS (Mme de), 259, 271.
VALLÉE, chanoine d'Orléans, 370, 374.
VALLIÈRE (M. de la), grand fauconnier, 34, 90, 226, 301, 316, 336.
VALORY (M. de), exempt des gardes du corps, 91.
VANDIÈRES (M. de), 67, 209; marquis de Marigny, 372. *Voy.* MARIGNY.
VASSY (Mlle de), 82, 83.
VAUBAN (M. et Mme de), 271.
VAULGRENANT (M. de), ambassadeur en Espagne, 151.
VAURÉAL (Louis-Guy de Guérapin de), évêque de Rennes, 357, 404, 406, 446.
VAUX (M. de), greffier de l'ordre de Saint-Louis, 200.
VERCEIL (Mlle de), 147, 149.
VERDERONNE (Mme de), 230.
Verdun (Évêque de). *Voy.* DROMESNIL.
VERNAGE (M.), médecin, 5, 133.
VERNAY (M. du), 83.
VERNEUIL (M. de), introducteur des ambassadeurs, secrétaire du cabinet, 148, 166, 233, 251, 439.
VERNET (Joseph), peintre, 170.
VERNICOURT (M. de), 161.
VERTHAMON DE CHAVAGNAC (Michel de), évêque de Montauban, 86, 97, 101, 308.
VIARMES (M. de), 68. *Voy.* PONTCARRÉ.
VICTOIRE (Madame). *Voy.* FRANCE (Marie-Louise-Thérèse-Victoire de).
VIEN (M.), peintre, 409.
VIEUVILLE (M. de la), vice-roi de Sicile, 330.
VILBREUIL (Abbé de), 317.
VILLARS (Honoré-Armand, duc de), 151.
VILLARS (Amable-Gabrielle de Noailles, duchesse de), femme du précédent, dame d'atours de la reine, 10, 13, 97, 148, 287, 295, 322.
VILLARS (Jeanne-Angélique Roque de Varengeville, maréchale de), 13, 358.
VILLEMARD, sergent-major des gardes françaises, 175.
VILLEMENEUST (M. de la), colonel, 150.

VILLEMUR (M. de), fermier général, 57.
VILLE-PEROSO (Marquis de), ministre des finances en Espagne, 306.
VILLEROY (Louis-François-Anne de Neufville, duc de), capitaine des gardes du corps du roi, 20, 40, 45, 49, 52, 66, 318, 445.
VILLEROY (Marquis de), 435.
VILLERS-FRANSURE (M. de), chef d'escadre, 137.
VILLETTE (Mme de), abbesse de Notre-Dame de Sens, 371.
VIRI (M. de), envoyé de Sardaigne, 384.
VOISIN (Le chancelier), 160.
VOLTAIRE, 220, 375, 378.
VOYER (Marquis de), 351.
VOYER (Mme de), 353.

W.

WAL (M.), gouverneur de Ham, 320, 357.
WAL (M.), ministre des affaires étrangères en Espagne, 286, 306, 320.
WALDE (Chevalier de), 41.
WELDRE (Mlle de), 358.
WINSLOW (M.), anatomiste, 207.
WITHMAR (M. de), 166.
WURTEMBERG (Duc de), 41.

FIN DE LA TABLE.

www.ingramcontent.com/pod-product-compliance
Lightning Source LLC
Chambersburg PA
CBHW050252230426
43664CB00012B/1922